LE GRAND TOURNANT

DU MÊME AUTEUR

Naissance et déclin des grandes puissances, Payot, coll. « Petite bibliothèque Payot », 1988. Traduit par Marie-Aude Cochez et Jean-Louis Lebrave.

Préparer le XXIe siècle, Odile Jacob, 1994. Traduit par Géraldine Koff d'Amico.

Paul Kennedy

LE GRAND TOURNANT

Pourquoi les Alliés ont gagné la guerre 1943-1945

Traduit de l'anglais par Antoine Bourguilleau

Ouvrage publié avec le concours
du Centre national du livre

PERRIN
www.editions-perrin.fr

ISBN : 978-2-262-03708-6

A Cynthia

Le jeune Alexandre conquit les Indes.
Tout seul ?
César vainquit les Gaulois.
N'avait-il pas à ses côtés au moins un cuisinier ?
Quand sa flotte fut coulée, Philippe d'Espagne pleura.
Personne d'autre ne pleurait ?
Frédéric II gagna la guerre de Sept Ans.
Qui, à part lui, était gagnant ?

Bertolt BRECHT

Introduction

Ce livre consacré à la Seconde Guerre mondiale entend considérer ce conflit épique sous un angle inédit. Il ne traite pas de la guerre dans son ensemble, pas plus que d'une campagne ou d'un chef de guerre en particulier ; il s'intéresse à la résolution des problèmes posés au cours du conflit ainsi qu'à ceux qui en eurent la charge, et choisit délibérément de se concentrer sur la période charnière s'ouvrant à la fin de l'année 1942 et terminant à l'été 1944.

Avant de commencer, il convient d'évoquer ce dont ce livre *ne parle pas* et ce qu'il n'entend pas démontrer. J'ai souhaité éviter de réduire cette analyse à une thèse unique, en expliquant, par exemple, que cette guerre a été gagnée par la force du nombre, par quelques armes miracles ou par l'utilisation d'un système magique de décryptage. Certains affirment par exemple que les bombardiers de la RAF, les chars T-34 de l'Armée rouge ou bien la doctrine de guerre amphibie des Marines américains ont, à eux seuls, permis de remporter la guerre. Ces points sont évoqués dans cet ouvrage, mais aucun n'y est présenté comme la raison principale de la victoire des Alliés. Ils ne doivent en aucun cas être considérés comme telle : la Seconde Guerre mondiale fut un conflit complexe, qui se déroula sur des théâtres d'opérations et avec des moyens si différents que tout auteur sérieux ne peut que se rendre à une thèse multifactorielle pour expliquer la victoire finale des Alliés.

Cette complexité se reflète dans les cinq chapitres qui composent ce livre et narrent la manière dont de petits groupes d'individus, des institutions, des civils ou des militaires ont, au cours de la guerre, fourni aux responsables politiques les moyens de la victoire finale. Ce livre examine donc la nature des problèmes opérationnels posés aux Alliés, évoque ceux qui les ont résolus, la manière dont ils y sont parvenus, et espère donner à leur œuvre le retentissement qu'elle mérite. Les victoires ne peuvent être comprises sans que soient étudiés les méthodes utilisées pour les obtenir et ceux qui les conçoivent.

Cette histoire débute à la conférence de Casablanca, en janvier 1943, où le plan stratégique des Alliés, conçu pour précipiter la chute des puissances de l'Axe, est entièrement remanié et refondu en un tout plus cohérent. Elle se termine environ dix-sept mois plus tard, quand les cinq défis opérationnels définis par ce plan sont atteints ou en passe de l'être.

Aucun de ces cinq chapitres ne peut précisément commencer en janvier 1943, car chaque cas doit être replacé dans son contexte. La protection des convois de navires marchands dans l'Atlantique (chapitre 1) comme le débarquement de troupes sur des côtes tenues par l'ennemi (chapitre 4) sont des entreprises de longue haleine, qui s'appuyaient sur des leçons et des principes anciens. Les deux chapitres qui leur sont consacrés méritent donc une introduction plus longue. Par contre, les mécanismes de la guerre mécanisée menée par la Wehrmacht (chapitre 3) ou du combat aérien au-dessus de l'Europe (chapitre 2), issus de développements récents, nécessitent moins de mise en perspective. Le chapitre 5, qui traite de la défaite du Japon, se situe un peu entre les deux. L'élaboration de méthodes visant à transporter des masses de troupes à travers le Pacifique a certes nécessité la conception de nouveaux matériels et de nouvelles organisations, mais ces questions avaient été étudiées durant l'entre-deux-guerres.

A l'inverse, chaque chapitre se termine rapidement après l'été 1944. Les combats qui mènent jusqu'à Berlin et à Hiroshima sont évoqués ; mais les questions étudiées sont peu ou prou réglées en juillet 1944. C'est durant cette période critique de dix-huit mois que la roue tourne, et les actions entreprises par Berlin comme par Tokyo ne peuvent plus rien y changer.

On peut écrire des livres pour bien des raisons. Durant une longue période de ma carrière de chercheur et d'écrivain, j'ai étudié en profondeur le fonctionnement des Nations unies[1]. Ces travaux, menés au cours des années 1990, m'ont alors donné l'occasion de m'intéresser à ces hommes de l'entre-deux, qui constituent les corps intermédiaires, chargés de répondre aux problèmes techniques et de leur trouver une solution. Mon poste d'enseignant à Yale, à la tête du département de Stratégie, a piqué davantage encore mon intérêt. Au sein de ce cursus universitaire d'une année, sont étudiés les grands classiques (Sun Tse, Thucydide, Machiavel, Clausewitz) et des exemples, gagnants ou non, de stratégies historiques. Il se conclut par une analyse des problèmes du monde actuel[2]. La justification pédagogique de cet enseignement est fondamentale : c'est durant leurs études que les futurs décideurs de la politique, des armées, de l'économie et de l'éducation doivent être confrontés intellectuellement à des écrits et à des phénomènes historiques persistants. Rares sont les Premiers ministres ou les chefs d'entreprise à disposer d'assez de temps pour étudier Thucydide à l'âge de 50 ou 60 ans !

Mais l'enseignement de la « grande » stratégie se concentre, par essence, sur les stratégies et les politiques décidées au plus haut sommet. Leurs conséquences dans les niveaux intermédiaires, voire au niveau où ces politiques sont mises en pratique, sont souvent tenues pour acquises. *De minimis non curat praetor* ; nous étudions rarement en profondeur les mécaniques et les dynamiques des échecs comme des réussites stratégiques et c'est précisément ce domaine qui commençait à me passionner[3]. Quelques exemples, parmi d'autres : les historiens européens savent que, durant quatre-vingts longues années, les rois d'Espagne tentèrent d'étouffer la révolte des protestants de Hollande et que cette campagne militaire fut menée, pour l'essentiel, grâce à la « route espagnole* », très rarement étudiée. Les chercheurs savent également que les navires anglais dispersèrent l'Invincible Armada espagnole en 1588. Qui sait que les réformes drastiques de conception des galions anglais, entreprises une décennie auparavant par sir John

* Cette voie terrestre longue d'un millier de kilomètres, opérationnelle de 1567 à 1610, reliait le port de Gênes aux Flandres. Cent vingt mille hommes l'empruntent pour combattre les Pays-Bas révoltés, contre 17 000 qui transitent par mer (*NdT*).

Hawkins, leur donnèrent la vitesse et la puissance de feu nécessaires pour obtenir ce résultat ? Si la croissance ahurissante de l'Empire britannique au cours du XVIIIe siècle est bien connue, on ignore trop souvent qu'elle fut pour beaucoup financée par les marchands d'Amsterdam et d'Europe. Lorsque la Grande-Bretagne déclara la guerre à l'Allemagne en 1914, les historiens rapportent que son empire fut immédiatement mis sur le pied de guerre, mais ne nous disent rien de l'incroyable système de câbles télégraphiques sous-marins qui permit l'exécution de cet ordre[4]. Les passionnés de stratégie, décideurs ou enseignants, tiennent de trop nombreuses choses pour acquises.

De la même manière, et pour en arriver à notre sujet, les historiens de la Seconde Guerre mondiale savent qu'en janvier 1943, à l'issue des débarquements d'Afrique du Nord, Churchill, Roosevelt et le Comité des chefs d'état-major se rencontrèrent à Casablanca pour décider d'une approche commune et que, de ces pourparlers délicats, émergèrent les grandes lignes de la stratégie anglo-américaine.

Sur le plan politique, l'ennemi devait capituler sans conditions. L'Allemagne étant désignée comme l'ennemi principal, les efforts devaient être essentiellement tournés vers l'Europe (l'amiral américain King s'assura que cette décision n'excluait pas des opérations de reconquête dans le Pacifique et en Extrême-Orient, si ambitieux que cela pût paraître à cette date). Les Soviétiques, auprès desquels il était impossible de combattre directement, devaient recevoir toute l'aide matérielle disponible pour les aider à enrayer la machine de guerre nazie.

Les marines, forces aériennes et armées occidentales devaient s'atteler immédiatement à une mission opérationnelle triple : sécuriser les lignes transatlantiques, afin que les convois à destination de la Grande-Bretagne traversent sans encombre ; obtenir la suprématie aérienne en Europe occidentale et centrale, afin de permettre au Royaume-Uni de servir de rampe de lancement à l'invasion du continent et de plate-forme pour la destruction systématique par voie aérienne du Troisième Reich ; pour finir, prendre pied sur les rivages tenus par l'Axe afin de porter le fer au cœur de l'Europe. L'accord obtenu sur ces points, le président américain et le Premier ministre britannique posèrent pour les photographes, approuvèrent ces directives stratégiques et rentrèrent chez eux[5].

Un peu plus d'un an plus tard, ces objectifs opérationnels étaient atteints ou en passe de l'être. L'Afrique du Nord tombait, ainsi que la Sicile puis toute l'Italie. Entorse était faite à la politique de « capitulation sans conditions » pour permettre à l'empire disloqué de Mussolini de sortir de la guerre. Le principe de « l'Allemagne d'abord » était conservé. Les voies de navigation sur l'Atlantique étaient sécurisées et la suprématie aérienne sur l'Europe établie ; la campagne de bombardement stratégique contre l'industrie, les villes et les populations de l'Allemagne commençait. Si la Russie devait, avant tout, la victoire à la résolution de son peuple et aux ressources de son sol, elle reçut une aide matérielle massive. Les forces américaines se répandirent dans tout le Pacifique. La France était finalement envahie en juin 1944 et moins d'un an plus tard les armées alliées se rencontraient sur l'Elbe afin de célébrer ensemble une victoire européenne acquise de haute lutte. Les Etats-Unis engagèrent des ressources si considérables dans le Pacifique que la capitulation du Japon suivit de moins de trois mois la chute du Troisième Reich. Les objectifs de Casablanca étaient atteints. Ce livre entend expliquer comment.

Comme souvent, les apparences sont trompeuses. La concrétisation de la déclaration d'intention stratégique des Alliés à Casablanca n'avait rien d'inéluctable. Début 1943, les Alliés ne sont pas en situation d'atteindre les objectifs fixés. Pire, dans de nombreux domaines, dont celui, critique, de la maîtrise de la mer et des airs, la situation se détériore considérablement durant les mois qui suivent la conférence. La victoire finale de 1945 a effacé tout cela, comme les victoires contre Philippe II d'Espagne ou Napoléon ont fait oublier à quel point ils donnèrent du fil à retordre à leurs adversaires.

Dans l'Atlantique, les pertes des navires marchands s'intensifient après Casablanca. En mars 1943, les U-boote de Dönitz coulent 108 navires alliés, pour un total de 627 000 tonnes. Ce taux de pertes épouvante l'Amirauté qui sait que le nombre de sous-marins allemands va croître durant l'été. Au lieu de voir les convois alliés débarquer sans anicroches d'importantes quantités d'hommes et de munitions en vue de l'ouverture d'un second front, on craint soudain que la Grande-Bretagne ne soit pas en mesure de subvenir à ses propres besoins domestiques. Avant que ce danger soit écarté, il ne peut être question d'envahir l'Europe.

La campagne de bombardement stratégique de l'Allemagne va de Charybde en Scylla tout au long de l'année 1943. La Luftwaffe multiplie par deux le nombre de ses chasseurs de nuit, grâce à la magistrale réorganisation de l'industrie de guerre allemande opérée par Albert Speer. Les raids d'un millier d'appareils contre Cologne et Hambourg, conçus par le maréchal de l'Air « Bomber » Harris, infligent des dégâts terribles à l'industrie allemande ; mais le nombre de bombardiers perdus lors des raids plus distants contre Berlin est tel que la RAF frôle la paralysie. Au cours des 16 raids massifs effectués contre la capitale allemande entre novembre 1943 et mars 1944, le Bomber Command perd 1 047 appareils et 1 682 autres sont endommagés. Les raids diurnes de l'US Air Force subissent des pertes encore supérieures : lors du fameux raid du 14 octobre 1943 contre l'usine vitale de roulements à billes de Schweinfurt, 60 des 291 Forteresses volantes engagées sont abattues et 138 sont endommagées. La RAF et l'US Air Force doivent admettre une terrible réalité : l'idée, héritée de l'entre-deux-guerres, selon laquelle « les bombardiers passent toujours » est erronée. Les Alliés semblent incapables de s'assurer la maîtrise de l'air et des mers. Or, sans elle, toute victoire contre l'Allemagne est impossible.

Les alliés occidentaux n'ont pas davantage trouvé le moyen d'atteindre leur troisième objectif affiché : débarquer sur des côtes tenues par un ennemi abrité derrière le « mur de l'Atlantique », repousser les inévitables contre-attaques des blindés allemands et projeter deux à trois millions de soldats depuis les plages de Normandie jusqu'au cœur de l'Allemagne. Les débarquements d'Afrique du Nord, qui précèdent la conférence de Casablanca, ont été relativement aisés : l'opposition des vichystes, tant militaire que politique, a été négligeable. Ceci explique peut-être la confiance dont Churchill et Roosevelt semblent faire preuve à Casablanca (des spécialistes comme Alanbrooke et Eisenhower sont moins optimistes). Mais percer les fortifications allemandes sur la côte de l'Atlantique est une tout autre affaire, et les chefs d'état-major le savent bien. L'unique tentative de débarquement – le catastrophique raid de Dieppe en août 1942 – a entraîné la mort ou la capture de la majorité des troupes canadiennes engagées. Les spécialistes alliés en tirent la conclusion que toute attaque contre un port bien défendu est vouée à l'échec. Mais alors, où faire débarquer des millions d'hommes et des milliers de navires ? Sur une plage ouverte, battue par les tempêtes, si fréquentes sur les côtes de l'Atlantique ? Cela semble tout aussi irréalisable. Comment les Alliés vont-ils pouvoir envahir la France – ou le Japon, protégé, quant à lui, par les vastes étendues du Pacifique ?

Pour repousser les contre-attaques massives des blindés de la Wehrmacht, il convient également de répondre à une question plus large : comment arrêter la machine de guerre allemande ? Pour des raisons historiques, opérationnelles et techniques, l'Allemagne a développé, à la fin des années 1930, une nouvelle forme de combat interarmes (mêlant des troupes de choc, des armes légères mobiles, des unités d'infanterie motorisée, des chars et un appui aérien tactique), la *Blitzkrieg*, qui lui a permis de tailler en pièces les armées polonaise, belge, française, danoise, norvégienne, yougoslave et grecque. Entre 1940-1941, la vénérable armée britannique a été chassée de l'Europe (Norvège, France et Belgique, Grèce, Crète), une humiliation d'une ampleur inconnue depuis la perte de Calais par Marie Tudor en 1558.

A l'époque de la conférence de Casablanca, quelques progrès ont tout de même été enregistrés. Non loin du Caire, à El-Alamein, des armées sous commandement britannique ont mis un terme à l'offensive du charismatique général Rommel, démoli ses meilleures unités et poursuivent à présent les forces de l'Axe le long de la côte d'Afrique du Nord. Presque au même moment, la contre-offensive de l'Armée rouge, dans le secteur sud du front de l'Est, porte un coup d'arrêt à l'imposante et brutale offensive des Allemands à Stalingrad, reprend la ville maison par maison et capture la 6e armée du général Paulus.

Abasourdi par ces deux défaites successives, le Troisième Reich entreprend enfin une réorganisation que sa morgue, conséquence de ses victoires retentissantes, avait jusqu'ici empêchée. En 1943, sa production d'armement fait plus que doubler par rapport à 1941. A cette date, sa production d'avions était inférieure de moitié à celle de la Grande-Bretagne ; en 1943, elle est à nouveau supérieure. Les forces allemandes reçoivent des chars, des avions et des sous-marins de meilleure qualité. Hitler réagit au débarquement des Anglo-Américains en Afrique du Nord (le 8 novembre 1942) en envahissant la zone sud de la France et en déployant des divisions d'élite en Tunisie. Au moment où les deux chefs d'Etat alliés quittent Casablanca, les renforts envoyés à Rommel étrillent les troupes américaines inexpérimentées dans la passe de Kasserine. Après Stalingrad, les armées russes s'essoufflent et, dès février-mars 1943, les nouvelles Panzerarmee de Manstein enrayent l'offensive de printemps des Russes, reprennent Kharkov et rassemblent une imposante masse de blindés pour leur offensive d'été en direction de Koursk. Si, en outre, les Allemands continuent d'attaquer à loisir les convois transatlantiques, d'abattre les bombardiers alliés en masse et d'empêcher les armées anglo-américaines de débarquer en France, ils pourront sans doute concentrer davantage de troupes sur le front de l'Est et, peut-être, contraindre Staline à négocier une paix séparée.

Demeure le cinquième grand défi opérationnel : assurer la défaite du Japon. Cette entreprise doit être majoritairement – sinon exclusivement – américaine. Certes, les troupes britanniques et indiennes peuvent se lancer à la reconquête de la Birmanie, de la Thaïlande et de la Malaisie, et les divisions australiennes tendre la main à MacArthur pour reprendre la Nouvelle-Guinée avant de pousser vers les Philippines. Mais l'axe stratégique le plus prometteur consiste précisément à éviter les jungles de Nouvelle-Guinée, de Birmanie et d'Indochine pour, au contraire, effectuer des sauts de puce dans le Pacifique central, depuis Hawaï, vers l'ouest, en direction des Philippines, de la Chine puis du Japon. Des officiers américains particulièrement clairvoyants ont, durant l'entre-deux-guerres, mis au point ce « Plan Orange » qui, sur le papier, est très séduisant – il est, d'ailleurs, le seul plan de campagne des Alliés à ne pas être modifié ou abandonné à la suite des grands succès de l'Axe entre 1939 et 1942.

Comme pour l'invasion de la France, la difficulté est avant tout d'ordre pratique. Comment débarquer sur un atoll corallien, aux eaux saturées de mines et d'obstacles, aux plages infestées de pièges, face à un ennemi retranché dans des casemates ? En novembre 1943, les Américains attaquent, avec une supériorité matérielle écrasante, la garnison japonaise de Tarawa (à peine 3 000 hommes), dans les îles Gilbert. L'affaire s'annonce facile : le quartier général impérial japonais a décrété que les Gilbert se trouvent en dehors de son « périmètre de défense absolue » ; mais les pertes des Marines américains, cloués sur les récifs coralliens par un feu nourri, choquent l'opinion publique américaine. Ailleurs dans le Pacifique, les perspectives ne sont pas bonnes. Le général MacArthur, avec son sens inné de la publicité, a déclaré qu'il reviendrait aux Philippines, mais la garnison japonaise, sur ces îles, avoisine les 270 000 hommes, dont aucun n'acceptera de se rendre. Combien de temps faudra-t-il alors pour débarquer sur les côtes du Japon ? Cinq ans ? Et à quel prix, si les garnisons de l'ennemi dans les Philippines sont vingt ou cinquante fois plus nombreuses que celle de Tarawa ?

La liste des défis qui attendent les Alliés est d'autant plus impressionnante qu'ils ne sont pas distincts, mais interdépendants. Effectuer des « sauts de puce » dans le Pacifique nécessite la maîtrise des mers, qui, elle-même, dépend de la maîtrise des airs liée à la construction d'aérodromes sur de petits atolls de corail – et un désastre d'envergure dans l'Atlantique ou en Europe entraînerait nécessairement le redéploiement d'une partie des troupes américaines du Pacifique sur ces théâtres d'opérations. L'invasion de la France est impossible tant que dure la menace des U-boote sur les convois transatlantiques. Quel que soit le théâtre d'opérations, les arsenaux des Alliés doivent produire quantité de barges amphibies pour débarquer des troupes sur les plages. Si Staline ne l'a jamais admis, les succès de l'Armée rouge sont grandement facilités par la campagne de bombardement stratégique des Anglo-Américains, qui oblige l'Allemagne à affecter de nombreux hommes (et femmes) à des unités antiaériennes, à la Défense passive et aux programmes de reconstruction nécessaires pour maintenir le Troisième Reich à flot. Les camions Studebaker, bêtes de somme des divisions motorisées soviétiques dans leur poussée vers l'Ouest, ne peuvent quitter l'Amérique pour rejoindre la Russie qu'à la condition que les routes maritimes soient protégées par la Royal Navy. De même, les armées anglo-américaines peuvent progresser rapidement sur le sol européen parce que de nombreuses divisions de vétérans de la Wehrmacht sont engagées (et décimées) à l'Est. Pour résumer, si un avantage obtenu localement par les Alliés peut servir les autres campagnes en cours, un échec peut avoir des conséquences fâcheuses partout ailleurs.

Ces cinq objectifs distincts et interdépendants sont pourtant atteints entre le début de l'année 1943 et l'été 1944 soit, grossièrement, entre Casablanca et le quadruple succès de Normandie, de la prise de Rome, du débarquement dans les Mariannes et de l'opération Bagration. Certains problèmes stratégiques (maîtrise des airs au-dessus de l'Allemagne, sauts de puce entre les îles du Pacifique) mettent plus de temps que d'autres (contrôle des voies maritimes de l'Atlantique, contrecarrer la *Blitzkrieg*) à être résolus, mais en l'espace de dix-sept mois le plus grand conflit de l'Histoire connaît un tournant majeur.

Deux questions viennent immédiatement à l'esprit : pourquoi et comment cela s'est-il produit ? Il est facile de répondre à la première. Les belliqueuses nations fascistes ont commis la folie d'attaquer le reste du monde. Ayant fourbi leurs outils de conquête dès les années 1930, elles ont pu remporter des succès initiaux retentissants mais ne sont pas parvenues à mettre leurs trois principaux ennemis à terre. Lorsque le reste du monde parvint à se relever de ce premier coup de boutoir, il concentra patiemment ses ressources – supérieures –, contre-attaqua et obtint finalement la victoire[6].

Reste une seconde question, d'égale importance : comment les Alliés ont-ils pu se relever et l'emporter ? Un examen comparatif des capacités de production des deux camps entre 1943 et 1944 nous donne certes des indices nets. Mais que se serait-il passé si les U-boote n'avaient pas été vaincus à l'été 1943, si la Luftwaffe n'avait pas été anéantie début 1944 ou si les Russes n'avaient pas trouvé le moyen d'enrayer la *Blitzkrieg* allemande ? Que se serait-il passé si des armes décisives, comme les chasseurs à longue portée ou le radar miniaturisé (dont l'irruption sur les champs de bataille en 1943-1944 est tenue pour un fait acquis par les historiens), étaient entrées en action plus tard ou si elles n'avaient tout simplement pas vu le jour ?

Tout laisse penser qu'*a minima* l'« inévitable » victoire des Alliés aurait pu se produire bien plus tard qu'en mai-août 1945, et qu'elle se serait probablement accompagnée de bien davantage de pertes. L'histoire de la seconde moitié de la Seconde Guerre mondiale aurait probablement un visage très différent de celui que nous connaissons. Nous allons donc tenter de répondre à une question somme toute classique : comment atteindre des objectifs stratégiques lorsque l'on dispose de ressources considérables mais pas encore des instruments ni des moyens de leur mise en pratique ?

Voici l'histoire du tournant stratégique, opérationnel et tactique qui s'opéra du début de l'année 1943 au milieu de l'année 1944. Dès le début de mes recherches, il m'est apparu que le champ d'investigation devait partir des déclarations du Comité des chefs d'état-major pour s'attacher ensuite à l'analyse détaillée du processus de résolution des objectifs fixés. On peut bien proclamer que la menace des U-boote doit être écartée. Mais comment y parvenir ? De même, s'il était aussi sensé (que politique) pour Washington et Londres d'assurer à un Staline de plus en plus irrité qu'un second front allait bientôt s'ouvrir en France, comment procéder ? Certaines personnes et certains organismes ont dû s'atteler à ces questions ; c'est à eux qu'il est revenu d'y répondre afin que les efforts de millions de soldats, aviateurs et marins alliés soient finalement couronnés de succès.

Voilà la particularité de ce livre, qui entend traiter ces individus et organismes, non d'une manière anecdotique, romantique ou technique, mais comme les éléments centraux d'une compréhension des raisons profondes de ce tournant. Certains lecteurs ont sans doute entendu parler des briseurs de code de Bletchley Park ou de leurs homologues pour le Pacifique. Certains connaissent l'invention, par Barnes Wallace, des bombes rebondissantes qui détruisirent les barrages allemands de la Ruhr[7]. Plus rares sont ceux qui connaissent l'excentrique Percy Hobart, père des blindés capables de traverser les plages couvertes de mines et de barbelés, ou les personnes qui mirent au point les ports Mulberry. Presque personne ne connaît les capacités pathétiques du célèbre char russe T-34 et le rôle bien plus fondamental que jouèrent les pièces antichars de l'Armée rouge. Qui connaît l'importance du magnétron ? Qui sait à quel point l'adaptation du moteur Rolls-Royce Merlin 61 britannique au chasseur américain P-51 Mustang fut une avancée décisive ? Qui connaît le rôle que joua le fondateur des Seabees de la marine américaine ? L'essentiel de ce folklore de la Seconde Guerre mondiale est fascinant en soi. Mais nous avons rarement, voire jamais, pris assez de recul pour comprendre comment tout ceci est apparu et est parvenu à maturité avant d'être utilisé, pas plus que nous n'avons apprécié la manière dont ces étranges pièces du puzzle s'assemblèrent dans le schéma d'ensemble[8].

Ce livre entend expliquer comment. A bien des égards, il s'inscrit dans la droite ligne des recherches présentées, il y a quarante ans, par sir Basil Liddell Hart dans son *Histoire de la Seconde Guerre mondiale*. Il constitue cependant moins un hommage personnel qu'un élargissement de son propos à la question des prises de décision et à la résolution des problèmes en histoire. Si elle atteint son but, cette méthode d'enquête pourrait être appliquée avec profit à d'autres champs d'investigation.

1

Comment faire traverser l'Atlantique aux convois

« L'Allemagne se lança dans la bataille de l'Atlantique en ayant mis toutes les chances de son côté… Il était évident, pour les deux camps, que la bataille qu'allaient bientôt se livrer les U-boote et les escorteurs serait une lutte à mort. Les adversaires ne feraient preuve d'aucune pitié et n'en attendraient pas en retour. Une bataille seule, ni même une semaine ou un mois d'affrontements ne pourraient décider de l'issue de la lutte. L'endurance des deux camps serait mise à rude épreuve : la ténacité des équipages des navires d'escorte et des avions alliés, guettant sans relâche la présence d'un ennemi invisible, allait-elle surpasser la résolution des équipages des U-boote, tapis dans l'ombre ou dans les profondeurs, redoutant l'incessante pulsion de l'asdic, l'œil invisible du radar et les explosions des grenades anti-sous-marines ? Les équipages de la marine marchande, impuissants à défendre leurs précieuses cargaisons de carburant, de munitions et de nourriture, parviendraient-ils à supporter, jour après jour, nuit après nuit, durant toute la longue traversée, la tension provoquée par la crainte permanente de la détonation d'une torpille, capable d'envoyer leur navire par le fond en quelques secondes ou de le transformer en véritable torche dont ils ne pourraient s'extraire ? L'issue de cette bataille entre hommes, utilisant tous les instruments et les machines que la science était à même de leur fournir, serait tranchée par les compétences, l'endurance et la vigueur morale de ses participants. De toute la longue histoire de la guerre navale, aucune bataille ne peut être comparée à celle qui se déroula sur des milliers de kilomètres carrés d'océan et qui ne connut aucune limite, tant en espace qu'en temps[1]. »

S. W. Roskill, *The War at Sea*

Janvier 1943. Tandis que Churchill et Roosevelt effectuent leur aller-retour à Casablanca, le climat dans l'Atlantique Nord est, de mémoire de marin, d'une violence inégalée. Durant l'essentiel des mois de décembre 1942 et de janvier 1943, de violentes tempêtes gênent les activités maritimes. Les cargaisons des navires marchands, battus par des vagues gigantesques, se désarriment et se répandent à l'intérieur de leurs coques. Les petits escorteurs sont ballottés comme des bouchons de liège à la surface de l'eau. Les gros navires de guerre, aux imposantes superstructures, embardent d'un bord l'autre. Les U-boote allemands, quand ils font surface, sont aveuglés par des vagues de 30 mètres et préfèrent donc regagner les eaux plus calmes des profondeurs ou font route vers le sud. Des centaines, peut-être des milliers de marins sont blessés, et certains meurent accidentellement ou sont emportés par les vagues. Dans certains cas extrêmes, le commandant d'un convoi est contraint d'ordonner un retour au port, ou tout au moins d'y renvoyer les navires endommagés. Dans son journal, Alanbrooke rapporte que Churchill, tout comme lui et les autres chefs d'état-major britanniques, sont contraints de changer à plusieurs reprises leurs plans de vol ou de traversée pour rejoindre Casablanca. Mère Nature ne se soucie pas plus des personnages prestigieux que des simples marins.

L'activité sur les routes de navigation de l'Atlantique Nord, battues par les tempêtes, est donc très inférieure à la normale en ces mois d'hiver. Une seconde raison, plus réjouissante, explique le ralentissement du trafic. L'opération Torch a exigé la présence de nombreux navires d'escorte – la Royal Navy a fourni 160 navires de guerre de tous types pour cette opération[2] – et les convois à destination de Gibraltar, de la Sierra Leone et de l'Arctique sont temporairement suspendus. Les navires alliés transportant les troupes et tout le matériel nécessaire à l'invasion bénéficiant d'un haut degré de protection et l'Axe ignorant tout des préparatifs de l'opération, les troupes d'invasion ne rencontrent qu'une très faible opposition des U-boote sur les côtes de l'Afrique du Nord. Mais cette opération provoque, comme nous allons le voir, une baisse importante de l'approvisionnement de la nation britannique assiégée.

Il en résulte également une chute significative du tonnage coulé par les sous-marins ennemis : les convois sont moins nombreux, et ceux qui prennent la mer en bravant les intempéries se trouvent souvent protégés par ces conditions climatiques détestables. Certains convois effectuent un large détour par le nord, préférant le risque des icebergs à celui des meutes de U-boote. Le bilan mensuel des pertes en tonnage, tenu par l'Amirauté, s'en ressent nettement. En novembre 1942, à titre d'exemple, les Alliés perdent 119 navires marchands pour un total effrayant de 729 000 tonnes, et si bon nombre de ces navires sont coulés dans des eaux plus distantes, au large de l'Amérique du Sud par exemple, les voies maritimes qu'ils empruntent sont intégrées à l'effort général de rassemblement et de renforcement des forces anglo-américaines dans les îles Britanniques. Tout navire marchand embarquant une cargaison d'un port ami vers un autre puis vers le Royaume-Uni compte, comme chaque navire envoyé par le fond.

Par contraste, en décembre et janvier, les U-boote ne coulent *que* 200 000 tonnes de navires, dont la plupart sur les routes de l'Atlantique Sud. Les bilans de ces deux mois sont cependant particuliers, comme nous venons de le voir, et lorsque le Premier ministre britannique et le président des Etats-Unis se retrouvent à Casablanca, ils prennent cette crise du tonnage très au sérieux. La flotte marchande des Alliés a perdu la somme faramineuse de 7 800 000 tonnes durant l'année 1942, dont 6 300 000 coulées par les terribles U-boote. Si les gigantesques chantiers navals américains, conçus pour la production de masse, atteignent lentement leur rendement maximum, leur production en 1942 (environ sept millions de tonnes) signifie – malgré les opinions exprimées plus tardivement, affirmant que la bataille de l'Atlantique aurait été gagnée dès 1942 en raison de la puissance de production des Américains – que la capacité de transport maritime des Alliés a bel et bien chuté en valeur absolue tandis qu'elle doit faire face aux demandes, plus grandes encore, qu'exige la guerre dans le Pacifique. Début 1943, les importations britanniques sont inférieures d'un tiers à celles de 1939, alors que les camions américains comme les avions en pièces détachées le disputent à présent aux biens de consommation issus des colonies dans les cales des navires marchands. Cette crise de l'approvisionnement met en danger *toute* la stratégie de la guerre en Europe et menace directement la Grande-Bretagne qui, si la situation persiste ou empire, risque la disette. Les lourdes pertes subies par les pétroliers ne laissent plus que deux à trois mois d'autonomie en combustible – et comment combattre ou simplement vivre sans combustible ? Cette crise menace également les convois arctiques à destination de l'URSS et les convois en Méditerranée à destination de Malte et de l'Egypte. Elle met en péril, par extension, toute la campagne d'Afrique du Nord, car la Grande-Bretagne peut difficilement envoyer des troupes via la Sierra Leone et Le Cap jusqu'à Suez si ses propres lignes de communication sont anéanties. Elle menace même une partie de l'Afrique de l'Est et l'Inde, qui dépendent des importations de nourriture par voie maritime, ainsi que les fondements mêmes de l'opération Boléro* – il est parfaitement ridicule de déployer 2 000 bombardiers lourds américains en Angleterre s'ils ne peuvent disposer de carburant ! Il n'est donc pas étonnant que Churchill ait, plus tard, confessé que, de toutes les batailles de cette guerre, celle de l'Atlantique fut celle qui l'inquiéta le plus ; en cas de défaite, le pari, pris en 1940, de poursuivre la guerre eût été vain.

Plus inquiétant encore, si l'Amirauté ne possède pas une estimation correcte du nombre de U-boote, ces derniers semblent se multiplier. Au cours de l'année 1942, les navires de guerre et avions alliés ont détruit 87 sous-marins allemands et 22 sous-marins italiens. Mais le Troisième Reich accélère lui aussi sa production de guerre (avant même qu'Albert Speer ne supervise la production d'armement) et lance 17 sous-marins supplémentaires chaque mois au cours de l'année. A la fin de 1942, Dönitz dispose de 212 sous-marins opérationnels (pour un total de 393), bien plus que les 91 sous-marins opérationnels (sur 249) dont il disposait au début de l'année[3]. Si l'issue de la Seconde Guerre mondiale fut grandement affectée par l'inventivité, la technologie et l'organisation des deux camps – et pas uniquement par de simples données chiffrées –, il est incontestable que les

---

* Nom de code de l'opération destinée à rassembler les troupes américaines et le matériel qui leur était nécessaire en Grande-Bretagne, avant le débarquement de 1944 (*NdT*).

chiffres ont compté. Et, à l'époque de la conférence de Casablanca, les Allemands parviennent plus facilement à couler des navires marchands alliés que les Alliés à couler des U-boote. Pire encore, de plus en plus de U-boote entrent dans la danse.

Au cours des mois qui suivent, le cauchemar du Premier ministre britannique semble se réaliser. En février, mars et avril 1943, le trafic des convois à destination des îles Britanniques s'intensifie de nouveau, ainsi que le nombre des pertes de navires marchands – et dans des proportions effrayantes. Le total des pertes du mois de février est le double du mois précédent et, en mars, les Alliés perdent 108 navires, pour un total de 627 000 tonnes, soit l'un des trois pires mois de la guerre dans ce domaine. Surtout, les deux tiers de ces navires coulés le sont dans des convois ; il ne s'agit donc plus de U-boote chanceux coulant des navires isolés non loin des côtes illuminées d'Amérique, comme au début de 1942, ou du résultat des raids effectués contre les lignes de communication de l'Atlantique Sud. Source supplémentaire d'alarme, la plupart des pertes sont enregistrées le long de la voie maritime principale, entre les ports de New York et Halifax à destination de Glasgow et de Liverpool. Du 16 au 20 mars, Dönitz lance 40 U-boote contre les convois HX-229 et SC-122, à destination de l'Est, dans ce qui va demeurer le plus grand affrontement de la bataille de l'Atlantique. Cet épisode épique, qui sera analysé plus en détail par la suite, est catastrophique pour les Alliés : 21 navires marchands, totalisant 141 000 tonnes, sont coulés pour la perte d'un seul U-boot. Selon l'histoire officielle de l'Amirauté, « les Allemands ne furent jamais aussi près d'interrompre les liaisons entre le Nouveau Monde et l'Ancien que lors des vingt premiers jours de mars 1943[4] ».

Le contexte opérationnel et stratégique

Ce que ces pertes en constante augmentation suggèrent plus largement est que le principe même des convois – jusqu'alors considéré comme le meilleur moyen de protéger le commerce maritime – se trouve totalement remis en cause.

Les problèmes de l'Amirauté britannique n'ont pourtant rien de neuf dans l'histoire de la guerre maritime. Protéger des navires de transport des attaques de l'ennemi est un des plus anciens problèmes de l'histoire de la guerre comme de la paix. Au zénith de l'Empire romain, marchands et consuls se plaignent des déprédations des pirates à l'encontre du commerce des céréales, du vin et de l'huile d'olive. Quinze cents ans plus tard, les amiraux espagnols enragent de voir leurs galions, transportant de l'argent et des épices précieuses, pillés par des corsaires anglais et hollandais ; une génération ou deux plus tard, ce sont les Hollandais qui voient leur commerce avec les Indes orientales menacé par les assauts des Français et des Anglais. L'époque de l'expansion européenne et de la révolution commerciale (XVIe et XVIIe siècles) voit des parts de plus en plus importantes des richesses nationales emprunter des routes maritimes précaires. Au temps de Charlemagne, les souverains et les peuples ne dépendaient que très peu de la maîtrise des mers. Mais dès l'époque de la guerre de Sept Ans (1756-1763) elle est devenue critique, tant dans l'Atlantique que dans l'océan Indien, au moins pour les économies développées. Qu'une nation européenne perde le contrôle de ses routes commerciales et elle risque presque à coup sûr de perdre la guerre elle-même. Tel est en substance le message retentissant d'un ouvrage classique, *L'Influence de la puissance maritime dans l'Histoire* (1890), de l'historien naval américain Alfred Thayer Mahan.

Les idées de Mahan influencent les amirautés britannique, allemande, japonaise, américaine et d'autres marines de moindre envergure. La pierre angulaire de cette pensée est que le seul moyen d'obtenir la maîtrise des mers consiste à disposer de la marine de guerre la plus puissante, capable d'écraser toutes ses rivales. Les formes de guerre navale de moindre intensité, comme les raids contre le commerce, les opérations des croiseurs et des torpilleurs, n'ont, selon Mahan, que peu d'impact : elles ne permettent pas de gagner les guerres. Certes, durant les guerres du Premier Empire, des corsaires français s'emparent de nombreux navires de commerce britanniques qui naviguent isolément ; mais, lorsque ces derniers sont réunis en convois et pourvus d'une escorte de navires de guerre, les déprédations cessent. Durant les trois premières années de la Première Guerre mondiale, et bien que la flotte britannique dispose de la maîtrise des mers, les navires marchands alliés qui voyagent sans escorte sont de plus en plus soumis aux attaques des U-boote allemands. Lorsque l'Amirauté est contrainte, par le Cabinet britannique, de revenir au système des convois, en 1917, les pertes dues aux sous-marins chutent de manière significative. Par surcroît, les navires alliés sont bientôt dotés de l'asdic (sonar), qui permet pour la première fois de repérer un objet solide se mouvant sous la surface. On pense alors que la maîtrise des mers permet celle des étendues sous-marines. Un sous-marin est à présent aussi repérable que les voiles d'une frégate française cent cinquante ans auparavant. Tel est la vision dominante au sein des états-majors des marines dans les années qui suivent le traité de Versailles en 1919. Les convois et le sonar sont la parade aux sous-marins[5].

Avant d'examiner comment et pourquoi cette vision dominante est remise en cause par le renouveau de la menace des U-boote allemands durant la première moitié de la Seconde Guerre mondiale, il convient de se pencher sur quelques autres présupposés, aussi fondamentaux que contradictoires, des pensées stratégiques et opérationnelles. Le premier, rarement énoncé, est qu'il n'est pas *nécessaire* de couler des sous-marins ou des navires corsaires de surface pour remporter la guerre. Si 50 navires marchands peuvent quitter Halifax et rejoindre Liverpool sans encombre, tant mieux. L'objectif stratégique premier des Alliés est de permettre à la Grande-Bretagne de continuer le combat afin d'en faire, par suite, la rampe de lancement de l'invasion de l'Europe occidentale. Si tous les convois transatlantiques (et à destination de l'Amérique du Sud, de la Sierra Leone ou de l'Afrique du Sud) atteignent leur port de destination sans rencontrer le moindre U-boot, la guerre peut être gagnée, navire après navire, cargaison après cargaison. Si des sous-marins attaquent, il suffit de les repousser pour que le convoi passe. La tâche des bergers est de garder les moutons, pas de tuer les loups.

Le second présupposé, en contradiction avec le précédent, est que la destruction des loups doit être l'essence de la stratégie maritime des Alliés. Il a, lui aussi, sa propre logique interne ; si la menace qui pèse sur les voies maritimes est écartée de vive force, les objectifs de Casablanca seront atteints. Pour l'exprimer dans un langage plus actuel, on ne peut rester les bras croisés en attendant que des groupes terroristes attaquent, ni se contenter de leur inaction ; les autorités doivent traquer les terroristes et les mettre hors d'état de nuire. En termes maritimes, les navires de guerre chargés de protéger les navires marchands peuvent traquer les sous-marins ou, selon une tactique plus audacieuse, escorter des convois à travers des eaux infestées de U-boote et contraindre ces derniers à combattre – et à être détruits.

La première de ces stratégies est nettement défensive, la seconde (qu'il s'agisse de la chasse aux sous-marins ou du passage en force des convois) est clairement offensive. Ces deux visions, il convient de le noter, impliquent une délicate relation d'interdépendance entre les navires marchands, les sous-marins et l'escorte navale et aérienne, à la manière du jeu « pierre/ciseaux/papier ». Si les convois parviennent à éviter les sous-marins ou à les repousser, parfait ; si les sous-marins parviennent à attaquer les convois sans être détruits par l'escorte, *idem* ; si l'escorte parvient à détruire les sous-marins, tant mieux.

Mais entre 1939 et 1943, dans les étendues cruelles de l'Atlantique Nord, aucune de ces deux stratégies opérationnelles, offensive comme défensive, ne peut fonctionner seule. La solution doit naître de la combinaison des deux options, au gré des hauts et des bas de la bataille de l'Atlantique, la plus longue de toutes les campagnes de la Seconde Guerre mondiale. L'Atlantique est, d'un point de vue géopolitique, l'axe maritime le plus important du monde. Naturellement, les autres voies commerciales des Alliés comptent et sont également confrontées à des difficultés identiques, voire plus grandes encore, tant opérationnelles que logistiques, comme dans le cas des convois à destination de l'Arctique. Mais la sécurité des convois maritimes traversant l'Atlantique est la pierre angulaire de toute la stratégie anglo-américaine sur le théâtre européen. Comme dans les autres chapitres de cet ouvrage, il convient de réaffirmer ces nombreuses interconnexions. La victoire de la bataille de l'Atlantique préserve la base militaro-industrielle britannique. La Grande-Bretagne est le porte-avions insubmersible de la campagne de bombardement stratégique des Alliés et le tremplin de l'invasion de l'Europe occidentale. Elle est le point de départ de la plupart des convois à destination du nord de l'URSS et de la Méditerranée, la source des nombreux convois de troupes que Churchill adresse à Montgomery, via Le Cap, en Egypte et au Proche-Orient. Le contrôle de l'Atlantique est essentiel pour la réussite du plan des Alliés occidentaux contre l'Italie et l'Allemagne.

La logique de la stratégie des Alliés est ici aussi d'une limpidité rare, un bel exemple du concept développé par Millett et Murray sur la nature stratifiée de l'« efficacité militaire[6] ». L'objectif politique est la défaite inconditionnelle de l'ennemi et le retour à un monde de paix et d'ordre. Pour atteindre ce but, la stratégie consiste à porter la guerre chez l'ennemi par tous les moyens disponibles, aériens, terrestres, navals, économiques et diplomatiques. Elle nécessite l'obtention d'un succès décisif au niveau opérationnel, dans chacun des domaines couverts dans les différents chapitres du présent ouvrage. Il serait insensé de prétendre qu'un secteur opérationnel est plus important qu'un autre (même si les chefs d'état-major ne s'en privent pas, car ils se disputent l'allocation des ressources) ; tous font partie intégrante de la stratégie globale des Alliés. Il est incontestable, cependant, que si les Britanniques, les Américains et leurs alliés souhaitent arracher l'Europe au fascisme, ils doivent tout d'abord disposer de la maîtrise des eaux de l'Atlantique. Or, le contrôle de cette route vitale est lui-même déterminé, en dernier ressort, par un certain nombre de facteurs techniques et tactiques de première importance. En d'autres termes, cette histoire constitue un exemple parfait du fonctionnement d'une chaîne directive.

Chaque navire de commerce préservé, et chaque U-boot coulé par les escorteurs alliés, contribue directement au taux de réussite de chaque convoi. Et les taux de réussite de chaque convoi contribuent au chiffre critique du tonnage mensuel. Ces chiffres forment le baromètre de la victoire de la bataille de l'Atlantique. Cette bataille opérationnelle, comme nous l'avons soutenu, est elle-même une des clés de la victoire en Europe occidentale et en Méditerranée. La victoire en Europe fait elle-même partie du triptyque stratégique : victoire à l'Ouest, victoire sur le front de l'Est et victoire dans le Pacifique et en Extrême-Orient.

La bataille de l'Atlantique est donc un affrontement opérationnel et tactique qui dépend de nombreux facteurs. Le premier d'entre eux, dont tous les autres découlaient, fut la

CONVOIS DE L'ATLANTIQUE, JUILLET 1941

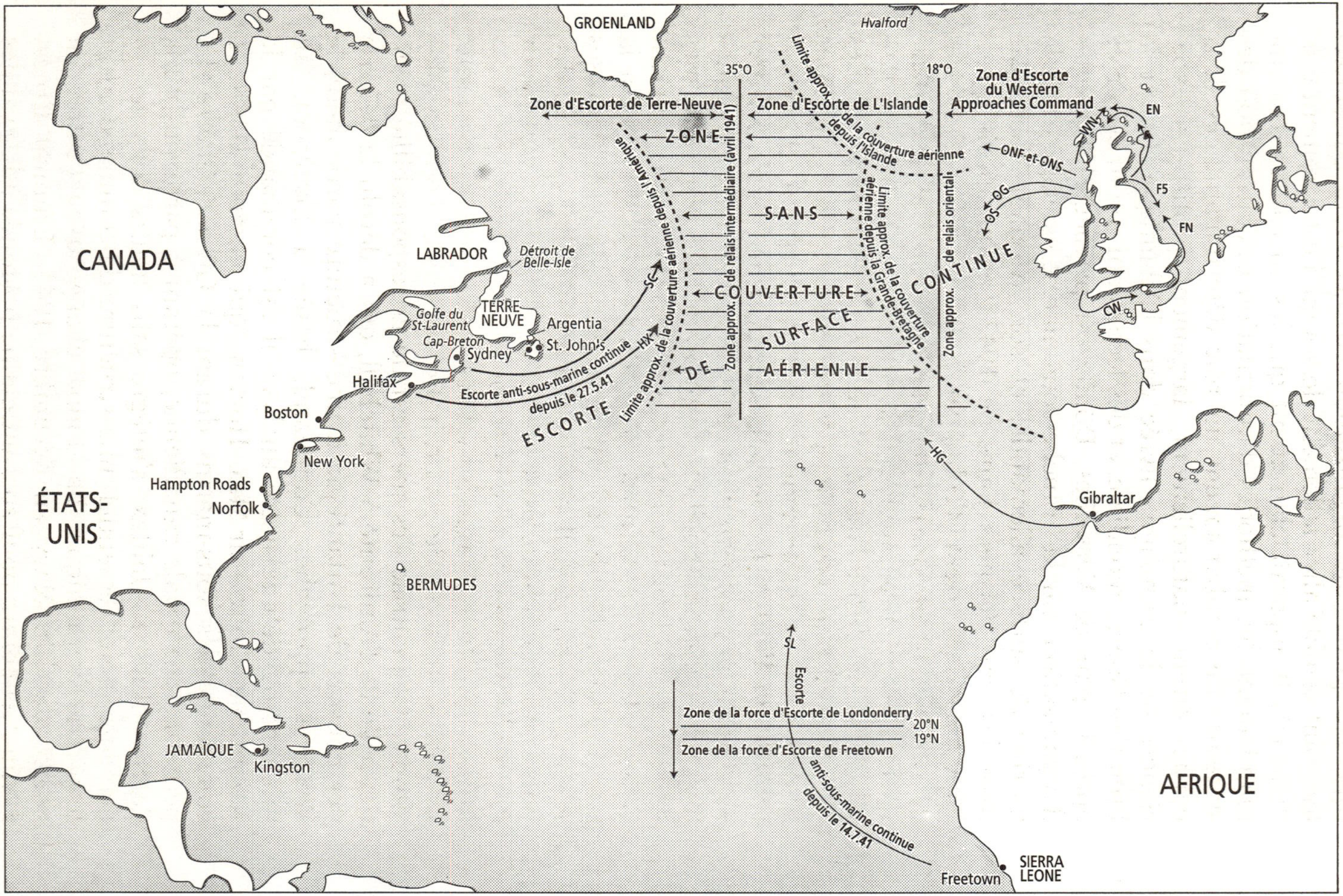

mise sur pied d'une *organisation* efficace et incontestable. Ce point semble aller tellement de soi qu'il est rarement étudié, mais il apparaît clairement que les structures de commandement, les méthodes d'information et l'intégration des systèmes de combat jouent un rôle déterminant. Les deux parties tirent, naturellement, largement profit des expériences de la campagne livrée dans l'Atlantique durant la Première Guerre mondiale, et des leçons qui en ont été tirées après la paix de Versailles. Dönitz est privilégié en termes d'organisation, car la branche sous-marine est séparée de la marine de surface allemande, et son avantage s'accentue dans les tout derniers jours de 1942 : ayant appris qu'un convoi arctique vient d'échapper à une escadre de navires de surface allemands, Hitler entre dans une violente colère et limoge l'amiral Raeder. Dönitz lui succède fin janvier 1943 et décide de conserver le commandement des U-boote, afin de contrôler personnellement les opérations sous-marines. Contrairement à son prédécesseur, Dönitz a l'oreille du Führer. Il doit pourtant batailler ferme et lutter constamment pour obtenir sa part de matériaux stratégiques (acier, roulements à billes, composants électriques, armes antiaériennes) face aux exigences énormes de la Wehrmacht et de la Luftwaffe. Comme nous allons le voir, Dönitz a la plus grande difficulté à obtenir un appui aérien pour ses navires. Néanmoins, il bénéficie du grand avantage de disposer d'un commandement unique et très expérimenté pour diriger l'ensemble de la campagne des U-boote.

Chez les Alliés, l'organisation est en évolution constante. Durant la période de neutralité américaine, tout est plus simple. La maîtrise des mers est de la responsabilité traditionnelle de l'Amirauté à Whitehall, qui a dévolu la défense des convois de l'Atlantique à une structure particulière, le Western Approaches Command, basée à Liverpool. Au moment où débute notre analyse, il est commandé par le redoutable amiral sir Max Horton, qui comme Dönitz a commandé des sous-marins durant la Grande Guerre. La petite marine royale canadienne, opérant à partir des ports de St. John's et Halifax, s'intègre sans heurts dans ce qui demeure, pour l'essentiel, une structure de commandement impériale britannique. La donne change avec l'entrée en guerre de l'US Navy en décembre 1941. L'amiral Ernest J. King est connu pour son antipathie profonde à l'égard des

Britanniques. On pourrait croire que, la guerre dans le Pacifique donnant suffisamment de fil à retordre aux Américains, ces derniers se contenteront de laisser une partie de leurs navires de guerre s'intégrer à une structure de commandement anglo-canadienne dans l'Atlantique ; il n'en est rien. Durant la majeure partie de l'année 1942, c'est dans les eaux territoriales de l'Amérique, au large de sa côte Est, et plus au sud, dans les Caraïbes, que pèse, pour l'essentiel, la menace des U-boote ; l'US Navy doit et veut donc jouer un rôle central. Aussi, malgré toutes les conférences du Naval War College portant sur les avantages d'une approche intégrée, les marines alliées se contentent de fixer trois zones d'opérations distinctes, avec des points de transfert identifiés.

La situation s'améliore grandement en mars 1943, suite à la conférence sur les convois de l'Atlantique qui se tient à Washington. Ce qui aurait pu déboucher sur une grave crise entre Alliés – King a, un certain temps, songé à retirer tous les navires de guerre américains de l'Atlantique Nord afin de protéger les voies d'approvisionnement des forces américaines combattant en Tunisie – se solde par un compromis raisonnable. L'US Navy est responsable de la protection des convois à destination de Gibraltar et de l'Afrique du Nord, ainsi que de tous les convois dans les Caraïbes, tandis que les marines britannique et canadienne sont chargées de la protection des voies de navigation principales vers le Royaume-Uni. King accepte de dépêcher certaines forces navales (dont un nouveau porte-avions d'escorte) dans l'Atlantique Nord et ne s'oppose pas à la livraison de nouvelles escadrilles de B-24 à long rayon d'action au Coastal Command de la RAF ainsi qu'à l'Aviation royale du Canada – cette dernière se trouvant alors proche de la rupture. Une décision qui, comme nous allons le voir, arrive à point nommé.

Le facteur du *renseignement* et du *contre-espionnage* joue un grand rôle au sein de ces structures de commandement. Les méthodes anciennes de renseignement sont encore utilisées, et les Britanniques font, en particulier, grand usage des reconnaissances aériennes, des rapports de leurs agents et des mouvements de résistance antiallemande, et analysent les systèmes d'armements pris à l'ennemi pour compléter leurs bases de données techniques. Les deux parties ont également développé des organismes complexes de recherche opérationnelle, dont les analystes épluchent des séries de données afin de trouver la meilleure manière d'utiliser leurs ressources propres et de diminuer celles de l'ennemi. Mais c'est durant la Seconde Guerre mondiale que le renseignement d'origine électromagnétique (« ROEM ») prend une avance considérable sur le renseignement d'origine humaine (« ROHUM ») dans le grand jeu de la connaissance de l'ennemi. Et cela est particulièrement vrai dans la bataille de l'Atlantique. Pour les sous-mariniers allemands comme pour les marins des navires d'escorte alliés, connaître la localisation de l'ennemi est un atout majeur. L'équipe des casseurs de code de Bletchley Park compte par conséquent une importante section de renseignement naval, relevant directement de l'Amirauté. Dönitz, quant à lui, s'appuie sur son inestimable B-Dienst*.

Mais les renseignements seuls ne peuvent repousser une attaque, ni permettre la destruction des sous-marins. Un tel résultat ne peut être obtenu que par une application *technologique*, c'est-à-dire par l'emploi d'armes offensives et défensives. Cela est évidemment vrai sur tous les théâtres de la guerre et depuis toujours. Il est pourtant étonnant de constater à quel point les exigences de la guerre totale, et l'importance, pour les deux camps, de remporter la terrible bataille de l'Atlantique, conduisent, pour la seule année 1943, à une augmentation vertigineuse du nombre de moyens nouveaux permettant de détecter l'approche ou le repli d'un ennemi et le déploiement de nouvelles armes pour le détruire. Ce conflit fut, plus que tout autre dans l'Histoire, une véritable guerre de scientifiques.

Mais l'acquisition de nouvelles technologies servant à détecter et repousser, ou à poursuivre et à détruire, nécessite qu'elles soient appliquées le plus efficacement possible. Et par conséquent des changements significatifs des *tactiques* et de *l'entraînement*, pour chaque sous-marin, escorteur de surface ou aérien, sont indispensables, mais aussi (et surtout) des évolutions dans leur coordination. Il convient d'affirmer que les sous-marins disposent, en la matière, de

---

* Le Beobachtungsdienst ou B-Dienst, service de déchiffrage de l'Amirauté, est en charge des mêmes missions qu'Ultra chez les Alliés, avec des moyens moindres (*NdT*).

l'avantage initial. Tous leurs équipages sont formés de volontaires, certains de leurs commandants sont remarquablement jeunes, très capables, et les sous-mariniers se considèrent comme une arme d'élite. Ils n'ont qu'une seule mission opérationnelle – couler toujours plus de navires marchands alliés, tout en évitant d'être coulés eux-mêmes. Ils se conforment alors à la tactique efficace, prônée par Dönitz, des attaques en surface et de nuit. Ils possèdent également un système de communication sans fil très fiable, de telle sorte qu'un sous-marin repérant un convoi peut très rapidement le signaler aux autres membres de la meute, afin que ces derniers modifient leur position en conséquence. Enfin, leurs cibles sont généralement très lentes et offrent donc des opportunités répétées d'attaque – si les sous-marins doivent attendre que les convois se trouvent dans la zone non couverte par l'aviation alliée, ils ont néanmoins énormément de temps à leur disposition.

Face à une telle main, les Alliés ne disposent au départ que de très peu d'atouts. Les rares porte-avions de la Royal Navy doivent être initialement déployés pour couvrir les flottes de guerre et les convois en Méditerranée (le déploiement, en 1939, de porte-avions destinés à intercepter les navires ennemis dans l'Atlantique s'est rapidement révélé une perte de temps). Ces mêmes tâches mobilisent également les flottilles de destroyers. Les convois sont donc protégés par un petit groupe de navires plus petits, plus lents et souvent presque obsolètes, pourvus pour l'essentiel d'armes datant de la Première Guerre mondiale, privés de protection aérienne sur la partie médiane du parcours, la plupart d'entre eux manquant d'équipements de détection. Pire encore : en surface, lorsque les conditions météorologiques sont favorables, les sous-marins allemands se déplacent plus vite que la plupart des premiers escorteurs alliés, si les capitaines des premiers sont prêts à prendre le risque d'être repérés. Côté allié, on attend beaucoup d'améliorations dans le domaine de l'équipement, dont une partie est en cours de production. Mais elles se font encore attendre à Liverpool, à Halifax ou sur les aérodromes.

D'autres facteurs extrêmement importants dans des batailles aussi stressantes, angoissantes et mortelles que celles des attaques de convois sont naturellement ceux du *commandement* et du *moral*. Comme nous allons le voir, l'espoir change de camp de manière significative après la mi-1943 mais, dans l'ensemble, les deux adversaires font preuve d'une résolution comparable. Dönitz et Horton sont de valeureux adversaires, et ce dernier est grandement aidé par l'entrée en fonctions de l'Air Marshall sir John Slessor à la tête du Coastal Command de la RAF en février 1943. Bien décidé à vaincre les U-boote, Slessor est un fervent défenseur de la coopération air-mer, et ses exigences matérielles provoquent de nombreuses frictions avec Harris, du Bomber Command. Dönitz, quant à lui, est certes flanqué d'un adjoint très compétent, le contre-amiral Godt, pour la gestion quotidienne des U-boote, mais dispose d'un état-major opérationnel limité. Une énorme responsabilité pèse donc sur les commandants des sous-marins eux-mêmes, dont beaucoup deviennent des légendes, à l'instar des as de l'aviation de la Première Guerre mondiale, pourvus d'un instinct de tueurs et d'une capacité à survivre malgré des taux de pertes très élevés, jusqu'à ce que la pression devienne trop grande. Mais le moral des Alliés, tant celui des capitaines et des équipages de la Royal Navy que de la marine marchande, ne fléchit pas, même lorsque les pertes atteignent des sommets et que les perspectives sont mauvaises. Les Alliés disposent en outre d'un nombre bien plus important de capitaines ou commandants d'active, sans parler du nombre d'officiers de réserve qu'ils peuvent lancer dans la mêlée.

Le dernier facteur est celui des *forces en présence*. L'endurance ne se mesure pas uniquement à l'aune de la résistance physique et mentale des équipages durant les quatorze jours que dure une traversée. Elle doit également tenir compte de la capacité de chaque camp à soutenir l'effort, par le biais de renforts, de l'engagement de nouveaux effectifs pour remplacer ceux perdus, et de l'augmentation constante de la puissance de frappe des troupes. Il s'agit d'une guerre totale, industrialisée. Là encore, au début de 1943, Dönitz a l'avantage, grâce à l'augmentation progressive de la production de sous-marins. En outre, tandis que les chantiers navals allemands se concentrent toujours plus sur la production de sous-marins et de vedettes rapides, les chantiers navals britanniques sont exploités au maximum de leurs capacités pour produire des porte-avions légers destinés à de futures opérations en Extrême-Orient, de nouvelles classes de croiseurs et destroyers, des barges de débarquement et les propres sous-marins de la Royal Navy. Sans la prodigieuse démultiplication de la production industrielle qu'offre l'entrée en guerre des Etats-Unis, cette bataille de production aurait été à sens unique. En tout état de cause, à l'époque de la conférence de Casablanca, nul ne fait montre, du côté des Alliés, d'un grand optimiste sur l'issue de l'affrontement dans les eaux de l'Atlantique Nord.

La guerre sur mer et le triomphe des U-boote

En septembre 1939, l'attaque de la Pologne par les armées d'Hitler provoque la déclaration de guerre anglo-française. La situation stratégique est alors étrangement similaire à celle qui existait un quart de siècle plus tôt, lorsque l'Entente cordiale était entrée en guerre en réponse à l'invasion de la Belgique. Un petit corps expéditionnaire britannique (le BEF) traverse à nouveau la Manche pour servir aux côtés des armées françaises. Les autres pays de l'Europe restent neutres. Les Etats-Unis, en raison de l'opposition du Congrès, restent neutres eux aussi. Les dominions britanniques, à l'exception regrettable de l'Irlande de De Valera, se joignent à la lutte, de même que les empires anglais et français. La Royal Navy rassemble ses flottes de surface à Scapa Flow et à Douvres, afin de fermer les deux issues de la mer du Nord, mais un petit nombre de corsaires allemands ont déjà gagné la haute mer. L'impression que l'histoire se répète est encore renforcée par le retour de Churchill au poste prestigieux de Premier Lord de l'Amirauté, position qu'il occupait en 1914. « *Winston is back !* », tel est le message adressé à la flotte.

Pour la marine allemande, dirigée par le grand amiral Erich Raeder, la situation stratégique ne peut être pire. Ses services sont bien pourvus d'un plan (le « Plan Z ») qui prévoit la création d'une grande flotte de surface, avec de lourds cuirassés et même des porte-avions, mais, malgré les formidables capacités industrielles de l'Allemagne nazie, cette dernière a produit moins d'un quart des navires programmés en 1939. Quatre ou cinq années supplémentaires paraissent nécessaires pour l'achèvement du plan, et Raeder pense que le Führer va éviter de se lancer dans une guerre aussi longue. Il se trompe lourdement. La marine de guerre allemande entre donc en guerre avec des effectifs insuffisants pour faire face aux marines alliées, et se voit totalement privée de ressources, allouées en priorité à l'armée de terre et la Luftwaffe. Sa branche sous-marine elle-même est peu nombreuse, avec des navires d'une faible autonomie et contraints de contourner l'Ecosse pour rejoindre l'Atlantique. La situation globale apparaît donc comme désespérée.

Mais elle change, de la façon la plus spectaculaire possible, en juin 1940. L'effondrement de la France et de la Belgique et l'évacuation du BEF à Dunkerque entraînent la disparition du front de l'Ouest. La Luftwaffe peut à présent opérer à partir de bases avancées dans le Pas-de-Calais, et la Kriegsmarine peut naviguer depuis Brest jusqu'à l'estuaire de la Gironde. Pour ajouter encore à cette catastrophe pour les Alliés, les nazis se sont emparés avec une rapidité déconcertante des Pays-Bas, du Danemark et de la Norvège, avec toutes les implications qui en résultent, tant stratégiques que géopolitiques. Toutes les eaux au-delà de la Manche et la mer du Nord sont à présent ouvertes aux navires de surface et aux sous-marins allemands. Et la situation s'aggrave encore lorsque Mussolini, demeuré habilement neutre en septembre 1939, déclare fort opportunément la guerre à une France mourante et à l'Empire britannique le 10 juin 1940. Une toute nouvelle marine, disposant d'une des plus importantes flottes de sous-marins au monde, entre donc en guerre aux côtés des Allemands, tandis que la flotte française abandonne les hostilités et demeure cantonnée à Toulon et dans les ports d'Afrique du Nord.

Une fois la bataille d'Angleterre terminée, fin 1940, la bataille de l'Atlantique devient bientôt le point central de la lutte à l'Ouest. La menace immédiate d'une invasion allemande étant écartée, les différentes contre-attaques des Britanniques (soutien maritime de Gibraltar, de Malte et du Caire, protection des routes du Cap vers l'Orient, mobilisation de troupes en Egypte, en Irak et en Inde, lancement de la campagne de bombardement stratégique contre le Troisième Reich) sont impossibles à maintenir sans un flux constant de produits alimentaires, de carburant et de munitions à destination des îles Britanniques, et l'envoi de troupes et de matériel vers l'Afrique et l'Inde. Cette donne stratégique n'est pas modifiée par l'invasion allemande de l'Union soviétique en juin 1941. Elle ne l'est pas davantage par l'attaque japonaise sur Pearl Harbor en décembre 1941, ni même par l'imprudente déclaration de guerre allemande aux Etats-Unis, qui transforme une guerre européenne en un conflit mondial. L'importance d'une victoire dans l'Atlantique est même renforcée par la décision anglo-américaine de déployer une force de plusieurs millions d'hommes au Royaume-Uni en vue de l'invasion future de l'Europe de l'Ouest.

C'est ainsi que cette lutte pour la protection des voies maritimes, qui avait pour but premier la défense des îles Britanniques, se transforme en un combat titanesque entre les marines alliées et les sous-marins de Dönitz, préambule à la capitulation sans conditions de l'Allemagne et de l'Italie. Heureusement pour les Britanniques, la menace de la flotte de surface allemande ne se matérialise finalement pas, comme Raeder le craignait. Le naufrage du *Bismarck*, en mai 1941, élimine un des principaux dangers. En mai 1942, le passage en force, dans la Manche, des navires de guerre allemands quittant Brest pour rejoindre l'Allemagne – une humiliation pour la Royal Navy – voit ces navires rejoindre des eaux fermées, sous la menace constante de la Home Fleet de Scapa Flow et des bombardiers de la Royal Air Force. Les sorties aussi futiles que peu enthousiastes contre les convois arctiques ne menacent en rien la maîtrise des mers par les Alliés. Seuls les sous-marins sont en mesure de le faire.

Et ils le font à merveille. Le nombre de U-boote disponibles augmente constamment après 1941, tandis que leurs équipages acquièrent de l'expérience, que leurs équipements de détection s'améliorent et que leur rayon d'action grandit grâce à l'introduction de sous-marins de ravitaillement baptisés *Milchkühe*, « Vaches à lait ». Leurs efforts sont par ailleurs magistralement coordonnés par le commandement des U-boote, et l'entrée en guerre des Etats-Unis leur offre de fabuleuses opportunités contre un nouvel ennemi et une nouvelle flotte marchande presque totalement dépourvue de préparation à ce nouveau type de guerre, tout le long de la côte Est des Etats-Unis, encore illuminée de nuit*. Les sous-

* Les navires se découpent parfaitement à l'horizon lors des attaques nocturnes (*NdT*).

marins à long rayon d'action interviennent plus loin encore, et s'attaquent à leurs cibles près de la Sierra Leone, dans l'est des Caraïbes, au large de Buenos Aires ou du Cap. Mais Dönitz ne cesse pas pour autant ses attaques contre les principales lignes de l'Atlantique Nord.

Les pertes totales des navires alliés grimpent en flèche, passant de 750 000 tonnes de port en lourd en 1939 au chiffre terrifiant de 3 900 000 tonnes en 1940, augmentent encore en 1941, passant à 4 300 000 tonnes, avant d'atteindre le chiffre colossal, déjà évoqué, de 7 800 000 tonnes en 1942. Certaines autres régions connaissent naturellement des pertes sévères – le large de Dunkerque, l'Atlantique Sud, la Méditerranée et, à partir de 1941-1942, l'Extrême-Orient ; mais les pertes les plus lourdes (5 400 000 pour l'année 1942) sont enregistrées dans l'Atlantique Nord. En comparaison, les pertes des U-boote de Dönitz sont modestes : environ 12 en 1939 et autour de 35 en 1941, montant à 87 en 1942. Les pertes des sous-marins sont supportables ; celles des navires marchands beaucoup moins[7].

Voilà pourquoi les pertes de mars 1943 effraient tant Churchill et l'Amirauté. Si les meutes de sous-marins de Dönitz peuvent infliger de tels dommages dans l'obscurité et les tempêtes – les principales attaques cessent après le 20 mars, lorsque les eaux de l'Atlantique, déjà agitées, sont balayées par un puissant ouragan –, les experts s'inquiètent de ce qu'il adviendra des convois alliés lorsque le climat sera plus dégagé et plus calme, et les nuits plus sereines. Le taux de pertes va-t-il doubler en mai et juin ? Les sous-marins ne sont-ils pas de plus en plus difficiles à localiser et à couler ? Les équipages gonflés à bloc des U-boote et leur inflexible amiral l'espèrent très certainement.

Pourtant, le bilan de mars 1943 est le point culminant de l'offensive sous-marine contre les navires alliés, un pic momentané suivi d'une chute si vertigineuse qu'elle surprend les deux camps ; il ne se répétera pas. Il n'y eut sans doute pas, dans l'histoire de la guerre, de changement si brusque et si décisif sur le long terme[8].

Il convient ici de marquer une pause dans notre analyse afin de nous intéresser plus en détail aux batailles épiques qui se déroulent, de mars à mai 1943, autour des convois dans l'Atlantique et qui voient le cours des événements s'inverser et la défaite irrémédiable des U-boote succéder à leur triomphe. Fort heureusement, cet épisode est fort bien documenté, jusqu'au suivi heure par heure des mouvements de presque chaque sous-marin et du trajet de chaque convoi[9].

Le mois de mars commence mal pour les Alliés. Nous l'avons vu, les autorités navales américaines, britanniques et canadiennes se réunissent à Washington lors de la conférence des convois de l'Atlantique et prennent, entre autres, des décisions concernant les zones de contrôle, les renforts, les envois de munitions. Dönitz, en pleine confiance, envoie toujours plus de sous-marins rejoindre ses quatre grandes meutes déployées au milieu de l'Atlantique, deux sur l'axe de transit des convois et une sur chaque flanc, au nord et au sud. A ce stade, les marins allemands ont nettement l'avantage dans la guerre du renseignement et du décryptage ; le B-Dienst fournit à leur chef des descriptions extraordinairement précises de la destination et des horaires de départ des convois alliés, parfois avant qu'ils ne quittent le port. En revanche, les casseurs de code de Bletchley Park et de l'Amirauté ont des difficultés à décrypter les messages allemands, et n'y parviennent souvent que plusieurs jours après leur réception. En somme, les bergers, malgré leur courage, sont désavantagés plus qu'à l'accoutumée et marchent à tâtons dans l'obscurité. Les loups sont prêts et ils ont soif de sang.

Ils ont l'occasion de se rassasier lors de l'abominable massacre du convoi SC-121, qui quitte New York à destination de plusieurs ports britanniques le 5 mars 1943. Malgré des conditions météorologiques parfaitement détestables, l'absence de nombreux U-boote qui n'ont pu être avertis et l'apparition de quelques navires d'escorte alliés en renfort, la situation est nettement en faveur de Dönitz. Il suffit, pour s'en persuader, d'examiner l'ordre de bataille méticuleux livré par le grand spécialiste de ces batailles des convois de mars, Jürgen Rohwer :

« Le SC-121 se composait initialement de 59 navires et [...] était accompagné par le groupe d'escorte A3 du capitaine Heineman, de l'US Navy, composé de la vedette garde-côtes *Spencer*, du destroyer américain *Greer*, des corvettes canadiennes *Rosthern* et *Trillium* et de la corvette britannique *Dianthus*. Le commandant des U-boote [Dönitz] déploya contre ce convoi le groupe *Westmark* (Ouest) constitué des U-405, U-409, U-591, U-230, U-228, U-566, U-616, U-448, U-526, U-634, U-527, U-659, U-523, U-709, U-359, U-332 et U-432. Dans le même temps, il ordonna aux U-229, U-665, U-641, U-447, U-190, U-439, U-530, U-618 et U-642 [...] de former une autre ligne de patrouille, *Ostmark* (Est), sur la route estimée du convoi[10]. »

59 navires marchands, vulnérables et lents, ne disposant au départ que de 5 navires d'escorte, font ainsi face à 26 sous-marins, sans couverture aérienne pour le convoi lors des trois premiers jours de combat – mais cette couverture eût été d'une utilité quasi nulle, puisque les sous-marins attaquent de nuit. Entre le 7 et le 10 mars, date à laquelle Dönitz rappelle ses navires, c'est un véritable massacre : 13 navires marchands, totalisant 62 000 tonnes, sont coulés. Pas un seul sous-marin n'est perdu. Il s'agit peut-être du combat le plus déséquilibré de toute la guerre, avec un bilan particulièrement effrayant pour les Alliés – et profondément satisfaisant pour Hitler, que Dönitz a régulièrement tenu informé.

D'autres convois qui traversent l'Atlantique au même moment doivent retenir notre attention. Le convoi ON-170, opportunément détourné de ce champ de bataille meurtrier, fait route au nord, sans subir de pertes, et sans (pour autant que l'on sache) rencontrer de U-boote. Les bergers et les moutons font en quelque sorte le choix d'emprunter les cols des Alpes, en évitant les vallées infestées de loups. D'autres convois alliés parviennent à traverser l'Atlantique sans encombre, soit en empruntant des routes favorables, soit parce que Dönitz a dirigé ses sous-marins contre un autre convoi.

Mais l'histoire la plus intéressante est sans doute celle du convoi HX-228, qui traverse l'Atlantique, entre le 7 et le 14 mars, dans une furie et une confusion qui rappelleront sans doute aux historiens navals la course poursuite entre la flotte française et celle de l'amiral Nelson, qui se termina à Aboukir*. Le destroyer HMS *Harvester*, après avoir éperonné le U-444, voit son arbre d'hélice pris dans le gouvernail de ce dernier et n'est libéré que par la frégate française *Aconit* qui éperonne à son tour le sous-marin et le coule.

* L'amiral Nelson poursuit la flotte de Bonaparte, partie pour l'Egypte. Les flottes se croisent en Méditerranée jusqu'à ce que Nelson surprenne son homologue, l'amiral Brueys, au mouillage le 1er août 1798 (*NdT*).

Le *Harvester* est torpillé le lendemain, mais l'*Aconit* coule immédiatement le U-432, auteur du torpillage. Au final, le HX-228 ne perd que quatre navires marchands et un destroyer, et les navires d'escorte – rejoints, fort à propos, par le premier porte-avions d'escorte, l'USS *Bogue*, qui se contente de demeurer au sein du convoi mais dont la présence laisse présager de la suite – jouent parfaitement leur rôle. Les équipages des sous-marins sont exercés et intrépides, mais les équipages britanniques, américains, canadiens et français, composés d'un petit nombre de marins expérimentés et d'une majorité de nouveaux officiers et hommes d'équipage, tant sur les navires marchands que sur les navires de guerre, rivalisent d'audace et de savoir-faire.

On peut alors croire à un rétablissement des Alliés sur les mers. Espoir de courte durée, au vu des résultats impressionnants obtenus par les U-boote contre les convois HX-229 et SC-122, du 16 au 20 mars. Il s'agit d'un des pires moments de la bataille, non seulement pour les navires marchands de ces deux convois, mais pour la stratégie alliée des convois dans son ensemble.

Contrairement à une bataille terrestre classique (entre Athéniens et Spartiates, ou entre Wellington et Napoléon), les forces déployées par les deux camps dans l'Atlantique sont de natures très différentes. Les U-boote déployés par Dönitz sont à peu près homogènes ; le capitaine et l'équipage d'un vieux sous-marin de type VII sont certainement envieux – à tort – de ceux qui opèrent dans les types IX, plus rapides, plus grands et mieux équipés, mais tous peuvent s'aventurer au milieu de l'Atlantique, tirer leurs torpilles mortelles et plonger rapidement en échappant à toute contre-attaque[11]. Les convois alliés sont quant à eux composés d'un assemblage hétéroclite de navires à vapeur démodés, de minéraliers, de pétroliers, de navires de transport de civils et de courrier ou de navires frigorifiques[12]. Leurs cargaisons sont tout aussi hétérogènes – céréales, graines de lin, fournitures de l'armée, carburant d'aviation, sucre, bauxite, acier, tabac, produits issus des colonies et tout ce qui est nécessaire pour subvenir aux besoins d'une nation de quarante millions de personnes en état de guerre. Aux navires marchands britanniques et américains s'ajoutent des navires battant pavillons panaméen, norvégien, grec, polonais et néerlandais : les agressions hitlériennes ont pour conséquence involontaire de voir les ressources militaires limitées de l'Angleterre renforcées par un nombre considérable de navires marchands étrangers et leurs équipages, de fantassins, de pilotes de chasseurs et de bombardiers – la Grande-Bretagne de Churchill les accueille naturellement à bras ouverts.

La Royal Navy et ses marines associées se trouvent donc confrontées à l'un des plus grands défis logistiques de toute l'histoire militaire. Des milliers de navires marchands alliés sont constamment en mer, parfois au sein de plus de vingt convois, en plus des centaines de navires circulant de manière indépendante. De Trinidad (pour le pétrole) au New Jersey, d'Adélaïde (moutons et blé) au Cap, les lignes de communication s'étirent. En plus de subvenir en route aux besoins locaux, la majorité de cette production est destinée à emprunter la voie critique de l'Atlantique Nord. La guerre maritime allant en s'amplifiant, les convois qui naviguent dans ce secteur deviennent de plus en plus imposants, ce qui n'est pas une mauvaise chose en soi. A Casablanca, lors des discussions portant sur la crise maritime, le professeur P. M. S. Blackett, directeur des Recherches opérationnelles de l'Amirauté, a impressionné son auditoire par une analyse démontrant qu'un convoi de 60 voire 90 navires pouvait plus sûrement traverser l'Atlantique qu'un convoi de 30 navires ; le nombre de navires d'escorte demeurant à peu près le même, davantage limités par la capacité de production des chantiers navals et par les autres missions (comme l'opération Torch) que par toute autre chose, les U-boote ne disposent que d'un temps réduit pour effectuer leurs attaques, sans compter le nombre, également limité, de torpilles qu'ils embarquent. Cette analyse mathématique apparaissant incontestable, la foi dans le système des convois se trouve renforcée au sein des états-majors, mais un problème pratique demeure : comment diable faire traverser une masse si hétérogène de navires marchands d'une rive de l'océan à l'autre, surtout quand les navires d'escorte alliés sont eux-mêmes composés d'un tel ramassis dépareillé de destroyers, frégates, corvettes, vedettes, chalutiers et autres embarcations ?

Une première réponse, née presque au début de la guerre, consiste à établir une distinction entre « convois rapides » et « convois lents ». Tout en découle, à commencer par la nomenclature (« SC » signifiant « Convoi lent » et « HX »

« Convoi rapide », en provenance, généralement, de Halifax ou de New York). Ces convois partent de différents ports à destination de la Grande-Bretagne (ou, lors du voyage retour, des ports de la côte Est des Etats-Unis) à des jours différents. Les navires d'escorte les plus lents, comme les chalutiers armés ou les sloops, sont ainsi assignés prioritairement aux convois SC, plus lents. Les horaires des patrouilles aériennes sont arrangés en conséquence. Des navires de guerre alliés, détachés pour escorter un convoi au milieu de l'océan, peuvent recevoir instruction d'en aider un autre s'il subit des attaques plus importantes. A chaque fois, et à la grande fureur de tous les commandants d'escorte, tous les convois, rapides ou lents, ont leurs traînards – comment peut-il en être autrement avec 40 ou 60 navires de tous types assemblés en un seul groupe ? Dans l'ensemble, la formation de grands convois et la répartition des navires marchands en groupes rapides ou lents apparaissent des plus sensées. Mais que faire si les U-Boote sont tout simplement trop nombreux ?

Dès le 13 mars 1943, le B-Dienst apprend que le convoi lent SC-122 (51 navires différents avec 4 ou 5 navires d'escorte rapprochée) a quitté New York. Il doit être suivi, quelques jours plus tard, par un convoi rapide, le HX-229 (41 navires et 4 escorteurs), partant du même port. A cette date, ce fait n'est pas connu des Allemands, mais les renseignements dont Dönitz dispose lui donnent le temps suffisant pour ordonner à son groupe de patrouille occidental de se tenir prêt à passer à l'attaque, tout en permettant à deux autres groupes de U-boote de faire mouvement vers l'ouest, en direction de la zone d'attaque, au beau milieu de l'océan. Un examen des routes, des pertes et des rapports concernant les convois (un autre convoi rapide de 25 navires, le HX-229A, traversant plus au nord, au large du Groenland, au même moment ajoute encore à la complexité de la bataille), et l'impressionnante reconstitution, par le professeur Rohwer, des manœuvres individuelles des U-boote donnent au lecteur un aperçu de la complexité, de la cruauté et du caractère titanesque de cette lutte. L'historien Correlli Barnett le résume à merveille : « Pour la première fois, un épisode de la guerre sous-marine atteignit l'échelle et le caractère décisif des grandes batailles de surface du passé[13]. » Il faudrait pour ainsi dire remonter aux batailles de convois livrées au milieu du XVIIe siècle lors des guerres anglo-hollandaises, et qui pouvaient s'étirer sur plusieurs jours, pour trouver un équivalent historique.

Les attaques allemandes contre ces deux convois semblent se dérouler avec la précision d'une horloge, mais le hasard joue également. En raison de problèmes mécaniques, le U-653 tarde ainsi à se mettre en route vers l'ouest et son point de rassemblement lorsqu'il aperçoit le convoi HX-229 au l'horizon. Son capitaine, le commandant Feiler, qui garde la tête froide malgré sa surprise initiale, effectue immédiatement une longue plongée et attend que le convoi tout entier soit passé au-dessus de lui. Lorsqu'il refait surface, l'océan est vide ; le convoi a poursuivi sa route et le U-653 peut alors prévenir le quartier général de Dönitz, qui entreprend des actions immédiates ; 21 sous-marins répondent au message qu'il leur envoie, témoignage extraordinaire de la manière dont l'électronique était en train de changer l'art de la guerre[14].

La mer est particulièrement mauvaise, mais les meutes de sous-marins pressent l'allure, sentant l'occasion trop belle. Et elle l'est. Si l'Amirauté finit par dépêcher des renforts dans la zone, la nuit (de pleine lune) du 16 au 17 mars est une véritable nuit du chasseur : 17 navires sont envoyés par le fond et 5 autres sont endommagés. En plus d'une excellente visibilité, le sort joue également en faveur des sous-marins car, la même nuit, les chefs de l'escorte du HX-229 décident de ralentir la vitesse du convoi pour récupérer les traînards alors qu'ils approchent la première ligne de U-boote, encore en formation. Selon Rohwer, si la décision de ralentir n'avait pas été prise, les sous-marins « auraient certainement laissé l'occasion leur filer sous le nez[15] ». La suite démontre l'extrême létalité des sous-marins. Disons-le tout net : le capitaine de corvette Luther, commandant de l'escorte du convoi à bord du HMS *Volunteer*, est totalement impuissant. Son système de repérage a bien localisé deux sous-marins en approche à une trentaine de kilomètres et il a détaché un navire d'escorte pour les repousser, mais si un groupe de U-boote manque sa cible, d'autres peuvent l'atteindre ; les Amirautés britannique et américaine ont déjà repéré de nombreux signaux de U-boote tout autour du convoi. Tout changement de cap destiné à éviter un groupe ne peut avoir pour effet que de rapprocher le convoi HX-229 d'un autre.

16 mars 1943. Il est environ 22 heures et le premier quartier de lune se reflète sur les eaux. Le capitaine du U-603 voit lentement défiler devant lui le convoi allié dont les navires d'escorte sont dispersés. Les sous-marins de Dönitz sont équipés des terribles torpilles FAT, capables de parcourir une distance fixe en ligne droite à une vitesse de 30 nœuds, puis de zigzaguer afin de contrer les manœuvres d'esquive des navires pris pour cibles. L'horizon est empli de cibles et le U-603 s'étant rapproché à 3 000 mètres, cette dernière caractéristique technique des torpilles FAT est ici superflue. Le sous-marin lance trois de ses torpilles avant, puis sa torpille arrière, et son équipage a la satisfaction d'entendre une immense détonation avant de disparaître sous les flots. Le cargo *Elin K.* coule en moins de quatre minutes et le massacre peut continuer. L'escorte du convoi étant occupée à repêcher les survivants du navire et à traquer le U-603, l'autre flanc se trouve presque à découvert. Ceci donne au capitaine de corvette Manzek, du U-758, le loisir de tirer ses torpilles comme un cow-boy viderait son pistolet dans un saloon du Far West. « A 22 h 23, le capitaine Manzek lança une torpille FAT sur un cargo de 6 000 tonnes de la colonne de tribord, une minute plus tard une G7e [torpille] sur un cargo de 7 000 tonnes, à 22 h 25 une torpille FAT sur un pétrolier de 8 000 tonnes situé derrière lui et à 23 h 32 une G7e sur un cargo de 4 000 tonnes[16]. » Quatre torpilles en neuf minutes ! Peu après, le cargo hollandais *Zaanland* et son voisin américain, le *James Oglethorpe*, sont touchés ; le premier s'enfonce dans les flots et le second, en proie à un incendie, doit réduire considérablement sa vitesse (il est achevé plus tard dans la nuit par le U-91).

Les navires alliés se trouvent ainsi soumis à la variante navale du supplice de la badine, et même ceux qui naviguent dans les colonnes intérieures risquent d'être frappés si une torpille passe au travers des lignes extérieures. Avant de narrer la suite, penchons-nous un instant sur les effets *stratégiques* des torpilles lancées par le U-758. Elles provoquent, bien sûr, la perte de deux navires marchands, ce qui réduit d'autant la somme des navires capables de traverser l'Atlantique. Les équipages comptent également, même si la plupart des marins sont repêchés par le destroyer HMS *Beverly* et par la corvette HMS *Pennyworth* –

à un moment donné de cette nuit chaotique, le convoi ne se trouve plus escorté que par *un seul* navire ! Mais le point le plus important, sans doute, est que le *Zaanland* transporte des céréales surgelées, des textiles et du zinc et le *James Oglethorpe* de l'acier, du coton et de la nourriture dans ses cales, et des avions, des camions et des tracteurs d'artillerie pour l'armée américaine sur son pont. Aux yeux des experts alliés, toute cargaison est absolument vitale pour la victoire. Tout navire perdu en mer affaiblit donc directement une ou plusieurs des décisions prises à la conférence de Casablanca. La perte de 10 ou 20 navires, voire davantage, vide littéralement de leur substance toutes les grandes déclarations stratégiques.

Il est difficile, voire impossible, à soixante-cinq ans de distance, de se mettre à la place des commandants des escorteurs chargés d'une telle responsabilité (ils sont bientôt rejoints par un cinquième navire, le HMS *Mansfield*). Leurs vues diffèrent radicalement de celles du chef de l'état-major impérial, Alanbrooke, qui couche dans ses carnets, durant les terribles mois qui suivent la conférence de Casablanca, la somme de ses angoisses et de ses appréhensions[17]. Elles diffèrent également de celles des simples soldats, marins et aviateurs, pour la plupart arrachés à leur vie civile pour être jetés dans une nouvelle existence faite de dangers, de souffrances et de terreur, dont nul ne peut dire quand elle prendra fin. Les commandants de navires d'escorte opèrent à un niveau intermédiaire – comme les commandants allemands de U-boote – et leurs responsabilités sont énormes[18]. C'est à présent de ce niveau intermédiaire dont l'issue de la guerre dépend.

Vers minuit et demi, le 17 mars, le U-435 frappe d'une de ses torpilles le cargo américain *William Eustis*, qui met immédiatement en panne et commence à donner de la gîte. Le capitaine de corvette Luther, commandant l'escorte, vient juste de rejoindre le centre du convoi. Les autres escorteurs sont en train de recueillir des survivants plusieurs milles derrière et Luther gagne l'arrière du convoi avec son destroyer, le HMS *Volunteer*. Il y trouve l'épave du *William Eustis*, dont les canots de sauvetage ont été mis à la mer, et aperçoit également de nombreux marins nageant dans toutes les directions en appelant à l'aide. Dans une telle situation, il n'y a pas de bonnes solutions – il n'y en a que des mauvaises ou des pires. N'écoutant ni le capitaine ni l'ingénieur en chef du cargo, montés à bord de son navire et qui lui demandent d'attendre l'aube pour recueillir tous les naufragés, Luther embarque ceux qu'il trouve puis, craignant que les marins d'un U-boot ne montent à bord du navire désemparé et ne s'emparent de documents sensibles ou de codes radio, il coule le *William Eustis* à coups de grenades anti-sous-marines et rejoint le convoi à toute vapeur. La nuit promet d'être longue.

Il n'est en effet que 2 h 50 du matin et le destroyer vient à peine de rejoindre le convoi lorsque son équipage aperçoit une explosion lointaine, indiquant qu'un nouveau cargo vient d'être touché. Deux heures plus tard, le capitaine Zurmuehlen du U-600 réalise un des plus beaux tirs de torpilles de tout le conflit, lançant une salve de quatre torpilles FAT de ses tubes avant et une de son tube arrière sur le flanc tribord du convoi, totalement dépourvu de défense. En quelques minutes, le cargo *Nariva* et le baleinier *Southern Princess*, britanniques, sont chacun frappés d'une torpille, le cargo américain *Irénée du Pont* par deux. Le HMS *Mansfield* vient en aide aux survivants. A l'aube, il ne reste plus guère à l'escorte qu'à envoyer par le fond les épaves des navires marchands encore à flot. La corvette HMS *Anemone* se charge de la moitié du travail, le U-91, arrivé sur les lieux une heure plus tard, termine cette pénible tâche. Les navires d'escorte britanniques débordent à présent de marins secourus.

A plusieurs kilomètres à l'est, le convoi SC-122 doit lui aussi affronter les furies. Ses 51 navires jouissent de la protection de 7 escorteurs, dont le destroyer américain USS *Upshur* et un bateau de sauvetage spécialement équipé, le *Zamalek* – qui va bientôt se trouver à pied d'œuvre. Vers 2 heures du matin, cette même nuit, le U-338 fait route à pleine vitesse vers l'ouest, en direction du HX-229, lorsque son commandant, le capitaine Kinzel, aperçoit une masse de navires à l'horizon, à plus de 18 kilomètres : la lune est du côté des chasseurs. Les pertes occasionnées par Kinzel ce jour-là sont dignes de Wyatt Earp. Ses deux premières torpilles frappent à mort deux cargos britanniques, le *Kingsbury* et le *King Gruffydd*. Sa seconde salve de deux torpilles frappe de plein fouet le cargo hollandais *Alderamin* et le coupe en trois. Il coule en deux minutes. En quittant cette scène de désolation, le U-338 tire sa torpille arrière sur un autre navire voisin. La torpille manque sa cible, mais traverse tout le convoi pour finir sa course dans le flanc du navire marchand britannique *Fort Cedar Lake*. Cinq torpilles, quatre navires.

Dès l'aube, les autorités navales alliées ont conscience de faire face à un double désastre potentiel : l'anéantissement de deux précieux convois de transport, ajouté à la crainte de voir Dönitz rameuter davantage de U-boote pour participer à la curée. Les deux convois ne se sont pas encore rejoints – ils ne se rejoignent, et de manière fort désordonnée, que dans la nuit du 17 au 18 mars – mais la situation est effrayante : près de 80 navires alliés se trouvent au milieu de l'Atlantique, avec un nombre totalement insuffisant de navires d'escorte, et des sous-marins ennemis se rassemblent pour leur administrer le *coup de grâce*[19].

Mais avec l'aube vient la lumière, et avec elle, les avions. Rien ne terrifie davantage un commandant de U-boot que l'apparition d'un avion allié. Il s'agit une véritable redite du jeu de papier/pierre/ciseaux : les navires marchands sont affreusement vulnérables face aux U-boote et à leurs torpilles ; mais les U-boote qui décident de rester en surface pour combattre ne font pas le poids face à l'armement des avions. En de nombreuses occasions, les sous-marins ne disposent que d'une minute ou deux pour ajuster leurs cibles, l'avion fondant littéralement sur eux ; la seule chose à faire est alors de plonger, plonger, plonger… et d'attendre la détonation des grenades anti-sous-marines. Les Catalina, Liberator, Sunderland et Wellington sont les armes les plus effrayantes de l'ennemi, des anges exterminateurs venus du ciel. Voilà pourquoi les Allemands attendent que les navires marchands alliés entrent dans la zone sans couverture aérienne pour opérer.

Le 17 mars 1943, cette zone grise est sur le point de disparaître. A la demande du Western Approaches Command, quelques-uns des premiers B-24 Liberator VLR (*Very Long Range* – long rayon d'action) décollent de leur base de Londonderry, en Irlande du Nord. Les escadrilles du Coastal Command de la RAF (en Irlande du Nord, en Islande, dans les Hébrides et en Ecosse) sont alors, pour de nombreuses raisons, en sous-effectifs importants, mais peuvent au moins atteindre le convoi SC-122, le plus proche. Tout au long de la journée, ils repèrent plusieurs U-boote et en attaquent six avant de rentrer à la base. Aucun U-boot n'est détruit ni même endommagé, mais tous ont été contraints de plonger. De fait, durant cette journée, un seul navire est coulé (encore par l'infatigable Kinzel du U-338) : le cargo panaméen *Granville*, transportant du matériel pour l'armée américaine.

Le HX-229, lui, est privé de protection aérienne et ses rares escorteurs, qu'ils se trouvent au sein du convoi ou qu'ils le rejoignent après avoir recueilli des rescapés ou couru après la trace sonar d'un U-Boote, ne savent plus où donner de la tête. En plein jour, les attaquants parviennent à détruire les cargos *Terkoelei*, hollandais, et *Coracero*, américain, et, la nuit tombée, profitent de l'excellente visibilité pour se rapprocher du convoi. C'est alors qu'apparaît un B-24, qui repère et bombarde successivement deux sous-marins, puis un groupe de trois autres, puis – à court de grenades anti-sous-marines – en mitraille un sixième. Aucun U-boot n'est endommagé, mais tous battent prudemment en retraite. Pour la première fois depuis un certain temps, le HX-229 passe une nuit relativement calme. Le Liberator a passé dix-huit heures en vol, deux heures de plus que la durée maximale recommandée, et nous ne savons pas combien de temps l'équipage a dormi lorsqu'il est rentré en Irlande du Nord. Le convoi SC-122 passe, quant à lui, une nuit agitée et perd deux nouveaux navires, le *Zouave*, par un coup au but du U-305, et le *Port Auckland*, endommagé par le même sous-marin mais probablement achevé par Kinzel, décidément intenable.

Après la destruction en plein jour de deux navires marchands de plus, le HMS *Volunteer* gagne le flanc tribord du convoi ; ses appareils de détection cessent alors de fonctionner et les autres navires d'escorte sont occupés à secourir les survivants. La coupe est pleine. Luther a fait jusqu'alors preuve d'un grand courage ou d'une grande obstination, mais ce n'est qu'avec la perte du *Terkoelei* et du *Coracero* que (selon Rohwer) le commandant du convoi « considère qu'il est temps de demander de l'aide ». (A lire aujourd'hui les messages de ces commandants d'escorte ou de simple navire, on est frappé par leur tendance à la sous-estimation.) Au même moment, un des navires marchands les plus rapides, le *Mathew Luckenbach*, décide de quitter le convoi et de partir seul devant, malgré les messages répétés des escorteurs et du commandant de l'escorte ; il est coulé deux jours plus tard. Tous ses membres d'équipage sont recueillis par un garde-côtes américain, l'*Ingam*.

Mais, avant même que Luther ne demande de l'aide, les deux camps ont décidé d'engager davantage de troupes dans la mêlée. La chose est plus aisée pour Dönitz, qui peut dépêcher des U-boote se trouvant déjà dans l'Atlantique. Les Britanniques sont dans une situation plus délicate, en raison du grand nombre de convois déjà en circulation dans l'Atlantique Nord. Les deux convois à destination de Gibraltar, le KMS-11 (62 navires marchands et 9 escorteurs) et le KMF-11 (9 transporteurs et 2 escorteurs, ainsi que des destroyers rattachés), doivent se frayer un chemin à travers le golfe de Gascogne où ils risquent d'affronter, en plus d'éventuels groupes de sous-marins, les bombardiers allemands à longue portée ; il est donc exclu de les dépouiller. Le convoi ON-172 (17 navires de commerce et 6 escorteurs), au sud du Groenland, est trop loin et se trouve dans un secteur où un autre groupe de U-boote se rassemble. Quant au convoi ON-173 (39 navires avec 6 escorteurs), qui fait route encore plus au nord du champ de bataille, il est lui-même très faible. Les corvettes de renforts dépêchées depuis St. John's ne sont pas assez rapides pour rejoindre le convoi avant la toute fin du voyage et les deux destroyers américains qui appareillent depuis l'Islande sont endommagés par les intempéries dans la nuit du 17 au 18 mars.

Il en va de même pour les avions alliés, si déterminants malgré leur faible nombre. Les mauvaises conditions de visibilité et le manque de liaison entre avions et navires empêchent souvent les B-24 de localiser les convois. Les Alliés continuent donc de perdre des navires le 18 mars. L'un d'eux, cruelle ironie, est le *Walter Q. Gresham*, un des premiers *Liberty Ships* américains dont la production en masse allait finalement résoudre le manque de tonnage ; le second est un autre navire moderne, le *Canadian Star*. Une fois que la corvette HMS *Anemone* a fini de recueillir les survivants de ces deux navires, elle compte à son bord 163 civils, dont 6 femmes et 2 enfants. Elle regagne son poste et passe la nuit suivante à repousser les attaques des U-boote sur le convoi HX-229. Parfois, son asdic fonctionne, parfois pas ; ses grenades « hérisson » ne fonctionnent pas à deux reprises ; ses grenades anti-sous-marines explosent, mais sans provoquer la moindre perte : les sous-marins se sont enfuis. Les nombreux rescapés recueillis à bord tentent, tant bien que mal, de dormir sur le pont de l'*Anemone* ; le convoi SC-122 a la chance, lui, de disposer d'un bateau de sauvetage, qui est déjà bien rempli.

Le 19 mars, la carte opérationnelle de l'Atlantique Nord, qui couvre un mur entier de la salle de contrôle de l'Amirauté, présente un tableau extraordinaire. Des signaux émis par les U-boote ennemis sont recueillis des quatre coins de l'océan. Les convois vers Gibraltar sont soumis à de violentes attaques de sous-marins et d'avions lorsqu'ils atteignent la pointe nord-est de l'Espagne. Au nord, le HX-229A a évité les U-boote, mais se trouve pris dans une concentration d'icebergs. Un gros baleinier danois (le *Svend Foyn*), transportant de nombreux civils, est en train de sombrer dans les eaux glacées, non loin de l'endroit où le *Titanic* connut un sort similaire. Seule consolation : les convois HX-229 et SC-122 se trouvent à présent à l'intérieur du rayon d'action de 950 kilomètres des bases aériennes alliées d'Irlande du Nord et d'Islande. Durant toute la journée, et pour la première fois, les équipages épuisés des navires marchands voient les Liberator, Forteresses volantes, Sunderland et Catalina diriger les escorteurs sur les U-boote et participer à l'attaque. Certains capitaines de U-boote décident de poursuivre le combat, tel Kinzel, dont le navire ne rentre au port qu'après avoir été gravement endommagé par des grenades anti-sous-marines larguées par un avion. A 300 kilomètres derrière lui, le capitaine du U-384, moins expérimenté, est surpris en surface et grenadé par un B-17 britannique qui l'envoie par le fond. C'est le seul sous-marin perdu de toute la bataille et, le soir même, Dönitz rappelle ses patrouilles.

Le jour suivant, les commandants de convois commencent à détacher des navires d'escorte vers des ports amis, dont l'*Anemone*, le *Pennyworth* et le *Volunteer* qui transportent des centaines de civils. Rescapés et membres d'équipage ont été poussés aux limites de l'endurance humaine. Quarante-deux des 60 navires du SC-122 atteignent leur destination ; 27 des 40 navires du HX-229. Le Commodore (commandant des navires marchands) du dernier convoi rapporte laconiquement que la traversée de l'Atlantique s'est déroulée normalement, « à part » la présence des U-boote. Des hommes de cette trempe ne sont pas de ceux que l'on arrête facilement ; pourtant, malgré l'héroïsme et le courage que les équipages alliés ont démontrés tout au long de la traversée, ils viennent de subir une terrible défaite. Les Alliés sont en train de perdre la bataille de l'Atlantique.

Les nombreuses faiblesses des Alliés

Pourquoi la bataille entre les U-boote, les convois et les escorteurs tourne-t-elle si mal pour les Alliés durant cette période critique ? Le lecteur attentif aura compris que cette bataille est si complexe qu'aucun facteur ne peut être tenu pour décisif ; certains historiens de cette grande bataille considèrent même qu'il est impossible de pointer un quelconque facteur comme principale raison de son issue[20]. Pourtant, certains comptent, à mes yeux, davantage que d'autres.

Pour commencer, il convient de mentionner le déséquilibre des forces au début de 1943. Certes, les marines britannique, canadienne et américaine subissent d'importantes pressions matérielles alors qu'elles sont déjà aux limites de leurs capacités. Mais n'attribuer que quatre ou cinq navires d'escorte à un convoi transatlantique d'une cinquantaine de navires marchands, alors que le nombre de sous-marins opérationnels ne cesse de croître et que ce fait est connu, est particulièrement risqué si ce théâtre d'opérations est à ce point vital pour les Alliés. Un examen du positionnement des navires lors des attaques contre les convois démontre sans équivoque qu'un commandant d'escorte comme le capitaine Luther n'a tout simplement pas les moyens de remplir sa mission – comment diable son navire peut-il à la fois repousser des sous-marins en approche sur un des flancs du convoi, recueillir les survivants des navires en train de sombrer au milieu de l'océan tout en protégeant le reste de son troupeau ? La chose est matériellement impossible et les pertes sont inévitables. Dans le jeu pierre/ciseaux/papier, chaque composante a autant de faiblesse que de force. Tel n'est pas le cas du jeu U-boot/convoi/escorteur auquel participent les convois HX-229 et SC-122. Les chiffres sont décisifs : les escorteurs ne sont pas assez nombreux et le soutien aérien et de surface arrive trop tardivement.

Mentionnons aussi le déséquilibre de renseignements, car à cette époque le B-Dienst décrypte les messages de l'Amirauté à un rythme impressionnant. Certes, certains sous-marins ne reçoivent pas les messages qui leur sont destinés et partent dans de mauvaises directions, même s'il leur arrive, par chance, de couler un bâtiment allié. Mais, dans l'ensemble, ces navires sont dirigés par Dönitz d'une main de maître – il ne se contente pas de diriger l'orchestre, il dirige, houspille et encourage *quatre* orchestres, quatre groupes de U-boote distincts, parfois séparés de plusieurs milliers de kilomètres. En face, les Alliés accusent un très net retard. Lorsque les décryptages d'Enigma parviennent au Western Approaches Command, ils datent souvent de quelques jours – et de tels délais se payent cher dans l'Atlantique Nord.

Un autre élément important et déjà mentionné est la couverture aérienne, ou plutôt son absence. Rien ne démontre mieux l'importance de cette zone grise que la localisation des attaques menées contre les navires marchands alliés à la fin de 1942 et au début de 1943. Certes, des U-boote coulent également des navires au large de Trinidad, de Buenos Aires ou du Cap ; la route de Gibraltar, proche des bases navales et aériennes allemandes en France, est sans cesse soumise à des attaques. Mais, lorsque l'on s'intéresse de près aux lignes vitales de communication entre les Etats-Unis et la Grande-Bretagne et que l'on regarde *où* les U-boote attaquent et *où* les navires marchands sont coulés, les preuves sont accablantes. L'histoire officielle du capitaine Roskill contient une carte de ces naufrages : tous ont lieu dans la zone sans couverture aérienne[21].

C'est là que la bataille entre les U-boote, les convois et les navires d'escorte se déroule. Un convoi faiblement escorté mais disposant d'une légère couverture aérienne, comme le SC-122, est mieux protégé qu'un autre convoi faiblement escorté, comme le HX-229, dépourvu de couverture aérienne. Mais qu'adviendrait-il si la bataille de l'Atlantique devenait un jeu à quatre – navires marchands, escorteurs, U-boote et avions – sur l'intégralité du voyage ? Si les opérations tant diurnes que nocturnes des avions alliés rendaient tout simplement les opérations trop dangereuses pour les sous-marins ?

L'OCÉAN ATLANTIQUE EN 1942 (avec la couverture aérienne)

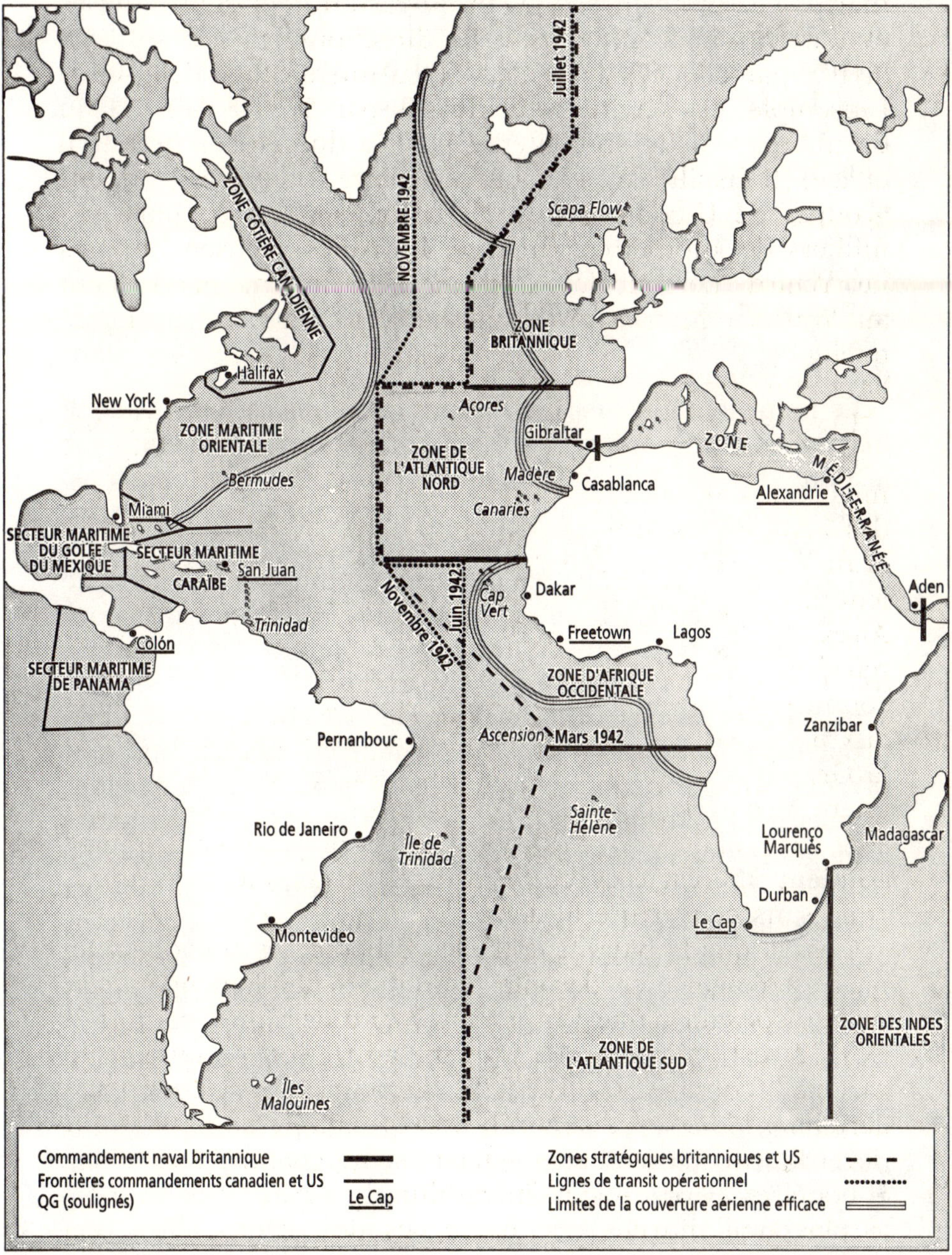

Le quatrième facteur est celui de la qualité des systèmes d'armement. Le U-boot le plus courant à l'époque est le type VIIC, une machine étroite, exiguë et très rudimentaire, pesant à peine 800 tonnes, mesurant 67 mètres de long et dont les 44 membres d'équipage vivent dans des conditions incroyablement spartiates. Mais il est aussi facile d'utilisation, fiable, et peut plonger rapidement si un danger se profile à l'horizon. Son successeur, le type IX, est plus gros, plus résistant et dispose d'une meilleure puissance de feu en surface ; mais c'est un navire peu maniable en cas d'attaque d'un escorteur. Heureusement pour Dönitz, il dispose de quantité de sous-marins du type VIIC dans l'Atlantique Nord, ce qui lui permet de déployer les nouveaux dans des mers plus éloignées, où leurs indéniables qualités jouent à plein.

Le matériel dont disposent alors les Alliés est en revanche insatisfaisant. De nouveaux équipements ont été installés sur le pont des navires, vieux pour certains de vingt-cinq ans. Mais presque tout le matériel est expérimental et souffre de défauts de jeunesse. Durant les quinze minutes environ qui suivent le lancement d'une charge anti-sous-marine, le signal du sonar est totalement brouillé. Certaines des nouvelles armes rencontrent de tels problèmes opérationnels que leur valeur est sous-estimée par les équipages, qui cessent parfois de les utiliser. Les vieilles corvettes, dont la proue est plus basse que celle des modèles plus récents, sont presque en permanence submergées par les gigantesques vagues de l'Atlantique. L'absence des nouveaux détecteurs radiogoniométriques *High Frequency – Direction Finding* (HF-DF) est un désavantage énorme pour de nombreux navires de guerre. Les opérateurs radio du HMS *Volunteer*, qui escorte le convoi HX-229 et dispose d'un tel équipement, doivent tenter de détecter l'ennemi tout en répondant aux demandes pressantes de l'Amirauté – et ils peuvent rarement faire les deux à la fois. Enfin, la majeure partie du personnel servant à bord des petits escorteurs est composée d'officiers de réserve (RNR et RNVR) et de marins peu formés, dont la plupart occupaient encore un emploi civil ou effectuaient leurs études universitaires un an auparavant – le personnel naval qualifié est naturellement dévolu aux petits destroyers, aux escadres de croiseurs et à la Home Fleet. La Grande-Bretagne n'utilise donc pas ses meilleures cartes ; et le Canada, parti de presque rien, travaille d'arrache-pied pour se doter d'une vraie flotte d'escorteurs. Elle n'est pas encore prête au printemps 1943.

D'autres aspects ont une importance moindre. Le climat, par exemple, semble particulièrement neutre. Le Canadien Marc Milner, expert reconnu des batailles de convois, affirme que les défenseurs sont avantagés au printemps et à l'été : le temps est plus clément, la mer plus calme et les jours plus longs[22]. Mais les rapports suggèrent que dans une mer déchaînée et couverte de glace tous les combattants – sous-marins, escorteurs et avions – sont à ce point gênés par les conditions météorologiques qu'ils ont moins de temps et d'énergie pour rechercher et couler l'ennemi. Une mer plus calme et des jours plus longs offrent évidemment davantage de possibilités aux navires de guerre et, particulièrement, aux avions des Alliés de détecter des U-boote en surface, mais donnent également à ces derniers de meilleures occasions de repérer un navire marchand. L'amélioration des conditions climatiques donne donc à tous les autres facteurs – visibilité, détection, maniabilité, puissance de feu – de meilleures chances d'être exploités *par les deux camps*.

Quoi qu'il en soit, le bilan opérationnel est en très nette défaveur des Alliés au début du mois de mars 1943 : protection navale inadéquate, renseignements déficients, couverture aérienne minimale ou inexistante, totalement absente de nuit, ainsi qu'un équipement médiocre, défectueux et dépassé. Rétrospectivement, il est même surprenant que les pertes n'aient pas été plus grandes. Le HX-229 et le SC-122, sans couverture aérienne au milieu de l'Atlantique, ne sont pas en meilleure posture que le fameux et tragique convoi arctique PQ-17, qui perd le chiffre colossal de 23 navires, coulés par des sous-marins et des avions allemands, et qui est même contraint de se disperser alors qu'il se trouve seulement à mi-chemin du nord de l'URSS en juillet 1942[23].

Les exécrables conditions météorologiques de ce début du printemps 1943 – un vieux minéralier est même cassé en deux par les tempêtes – mettent un terme momentané à l'empoignade. Dönitz en profite pour donner à ses équipages le temps de souffler et les rappelle dans leurs bases en France, tout en envoyant de nouveaux navires dans l'Atlantique Sud. Les Britanniques décident de revoir leur stratégie, alors même que les responsables de l'Amirauté doivent faire feu de tout bois pour assurer la protection des convois transportant des troupes et du matériel dans l'océan Indien.

Mais, au début du mois d'avril, la bataille de l'Atlantique reprend. Dönitz dispose alors d'environ 240 sous-marins opérationnels (ainsi que de 185 autres en cours de test ou en réparation), et peut donc envoyer jusqu'à 40 sous-marins de plus sur un convoi particulier. Les forces aériennes et les marines des Alliés ont également reconstitué leurs forces, mais le changement le plus notable est certainement celui de la politique opérationnelle, définie par Max Horton, le coriace chef du Western Approaches Command, et soutenue par ses supérieurs de l'Amirauté. Des leçons sont tirées de la triste expérience des convois SC-122 et HX-229. Le Premier Lord de l'Amirauté, sir Dudley Pound, les résume ainsi devant la commission ministérielle de lutte anti-sous-marine à la fin du mois de mars : « Nous ne pouvons espérer éviter les meutes de U-boote et devons par conséquent les traverser en leur livrant bataille[24]... » Avec le recul, il s'agit peut-être de la plus importante déclaration de l'histoire de la bataille de l'Atlantique. Le Premier Lord de l'Amirauté n'en a peut-être pas conscience, mais cette décision, impliquant que les convois vont être défendus plus vigoureusement et reconnaissant par là même l'importance vitale des lignes de communication transatlantiques, donne aux Alliés des objectifs plus clairs[25].

La roue tourne

La déclaration de l'amiral Pound n'est pas un de ces appels romantiques et archaïques à « combattre jusqu'à la mort ». Certes, les équipages vont devoir faire preuve de résolution dans les mois qui suivent, mais les défenseurs des convois vont bientôt bénéficier de grandes améliorations technologiques. Ces nouveaux instruments vont renforcer les Alliés et mettre en échec la stratégie de Dönitz, pourtant doté de davantage de U-boote qu'auparavant. Il convient de rappeler toutefois que ces améliorations arrivent progressivement ; certaines sont attendues depuis longtemps par les équipages et d'autres surgissent de manière totalement inattendue. Ce chapitre diffère donc du chapitre suivant, consacré à la maîtrise des airs au-dessus de l'Allemagne, qui voit un seul élément technique changer la donne. Il diffère également de celui traitant de la guerre dans le Pacifique, dans laquelle une série d'avancées (techniques de guerre amphibie des Marines, création de groupes de porte-avions rapides, Seabees, bombardiers B-29) permet aux Américains de l'emporter. Et si, dans l'Atlantique, la roue tourne plus rapidement en faveur des Alliés que sur ces autres théâtres d'opérations, le changement est bien plus chaotique.

C'est à partir du mois de mars 1943 que les historiens de la bataille de l'Atlantique notent que de nouvelles techniques et innovations font pencher la balance en faveur des Alliés. Comme nous l'avons déjà dit, elles ne proviennent pas directement d'un plan conçu dans les bureaux de Max Horton ; ces outils entrent par à-coups dans l'attirail de la Royal Navy et certains mettent plusieurs mois à s'intégrer à l'ensemble. Malgré cela, un commandant de U-boote envoyé en patrouille dans l'Atlantique Sud à la fin du mois de mars doit se trouver totalement déconcerté par ce qu'il apprend et constate à son retour dans sa base de Brest à la fin du mois de juillet.

Lors de sa séance de *debriefing*, ce commandant de U-boot apprend certainement que les Alliés ont fait de nombreux progrès. La protection aérienne des convois, assurée par les escadrilles du Coastal Command, augmente de manière constante au fur et à mesure du déploiement de nouvelles unités. De nouveaux porte-avions d'escorte sont apparus, accompagnés de corvettes et frégates modernes. De nouveaux groupes de soutien, formés de destroyers, sont détachés de la flotte, libérés par l'inactivité des cuirassés allemands basés en Norvège. Du matériel de détection et de nouvelles armes sont déployés. Des dispositifs HF-DF sont installés en masse, même sur de petits escorteurs. Le fabuleux radar centimétrique est également arrivé. Les bombardiers Wellington et les hydravions Catalina, équipés des projecteurs Leigh, rendent la navigation de surface dangereuse pour les U-boote dans le golfe de Gascogne. Les « hérissons », de nouveaux modèles de grenades anti-sous-marines et des torpilles aériennes radioguidées font leur apparition. La guerre du renseignement entre le B-Dienst et les briseurs de code de Bletchley Park tourne à l'avantage des Alliés. Pour résumer, tandis que le capitaine de U-boot et son équipage torpillaient sans difficultés des navires dans le Sud, la situation s'est considérablement détériorée dans l'Atlantique Nord.

Les conditions climatiques, toujours détestables, masquent un temps l'étendue des progrès des Alliés. Les tempêtes continuent de faire rage et les convois qui circulent au mois de mars subissent d'importants dégâts matériels ; mais deux convois importants, le HX-230 et le SC-123, traversent l'Atlantique en ne perdant qu'un seul navire. Il en va de même pour les premiers convois du mois d'avril, le HX-233 et les ONS-3 et 4. Le seul à subir une attaque sérieuse est le HX-231, dont les navires d'escorte livrent bataille à une meute de U-boote entre le 5 et le 6 avril, en lui infligeant de lourdes pertes. L'immense majorité des navires du convoi arrive à bon port ; 22 des 61 navires du convoi sont des pétroliers, de nombreux autres transportent ce que l'on pourrait appeler du matériel de préparation au débarquement – camions, chars, avions et barges de débarquement, ainsi que de vastes quantités de munitions[26]. Cette réussite est cruciale : l'arrivée, sans encombre, de ce groupe de pétroliers permet à elle seule de résoudre la pénurie de ressources qui frappe la Grande-Bretagne au début de 1943.

Et ce n'est qu'un début. Car, si le fracas des tempêtes continue de résonner sur l'Atlantique Nord, l'écho des batailles faiblit. Entre le mois de juin et le mois de septembre 1943, seuls 15 navires sont coulés, dont un seul faisait partie d'un convoi. Les demandes en matériel sont de plus en plus pressantes. Les Alliés progressent alors en Méditerranée et réunissent toujours plus d'hommes et de matériel en Grande-Bretagne en vue du débarquement. Les campagnes en Asie du Sud-Est et dans le Pacifique sont de plus en plus gourmandes. Mais cette nouvelle crise n'est plus qu'une crise de production, qui tend à se résorber grâce à la puissance ahurissante de l'industrie américaine ; elle n'est plus causée par les hémorragies des convois transatlantiques entre New York et les rives de la Mersey. Pour les dizaines de milliers de membres d'équipage de la marine marchande qui, pour la première fois, traversent les eaux agitées de l'Atlantique Nord sans subir la moindre attaque, la chose

PERTES DE NAVIRES DURANT LA BATAILLE DE L'ATLANTIQUE [27]

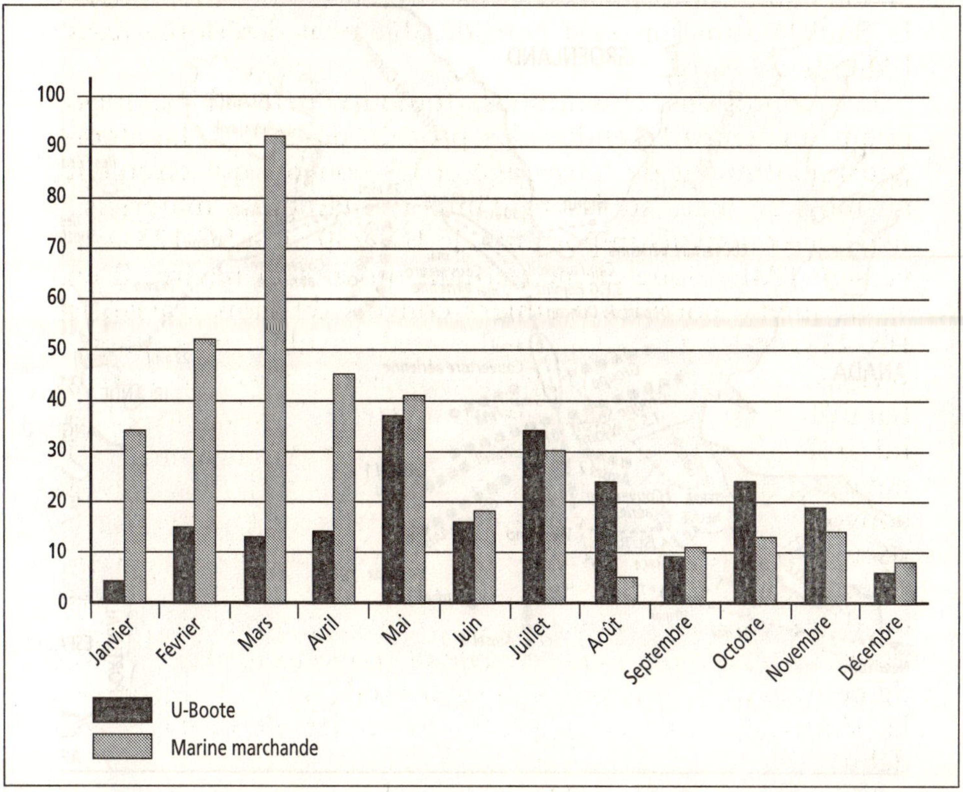

apparaît incroyable, inexplicable, un peu étrange même. Les pertes des U-boote dépassent à présent celles des navires de commerce.

Le graphique ci-dessus illustre parfaitement le retournement complet de fortune de l'année 1943[27].

Mais, pour mieux comprendre ce renversement spectaculaire, il convient d'étudier avec précision les batailles de convois livrées au mois de mai 1943, et notamment la première d'entre elles. Elle se déroule, le fait est inhabituel, lors d'un trajet de retour vers l'Amérique du convoi ONS-5, qui quitte son point de rassemblement, dans l'estuaire de la Clyde[28], le 23 avril et arrive en Amérique le 11 mai. Il s'agit, en quelque sorte, du match retour de la bataille du SC-122 et du HX-229. Cette fois-ci, les Alliés l'emportent – non sans difficultés, mais de manière décisive.

LE CONVOI ONS-5

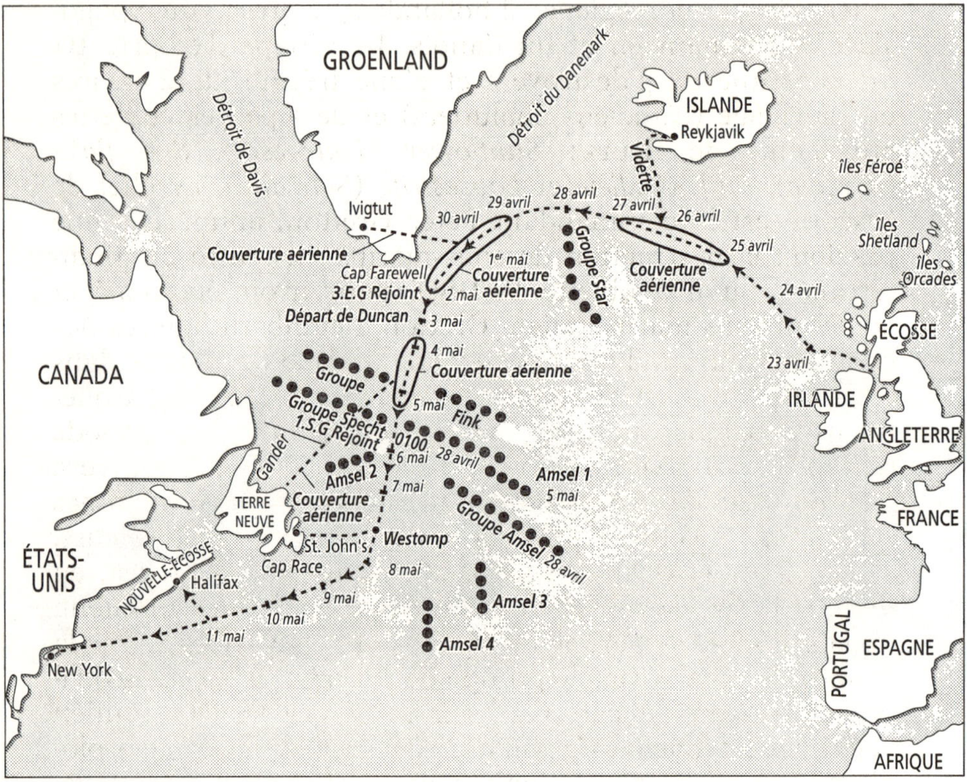

Pour comprendre les raisons d'une telle victoire, il suffit d'examiner la petite carte simplifiée figurant la route du convoi et les dispositions des meutes de U-boote qu'il doit traverser, et que l'on trouve dans le classique de Ronald Seth, *The Fiercest Battle : The Story of Convoy ONS-5*[29] :

Cette carte met en lumière la dureté et l'incroyable complexité des batailles de l'Atlantique. Quarante-trois navires marchands, sortis de cinq ports britanniques différents, se rassemblent au large du Mull of Kintyre avec leur escorte et se mettent en route à la fin du mois d'avril, empruntant une route circulaire en direction du Nouveau Monde. Leur cargaison est négligeable, mais tel n'est pas l'essentiel ; s'ils ne rentrent pas, ces navires manqueront pour transporter du pétrole, des minerais, des camions, des céréales et des pièces détachées d'avion à destination des îles Britanniques.

Il s'agit d'ailleurs d'un véritable convoi allié : en plus des 28 navires battant pavillon britannique, on compte 5 navires américains, 3 norvégiens, 2 hollandais, 2 grecs, un yougoslave, un panaméen et un danois. Le groupe d'escorte B7 est constitué de 2 destroyers et d'une frégate, de 2 navires de sauvetage (d'anciens chalutiers) et de 4 petites corvettes aux noms de fleurs : *Sunflower* (*Tournesol*), *Snowflake* (*Nivéole*), *Pink* (*Œillet*) et *Loosestrife* (*Salicaire*). Le chef de l'escorte est le commandant Peter Gretton, animé par une passion : la destruction de sous-marins ; il rentre de Méditerranée, où il a obtenu la DSO* pour avoir éperonné et coulé un sous-marin italien. Gretton a combattu auprès des convois arctiques durant la seconde bataille de Narvik, dans l'Atlantique et en Méditerranée, ainsi que lors des débarquements d'Afrique du Nord. Il vient de terminer une période de repos après avoir combattu au sein du HX-231 et livrera d'autres batailles après celle qui s'annonce. Les capitaines de frégate de Nelson l'auraient reconnu comme un des leurs.

Du 25 au 27 avril, le convoi fait route au nord-ouest, en direction du « cocon » de couverture aérienne maintenu depuis l'Islande. Durant les deux jours qui suivent, il a la chance de contourner le groupe de U-boote *Star* tandis qu'il fait route vers le cap Farewell pour profiter du soutien aérien offert par le Groenland. Les conditions météorologiques se dégradent alors considérablement. Jusque-là, aucun signe d'un quelconque sous-marin ennemi. La seule perte notable – à l'exception des dégâts provoqués par la tempête – est celle des destroyers, dont celui de Gretton, contraints de quitter le convoi par manque de carburant (le ravitaillement en mer avec de telles tempêtes est tout simplement impossible). Le climat est si détestable que l'intégralité du convoi doit un temps mettre en panne, tandis que les 5 destroyers du 3e groupe de soutien, envoyés en renfort, perdent un temps précieux à le localiser. Mais un plus grand danger se profile à l'horizon, car les meutes de U-boote de Dönitz ont reçu l'ordre de rester en attente sur leurs positions. Dans la nuit du 4 au 5 mai, deux longues lignes de sous-marins (21 U-boote des groupes *Fink* et *Specht*) sont ainsi prêtes à intercepter le convoi dans sa lente progression

* « Distinguished Service Order », la seconde récompense britannique, dans l'ordre du prestige, après la Victoria Cross (VC) (*NdT*).

vers Terre-Neuve. Un des sous-marins a été attaqué et coulé par des hydravions de la RCAF (l'armée de l'air canadienne) durant la journée. Mais la tombée de la nuit sonne l'heure des U-boote.

Suivent deux nuits et une journée de combats intenses. Les U-boote lancent attaque après attaque contre le rideau d'escorte à présent affaibli ; harcelés par tant de prédateurs, les destroyers, les frégates et les corvettes passent leur temps à fondre droit sur les U-boote pour les contraindre à plonger, et lancent deux ou trois grenades anti-sous-marines avant de regagner le convoi en toute hâte. Quatre navires du convoi et un traînard sont coulés cette nuit-là. Il ne reste plus que 26 navires marchands qui, dès le lendemain matin, se trouvent dans la zone sans couverture aérienne qui sépare le Groenland de Terre-Neuve. Quatre navires marchands sont coulés dans la journée, alors que la deuxième ligne de U-boote, la plus importante, attend son tour. La seule lueur d'espoir est due à la corvette HMS *Pink* et à son intrépide commandant, Robert Atkinson, qui vient de reprendre du service après avoir bataillé près de huit mois contre une terrible maladie. Détaché de l'escorte pour recueillir les traînards, Atkinson se trouve bientôt à la tête de son propre petit convoi de 3 navires marchands britanniques, 1 norvégien, 1 grec et 1 américain[30]. Pour économiser son combustible, le HMS *Pink* ne tourne plus que sur une seule chaudière et a coupé une dynamo. L'eau est même rationnée à bord. Mais le petit convoi est bientôt attaqué par le U-192 du lieutenant de vaisseau Happe, aussi déterminé qu'Atkinson, et le HMS *Pink* doit repasser à pleine puissance. Des heures durant, les deux navires s'affrontent, perdent le contact avant de le retrouver. Atkinson se trouve presque à court de charges anti-sous-marines et ses grenades « hérisson » ne fonctionnent pas. Après une dernière salve, Atkinson décide de rejoindre son convoi de traînards situé à 10 milles devant lui. Alors que la corvette vire de bord, son équipage entend une immense déflagration sous l'océan. Le U-192 vient d'exploser. C'était la première mission de Happe dans l'Atlantique – et sa dernière.

Au moment où le HMS *Pink* rejoint son petit convoi, le cargo américain *West Madaket* est mortellement frappé par une torpille et commence à se désintégrer. Après avoir repoussé tous les U-boote traînant dans les parages, la corvette doit à présent recueillir les survivants – 61 personnes supplémentaires se trouvent bientôt à bord. Le Western Approaches Command considère désormais le groupe d'Atkinson comme un sous-convoi séparé et décide de le renforcer en lui allouant un ancien garde-côtes américain, le HMS *Sennen*, qui repousse plusieurs U-boote en approche avant que le convoi ne soit sauvé par l'apparition d'un épais brouillard. Le 9 mai, le HMS *Pink* peut escorter ses protégés jusqu'au port de St. John's à Terre-Neuve et Atkinson s'asseoir à un bureau pour rédiger son rapport.

Dans la nuit du 5 au 6 mai, le gros du convoi ONS-5 livre quant à lui une bataille épique. Les U-boote attaquent à vingt-quatre reprises, sans que l'escorte ne perde pied. Cette fois, ce sont les escorteurs qui l'emportent. Toute la nuit, sur le flanc tribord du convoi, le HMS *Loosestrife* repousse les sous-marins en approche. A 2 h 30 du matin, il aperçoit le U-638 à moins de 500 mètres. Le sous-marin lance des torpilles, qui frôlent le flanc de la corvette, avant de plonger dans l'océan. Le *Loosestrife* lance dix grenades anti-sous-marines sur sa proie. L'explosion est si proche que les soutiers de la corvette pensent que la poupe de leur navire vient de sauter. Mais c'est bien le sous-marin qui vient d'exploser. La corvette retentit des cris de joie provenant des 71 marins civils recueillis à bord du *Loosestrife* après la perte de leurs navires. Seth observe que, « pour les victimes des U-boote, la traque et la destruction d'un ennemi avaient une saveur particulière... et, si le soutien moral a joué un rôle dans la destruction du U-638, les marins de la marine marchande embarqués à bord peuvent prétendre y avoir contribué[31] ».

Trente-six heures auparavant, Horton a sorti un nouvel atout de sa manche en ordonnant au 1er groupe d'escorte de rejoindre le convoi. Sitôt arrivé sur les lieux, son navire amiral, le sloop HMS *Pelican*, fond sur le U-438 et le grenade. Avant cela, le HMS *Oribi*, un des derniers représentants du 3e groupe d'escorte, a éperonné et coulé le U-531. Presque au même moment, le destroyer HMS *Vidette* a attaqué le U-125 avec son « hérisson ». Ses projectiles, lancés sur l'avant du bâtiment, ont parfaitement fonctionné et détruit le sous-marin. L'équipage de l'escorteur est aux anges ; comme le *Pink* et le *Loosestrife*, le *Vidette* a déjà escorté des convois de part et d'autre de l'Atlantique. Il a dû faire face à la tension, aux tempêtes, aux dangers de tous ordres et remporte son premier succès. Après cette nuit extraordinaire, le jour paraît enfin, le ciel s'emplit d'avions patrouilleurs et l'escorte de la marine canadienne rejoint le convoi. Les U-boote se replient et les navires endommagés atteignent enfin leur port de destination. L'*Oribi* se traîne jusqu'à St. John's avec la proue tordue par sa collision avec un U-boot ; la vaillante corvette *Pink* y arrive elle aussi avec seulement 18 tonnes de mazout dans ses cuves*. Tous rentrent au port en vainqueurs.

Au final, 39 U-boote ont attaqué l'ONS-5 et coulé 12 navires marchands. Mais les Alliés ont coulé 7 U-boote, 2 autres ont coulé suite à une collision dans le brouillard et 5 ont été gravement endommagés. Surtout, des sous-marins ont été coulés en combat rapproché (le U-638 n'avait que peu de chances d'échapper au HMS *Loosestrife* en émergeant à moins de 500 mètres de la corvette), mais également en surface, par des avions américains, britanniques et canadiens, et parfois à plus de 70 kilomètres du convoi. Cette bataille violente et chaotique vient de marquer un tournant, même si le caractère laborieux des batailles de convois ne permet sans doute pas aux belligérants d'en prendre conscience sur le moment.

Si Dönitz est perturbé par ces pertes, il n'en laisse rien paraître. Début mai, renforcées par de nouveaux bâtiments, ses meutes se rassemblent à nouveau dans l'Atlantique Nord. Malheureusement pour les Allemands, elles font face à une terrible opposition lors de l'attaque du convoi SC-130 (37 navires marchands avec 8 escorteurs rapprochés et un groupe de soutien à distance) qui quitte Halifax pour la Clyde. Car le commandant de l'escorte est à nouveau Peter Gretton, furieux d'avoir dû abandonner l'ONS-5 pour ravitailler au moment où la bataille atteignait son apogée et qui est bien déterminé à se rattraper. En plus du HMS *Duncan*, navire de Gretton, se trouvent le garde-côtes *Sennen*, qui était venu au secours du petit convoi du HMS *Pink*, ainsi que le destroyer *Vidette* et les corvettes *Sunflower*, *Snowflake*, *Pink* et *Loosestrife* – les « Sept Mercenaires » de l'Atlantique Nord[32] ! Le couverture aérienne diurne est, par surcroît, constante.

* Qui contiennent 230 tonnes au chargement (*NdT*).

Presque tous les U-boote (ils sont 33) qui font surface sont prestement attaqués par des bombardiers Liberator et Hudson, qui envoient 3 sous-marins par le fond, dont le U-954 qui comptait au sein de son équipage le fils de Dönitz, Peter. Le HMS *Duncan* participe à la destruction d'un quatrième attaquant, le *Sennen* et le HMS *Jed* coulent le cinquième. Aucun navire marchand n'est détruit ; leurs équipages peuvent entendre des détonations et apercevoir de grandes explosions à l'horizon, mais les U-boote ne parviennent pas à s'approcher. Malgré ce coup terrible, Dönitz ordonne à ses meutes de se regrouper pour attaquer le prochain gros convoi, le HX-239. Mais ses instructions contiennent cette phrase étonnante, sitôt traduite à Bletchley Park qui est à nouveau capable de décrypter le code utilisé par l'Amirauté allemande : « Ceux qui pensent qu'il n'est plus possible d'attaquer les convois sont des lâches et pas d'authentiques capitaines de U-boote[33]. »

Horton, du Western Approaches Command et les têtes pensantes de l'Amirauté en viennent à se demander si les équipages des U-boote ne sont pas en train de perdre leurs nerfs et leur résolution. C'est peut-être le cas (et nous l'évoquerons bientôt), mais il convient de se demander ce qu'un capitaine sous-marinier déterminé *peut* faire à ce stade du conflit. Car, en plus des patrouilles aériennes du Coastal Command, le convoi HX-239 est accompagné tout le long de la traversée par deux porte-avions d'escorte, l'USS *Bogue* et le HMS *Archer*, qui ont coulé deux des trois U-boote envoyés par le fond. Le convoi arrive au Royaume-Uni le 25 mai, le même jour que le convoi lent SC-130 qui a bénéficié d'une couverture aérienne permanente, de jour comme de nuit. Les avions à long rayon d'action ont repéré 28 U-boote, en ont attaqué 10 et coulé 2. Aucun navire marchand n'a été touché. Quel incroyable retournement de situation depuis la bataille pour les convois HX-229 et SC-122 !

Fin mai 1943, Dönitz, faisant toujours preuve de son réalisme mesuré, dresse le bilan catastrophique du mois écoulé – 41 U-boote ont été perdus en quatre semaines – et en tire la conclusion que l'Atlantique Nord est devenu un terrain trop hostile pour ses sous-mariniers. Les bâtiments sont donc redéployés sur la route menant des Etats-Unis à Gibraltar, ainsi qu'au large des côtes du Brésil et de l'Afrique de l'Ouest, ou dans les Caraïbes. Lorsqu'ils quittent ou rejoignent discrètement leurs bases en France, ils longent la côte espagnole afin d'éviter le Western Approaches Command. Le grand amiral ne s'avoue pas vaincu, mais doit repenser sa stratégie et attendre que ses capitaines soient dotés de nouveaux U-boote, avec un meilleur équipement. S'il ignore comment, il réalise que les forces alliées ont accompli des pas de géant tant dans l'art de la *détection* que dans leur capacité de *destruction*.

Pourquoi et comment ?

Il faut attendre encore douze mois (presque jour pour jour) pour que ces mêmes escadrilles et groupes de navires d'escorte se déploient au large des plages de Normandie. La bataille est donc loin d'être gagnée. Malgré cela, le moment semble venu de tenter d'analyser la manière dont les Alliés parviennent, lentement mais sûrement, à l'emporter dans l'Atlantique.

Le premier facteur est certainement celui de l'aviation. La Seconde Guerre mondiale est, historiquement, le premier conflit dans lequel la puissance navale est influencée de manière décisive par la puissance aérienne. Sans cette dernière, il devient impossible d'atteindre la suprématie navale.

Un des meilleurs témoignages de cet état de fait nous est fourni par celui qui a subi de plein fouet l'impact de la puissance aérienne des Alliés sur les mers : Karl Dönitz. Les carnets de ce fervent nazi sont d'une candeur analytique remarquable pour tout ce qui touche aux opérations navales durant toutes les phases de la bataille de l'Atlantique. Ses rapports adressés à Hitler sur les difficultés rencontrées par les U-boote sont également honnêtes et sans ambages. Malgré le message désespéré lancé à ses commandants de U-boote, il est à même de rédiger un rapport totalement dépassionné de ce revers de fortune, au moment où les convois SC-130 et HX-239 arrivent à bon port. A la date du 24 mai 1943, il note : « Les forces aériennes de l'ennemi ont joué un rôle décisif [...]. Cela est dû à l'utilisation de plus en plus grande d'appareils basés au sol et de porte-avions, combinée à l'avantage de la localisation radar[34]. » Plusieurs années après la guerre, Dönitz écrira dans ses Mémoires que le principal problème était que « l'Allemagne livrait une guerre sur mer sans appui aérien[35] ». Dans une guerre moderne, cela revient en effet à livrer un combat de boxe avec une main dans le dos.

La croissance de la puissance aérienne des Alliés dans l'Atlantique prend deux formes. La première est l'avènement des avions à long rayon d'action (VLR) opérant depuis des aérodromes côtiers, dont le bombardier B-24 Liberator, mais également les B-17 Forteresses volantes et les élégants hydravions Catalina, américains, ainsi que les robustes bombardiers britanniques Wellington et les hydravions Sunderland*. Mais ce sont bel et bien les Liberator qui font la différence.

La seconde est l'apparition de porte-avions d'escorte spécialement conçus à cet effet, d'une vitesse et d'une capacité offensive limitées par rapport aux porte-avions de la classe *Essex* ou *Illustrious*, mais tout à fait adaptés à l'escorte de convois transatlantiques ; les appareils embarqués peuvent ainsi patrouiller à des kilomètres à la ronde et, comme les bombardiers basés à terre, embarquent une panoplie d'armements spécifiquement destinés à la destruction de sous-marins. Réarmés et ravitaillés de nuit, ils décollent aux premières lueurs de l'aube pour traquer et détruire les sous-marins. Ces porte-avions d'escorte accompagnent les convois durant toute la traversée, de Halifax à Liverpool.

L'histoire de la bataille de l'Atlantique peut laisser croire que le rôle de l'aviation dans le domaine naval était envisagé avant guerre. Le développement de la guerre dans le Pacifique peut également le laisser penser. Rien n'est plus faux. Car, si l'on excepte l'invention de la bombe atomique, l'impact de l'aviation dans le domaine naval constitue un des aspects les plus importants et des plus novateurs de la Seconde Guerre mondiale. Dönitz doit en avoir pleinement conscience quand il est nommé à la tête de la Kriegsmarine au début de 1943 et il est difficile de ne pas ressentir une forme d'empathie à son endroit au vu des sombres perspec-

* Les bombardiers bimoteurs Wellington avaient fait montre de leur grande fragilité face aux attaques des chasseurs allemands lors des opérations de bombardement contre l'Allemagne et avaient cessé presque entièrement d'opérer au-dessus de l'Europe à la fin 1942. Bon nombre d'entre eux furent ainsi affectés aux opérations en Atlantique, où la DCA et la chasse allemandes étaient quasi inexistantes et où ils donnèrent satisfaction jusqu'à la fin de la guerre (*NdT*).

tives qui sont les siennes lors de son entrée en fonctions : il se trouve en effet à la tête d'une imposante et coûteuse marine de surface (mais dépourvue de porte-avions) et la géographie joue clairement en sa défaveur ; il possède également une importante force de U-boote (l'appui de la Luftwaffe lui sera accordé trop tard) et doit affronter, en plus des navires de guerre de l'ennemi, son aviation, aussi rapide que meurtrière.

Les équipages des sous-marins de Dönitz font certes soudainement face, à compter de la fin du printemps 1943, à toute une panoplie de contre-mesures alliées ; l'ennemi dispose de systèmes de détection et d'armement très sophistiqués face auxquels les plus récents des U-boote ne peuvent lutter à armes égales. Mais le facteur clé est celui de la couverture aérienne permanente des convois, ce qui multiplie, pour les U-boote, les risques d'être attaqués en transit, en surface, parfois à des centaines de kilomètres d'un convoi. Les avions ont toujours possédé l'avantage de la vitesse et de la surprise sur les navires ; ils ont à présent celui de la létalité et de la précision de l'armement. Surtout, ils ont un rayon d'action bien plus grand. A l'été 1943, un Liberator VLR peut ainsi prêter assistance à un convoi situé à plus de 1 900 kilomètres de sa base, un progrès phénoménal. En mai 1941, le cuirassé allemand *Bismarck*, qui fait route vers Brest, est repéré par un hydravion Catalina basé en Irlande, à près de 1 600 kilomètres plus au nord. Sa destruction, quatre jours plus tard, confirme les réticences exprimées par Dönitz sur l'intérêt des gros navires de surface. La leçon est déjà claire : sans appui aérien, la maîtrise des mers est difficile, sinon impossible à obtenir, même avec des sous-marins[36].

Cette conclusion n'est pourtant pas celle qui prévaut avant la Seconde Guerre mondiale. Les marines de Grande-Bretagne comme d'Allemagne n'ont été que très peu influencées par l'introduction des forces aériennes, alors conçues, pour l'essentiel, à des fins purement terrestres : la Luftwaffe s'est concentrée sur l'appui aérien des troupes au sol, le bombardement de moyenne portée et, de plus en plus, sur la défense de l'espace aérien du Troisième Reich ; la RAF, dominée par l'obsession du Bomber Command de détruire le potentiel industriel de l'Allemagne et de saper le moral des populations, n'accepte qu'en 1935, et à contrecœur, de mettre sur pied un Fighter Command chargé de défendre les îles Britanniques. Le choix du Troisième Reich est compréhensible, si l'on considère (comme les généraux et amiraux allemands) que les objectifs d'Hitler sont avant tout terrestres et qu'il a bon espoir d'obtenir la neutralité de la Grande-Bretagne. Les choix des Britanniques sont quant à eux désastreux pour une nation insulaire à ce point dépendante du commerce maritime. Les forces aériennes sont si limitées qu'elles n'ont pas même les moyens de passer commande d'appareils spécialement conçus pour l'aéronavale, à l'inverse des forces aériennes japonaises et américaines ; le Coastal Command est de surcroît le parent pauvre des forces aériennes, si l'on considère les impressionnantes ressources allouées aux autres branches de l'aviation.

Malgré cela, côté britannique, certains officiers subalternes font preuve d'initiative, afin de mieux intégrer la puissance aérienne dans l'effort de maîtrise des mers. Dans ses Mémoires, Peter Gretton mentionne ainsi la participation d'officiers du Coastal Command à des exercices navals, à des traversées de la Clyde à Terre-Neuve, ainsi que l'embarquement d'officiers de marine à bord d'avions – il affirme avoir volé sur tous les modèles d'avions patrouilleurs disponibles entre 1940 et 1943. Mais à quoi bon, si de nouvelles escadrilles ne sont pas déployées ? Aux yeux du maréchal de l'Air Harris, nommé à la tête du Bomber Command en juin 1942 avec la mission spécifique d'intensifier la campagne de bombardement contre l'industrie allemande, l'octroi d'une partie de ses précieux bombardiers à longue portée au Coastal Command (et donc à la bataille de l'Atlantique) revient, comme il le déclare à maintes reprises, « à ne s'attaquer qu'à la périphérie de la puissance de l'ennemi [...] à chercher des aiguilles dans une botte de foin[37] ». Seules les pressions exercées par les chefs d'état-major permettent quelques transferts ; à cet égard, Marshall et même King ont compris bien mieux qu'Harris l'impérieuse nécessité de déployer des avions à long rayon d'action dans la zone sans couverture aérienne de l'Atlantique au printemps 1943. Dönitz n'est pas aussi chanceux, mais il finit par disposer (grâce au Führer) de l'appui renforcé de la Luftwaffe dans le golfe de Gascogne.

Mais la zone sans couverture aérienne n'est pas réduite parce qu'un grand personnage le décrète. Des ingénieurs aéronautiques, majoritairement canadiens, décident de remplacer une des soutes à bombe des B-24 Liberator par des réservoirs supplémentaires afin qu'ils puissent atteindre le milieu de l'Atlantique ; des scientifiques améliorent les détonateurs des grenades anti-sous-marines alliées ; des équipes de scientifiques et de fabricants d'armes américains mettent au point la torpille aérienne à guidage acoustique – surnommée « Fido » – spécifiquement destinée à détruire des sous-marins en immersion[38]. Des groupes travaillent à l'amélioration et à la miniaturisation croissante des détecteurs HF-DF. Les ingénieurs navals conçoivent les disgracieux mais efficaces porte-avions d'escorte de la classe *Bogue*, et la direction des chantiers navals de Tacoma en accélère le rythme de production quand le besoin s'en fait sentir. Sans oublier les instructeurs de ces formidables écoles d'application en Ecosse, en Irlande du Nord et à Terre-Neuve, qui apprennent à des milliers de civils sans formation militaire à devenir des marins et des aviateurs et à assumer de lourdes responsabilités au beau milieu de la terrible bataille de l'Atlantique.

Au début de la guerre, il est extrêmement rare de voir un avion basé à terre couler un U-boot et les porte-avions d'escorte n'existent pas. A partir de 1943, le chiffre des destructions de sous-marins italiens et allemands par des avions s'accroît lentement mais sûrement et finit par dépasser celui des sous-marins coulés par les navires alliés. Entre le mois de juin et le mois d'août 1943, lorsque les U-boote abandonnent l'Atlantique Nord et commencent à croiser au large de Zanzibar et de Montevideo, ils sont encore traqués par les Liberator et les Catalina : 79 sous-marins sont coulés dans ces théâtres d'opérations éloignés fin 1943 ; 58 d'entre eux sont détruits par des avions alliés. Même au milieu de l'océan Indien, il n'y a pas d'échappatoire. En 1943, 199 U-boote sont détruits, dont 140 par des avions, une proportion qui se maintient jusqu'à la fin de la guerre[39].

Ce qui nous amène à la question de l'armement. Du point de vue allemand, seul un système d'armement compte : la torpille. Il s'agit sans doute de l'arme navale la plus omniprésente et la plus destructrice des temps modernes. Les torpilles peuvent être lancées par tous types de navires et d'avions. Durant la traque épique du *Bismarck*, le cuirassé géant est ainsi arrêté dans sa course par une torpille tirée d'un biplan Swordfish, attaqué toute la nuit par des destroyers britanniques qui font usage de torpilles et est finalement achevé par les torpilles d'un croiseur lourd, le HMS *Dorsetshire*. Mais la torpille est avant tout l'arme des sous-marins. Les torpilles sont assez puissantes pour transpercer le flanc d'un navire ; leur vitesse même interdit que l'on puisse les détourner ou les arrêter dans leur course. Dès qu'un sous-marin arrive assez près d'un convoi pour en tirer une salve, ses capacités de destruction sont énormes. L'escorte, maritime ou aérienne, doit donc à tout prix empêcher les sous-marins ennemis de lancer des torpilles dans la masse des navires marchands. Les introductions tardives de torpilles à guidage acoustique ou de U-boote plus sophistiqués, vers la fin du conflit, n'altèrent en rien ce fait.

La grenade anti-sous-marine, principale arme défensive des Alliés, est un instrument bien moins fiable, du moins à ses débuts. Pour commencer, il ne s'agit pas d'un explosif de contact. En théorie, ces armes explosives, ressemblant à des barils, doivent être lancées à proximité de l'endroit où un sous-marin a été détecté ; leur puissance explosive (décuplée par la pression sous-marine) permet d'en déchirer la coque. Cette arme est d'autant plus séduisante qu'elle peut être installée sur la poupe des petites embarcations, corvettes, cutters, sloops, comme des plus grandes, destroyers et frégates. Elle constitue également l'arme principale des patrouilles aériennes anti-sous-marines (vers la fin des hostilités, elle est remplacée par la torpille acoustique). Mais ses inconvénients apparaissent dès le début du conflit : le navire de guerre doit les lancer au-dessus de l'endroit où un sous-marin a été détecté, ce qui peut donner à un commandant de U-boot le temps de plonger rapidement (et l'Amirauté tarde à réaliser à quelle vitesse un sous-marin allemand peut plonger) ; les détonateurs doivent être réglés au dernier moment, en fonction de la profondeur estimée du U-boot ; enfin, les explosions sous-marines perturbent les lectures du sonar. Malgré cela, pour tous les sous-mariniers, la charge anti-sous-marine est l'arme la plus terrible, et l'attente d'une possible explosion – la traque pouvant durer des jours – est une expérience particulièrement stressante. Surtout, et bien qu'en moyenne des centaines de charges anti-sous-marines soient nécessaires pour couler un sous-marin, elle demeure l'arme anti-sous-marine par excellence car elle est utilisée durant toute la guerre, par des avions comme par des navires de guerre, et son efficacité s'améliore avec le temps[40].

Le « hérisson » est une arme différente, si simple dans son concept que l'on se demande pourquoi elle n'est pas élaborée dès la Première Guerre mondiale ou dès le début de la Seconde. Le hérisson est un lance-grenades à têtes multiples, qui propulse ses projectiles *devant* le navire ; sur les bâtiments qui en disposent, cette effrayante bombarde remplace souvent la première tourelle de 105 mm. Elle a de multiples avantages sur les charges anti-sous-marines et dès 1943 les équipages d'escorteurs l'adoptent avec enthousiasme, malgré ses défauts de jeunesse. Elle peut être lancée très vite. A l'inverse des charges anti-sous-marines et de leur détonateur préréglé, les projectiles lancés par le hérisson explosent au contact – si le sous-marin n'est pas touché, il n'y a pas d'explosion. Surtout, leur explosion ne perturbe par la lecture du sonar. Enfin, une salve de 24 projectiles tombant en pluie sur un U-boot a de bonnes chances de le toucher. Une fois le tir effectué, ne subsistent plus devant les yeux des servants que les rangées des tiges de lancement des projectiles ressemblant aux piquants d'un hérisson, qui donnent son nom à cette arme[41].

Son invention et son développement méritent d'être décrits. L'histoire ressemble à celle de l'invention du magnétron à cavité dans un laboratoire de Birmingham (voir plus bas), mais est encore plus typiquement britannique. Le hérisson voit le jour dans une petite unité de l'Amirauté, le DMWD (Département de développement des armements divers), surnommé « Département des combinards et débrouillards ». Les scientifiques, officiers de marine et militaires à la retraite qui le composent pour l'essentiel forment sans doute l'assemblage le plus improbable jamais réuni avant la naissance du Monty Python's Flying Circus. Mais ce département a des objectifs sérieux, qu'une certaine fascination pour l'excentricité britannique pourrait nous faire facilement oublier. A l'été 1940, la position stratégique des Britanniques est plutôt désespérée, leurs ressources sont faibles et leurs forces armées mal en point. Galvanisée par Churchill, la Grande-Bretagne décide de poursuivre le combat, par tous les moyens. Comment s'étonner qu'une nation nourrie au lait des romans de H. G. Wells et de Jules Verne, du *Boys Own Weekly* et de l'*Amateur Mechanics*[42] donne naissance à des idées toutes plus farfelues les unes que les autres, visant chacune à provoquer la chute d'Hitler ? La plupart sont de l'ordre de la farce. Mais certaines peuvent, théoriquement et une fois modifiées, se révéler utiles au bout du compte. Examiner tous ces projets étranges en y ajoutant les siens, telle est la mission du DMWD. Il est à ce titre intégré à la machine de guerre britannique et doté d'une structure scientifique et technologique qui lui permet de mettre ces idées nouvelles en pratique[43].

Membre de l'équipe du DMWD, le lieutenant-colonel Stewart Blacker, la cinquantaine, s'intéresse à la manière de faire exploser des objets divers depuis sa plus tendre enfance à Bedford. Le premier « succès » de Blacker est une tentative de reproduire, à une modeste échelle, le mortier qu'utilisent les Japonais contre les Russes lors de la guerre de 1904-1906. Ayant assemblé un tube métallique et « emprunté » un peu de poudre noire, Blacker parvient à propulser son projectile – une balle de croquet – dans la serre du directeur de son école, à 300 mètres de distance. Une brillante carrière s'annonce. En 1940, il est engagé pour concevoir un lanceur électrique destiné à propulser un projectile pour mortier. Les travaux approfondis du DMWD transforment son arme en un mortier à affûts multiples. De nombreux obstacles bureaucratiques apparaissent, sans compter le développement d'un mortier concurrent, mais moins efficace. Par chance, Churchill assiste à un des premiers tests lors d'une visite à une base d'essais d'armes expérimentales, près de sa maison de campagne de Chertwell, et lance le projet[44]. Il est à nouveau entravé par des retards et par le manque de formation des servants de cette nouvelle arme peu orthodoxe ; il faut attendre 1943 pour que des équipages traumatisés soient enfin envoyés à Tobermory ou au Loch Fyne pour recevoir une nouvelle formation. La « bombarde de Blacker » est enfin opérationnelle.

Les hérissons détruisent près de 50 sous-marins durant la guerre ; tout ceci valait bien une serre ou deux. Les remplaçants plus perfectionnés du hérisson, le « calmar » et le « limbo » (dont les projectiles peuvent descendre plus profondément et débusquer les sous-marins), ajoutent une douzaine de victimes au total. Les équivalents du calmar sont toujours utilisés par des marines modernes, dans des versions bien plus sophistiquées.

Les Alliés progressent également dans un troisième domaine, celui de la détection de l'ennemi, essentiellement grâce au radar. Dans sa forme primitive, la détection se limite au repérage visuel, par un U-boot, d'un convoi à l'horizon (ou de la fumée qui s'en échappe), ou, par un avion, d'un U-boot en surface. Mais, une fois repéré, un sous-marin peut naturellement plonger et échapper à la vue de son agresseur. Les sous-marins sont par ailleurs pourvus d'un matériel acoustique moderne, qui leur permet de repérer à distance le bruit alléchant des hélices d'un convoi ou celui, menaçant, d'une corvette en approche. Pour les adversaires des U-boote, le sonar demeure l'instrument acoustique principal pour détecter la présence sous l'eau d'une machine construite par l'homme. Depuis la fin de la Première Guerre mondiale, l'Amirauté considère que le sonar est l'arme magique par excellence ; il peut pourtant repérer une baleine ou un sous-marin sans faire la différence. Les courants marins, de températures variables, peuvent créer des barrières acoustiques. Les icebergs crissant les uns contre les autres sont un cauchemar pour les opérateurs des sonars. Surtout, Dönitz sait – grâce à son expérience de sous-marinier durant le premier conflit mondial – que les U-boote peuvent neutraliser le sonar des Alliés en attaquant en surface. Une meute de 8, 10 ou 20 sous-marins se faufilant en surface en direction d'un convoi sous le couvert de la nuit ou un seul U-boot attaquant des cargos américains longeant les côtes illuminées de Floride peuvent déjouer *tous* les systèmes de détection sous-marine. Ces derniers ne fonctionnent d'ailleurs correctement que lorsque les conditions météorologiques sont bonnes.

Cette stratégie alternative mise au point par Dönitz signifie que les U-boote doivent être identifiés en surface et *avant* qu'ils ne lancent leur attaque. Les escorteurs des convois doivent donc savoir *où* les attaquants se trouvent, *à quelle distance*, *combien* ils sont et *comment* ils sont déployés. Il n'est possible de protéger les convois qu'en ayant toutes ces données en main. On peut alors tenir les U-boote en échec et, avec un armement adéquat, les repousser, voire les couler.

Il faut attendre 1943 pour que les marines alliées disposent de systèmes de détection de surface efficaces, dont le premier est le mécanisme radiogoniométrique HF-DF déjà mentionné ; l'Amirauté possède déjà un système d'interception à longue portée qui permet de lire les messages de Dönitz (s'ils sont décryptés à temps). Ces goniomètres ont été déployés au début de la guerre sur la côte orientale de l'Angleterre afin de localiser et d'espionner les émetteurs radio allemands de l'autre côté de la mer du Nord. Leur miniaturisation se révèle relativement aisée et ils commencent à être installés sur les navires de guerre en 1943. Le « *Huff Duff* », comme les marins aiment à l'appeler, est un outil relativement simple et fiable, qui fonctionne parfaitement à courte distance. Il peut repérer le signal d'un U-boot à proximité et permettre ainsi le déploiement d'escorteurs sur le flanc menacé afin de contre-attaquer ; mais il peut également détecter les émissions radio des sous-marins à près de 30 kilomètres et permettre ainsi un changement de cap du convoi ainsi que la demande de renforts aériens ou navals à l'Amirauté. Aujourd'hui encore, on peut s'étonner que Dönitz ait permis à ses commandants de U-boot de se montrer si bavards et qu'il se soit également rendu coupable du même péché. Si les messages interceptés ne peuvent être analysés avant que Bletchley Park ne les décrypte, le HF-DF permet de localiser les sous-marins qui les émettent. Une fois prévenue par un commandant d'escorte de la localisation d'une meute de U-boote, l'Amirauté n'a plus qu'à dépêcher des navires ou des avions sur zone. Voilà sans doute pourquoi Rohwer considère que le HF-DF joua un rôle « décisif » dans la bataille des convois[45].

Le radar centimétrique est une avancée plus grande encore. Si le HF-DF permet de localiser les émissions radio d'un sous-marin à 30 kilomètres, la corvette ou l'avion dépêchés sur zone doivent ensuite tenter de repérer une cible particulièrement petite, parfois dans l'obscurité ou dans le brouillard. Les grandes tours radars déployées le long de la côte sud-est de l'Angleterre pour avertir le Fighter Command des attaques de la Luftwaffe durant la bataille d'Angleterre ne peuvent l'être au milieu de l'Atlantique. Il faut donc les miniaturiser, mais les recherches effectuées par les Américains et des Britanniques butent sur un problème technique apparemment insurmontable : il n'existe alors aucun instrument capable de produire les pulsations à ondes courtes permettant de localiser un objet plus petit (par exemple) qu'une escadrille de bombardiers Junker traversant la Manche, et qui puisse être suffisamment miniaturisé pour équiper un petit navire d'escorte ou un avion à long rayon d'action. Certains avions alliés embarquent un détecteur ASV (*Air to Surface Vessel*), mais en 1942 les détecteurs allemands Metox avertissent à distance les U-boote de leur présence. Une nouvelle avancée technologique est nécessaire, et au printemps 1943 le problème est résolu avec l'introduction du radar centimétrique sur les avions de reconnaissance alliés et jusque sur les petites corvettes de la classe *Flower* ; cet appareil permet de repérer le kiosque d'un U-boot à des kilomètres, de jour comme de nuit. Dans des eaux calmes, le radar peut même repérer un périscope ! Et comble des avantages, du point de vue des Alliés : les systèmes de détection allemands sont incapables de détecter un radar centimétrique opérant contre eux[46].

D'où vient donc le radar centimétrique ? Dans de nombreux récits du conflit, il semble sortir comme un diable de sa boîte ; dans son *Histoire de la Seconde Guerre mondiale*, Liddell Hart (p. 390) écrit ainsi : « Le nouvel équipement radar (centimétrique), que les U-boote ne pouvaient pas intercepter, était une magnifique réalisation des savants britanniques. » Avant cela, comme nous l'avons vu, aucun scientifique n'était parvenu à créer un radar miniature assez puissant – les conseillers de Dönitz croyant qu'il était impossible d'en fabriquer un, les bâtiments de guerre allemands ne furent équipés que de radars de tir primitifs. C'est en 1940, à l'université de Birmingham, que le professeur Mark Oliphant (lui-même élève du grand physicien Rutherford) et deux de ses collaborateurs, John Randall et Harry Boot, travaillant dans un modeste laboratoire, fabriquent le premier magnétron à cavité.

Cet appareil circulaire peut détecter de petits objets métalliques, comme le kiosque d'un sous-marin, et ne nécessite pour cela qu'une antenne réduite. Sa coque résiste parfaitement à l'énergie produite, sans se fendre ni fondre. Des tests cruciaux sont entrepris, quelques mois plus tard, au TRE (Etablissement de recherche en télécommunications), sur la côte du Dorset. Au milieu de l'été, le radar parvient à repérer l'écho d'un homme circulant à bicyclette le long des falaises et, au mois de novembre, à suivre le mouvement du kiosque d'un sous-marin de la Royal Navy qui longe la côte. Ironie de l'histoire, l'équipe d'Oliphant a pioché ses premières idées dans un article scientifique publié soixante ans plus tôt par le physicien allemand Hertz, qui avait travaillé à la conception d'un boîtier métallique assez solide pour résister à l'émission de grandes pulsations énergétiques. Durant les années 1930, Randall a lu ces articles lorsqu'il étudiait la radioactivité en Allemagne. De retour à Birmingham, les scientifiques ont simplement récupéré des pièces métalliques chez un ferrailleur et commencé à en fabriquer le boîtier.

Le développement de ce nouveau gadget connaît quelques difficultés. Aux budgets insuffisants et aux laboratoires de recherche inadéquats vient s'ajouter la demande pressante de doter la Grande-Bretagne de moyens de détection des escadrilles allemandes, qui mobilise la majorité de la communauté scientifique.

Au mois de septembre 1940 (alors que la bataille d'Angleterre bat son plein) les membres de la mission Tizard arrivent aux Etats-Unis pour discuter de coopération scientifique. Ces chercheurs emportent avec eux plusieurs appareils dont un magnétron à cavité qu'ils offrent aux Américains. Ces derniers, abasourdis, comprennent rapidement que cet appareil surpasse de loin leurs essais en matière de radars miniatures. Des tests et de premières tentatives de production sont rapidement effectués aux laboratoires Bell et au RadLab (Laboratoire des radiations), immédiatement créé pour l'occasion, en octobre 1940, au Massachusetts Institute of Technology. Mais les retards continuent, pour des questions pratiques : où placer cet équipement dans un Liberator ? Où installer les antennes ? Il faut donc attendre la crise de mars-avril 1943 pour que des escadrilles d'avions alliés équipées de ce matériel participent à la bataille de l'Atlantique.

Bientôt, tout le monde réclame des radars centimétriques : escorteurs, porte-avions, postes de tir des cuirassés. La destruction du croiseur allemand *Scharnhorst*, au large du cap Nord, le 26 décembre 1943, constitue la démonstration criante de la valeur de cet appareil sommairement mis au point sur un établi de Birmingham : repéré par les radars de croiseurs britanniques, il est ensuite pilonné par les pièces du HMS *Duke of York*, guidées par son radar de tir. L'industrie américaine a produit plus d'un million de magnétrons à cavité durant la guerre et James Baxter, dans son ouvrage *Scientists Against Time* publié dès 1946, décrit le prototype original comme l'« appareil le plus précieux jamais débarqué sur nos côtes » et l'« objet le plus important qui nous soit parvenu dans le cadre de la loi du prêt-bail »[47]. Dernier point important : les navires équipés de radars centimétriques peuvent repérer des canots de sauvetage en plein brouillard ou en pleine nuit ; de nombreux marins alliés et de l'Axe leur doivent la vie.

A cette liste d'instruments de détection on peut ajouter la création d'un ancien pilote de la Grande Guerre, le *Squadron Leader* Humphrey de Verde Leigh, concepteur de projecteurs lumineux équipant les avions patrouilleurs, qui leur permettent de surprendre les U-boote faisant surface de nuit pour recharger leurs batteries en les aveuglant, et qui portent le nom de leur créateur : les projecteurs Leigh. Leigh invente, teste et fait fabriquer ses premiers projecteurs sur ses fonds propres, résout seul les problèmes techniques rencontrés et effectue lui-même des vols d'essais. Il lui faut malgré cela attendre un certain temps pour que le ministère de l'Air daigne le soutenir dans ses travaux. L'installation des projecteurs Leigh est retardée d'un an sur les avions alliés. Il ne fait pas de doute que les capitaines des U-boote qui traversaient le golfe de Gascogne de nuit eussent préféré qu'elle fût indéfiniment retardée, car ce projecteur lumineux débusqua des dizaines sinon des centaines de U-boote en surface, les obligeant à plonger en catastrophe pour éviter les bombes[48].

Il est très peu probable que le commandant Leigh ait été informé des améliorations du HF-DF et inconcevable qu'il ait été mis au courant de l'existence du magnétron à cavité ou des torpilles guidées. Toutes ces nouveautés furent développées séparément, par des personnes et des organismes différents. Mais lorsqu'elles purent être utilisées conjointement, comme sur un hydravion Sunderland, la probabilité qu'un U-boot échappe à une attaque s'en trouva grandement diminuée.

Par comparaison, une analyse détaillée des affrontements autour des convois de l'année 1943 conduit à conclure que la guerre entre les casseurs de code de Bletchley Park et leurs adversaires du B-Dienst joue un rôle moindre dans le dénouement de la bataille de l'Atlantique. Bien moindre en tout cas que l'abondante littérature traitant de ce sujet ne le laisse supposer.

Après des années de silence, au début des années 1970 le grand public apprend, en effet, que les Allemands possédaient une machine ultraperfectionnée et capable de transformer n'importe quel message ou rapport en un salmigondis uniquement déchiffrable par quelqu'un possédant une machine identique : Enigma. Il apprend également que, dans un lieu ultrasecret (Bletchley Park, les locaux d'Ultra), des Britanniques, aidés par des Polonais puis par des Américains, possédaient des machines pouvant décrypter ces messages – jusqu'à ce que les Allemands compliquent leurs transmissions et empêchent les casseurs de code de Bletchley Park de les déchiffrer durant des mois, avant qu'ils ne puissent les décrypter à nouveau. Le B-Dienst de Dönitz décrypte lui aussi les codes de l'Amirauté. Dans le Pacifique, les casseurs de code américains du projet Magic décryptent également les codes militaires et diplomatiques des Japonais. Naît alors l'idée que cette guerre secrète permet d'expliquer le déroulement et même l'issue finale de la Seconde Guerre mondiale, qu'elle constitue l'explication ultime de la victoire des Alliés.

Cette vision doit être largement révisée. Il ne s'agit pas ici de minimiser le rôle extrêmement important que joua la guerre du renseignement entre les puissances de l'Axe et les Alliés, mais le fait demeure qu'Ultra n'explique pas tout. A condition qu'il soit opérationnel et que l'ennemi ne soit pas en mesure de faire de même, le décryptage offre des informations vitales permettant le redéploiement des forces avant la bataille. Les Allemands, comme les Alliés, tirent de grands bénéfices du décodage des messages du camp d'en face : même si le décryptage ne fonctionne qu'à moitié, il est indéniable qu'un borgne demeure avantagé si son adversaire est aveugle. En 1942, les Britanniques ne parviennent plus aussi facilement (ni aussi rapidement) à décrypter les messages de Dönitz, tandis que le B-Dienst est en mesure de fournir au grand amiral des messages de l'Amirauté décryptés en temps réel ou presque – et, durant la terrible période de la fin 1942 et du début de 1943, cela n'est pas sans conséquences.

Mais que se passe-t-il si les convois sont mieux protégés et si les Alliés comme les Allemands sont en mesure de décrypter les messages de l'ennemi ? Tout change, ou presque. Considérons, à titre d'exemple, une situation au cours de laquelle chaque camp parvient à intercepter et à lire les messages radio de l'autre camp, et peut les transmettre à ses forces en mer. Au moment de la traversée des convois HX-237 et SC-129 (du 7 au 14 mai 1943), la guerre du renseignement a atteint un degré remarquable de sophistication, de point et contrepoint. Aucun camp ne conserve très longtemps la haute main. Il en va de même, une semaine plus tard, lors de la traversée du convoi HX-239 : le B-Dienst connaît la localisation et le trajet du convoi. Peu après, les cryptographes britanniques déchiffrent les messages de Dönitz à destination d'une meute de sous-marins, ce qui permet au Western Approaches Command d'ordonner aux convois de modifier leur trajet ; mais le B-Dienst intercepte ce message et redéploie ses U-boote (22 au total) pour les intercepter. Malheureusement pour les Allemands, ils doivent alors faire face à une forte opposition, aérienne et navale. Le porte-avions d'escorte USS *Bogue* détruit le U-969 tandis qu'un avion du HMS *Archer*, équipé de roquettes, coule le U-752. Aucun navire marchand n'est perdu[49]. Ultra est donc d'un certain secours, mais ce n'est pas elle qui coule les sous-marins. Lorsque les Britanniques décident qu'ils vont désormais traverser les lignes de U-boote et leur livrer bataille, la victoire revient à celui qui dispose du meilleur armement, pas des meilleurs décodeurs.

Les progrès des Alliés dans les domaines de la détection et de la destruction se combinent donc à deux facteurs déjà mentionnés : les effectifs et le moral. Quand, au milieu du mois de mars 1943, le HMS *Volunteer* est le seul escorteur du convoi HX-299 à être équipé du HF-DF, et lorsque ses opérateurs radio doivent partager leur temps entre les communications avec l'Amirauté et la détection des sous-marins, son potentiel est limité. Mais, lorsque tous les escorteurs sont équipés d'antennes HF-DF, les Alliés disposent d'un avantage immense, comme ils sont avantagés par l'avènement des transmissions radio à courte portée entre navires. Quand seuls quelques avions, au bout de leurs capacités, opèrent quelques heures au-dessus du milieu de l'Atlantique, les choses sont plus faciles pour les U-boote. Mais lorsque des escadrilles entières opèrent à partir des bases des Orcades, d'Irlande du Nord, d'Islande, du Groenland, de Terre-Neuve et, à partir de la mi-1943, des Açores, lorsque des avions équipés de radars centimétriques, de projecteurs Leigh, de grenades anti-sous-marines, de torpilles à guidage acoustique et même de fusées peuvent patrouiller toute la nuit au-dessus du golfe de Gascogne, les sous-marins de Dönitz ne connaissent plus de répit. Un unique porte-avions d'escorte comme le HMS *Archer* est rassurant pour un convoi, mais son influence tactique est négligeable. Quand, à partir de la fin 1943, une douzaine de porte-avions d'escorte sont en permanence en mer, la situation change du tout au tout.

Il n'est donc pas étonnant que les décryptages d'Ultra mettent en lumière un net déclin du moral des équipages des U-boote après les batailles de mai 1943 ; les appels de Dönitz apparaissent de plus en plus désespérés. S'il possède alors plus de sous-marins que jamais, ils sont de moins en moins nombreux à passer à l'attaque et de plus en plus nombreux à faire part d'avaries et à rentrer au bercail ; de nombreux équipages sont recueillis (puis placés en captivité) tandis que leur navire s'enfonce lentement dans les flots. Le titre du livre qu'Herbert Werner consacre à ces capitaines et à leurs équipages, *Iron Coffins* (*Cercueils de fer*), est à cet égard éloquent[50].

Les derniers combats

L'importance grandissante de la puissance aérienne est indiscutablement confirmée par les offensives alliées dans le golfe de Gascogne et les attaques infructueuses des U-boote contre les convois américains à destination de l'Afrique du Nord. Ces deux batailles sont géographiquement séparées, mais se déroulent peu ou prou sur la même période, à la fin de 1943. Elles sont à bien des égards interdépendantes ; les sous-marins qui tentent de gagner l'Atlantique en longeant le nord de l'Espagne et qui sont détruits en route ne peuvent attaquer les convois américains à destination de Gibraltar ni croiser dans l'Atlantique. Les escorteurs américains des convois à destination de l'Afrique du Nord infligeant des corrections aussi sévères aux meutes de Dönitz que leurs homologues britanniques et canadiens dans l'Atlantique Nord, le nombre de U-boote ne cesse de diminuer.

Le problème technique que doivent affronter les U-boote est alors le suivant. Ils peuvent choisir de traverser le golfe de Gascogne en surface ou en immersion, de jour ou de nuit. S'ils se déplacent en immersion, leur vitesse est réduite et leurs batteries se vident plus rapidement (ce qui ne contribue pas à améliorer le moral de l'équipage). Ils peuvent alors être repérés par le sonar d'un navire ennemi. S'ils choisissent de naviguer en surface, ils peuvent atteindre le large plus rapidement, en courant le risque d'être repérés par les radars ennemis et d'être attaqués par des navires ou des avions au moment où ils se trouvent le plus vulnérables. Pour couronner le tout, Bletchley Park déchiffre plus efficacement et plus rapidement les codes navals allemands, tandis que le B-Dienst peine à décrypter les nouveaux codes, plus complexes, des Alliés.

Mais ces problèmes ne sont rien à côté de celui-ci : les avions et les navires alliés sont devenus, grâce aux nombreuses innovations technologiques déjà mentionnées, de véritables machines à détruire les sous-marins. Laissons pour l'instant de côté les nouveaux types d'armement que les Alliés déploient alors pour la première fois, comme les puissants groupes de soutien de destroyers et les porte-avions d'escorte spécialement conçus à cet effet. Les bêtes de somme de l'arsenal des Alliés, comme les corvettes de la classe *Flower* et les avions à rayon d'action moyen Wellington, Hudson et Sunderland, connaissent des améliorations constantes. En 1940 et 1941, les corvettes sont sous-armées, sous-équipées et très mal adaptées aux conditions de navigation dans l'Atlantique (un observateur américain écrit alors que leurs équipages devraient recevoir une solde de sous-mariniers, ces navires passant la moitié du temps sous l'eau). A partir de 1943, ces corvettes, ainsi que les nouvelles corvettes et frégates spécialement conçues pour l'Atlantique qui les remplacent progressivement, sont plus rapides, pourvues d'équipements de détection et d'armements améliorés, d'une étrave plus haute et d'un poste de commandement digne de ce nom. Sur les plus gros bâtiments, une des tourelles avant est remplacée par un « hérisson », puis par un « calmar » ; les grenades anti-sous-marines sont de plus en plus efficaces et pourvues de détonateurs améliorés ; et les superstructures des corvettes et des frégates se couvrent de toutes sortes d'antennes, non seulement de radio, mais également d'appareils HF-DF et de radars centimétriques.

La même métamorphose s'observe sur un Wellington ; ce bimoteur solide et basique, conçu à l'origine par Barnes Wallis pour bombarder l'ouest de l'Allemagne, est en 1943 devenu, aux mains du Coastal Command, un excellent détecteur acoustique, pourvu d'antennes sur l'épine dorsale de son fuselage, sur ses flancs comme sur son nez. Son armement est constitué de canons tirant vers l'avant, de fusées, de charges anti-sous-marines améliorées et même de torpilles acoustiques. De nuit, lorsque son radar lui permet de se rapprocher suffisamment d'un U-boot en surface, ses projecteurs Leigh s'allument et donnent le signal du carnage.

Dönitz est un combattant dans l'âme et, en 1943, les chantiers navals allemands produisent plus de U-boote que jamais. Ils peuvent naturellement gagner l'Atlantique depuis leurs chantiers en empruntant la route relativement sûre du Groenland, de l'Islande et des îles Féroé. Ayant compris que la puissance aérienne des Alliés est devenue la clé de la bataille de l'Atlantique, le grand amiral persuade Berlin d'accorder davantage de soutien qu'auparavant à ses U-boote dans le golfe de Gascogne à partir de l'automne 1943. Les attaques de la Luftwaffe contre les escadrilles anti-sous-marines du Coastal Command s'intensifient à tel point que la RAF doit dépêcher des chasseurs de nuit Mosquito et Beaufighter afin de les protéger. De plus en plus de U-boote sont équipés de pièces antiaériennes de gros calibre, dont des pièces quadri-tubes, Dönitz encourageant ses capitaines à combattre en surface s'ils le peuvent. Pour finir, la Luftwaffe et les nouveaux sous-marins sont bientôt équipés, eux aussi, de torpilles acoustiques ; fin août, les avions allemands effectuent leurs premières attaques avec des bombes téléguidées sur deux groupes d'escorte[51].

En d'autres termes, à l'exception d'un mois de juin relativement calme, les combats pour les convois ne baissent pas d'intensité, les meutes de U-boote demeurent toujours aussi dangereuses et les affrontements sont aussi épiques qu'auparavant. Un hydravion Sunderland, survolant le golfe de Gascogne de retour vers sa base, est attaqué par 8 Ju-88, en abat 3 et termine sa course sur les galets de Chesil Beach avec seulement trois de ses quatre moteurs (la robustesse et l'imposant armement du Sunderland lui ont valu, auprès des Allemands, le surnom de « Porc-épic volant »). Un peu plus tard, une bataille homérique voit s'affronter 5 U-boote circulant en surface dans le golfe de Gascogne et 4 Mosquito pilotés par les Polonais (à ce stade de la bataille, des escadrilles britanniques, américaines, australiennes, polonaises, canadiennes et tchèques sont impliquées)[52]. Certains appareils viennent s'écraser sur des U-boote, tant la lutte est devenue impitoyable. Il arrive à l'occasion que des rescapés de navires marchands, d'escorteurs, d'avions et de U-boote (toutes les combinaisons sont possibles) se trouvent à flotter sur les mêmes eaux, dans des canots pneumatiques ou sur des radeaux de fortune, recueillis par le même bateau de sauvetage. Certains capitaines de destroyer tentent systématiquement d'éperonner les U-boote et cette forme d'attaque se répand – on est ainsi certain de couler le sous-marin ennemi et... de disposer de trois semaines de repos pour réparer les avaries dues au choc !

Une telle violence ne doit pas masquer le fait principal, bien résumé par Barnett : « Les forces navales et aériennes des Alliés [...] possèdent enfin des navires et des avions adaptés et en nombre adéquat, avec des équipages bien formés et équipés d'un arsenal complet permettant la localisation et la destruction des U-boote[53]. » Le degré d'entraînement progresse de manière constante et l'expérience des groupes navals et des escadrilles des Alliés se fait de plus en plus sentir. Au milieu du mois d'octobre, les convois ON-206 et ONS-20 sont, en plus de leur escorte, appuyés par trois escadrilles de Liberator bien formées (les 59e, 86e et 120e) et par un groupe de soutien, commandé par Gretton, comprenant, comme de coutume, le *Duncan*, le *Vidette*, le *Sunflower*, le *Pink* et le *Loosestrife*. Un seul navire marchand est perdu et cinq U-boote sont envoyés par le fond.

Opérant à bonne distance des convois, le capitaine « Johnnie » Walker[54], commandant le 2e groupe d'escorte, semble avoir reçu carte blanche pour s'adonner à son unique passion : la destruction de U-boote. Dans ce jeu du chat et de la souris, Walker met au point un stratagème redoutable :

tandis qu'un seul de ses navires utilise son sonar et se tient à bonne distance de l'U-boot immergé, le capitaine de ce dernier ignore que d'autres navires, dont l'asdic est éteint, viennent lentement se placer au-dessus de lui, guidés par la radio du navire de contrôle, avant de lancer leurs charges anti-sous-marines. Il lui arrive également de déployer trois de ses six sloops (HMS *Starling, Wild Goose, Cygnet, Wren, Woodpecker* et *Kite*) en ligne afin qu'ils lancent leurs charges simultanément, à la manière d'un barrage roulant d'artillerie. Il peut traquer une proie des jours durant. Des deux écoles de pensée de la guerre des convois (décrites au début de ce présent ouvrage), Walker n'est pas de celle du « contentons-nous-d'escorter-les-cargos-à-bon-port ». Voici ce que l'on peut lire dans ses instructions au 2e groupe d'escorte, précieusement conservées depuis des années par la Captain Walker's Old Boys Association, basée à Liverpool : « Nous sommes des tueurs, et tous les officiers doivent développer au maximum leur agressivité offensive. Peu importe le nombre de convois que nous escortons à bon port : notre premier objectif, c'est d'exterminer les U-boote[55]. »

Walker joint la parole aux actes. Son groupe d'escorte revendique la destruction de 20 U-boote et il est lui-même décoré à quatre reprises du DSO avant de mourir d'épuisement, en 1944, à l'âge de 48 ans.

Les méthodes de Walker s'inscrivent dans la stratégie générale de l'Amirauté. On se souvient que, lors des terribles batailles du début de 1943, des navires d'escorte comme le *Vidette* ou le *Pink* devaient souvent abandonner la poursuite de sous-marins en raison de l'impérieuse nécessité de défendre leurs troupeaux. De mars à juin 1943, le Département des recherches opérationnelles effectue une analyse statistique détaillée des affrontements entre U-boote et navires d'escorte lors des deux années écoulées[56]. Il en arrive à la conclusion que les chances de survie d'un U-boot en plongée sont plutôt bonnes si l'escorteur se contente de lâcher quelques grenades anti-sous-marines. Mais si le navire de surface poursuit sa traque durant au moins une heure, sans craindre de perdre à plusieurs reprises le contact avec sa proie, ou, mieux encore, s'il effectue au moins six lancers de grenades anti-sous-marines, durant quatre-vingt-dix minutes ou plus, les chances de détruire un U-boot augmentent très nettement. Voilà la justification statistique de la création des groupes de soutien, à condition qu'ils demeurent dans les parages des convois et ne se lancent pas à la recherche d'aiguilles dans une botte de foin. Dès le début, Horton en a parfaitement conscience. C'est le manque de navires de surface qui empêche la formation de groupes comme celui de Walker avant 1943. A elles seules, ces statistiques mettent en lumière tout le dilemme de Dönitz. Ses bâtiments ne peuvent interrompre l'afflux de matériel allié en Europe qu'en attaquant les convois ; mais, à partir du printemps 1943, ils risquent de plus en plus d'être détectés par les avions et les groupes de soutien et d'être anéantis.

S'il est difficile, sinon impossible, pour les U-boote d'affronter Walker, il est tout aussi difficile pour eux de s'attaquer aux groupes de porte-avions d'escorte sur les routes de Gibraltar et de l'Afrique. Si la marine américaine entre en guerre sans aucune préparation adéquate à la lutte anti-sous-marine, elle apprend vite (et ce malgré les demandes bien plus pressantes en ressources et en efforts exigées par la guerre dans le Pacifique). En 1943, les chantiers navals de Washington-Tacoma produisent sans relâche de petits porte-avions d'escorte, leurs équipages et aviateurs reçoivent un entraînement intensif et empruntent le canal de Panama pour former le noyau des escortes qui accompagnent les nombreuses troupes, les munitions et autres matériels à destination de la Méditerranée au moment de l'invasion de la Sicile et de l'Italie. Les premiers bâtiments de la classe *Bogue* – l'USS *Bogue*, l'USS *Core* et l'USS *Card* – embarquent des aviateurs agressifs et chevronnés ; dès qu'un U-boote est repéré, deux avions le mitraillent, l'empêchant de réaliser qu'un troisième appareil vole droit sur lui, armé de bombes ou de torpilles à tête chercheuse ; une sorte de variante de la tactique de Walker. L'histoire officielle de la marine rapporte ainsi que les avions de l'USS *Bogue* coulent 6 U-boote lors des traversées à destination de Gibraltar. Les pertes totales infligées par les avions de l'USS *Card* et ses escorteurs sont plus élevées encore, au moins 10 U-boote, peut-être 11[57].

Il est vrai que l'aviation embarquée coule, au total, moins de sous-marins que l'aviation basée à terre. Mais elle joue un rôle majeur en maintenant les U-boote à bonne distance des navires de transport et sa présence est précieuse pour les convois de troupes et de matériel à destination de l'Afrique du Nord et de la Méditerranée. Fin 1943, plusieurs porte-avions d'escorte sont détachés dans les zones reconnues de ravitaillement des U-boote, au milieu de l'Atlantique. Si les officiers du renseignement naval britannique craignent que la source Ultra ne soit découverte – comment croire à une coïncidence quand tant de U-boote sont attaqués en plein ravitaillement de surface par des avions surgissant de nulle part ? –, ces attaques permettent la destruction de nombreuses « vaches à lait » et obligent donc les sous-marins allemands à regagner plus rapidement leurs bases de peur de tomber en panne de carburant.

La flotte sous-marine allemande ne peut infléchir cette tendance désastreuse. Elle reprend pourtant ses attaques contre les convois alliés durant les cinq premiers mois de l'année 1944, y compris contre les convois de l'Atlantique Nord. Mais elle ne peut répéter les succès de l'année 1942 et du début de 1943. Son échec est patent, et de manière spectaculaire, lors du Jour J. Les forces sont alors, dans les airs, sur mer et sur les plages, totalement disproportionnées. Lorsque le haut commandement allemand prend enfin conscience que le débarquement de Normandie n'est pas un leurre, les rares escadrilles de la Luftwaffe disponibles sont jetées dans la bataille et anéanties. Il en est de même des « cercueils de fer » de la Kriegsmarine ; Werner rapporte que lui et d'autres capitaines chevronnés, étonnés de ne pas être engagés au début du mois de juin, reçoivent soudain l'ordre de se ruer vers les plages de Normandie et d'y éperonner les navires ennemis comme des kamikazes. Rien n'est plus éloigné de la vocation initiale d'un sous-marin. Cinq des huit équipages ayant reçu cet ordre périssent dans cette vaine attaque, les trois autres regagnent piteusement et péniblement leurs bases pour réparer[58]. La maîtrise aérienne et navale des Alliés est totale : de juin à août 1944, les sous-marins de Dönitz ne coulent que cinq navires dans les eaux de la Manche (dont, hélas, le HMS *Pink*).

Il ne faut pas voir dans l'incapacité des U-boote à gêner et encore moins empêcher le déroulement de l'opération Overlord la seule marque d'un déséquilibre des forces à un échelon local. Après les premiers succès, les U-boote ne sont pas parvenus à enrayer le flot constant de troupes, de munitions, de denrées diverses et de carburant quittant le Nouveau Monde à destination de l'Ancien. Les sous-mariniers allemands ont fait tout leur possible – certains « as », comme Kinzel, étaient des combattants hors pair – mais, à partir de 1943, ils succombent en masse sous les coups méthodiques des Alliés, dotés d'équipements contre lesquels Dönitz est impuissant. Les Alliés se renforçant, les convois traversent de plus en plus facilement ; l'avant-poste britannique peut alors devenir la rampe de lancement de l'invasion de l'Europe. Cette invasion se déroulant sans accident majeur pour les Alliés, ils peuvent bientôt pénétrer au cœur du Troisième Reich. Les jours des U-boote sont dès lors comptés. Ironie de l'histoire, leurs bases, tant dans l'ouest de la France que dans le nord de l'Allemagne, seront capturées par la terre.

Il est vrai que le complexe militaro-industriel allemand continue, durant toute l'année 1944, de produire des dizaines de nouveaux sous-marins de grande taille. Les scientifiques allemands travaillent sur des modèles remarquablement perfectionnés (les superbes sous-marins de Walter et le type XXI, « *Elektroboot* »), qui donnent des sueurs froides à l'Amirauté durant la dernière année de guerre en Europe. La marine allemande continue de recevoir des U-boote jusqu'en avril 1945, malgré l'intensification des bombardements alliés sur les chantiers navals et les lignes de chemins de fer. Les sous-marins allemands combattent jusqu'au bout, avec l'énergie du désespoir. N'étant pas parvenus à endiguer le flots d'hommes et de matériel à destination de la Grande-Bretagne puis, à partir de l'automne 1944, à destination de la France, les sous-marins allemands sont régulièrement relégués au second plan des histoires générales de la Seconde Guerre mondiale. Pourtant, entre janvier et juin 1945, les U-boote, le Coastal Command et la Royal Navy continuent de se faire face dans une suite d'affrontements sanglants.

Mais ces duels n'ont plus pour objet la maîtrise des lignes transatlantiques ; ils se déroulent essentiellement en mer du Nord et dans les eaux britanniques et canadiennes. La lutte est âpre, car les U-boote sont désormais plus difficiles à détecter à proximité des côtes, possèdent un armement perfectionné et naviguent en petits groupes afin de se soutenir mutuellement. On doit même détacher des escadrilles de Typhoon[59], engagés en Hollande et dans le nord de l'Allemagne, pour soutenir les Beaufighter et les Mosquito livrant bataille aux U-boote près du Dogger Bank et du Jutland. Ici, il n'est plus question de batailles contre les convois : durant les cinq derniers mois de la guerre, seuls 46 navires marchands alliés sont coulés sur l'ensemble du globe (un septième du chiffre de 1942). Comme auparavant, la plupart de ces navires naviguent seuls. Dans le même laps de temps, 151 sous-marins sont détruits. De 1939 à 1945, le taux de pertes des équipages des U-boote atteint la somme faramineuse de 63 % des effectifs engagés (76 % si l'on tient compte des prisonniers). Aucune autre arme engagée dans ce conflit n'a subi des pertes équivalentes[60].

Il ne s'agit donc pas d'un problème de nombre : l'arme sous-marine allemande se rénove trop tard pour remporter la bataille critique, celle de l'Atlantique, tandis que le potentiel de destruction de son adversaire ne cesse d'augmenter. Durant les derniers mois, pris en tenaille entre l'Est et l'Ouest, les U-boote n'ont plus, comme le Troisième Reich lui-même, nulle part où aller. Il ne reste plus aux sous-mariniers qu'à se rendre. Lorsque les troupes britanniques atteignent des ports de U-boote comme Flensburg, elles y trouvent des rangées de sous-marins amarrés le long des quais ou à moitié immergés, coulés par les bombardiers alliés ou sabordés par leurs équipages. Nombre d'entre eux se sabordent au large plutôt que de se rendre. Sur tous les océans, les navires allemands gagnent des ports alliés en battant le pavillon noir de la reddition ou des ports neutres pour y être internés. Ironie suprême : l'ordre de capitulation, dont le brouillon a été établi par l'Amirauté britannique, sera signé par l'homme qu'Hitler avait désigné comme son successeur : le grand amiral Karl Dönitz.

Considérations finales

La bataille de l'Atlantique est-elle un bon exemple de victoire obtenue par le poids du matériel ? De nombreux historiens, hypnotisés par le colossal rythme de production des chantiers navals américains à partir de 1942 (Américains et Britanniques produisent l'équivalent de 42,5 millions de tonnes entre 1935 et 1945)[61], le pensent. Il convient de se garder d'une telle vision, tout comme il serait inexact d'attribuer l'obtention de la maîtrise de l'espace aérien allemand par le seul rythme de production des B-17 et des B-24, comme nous le verrons dans le chapitre 2.

Certes, la puissance matérielle est clairement du côté des Alliés à partir de l'été 1943, mais les sous-marins de Dönitz continuent de donner du fil à retordre. Horton comme Slessor considérèrent jusqu'au bout, même quand la balance penchait très clairement en leur faveur, qu'il était inconcevable de baisser la garde face à un adversaire aussi redoutable. Churchill avait raison d'évoquer en l'espèce l'« application adéquate d'une puissance écrasante ». Les effectifs ont compté, mais la masse matérielle n'est rien sans deux autres ingrédients vitaux : l'organisation et la compétence. Sans elles, les directives stratégiques adressées par les « hommes au sommet » ne valent rien (après tout, Mussolini a également édicté de grandes directives stratégiques, mais avec quel effet ?). On ne peut exiger des marins qu'ils coulent un U-boot ou protègent un convoi sans leur fournir les outils adéquats pour les repérer et les détruire et sans faire en sorte qu'une bonne organisation permette l'utilisation de ces outils à des fins optimales.

Durant la bataille de l'Atlantique, l'« application adéquate » des ressources permet des avancées techniques qui donnent aux troupes de première ligne les moyens de l'emporter. Cette victoire dans l'Atlantique et sur d'autres mers plus lointaines fait, lentement mais sûrement, pencher la balance en faveur des Alliés et permet d'atteindre les objectifs stratégiques définis en janvier 1943. A maintes reprises, des tournants s'opèrent, certaines idées deviennent réalité, grâce aux travaux d'organisations et d'individus dont les inventions ont un impact direct sur le champ de bataille.

Quatre avancées doivent donc être constatées : l'avènement des bombardiers à long rayon d'action capables d'accompagner les convois durant toute la traversée ; le radar centimétrique et les rôles successifs joués par l'équipe de l'université de Birmingham, la mission Tizard et, après cela, les laboratoires de Bell et le RadLab du MIT ; le mortier « hérisson », né du rêve d'un jeune écolier excentrique, passé par l'étonnant DMWD de l'Amirauté puis utilisé par les escorteurs alliés pour détruire des sous-marins ; et la création de groupes de soutien naval agressifs qui, sous les ordres d'officiers tels que Gretton et Walker, utilisent un mélange d'armes nouvelles et de tactiques de traque renouvelées.

Le premier objectif opérationnel de la proclamation de Casablanca est donc atteint, ce qu'aucun membre des états-majors alliés n'osait espérer même à la fin de 1943. La campagne de bombardement stratégique contre l'Allemagne connaît de nombreuses déconvenues tout au long de l'année 1943. L'invasion de la France est régulièrement repoussée et la difficulté d'une telle opération semble de plus en plus insurmontable – aux yeux des officiers d'état-major britanniques tout particulièrement. La campagne de Méditerranée se déroule au ralenti. La campagne de reconquête du centre du Pacifique en est à ses débuts et les progrès dans le sud-ouest du Pacifique comme en Asie du Sud-Est sont d'une lenteur insupportable. Au début de l'été 1943, la bataille de Koursk donne une nouvelle indication du retournement de situation en défaveur de l'Allemagne. Malgré cela, des vastes étendues de l'Atlantique aux plaines sans fin de la Russie et de l'Ukraine, apparaissent les prémices du *Götterdammerung*. Après des années de combats impitoyables, le cours de la Seconde Guerre mondiale est en train de basculer en faveur des Alliés.

2

Comment gagner la maîtrise des airs

« Car j'ai plongé dans l'avenir, aussi loin que porte le regard,
« Eu la Vision du monde, et des prodiges annoncés ;
« Vu les cieux emplis de commerce, de galions aux voiles fantastiques,
« Pilotes du crépuscule pourpre, ployant sous leurs précieuses cargaisons ;
« Entendu les cieux emplis de cris, et en tombait une atroce rosée,
« Celle des marines éthérées des nations s'affrontant dans le grand bleu... »

Lord Alfred Tennyson, *Locksley Hall*, 1837

Aux premières heures du 14 octobre 1943, une armada de 291 Forteresses volantes (bombardiers B-17 américains) décolle d'aérodromes situés dans les plaines de l'est de l'Angleterre à destination des villes allemandes de Schweinfurt et de Ratisbonne, et de leurs usines de fabrication de roulements à billes et de chasseurs Messerschmitt. Les témoins de cette scène grandiose assistent à l'une des plus extraordinaires démonstrations d'ingéniosité (et de potentiel de destruction) de l'humanité, mais également aux prémices d'un échec qui va provoquer bien des pertes inutiles. Ce n'est pas la première fois que ces avions attaquent Schweinfurt (un autre raid a eu lieu le 17 août), mais la ville ne subira pas de nouvelles attaques de sitôt.

Parmi les quelque 3 000 aviateurs qui participent à cette opération se trouve Elmer Bendiger, ancien journaliste devenu navigateur. Trente-sept ans plus tard, après s'être promené le long du champ de coquelicots qui bordait l'aérodrome de son escadrille, il s'autorise enfin à coucher sur le papier le récit de cette journée en enfer[1]. Son sens de la formule (« La couverture nuageuse se dissipa près des côtes anglaises et la Manche scintilla. Une écume blanche ondulait sur les crêtes des vagues bleues ») ne doit pas faire oublier au lecteur les faits plus prosaïques qu'il évoque. Les chasseurs d'escorte P-47 Thunderbolt sont ainsi « pareils à des anges étincelants », mais peu après Aix-la-Chapelle, après avoir salué les bombardiers d'un battement de plan, ils doivent regagner l'Angleterre en raison de leur rayon d'action trop limité. Ce n'est bien sûr qu'à ce moment-là qu'Adolf Galland, commandant la chasse allemande et professionnel de la trempe de Dönitz, ordonne aux vagues d'intercepteurs de passer à l'attaque ; chaque escadrille de Focke-Wulf et de Messerschmitt, sitôt sa passe d'attaque terminée, gagne l'aérodrome le plus proche pour se ravitailler en carburant et en munitions et repart à l'assaut. Au vu des pertes qu'enregistrent les avions participant au raid sur Schweinfurt et Ratisbonne, et malgré le fait que (par miracle) certains parviennent à rejoindre leurs cibles et à les bombarder, la question posée n'est bientôt plus celle de l'avenir de la production allemande de roulements à billes, mais celle du nombre de Forteresses volantes qui vont échapper au carnage.

29 B-17 sont abattus avant même d'atteindre leur objectif et 31 le sont sur le chemin du retour : 60 appareils, 600 hommes, une perte de plus de 20 % des effectifs en une seule mission. Coïncidence, le raid du mois d'août sur Schweinfurt a lui aussi provoqué la perte de 60 B-17. Les raids des jours suivants ne font qu'augmenter les pertes. « En six jours de combat, écrit Bendiger, nous avions perdu 1 480 hommes au-dessus de l'Europe. » Seuls 3 ou 4 des 18 appareils de son escadrille rejoignent leur base de Kimbolton ce soir-là. D'autres la regagnent les jours suivants*. « Six de nos avions n'étaient plus que des carcasses fumantes, quelque part en Europe. » Un peu plus tard, il ajoute : « [...] nous autres, aviateurs de 1943, venions de

* Les appareils ne sont pas restés en vol mais, endommagés ou égarés, se sont posés sur d'autres aérodromes (*NdT*).

démontrer, par notre chair et notre sang, que l'affirmation selon laquelle une formation de bombardiers lourds, sans escorte, pouvait triompher d'une nuée de chasseurs était une pure illusion... on peut aujourd'hui se demander si nous venions d'infirmer ou de confirmer les visions de Billy Mitchell[2] »[3].

A l'automne 1943, la Luftwaffe l'emporte nettement dans sa lutte face aux armadas d'avions américains. Le Bomber Command de la RAF, qui a débuté depuis bien plus longtemps sa campagne de bombardement nocturne systématique de l'Europe de l'Ouest, connaît des déboires identiques[4]. Le 30 mars 1944 (soit moins de dix semaines avant le Jour J et quatorze mois après Casablanca), 795 bombardiers de la RAF décollent pour attaquer Nuremberg. Les escadrilles britanniques perdent petit à petit toute cohésion et s'égarent – certaines, ironie de l'histoire, bombardent par erreur Schweinfurt, à 90 kilomètres de leur objectif prévu, tandis que la contre-offensive des chasseurs de nuit allemands est superbement orchestrée et fait un massacre des bombardiers Lancaster et Halifax. Le *Wing Commander* Pat Daniels (qui effectue alors sa 77e mission), rapporta plus tard : « Tant d'avions explosaient autour de nous que je demandai aux membres de mon équipage de cesser d'adresser le décompte des appareils abattus à mon navigateur, car je préférais qu'ils se préoccupent des chasseurs[5]. »

Au final, 95 bombardiers de la RAF manquent à l'appel, 12 autres sont envoyés à la casse et 59 sont gravement endommagés. Mais la perte des appareils n'est rien comparée au massacre d'équipages bien formés. Le taux de pertes est alors supérieur à celui des officiers subalternes britanniques au plus fort de la bataille de la Somme, en 1916. De la même manière, comme deux historiens le remarquent froidement, « en 1943, un jeune Américain [...] a de meilleures chances de survivre en s'engageant dans les Marines et en combattant dans le Pacifique qu'en volant au sein de la 8e Air Force[6] ». La plupart des autorités reconnues sur la campagne de bombardement stratégique, y compris les histoires officielles américaines et britanniques, admettent qu'au début de 1944 la situation va en se dégradant. Les histoires non officielles sont bien moins tendres : la stratégie anglo-alliée est tout simplement réduite à néant par cet échec retentissant[7].

La théorie et les origines du bombardement stratégique

Bien avant le vol inaugural des frères Wright en 1903, l'homme a rêvé de machines extraordinaires qui permettraient non seulement de transporter des hommes et des objets dans les airs, mais également de semer la destruction et la terreur chez l'ennemi. Tennyson, évoqué en exergue de ce chapitre, n'est pourtant pas le prophète de la guerre aérienne – Léonard de Vinci représentait des machines plus lourdes que l'air dans certains de ses croquis – et les progrès technologiques massifs du XIXe siècle ne font que nourrir ces spéculations futuristes[8]. Alfred Gollin rapporte que dans les années qui suivent le premier vol d'un plus lourd que l'air, à Kitty Hawk, les ministères de la guerre d'Europe et des Etats-Unis commencent à envisager la création de forces aériennes et prennent à cet effet contact avec les frères Wright. En avril 1904, lors d'un débat public portant sur le destin stratégique global de la Grande-Bretagne, l'impérialiste et visionnaire Leo Amery affirme que, dans un futur proche, la puissance aérienne égalera (si elle ne les dépasse pas) les puissances terrestres et navales comme instrument de politique étrangère[9].

La notion même de « puissance aérienne » a de multiples facettes et peut être considérée de façons fort différentes[10]. La période 1880-1914 voit le développement de nouvelles inventions et d'améliorations considérables de prototypes anciens – la radio sans fil, la torpille, le sous-marin, les destroyers, la mitrailleuse, les obus hautement explosifs, les machines à calculer, l'automobile et l'avion lui-même. Il est compréhensible que certains commentateurs considèrent alors que l'aéroplane ne constitue qu'une simple addition à l'arsenal des armes disponibles pour combattre l'ennemi (certains affirment, de la même manière, que le président Truman considérait la bombe atomique comme « une très grosse bombe »). Les avions sont perçus comme une sorte de cavalerie aérienne, utile pour des missions de reconnaissance ou de réglage d'artillerie – les marines d'avant 1914, soucieuses d'améliorer le contrôle du tir, s'intéressent particulièrement à cet aspect. Le pilote pourra peut-être mitrailler les troupes ennemies, son observateur leur lancer quelques grenades, mais les avions ne peuvent embarquer d'armement lourd. Cette vision change au fur et à mesure que les avions sont de plus en plus solides, leurs moteurs plus puissants, et que les dirigeables font montre de leurs défauts. Malgré tout, la vision globale demeure inchangée : ces nouveaux instruments ne peuvent être utilisés que pour observer ou attaquer les troupes de l'adversaire.

Mais, les avions pouvant survoler les lignes ennemies, il est possible de les utiliser pour attaquer les zones arrière, les lignes de communication, les trains, les voies ferrées, les ponts ou les quartiers généraux. A une époque où les armées utilisent quotidiennement une prodigieuse quantité de munitions et de matériel, endommager une route ou détruire un dépôt situé à 30 kilomètres derrière la ligne de front peut avoir une influence déterminante sur les combats, et de manière très rapide. Malgré l'imprécision des avions d'alors, il est possible de semer la pagaille et de contraindre les troupes et les convois à quitter les routes, voire à ne plus circuler que de nuit. Le risque qui en découle est de voir l'adversaire déployer des avions pour abattre les vôtres.

Ces deux options sont bientôt désignées sous le vocable de « guerre aérienne tactique », qui nécessite des appareils appropriés. Certes, un avion de chasse peut piquer sur une colonne de soldats ennemis pour la mitrailler, mais sa fonction véritable est d'abattre les avions de l'ennemi ; si l'on veut disposer d'un instrument efficace pour les attaques au sol, il convient de construire des avions plus lourdement armés et blindés, équipés de fusées et de bombes, pouvant voler à basse altitude tant au-dessus que derrière la ligne de front, afin de semer la pagaille sur les arrières de l'ennemi. Tout cela est purement théorique en 1918 et semble bien lointain dans les années 1920. A l'aube de la Seconde Guerre mondiale, cette réalité prend pourtant corps et va se manifester avec le bombardier en piqué allemand Ju-87 Stuka, les Typhoon de la RAF ou les Thunderbolt de l'USAAF.

Mais le rayon d'action des avions étant théoriquement illimité (car il ne dépend que des quantités de carburant embarqué), c'est tout naturellement que les premiers experts de l'arme aérienne se mettent à envisager de les déployer plus loin encore et dans de tout autres missions, contre les sources mêmes des capacités militaires de l'ennemi : ses usines et ses chantiers navals, situés à des centaines de kilomètres derrière le front, et qui produisent des canons, des munitions, des camions, des roulements à billes, des plaques d'acier, des navires de guerre, etc. Il s'agit donc d'attaquer le cœur du territoire de l'ennemi, parfois à une grande distance des champs de bataille terrestres et maritimes. Cela nécessite de nouveaux modèles d'avions, plus grands, plus lourds, multimoteurs, et capables de transporter des bombes sur de longues distances. De tels bombardiers étant forcément plus lents que les avions de chasse, il leur faut embarquer, en plus d'un navigateur et d'un pointeur, plusieurs mitrailleurs pour repousser les attaques aériennes, ce qui augmente le besoin en équipages.

Les implications militaires de cette pensée sont révolutionnaires. Pour les théoriciens de la puissance aérienne, les bombardiers à longue portée ne doivent plus jouer un rôle de soutien dans les combats rapprochés menés sur le front de l'Ouest ou dans la mer du Nord. Ils constituent une *troisième* arme, indépendante, qui doit être organisée comme telle. Leur mission n'est plus tactique et à court terme, mais stratégique, car ces bombardiers peuvent attaquer de manière indépendante les capacités de combat de l'ennemi ; la guerre atteint l'arrière. Voilà l'élément révolutionnaire, ô combien séduisant : les bombardements à longue distance vont couper les artères de l'ennemi, priver ses armées de leur approvisionnement et mettre un terme rapide à la guerre. Les défenseurs et concepteurs de cette théorie, comme l'Anglais Trenchard et l'Italien Douhet, dont nous reparlerons, estiment qu'il s'agit là d'un investissement bien plus rapidement rentable que le massacre de la guerre de tranchées ou le blocus maritime ; il permettrait d'épargner la vie de centaines de milliers de soldats lors des campagnes terrestres futures. Il ne s'agit donc pas seulement d'un nouvel instrument offensif, mais d'une force armée qui reléguera un jour les armées et les marines au second plan – ce qui explique la résistance des généraux et des amiraux à la création de forces aériennes indépendantes et leur profonde méfiance à l'égard des théoriciens de la puissance aérienne.

Une nouvelle étape, la plus controversée, peut être franchie : utiliser la puissance aérienne pour faire chuter le moral de la population ennemie tout entière, c'est-à-dire, anéantir délibérément sa volonté de poursuivre la lutte en lui montrant qu'elle peut être, comme les troupes de première ligne, victime directe de son soutien à la guerre. Cette nouvelle étape est naturelle, dès que l'on a décidé de quitter l'entourage immédiat du champ de bataille. Pourquoi ne pas attaquer les ouvriers qui fabriquent les munitions de l'ennemi – et ceux qui approvisionnent ces ouvriers ? Bombarder une boulangerie est en ce sens aussi logique que bombarder une centrale électrique, et détruire cette dernière est aussi logique que d'attaquer une voie ferrée menant vers le front. Surtout, l'idée de larguer des tapis de bombes sur des populations civiles ne naît pas au début de la guerre, mais bien avant : les raids aériens monstrueux, provoquant la panique généralisée et des pertes importantes au sein des populations civiles, sont un trait courant de la littérature futuriste du siècle précédent. Le plus fameux exemple est certainement *La Guerre dans les airs* de H. G. Wells, publiée en 1908. La ville de New York y est dévorée par les flammes. Napoléon lui-même n'a-t-il pas déclaré que le facteur moral est, à la guerre, bien plus important que le facteur physique ?

Ces deux objectifs stratégiques – bombardement des outils de production et bombardement des populations civiles afin de faire chuter leur moral – tendent à se confondre au cours de la Seconde Guerre mondiale, pour plusieurs raisons. En premier lieu, les chantiers navals, les aciéries, les usines d'armement et les nœuds ferroviaires sont presque tous localisés dans de grandes villes, les ouvriers et leurs familles vivant à proximité[11]. Ils risquent fortement de subir ce que le jargon actuel appelle, avec euphémisme, des « dégâts collatéraux sur des cibles non militaires ». La deuxième raison est due au fait, gênant, que les bombardements « ciblés », comme celui d'une usine de chars, ne sont pas et ne peuvent pas être *ciblés*, sauf en de très rares cas, comme celui d'une attaque à très basse altitude d'une escadrille spéciale de Mosquito, par exemple. La précision des bombardements massifs en haute altitude, comme ceux des chantiers navals de Brest ou de Duisburg, est amoindrie par la couverture nuageuse constante, les vents violents et des viseurs inadaptés : quelque part, en dessous, se trouve l'usine ennemie. Le tissu de la DCA s'intensifie et les chasseurs ennemis passent à l'attaque. Pourquoi ne pas larguer tout de suite les bombes et rentrer à la base ? Bon nombre des mémoires, remarquablement candides, d'aviateurs américains et britanniques ayant participé à la campagne de bombardement stratégique montrent que leurs auteurs désiraient avant tout se débarrasser au plus vite de leur chargement de deux tonnes de bombes et rentrer à bon port.

Mais nous n'évoquons pour l'instant que les effets de l'imprécision du bombardement stratégique, pas les dégâts provoqués intentionnellement. Un bombardement aérien contre une cible militaire spécifique, même quand il dévie fortement, demeure une attaque contre la capacité de combat de l'ennemi ; il s'inscrit dans le cadre traditionnel des « lois de la guerre ». Mais une campagne aérienne spécifiquement destinée à faire fléchir la résolution de l'ennemi en détruisant délibérément ses grandes villes (pourquoi s'attaquer à ses petits villages ?) est d'un tout autre ressort. Elle foule aux pieds les principes de proportionnalité et de discrimination.

L'objet de ce chapitre n'est pourtant pas d'analyser l'*éthique* des campagnes de bombardement stratégique de la Seconde Guerre mondiale, mais leur *efficacité*, et tout particulièrement les raisons pour lesquelles les bombardements anglo-américains ne parviennent pas à atteindre leur objectif avant l'obtention de la maîtrise des airs, en 1944. Mais il convient de garder constamment un fait à l'esprit : le soutien aérien tactique est d'une essence très différente du bombardement stratégique. Or, pour la majorité des témoins, la ligne de fracture fondamentale se situe entre les campagnes aériennes ciblées et les campagnes aériennes indiscriminées. Ce qui explique pourquoi tant de livres passionnés ont traité ce sujet[12].

Reste un dernier point. La théorie de la puissance aérienne manque de recul historique. Quand il écrit *De la guerre*, Clausewitz décortique les leçons de centaines d'années de guerres terrestres en Europe, qui viennent d'atteindre un nouveau sommet avec la défaite des armées napoléoniennes. Quand Mahan rédige *L'Influence de la puissance maritime dans l'Histoire (1660-1783)*, ses arguments théoriques sont suivis d'un récit détaillé des opérations navales de la période mentionnée dans le titre. Les théoriciens de la puissance aérienne ne peuvent que regarder vers le futur ; il n'y a pas de passé, seuls quelques indices du caractère révolutionnaire de l'aviation. Leur vision, comme celle de Tennyson, est grandement conjecturale. Il ne s'agit que d'hypothèses. Et ces théoriciens sentent qu'elles ont besoin d'être vérifiées.

Premiers développements : de Folkestone (1917) à Dunkerque (1940)

Le bombardement stratégique naît dans le creuset de la Première Guerre mondiale. En 1914, presque toutes les grandes puissances disposent de quelques avions de guerre, généralement répartis entre l'armée de terre et la marine. Ces premiers appareils sont essentiellement utilisés pour des missions de reconnaissance et de réglage de l'artillerie et il faut un certain temps pour voir des escadrilles s'affronter au-dessus des tranchées. Mais l'industrialisation de la guerre sous toutes ses formes a un énorme impact sur l'industrie aérienne naissante, qui produit bien vite des avions plus puissants, mieux armés et pourvus d'un plus grand rayon d'action. Les premiers raids effectués contre le territoire de l'ennemi sont majoritairement le fait de l'Allemagne contre l'Angleterre (des zeppelins effectuent une campagne de bombardement entre janvier 1915 et novembre 1916, qui tue de nombreuses personnes et provoque d'importants dégâts), mais le premier pas significatif est le raid sur Folkestone du 25 mai 1917. En pleine journée, 21 bombardiers bimoteurs Gotha attaquent la ville côtière anglaise, tuent 165 civils et en blessent grièvement 432 autres. Une nouvelle ère vient de commencer.

Le raid sur Folkestone et le bombardement de Londres qui suit provoquent une panique puis des émeutes, qui poussent le gouvernement de Lloyd George à ne plus se contenter de déployer des barrages de ballons et des canons antiaériens à longue portée, mais à franchir un nouveau cap avec la création d'un ministère de l'Air indépendant, chargé de commander aux forces aériennes, séparées de l'armée de terre et de la marine. Dans un rapport sur le sujet publié en août 1917, le brillant général sud-africain Smuts expose, en un paragraphe, l'importance de la puissance aérienne stratégique :

« A l'inverse de l'artillerie, une flotte aérienne peut effectuer des opérations extensives, loin et indépendamment de l'armée et de la marine. *Pour autant que l'on puisse l'anticiper,* son utilisation militaire en tant que force indépendante apparaît illimitée. Et le jour n'est sans doute pas éloigné qui verra les opérations aériennes constituer la principale forme de guerre, en dévastant le sol de l'ennemi et ses centres industriels et de population. Les anciennes formes d'opérations, navales et terrestres, ne joueront alors plus qu'un rôle secondaire et subordonné[13]. »

Convaincu par la prose élégante de Smuts et poussé par l'inquiétude générale qui règne dans le pays, le gouvernement décide de créer la Royal Air Force en avril 1918 et de débloquer des fonds pour construire des bombardiers quadrimoteurs Handley-Page et Vickers Vimy à longue portée, capables de frapper au cœur de Berlin.

La guerre se termine avant que de tels bombardements stratégiques se produisent, mais les événements de 1917 et 1918 viennent de faire entrer la guerre dans une nouvelle dimension. Les Britanniques vont plus loin que toutes les autres nations en créant une branche aérienne indépendante. Ils souhaitent prévenir toute attaque sur leur île en faisant peser la menace de représailles insupportables ; surtout, ils considèrent désormais le bombardement stratégique comme l'extension naturelle du blocus naval qui, pensent-ils, a joué un rôle déterminant dans la défaite de l'Allemagne en 1918. La France est naturellement obsédée par la sécurité de ses frontières et les forces aériennes sont perçues comme un soutien de l'armée – malgré la dénomination d'« armée de l'air » qui suggère une certaine autonomie. La Russie, en proie aux convulsions de la guerre civile et par suite absorbée par la reconstruction, se consacre presque exclusivement à la défense de son sol. Au Japon, l'animosité entre l'armée et la marine est telle que deux branches aériennes séparées sont créées, chacune en soutien de sa branche d'origine, dont aucune ne voit la nécessité de construire des bombardiers à longue portée. La même bipolarité est observée aux Etats-Unis, ce qui n'empêche pas les forces aériennes américaines de développer, durant l'entre-deux-guerres, des théories significatives et des plans de bombardement stratégique à longue distance. Seule l'Italie de Mussolini développe une force aérienne ressemblant aux structures britanniques, qui mélange les chasseurs et les bombardiers moyens.

Le concept d'une arme permettant de remporter les guerres à elle seule, mis en avant par Smuts, n'est pourtant pas examiné sérieusement après la Grande Guerre. Cela est le fait des rivalités entre les services et des coupes drastiques de crédits affectés aux forces aériennes. En revanche, la théorie de la puissance aérienne, de ses capacités uniques et de son potentiel immense fait de plus en plus d'adeptes, un phénomène dû, pour une large part, aux écrits de trois prophètes et propagandistes de talent : l'aviateur italien Giulio Douhet, le général « Billy » Mitchell aux Etats-Unis, et le maréchal de l'Air sir Hugh Trenchard, premier chef de la Royal Air Force[14]. Chacun a débuté sa carrière comme officier dans l'armée de terre et a pu constater le carnage épouvantable de la guerre moderne avant de rejoindre les forces aériennes en plein essor. Enthousiasmés par les possibilités qu'offre cette nouvelle manière de faire la guerre, ils sont critiqués de toutes parts et, en conséquence, tendent à pousser encore plus loin leurs théories, bien plus loin que cela n'est alors praticable ; ils posent cependant des jalons pour le futur. Plus ils poussent leurs théories de la puissance aérienne, plus les traditionalistes tentent de leur barrer la route. Mitchell est rétrogradé au grade de colonel en 1925 et traduit peu après en cour martiale pour avoir publiquement critiqué le commandement de l'armée et de la marine.

A l'égard de la politique de bombardement des foyers de population de l'ennemi, aucun de ces trois théoriciens ne propose de plaidoyers aussi réducteurs – ou immoraux – que certains portraits tardifs le suggèrent. Trenchard, dans son premier exposé de référence sur la doctrine aérienne (1927), fait une distinction entre le bombardement régulier des usines et des chantiers navals, destiné à faire peur aux ouvriers qui y travaillent, et le « bombardement indistinct d'une ville dans le seul but de terroriser les populations civiles », qui serait « contraire aux préceptes d'humanité ». Malgré ce distinguo, l'affirmation, par Trenchard, que le meilleur moyen de vaincre un ennemi futur consiste à bombarder ses centres industriels provoque des répliques indignées et cinglantes des chefs de l'armée et de la Royal Navy, qui dénoncent non seulement l'immoralité du bombardement de cibles civiles et industrielles, mais également le manque de preuves empiriques qu'une telle campagne mettrait l'adversaire à genoux[15].

Les hommes politiques de l'entre-deux-guerres, et la presse à sensation qui leur emboîte le pas, ne sont pas les derniers à dépeindre le spectre abject de villes et de populations civiles anéanties par des attaques aériennes. Une des déclarations les plus connues est celle du chef du parti conservateur britannique, Stanley Baldwin, en novembre 1932 :

« Je pense qu'il serait bon que monsieur Tout-le-monde comprenne qu'aucune puissance sur terre ne peut le protéger d'un bombardement. Quoi qu'on puisse dire, *les bombardiers passeront toujours* [...] la seule défense est l'attaque, ce qui signifie qu'il convient de tuer des femmes et des enfants plus rapidement que l'ennemi si vous entendez survivre. »

Mots terribles, encore accentués par le fait que Baldwin est alors considéré comme un personnage mesuré et tempéré, ce qui ajoute à l'alarme de « monsieur Tout-le-monde ». La « peur des bombardiers » ne cesse de croître[16]. Les nouvelles en provenance de Chine, d'Espagne ou d'Ethiopie – particulièrement l'utilisation de bombes à gaz toxique – alimentent encore ce sentiment de terreur.

Il est pourtant fascinant de constater qu'aucune nation n'a mis sur pied des forces aériennes stratégiques indépendantes et à long rayon d'action lorsque la Seconde Guerre mondiale éclate. Pour les raisons géopolitiques et politiques déjà exposées, les armées françaises, soviétiques ou japonaises n'accordent aucune valeur ni aucune priorité à des campagnes aériennes stratégiques – le danger est en effet à leurs portes. La Luftwaffe a une approche plus exhaustive, tant dans ses doctrines que dans ses systèmes d'armement, et possède de nombreux bombardiers à moyenne portée, mais la mise sur pied d'une véritable force stratégique est remise à plus tard avant d'être finalement abandonnée. Les forces aériennes italiennes sont toujours titillées par les idées audacieuses de Douhet, mais le retard industriel et technologique de l'Italie sur les autres grandes puissances signifie qu'il y a loin de la coupe aux lèvres.

Aussi, en 1939, les seules forces qui se rapprochent des idées des théoriciens de la puissance aérienne stratégique sont le Bomber Command de la RAF et son équivalent américain. Tous deux se sont taillés des structures distinctes, à l'abri des sceptiques et de l'hostilité de l'armée et de la marine (les fanatiques américains du bombardement stratégique travaillent en fait sous un faux nez au sein de l'Ecole tactique du corps aérien de l'armée américaine à la base de Maxwell, jusqu'à ce que le Congrès finisse par s'alarmer de la montée en puissance des forces aériennes en Allemagne et au Japon). Ils portent en héritage les théories navales de Mahan, qui tiennent la pression économique exercée sur l'ennemi comme l'instrument fondamental de son effondrement, et supposent (à juste titre) que leurs Etats possèdent des moyens supérieurs à ceux de l'ennemi.

Ces deux pays disposent également d'une étendue d'eau qui les sépare de leurs ennemis. Pourtant, ils demeurent curieusement persuadés que les bombardiers sont de meilleurs instruments que les chasseurs pour faire face à une attaque venue du ciel. Leur doctrine est totalement opposée à celle des autres nations européennes. Comment l'Allemagne, entourée de toutes parts, peut-elle ne pas être convaincue de la primauté de la puissance terrestre ? L'avènement de l'avion n'y est perçu que comme l'entrée en scène d'une nouvelle arme de soutien pour ses troupes au sol. Les Anglo-Saxons sont les seuls à disposer du privilège du choix.

Pourtant, les deux organismes américain et britannique en charge du bombardement stratégique font face au même problème : ils ne disposent pas des moyens permettant de mettre en œuvre les préconisations des théoriciens de la guerre aérienne. Si des prototypes de quadrimoteurs sont en phase d'essai ou encore sur les planches à dessin, les services dont ils dépendent sont de plus en plus enclins à donner la priorité aux intercepteurs, aux avions anti-sous-marins et aux appareils pour l'aéronavale. Les programmes de production de bombardiers n'ont donc pas la priorité durant les années 1930 et ne l'ont pas davantage lorsque la guerre commence.

Surtout, les premiers développements de la guerre aérienne font encore davantage passer le bombardement stratégique au second plan. La machine de guerre américaine demeure en attente durant près de vingt-neuf mois et assiste à l'extension du conflit à toute l'Europe, tout en planifiant la démonstration future de sa puissance aérienne. Mais elle ne dispose d'aucune expérience directe de la conduite quotidienne d'une offensive aérienne. Le Bomber

Command de la RAF est directement confronté à ces questions, dès le début de la guerre, et dans des conditions très difficiles. En 1940, les Français refusent de lui donner l'accès à leurs bases par crainte de représailles de l'aviation allemande contre leurs aérodromes, tandis le ministère de l'Air britannique considère que ses bombardiers doivent larguer des tracts plutôt que des bombes sur l'Allemagne*. Lors des missions de bombardement, les avions se révèlent trop lents, inaptes au vol en haute altitude et mal équipés pour se défendre face aux attaques diurnes des chasseurs de la Luftwaffe. Aussi, dès le mois d'avril 1940, le Bomber Command se confine-t-il aux bombardements de nuit, avec pour effet une réduction immédiate des pertes, mais aussi, et massivement, de la précision des attaques.

Par ailleurs, tout le monde n'a d'yeux que pour les fantastiques succès enregistrés par la Luftwaffe en 1939-1940. Travaillant de pair avec la petite branche des Panzers et de l'infanterie motorisée, les forces aériennes allemandes déferlent sur la Pologne, anéantissent l'obsolète armée polonaise, et infligent d'atroces bombardements à Varsovie et à d'autres villes. Les cauchemars de massacres de populations civiles, d'immeubles effondrés et de foules en panique, décrits avec tant d'emphase dans la littérature de l'entre-deux-guerres, se réalisent. Rien ne semble pouvoir arrêter les attaques, sirènes hurlantes, des Stuka ou le bombardement systématique des Dornier 17 et Heinkel 111. Après plusieurs mois de « drôle de guerre », les mêmes scènes se déroulent aux Pays-Bas, en Belgique et en Norvège à la fin du printemps 1940. Comment arrêter ces rapaces surgissant du ciel, surtout quand ils sont suivis de parachutistes, de colonnes de chars et de troupes d'assaut ? Qui peut empêcher que la ville de Rotterdam ne subisse le même sort que Varsovie ? Personne – ou tout du moins rien dans les maigres arsenaux hollandais et polonais en 1939-1940. Pour tous les observateurs, il semble alors que l'investissement massif d'Hitler dans la Luftwaffe a doté l'Allemagne d'une arme invincible. L'incroyable défaite de la France en mai-juin 1940, qui entraîne la disparition de l'une des plus grandes puissances militaires de l'Europe des trois derniers

* Ne se faisant guère d'illusions sur l'usage qui est fait de ces tracts, les équipages de la RAF leur donnent le surnom de « missions PQ » (*NdT*).

siècles, confirme cette impression. Les méthodes de combat traditionnelles sont obsolètes.

Est-ce vraiment le cas ? Pour frappants que soient les succès enregistrés par les nazis durant cette période, ils ont aussi leurs limites ; la Luftwaffe a bénéficié de circonstances favorables, difficiles sans doute à reproduire ou retrouver ailleurs, et certainement pas contre un adversaire de taille. Les forces aériennes allemandes possèdent l'avantage, reconnu depuis des lustres, de la position centrale. Depuis les aérodromes de Prusse-Orientale ou d'Allemagne, la distance avec Varsovie est négligeable. La durée de vol séparant les bases de Rhénanie de la Hollande est ridicule. Les positions françaises en Champagne ou en Lorraine peuvent être attaquées de trois côtés au bout de vingt minutes de vol.

Surtout, et plus fondamentalement, la Luftwaffe n'a pas fait face à une sérieuse opposition dans les airs. Pour employer une métaphore sportive, elle n'a pas rencontré de *sparring-partner* à sa mesure. L'armée de l'air française du début des années 1930 est vieillotte et subit de plein fouet les effets de dix années de récession économique.

Les imposantes flottilles aériennes d'Hermann Goering ne sont donc pas bien équipées pour affronter la seule puissance européenne ayant sérieusement investi dans le domaine aérien à la fin des années 1930. Les Allemands ont peut-être été trompés par les efforts limités et mal coordonnés fournis par la RAF lors des batailles aériennes au-dessus de la France en mai-juin 1940. Les forces terrestres et aériennes britanniques sont alors terrassées par les méthodes de la *Blitzkrieg* allemande, même s'il convient de noter que les Hurricane ont infligé d'importants dégâts à la Luftwaffe lors de l'évacuation des troupes alliées à Dunkerque. Mais le noyau du Fighter Command de la RAF n'a pas été atteint par la défaite de la France ; son chef, très respecté, le maréchal de l'Air sir Hugh Dowding, bien que soumis à d'intenses pressions politiques, a refusé d'engager de nouvelles escadrilles de chasseurs en France, craignant pour la suite des événements. Les groupes de chasse du Fighter Command constituent donc, dans le sud et l'est de l'Angleterre, une force aérienne capable d'en remontrer à la Luftwaffe. En termes d'équipement et de soutien logistique, ils font au moins jeu égal. Surtout, et pour la première fois, les Allemands vont connaître de réels problèmes de rayon d'action pour frapper le cœur du territoire ennemi.

La bataille d'Angleterre – entre enseignements et aveuglements

La première occasion de mettre en pratique les théories et les possibilités du bombardement stratégique est donc offerte par la bataille d'Angleterre, qui se déroule durant l'été et l'automne 1940, et de manière moins intense lors des années suivantes, qui voient les Allemands bombarder de nuit les villes et les usines des îles Britanniques. Comme nous l'avons dit, on manque alors totalement d'expérience en la matière. Les batailles aériennes de la Première Guerre mondiale se sont résumées, pour l'essentiel, à des combats entre avions de chasse au-dessus des tranchées, ainsi qu'à quelques tentatives de bombardement à longue portée. Les attaques aériennes des Italiens contre les tribus de Tripolitaine et d'Ethiopie, la destruction, par la légion Condor, de villes comme Guernica durant la guerre d'Espagne, les attaques aériennes des Japonais contre quelques villes chinoises durant les années 1930 sont menées par des Etats industrialisés contre des populations généralement plus pauvres et sans la moindre défense. L'attaque de la Luftwaffe contre la Pologne, en 1939, est comparable. Et la conquête spectaculaire, par les nazis, des Pays-Bas, du Danemark, de la Norvège et même de la France entre avril et juin 1940 est une manifestation de l'utilisation tactique de la puissance aérienne pour laquelle la Luftwaffe a été, pour l'essentiel, conçue et formée.

Ce n'est qu'avec la bataille d'Angleterre que se réalise la prophétie de Tennyson, celle de flottes aériennes rivales s'affrontant pour la maîtrise du ciel, jour après jour, mois après mois[17]. Durant le long et chaud été de 1940, au-dessus des champs et des vergers du Kent et du Sussex, la théorie stratégique fait enfin face à la réalité logistique et organisationnelle. Les images fortes – les traînées de condensation s'entremêlant dans le ciel bleu azur, la cathédrale St. Paul émergeant des flammes, Churchill inspectant les maisons détruites des Londoniens – ont un impact émotionnel certain, qu'il convient pourtant de dépasser. Car cette bataille renforce surtout la résolution des Britanniques et a un impact considérable sur l'opinion publique à travers le globe, particulièrement aux Etats-Unis, demeurés neutres. Sur le plan stratégique, il s'agit surtout du premier échec infligé au rouleau compresseur nazi. La Grande-Bretagne va pouvoir poursuivre la lutte, bientôt répliquer à Hitler, sur les airs et sur les mers, par des raids de commandos, par un soutien apporté aux mouvements de résistance alors embryonnaires dans toute l'Europe, et même, en Méditerranée, contre l'Italie de Mussolini qui s'est inconsidérément lancée dans la bataille lorsque la France s'écroulait. Hitler, désireux de ne pas retarder son offensive vers l'Est, peut bien refuser de considérer la bataille d'Angleterre comme un revers, les experts militaires et les émissaires américains envoyés en Grande-Bretagne à l'été 1940 rassurent Washington sur la détermination de la nation insulaire, message encore renforcé par les grands discours radiophoniques de Churchill et par les nombreuses lettres qu'il adresse à Roosevelt.

Pourtant, la dimension humaine de la bataille d'Angleterre comme ses implications stratégiques nous intéressent moins ici que les indices tactiques et opérationnels permettant de comprendre la manière dont une guerre aérienne moderne peut être remportée lorsque les deux adversaires disposent de ressources abondantes et d'une bonne organisation. Elle constitue également un exemple aussi complexe que nuancé de l'éternel débat de « l'attaque contre la défense ». L'objectif stratégique des Allemands est clair : Hitler souhaite mettre l'Angleterre hors de la guerre. Si cela ne peut être obtenu par l'intimidation ou par une forme de collaboration, comme avec la France de Vichy, il conviendra de procéder à une invasion des îles Britanniques. Pour cela, il faut obtenir, *a minima*, le contrôle du point le plus étroit de la Manche, que traverseront les armées allemandes. Mais cet objectif opérationnel dépend naturellement de la maîtrise première des airs, en détruisant la RAF, et de la capacité à tenir à bonne distance les imposantes forces navales britanniques. Pour le nouveau gouvernement de Churchill, la stratégie à adopter est tout aussi claire : en empêchant l'ennemi d'obtenir la maîtrise de l'air, on lui interdit le contrôle des abords des plages de débarquement et l'invasion ne peut avoir lieu. A partir de 1942, quand les Alliés passent de la défense à l'attaque, cette situation devient celle de l'Allemagne et le problème demeure : pour effectuer une invasion amphibie, il faut disposer de la maîtrise des airs.

En termes d'organisation, les Allemands sont remarquables. La bataille d'Angleterre ne fait pourtant pas partie des batailles anticipées, ni dans la doctrine d'emploi de l'armée aérienne, ni dans l'entraînement des pilotes, dans la construction et l'extension des aérodromes, ni même en termes logistiques. La Luftwaffe dispose certes de nombreux aérodromes dans le nord de la France, mais d'une utilité variable : les Messerschmitt Bf-109, avec leur train d'atterrissage fragile, doivent décoller de terrains d'aviation souvent inadaptés. Les Allemands font face à d'autres difficultés ; le radar allemand est très inférieur à celui du Fighter Command, les renseignements sont insuffisants et ils subissent les nombreuses interférences (en matière de cibles ou de tactiques d'escorte) de Goering, mais aussi, bien que moindres, d'Hitler. Ce dernier a ordonné la préparation de l'opération Otarie, l'invasion de la Grande-Bretagne, le 16 juillet, mais il faut attendre le 6 août pour que le commandement opérationnel (Kesselring et Sperrle) reçoive des instructions détaillées. Un observateur attentif ne peut qu'être impressionné (et cela ne sera pas la dernière fois) par l'extrême organisation des Allemands, même lorsqu'il s'agit de passer d'un défi opérationnel à un autre. Ce n'était pas chose aisée que de faire traverser la Manche, jour après jour, semaine après semaine, à partir du 7 septembre, à un millier d'appareils par jour. Ils y parviennent malgré tout[18].

Pourtant, les Britanniques sont encore mieux préparés : leur chaîne de commandement, leur système de défense décentralisé mais interconnecté avec ses radars, ses postes d'observation et ses contrôleurs aériens, sont intégrés au sein du quartier général du Fighter Command de Dowding. Rien d'étonnant : il s'agit bien du type de guerre que les gouvernements britanniques ont anticipé depuis les années 1930 (même Neville Chamberlain ne rogne pas les crédits alloués à la défense aérienne de l'île). Malgré les importantes demandes du vaste Empire britannique et les ressources limitées dont il dispose durant l'entre-deux-guerres, une part non négligeable de ce capital financier et industriel est dédiée à l'établissement d'une défense sophistiquée du Royaume-Uni[19]. Si la Grande-Bretagne connaît de nombreux revers au début du conflit, elle est préparée à livrer bataille dans son ciel.

Dans ce combat épique, qui met aux prises ces deux machines de guerre complexes, trois points doivent attirer notre attention pour expliquer le déroulement de la campagne : l'importance de la géographie, des cibles, et des hommes et de leur équipement (en ce cas précis, des pilotes et de leurs avions).

Par géographie, nous entendons le rôle critique de la distance et de l'espace. Les avions ont certes libéré les hommes des contraintes naturelles de la terre et des océans – l'homme est à présent, comme l'écrivent certains auteurs, « libre comme l'air[20] ». Mais une contrainte importante demeure : les plus lourds que l'air ont un rayon d'action très limité, plus encore s'ils embarquent plusieurs centaines de kilos de bombes. Si une frégate de l'époque de Nelson ne peut quitter les océans, elle peut (en s'approvisionnant localement) demeurer en mer des mois, voire des années durant. La durée de vol d'un avion, au début de la Seconde Guerre mondiale, est singulièrement limitée par la taille de ses réservoirs et par le fait non moins important qu'il lui faut rejoindre sa base. Liddell Hart estime que les élégants Messerschmitt Bf-109 basés dans le Pas-de-Calais disposent juste d'assez de carburant pour atteindre la banlieue de Londres avant de rebrousser chemin. Avec seulement soixante-quinze minutes de « temps de vol tactique », s'ils doivent batailler avec des Hurricane et des Spitfire au-dessus des aérodromes du Kent, ils ne peuvent plus protéger les bombardiers allemands[21].

Les escadrilles de Dowding, qui décollent de ces mêmes aérodromes avec des réservoirs pleins, disposent de bien davantage de temps de vol tactique. Qu'un appareil soit endommagé et son pilote peut tenter de se poser en vol plané sur un aérodrome ou dans un champ voisin avec de bonnes chances de survie ; un avion allemand contraint de se poser en Angleterre est un avion perdu et son équipage un équipage capturé.

C'est sur ce point précis, celui de la démultiplication des capacités offensives et du rayon d'action du Fighter Command, que le système de radar aérien développé par sir Robert Watson-Watt[22] et ses collaborateurs, durant les années 1930, joue à plein. Sa valeur est inestimable. Ses immenses pylônes radars, déployés en chaîne le long de la côte sud-est de l'Angleterre, peuvent repérer des objets volants à plusieurs centaines de kilomètres de distance et relayer immédiatement cette information au réseau de défense ; il n'existe alors rien de comparable[23]. Pour les pilotes exténués de Dowding, le radar est une double bénédiction. Il donne aux contrôleurs aériens des indications sur la direction et la taille des flottilles aériennes avant même qu'elles n'atteignent les côtes de l'Angleterre et au Fighter Command le temps de se préparer. Un des meilleurs exemples est celui de l'attaque effectuée le 14 août par la Luftflotte V, déployée en Norvège, contre Newcastle. Les bombardiers sont rapidement interceptés et 15 d'entre eux sont détruits contre aucune perte pour la RAF. Sans le radar, un tel résultat aurait été impossible.

La seconde bénédiction, tout aussi précieuse, est celle du temps. Si ces grands pylônes déployés sur la côte peuvent repérer une soixantaine d'appareils en train de se rassembler au-dessus de leur base d'Abbeville, le Fighter Command de la RAF n'a pas besoin de déployer plus d'une poignée d'intercepteurs dans les airs. Le gros des avions, des pilotes et des personnels au sol peut se reposer jusqu'à ce que l'ordre de décollage immédiat (« *Scramble !* ») retentisse. Les photos célèbres de ces jeunes gens ébouriffés se reposant au pied de leurs Hurricane en fumant des cigarettes sont significatives : les chasseurs britanniques ont l'avantage tactique énorme de ne pas avoir à décoller avant que l'ennemi n'ait déjà consommé entre 30 et 40 % de son carburant. Surtout, un chasseur de la RAF peut se poser sur le premier aérodrome venu pour ravitailler. Les pilotes de bombardiers Junker ou de chasseurs Messerschmitt doivent repasser la Manche, rejoindre une base parfois située à une quarantaine de kilomètres de la côte avant de regagner les airs – ce qui est évidemment plus fatigant (comme le montrent les rapports détaillés de la Luftwaffe) –, situation encore aggravée par le refus de Goering d'octroyer un repos significatif à ses aviateurs. Il est d'ailleurs symptomatique que la majorité des pertes allemandes se produisent en fin de journée.

L'autre facteur est celui des cibles. La question est relativement simple, mais la Luftwaffe n'y a pas assez réfléchi (elle n'est pas la seule). Comme de nombreux historiens l'ont montré, les Allemands ont, c'est un comble, oublié Clausewitz, c'est-à-dire la nécessité d'identifier l'objectif principal de la campagne et les meilleurs moyens pour l'atteindre. L'objectif de base, déjà évoqué, est celui, vague, de la « maîtrise de l'air ». Mais, dès le début du mois de septembre, la Luftwaffe est tenue en échec et a déjà perdu plus de 800 avions, en plus de ceux qui doivent être réparés. Il est alors clair que la RAF, bien qu'ayant également perdu des centaines d'avions sur la même période, dispose d'une capacité de résistance supérieure à celle anticipée par les Allemands. S'ils ne parviennent pas à détruire les chasseurs britanniques et leurs aérodromes, la bataille sera irrémédiablement perdue. C'est donc la clé de la campagne. Le Fighter Command doit être anéanti.

Malheureusement pour Hitler, Goering et ses généraux ont pris une suite de mauvaises décisions lors d'une réunion qui s'est tenue le 3 septembre 1940 à La Haye. Les bombardiers de la Luftflotte III, qui effectuent le plus long trajet, depuis leurs bases de Normandie vers le Kent, sont, à la demande de Sperrle, réaffectés aux attaques nocturnes contre les ports de la côte sud de l'Angleterre, Southampton, Portsmouth, Devonport, Cardiff et les autres. Surtout, il est décidé que la Luftflotte II de Kesselring, basée dans le Pas-de-Calais et de nouveau renforcée, va se lancer dans une offensive à outrance, de jour comme de nuit, contre Londres. La capitale britannique (et tout particulièrement les classes laborieuses qui vivent dans l'East End) va connaître son ordalie. La première attaque, le 7 septembre, tue plus de 300 civils et en blesse grièvement plus de 1 300 autres. Les docks et les environs de la cathédrale St. Paul sont la proie des flammes, visibles à plus de 75 kilomètres et qui constituent un excellent point de repère pour les bombardiers de nuit de Goering. Ce bombardement se poursuit durant les semaines qui suivent, chaque camp engageant toujours plus de forces dans la bataille. Parfois, la Luftwaffe parvient à infliger des dégâts considérables à Londres ; d'autres fois, les contre-attaques du Fighter Command sont ravageuses – 60 bombardiers sont abattus le 15 septembre pour la perte de 26 chasseurs de la RAF (la moitié des pilotes parviennent à sauter en parachute). La lutte est nouvelle, titanesque, et le monde entier retient son souffle.

Mais le *Blitz* sur Londres masque le fait que le changement d'objectif de la Luftwaffe vient de sauver le Fighter

Command. Au vu de la position intrinsèquement forte des Britanniques, la logique opérationnelle aurait voulu que les Allemands se concentrent sur trois types de cibles : les stations radars le long de la côte ; les aérodromes du Fighter Command dans le sud de l'Angleterre ; le nombre et le moral des pilotes alliés. Etonnamment – surtout si l'on considère le fait que les grands pylônes de détection ont commencé à être érigés sur les hauteurs de la côte dès 1938 –, les services de renseignements de la Luftwaffe n'ont pas pris la mesure de l'importance cruciale du radar pour le système de défense britannique, bien que les escadrilles de la RAF interviennent, sans relâche et dans les meilleures dispositions tactiques, contre les assaillants. L'utilité des premières attaques contre les stations radars est remise en cause par Goering le 15 août ; elles sont abandonnées peu après. Pourtant, sans les radars, les défenseurs auraient dû s'appuyer sur le corps des observateurs et sur des patrouilles aériennes massives, et donc coûteuses, au-dessus de la Manche. La décision prise par Goering, le 3 septembre, de changer de cible soulage également la pression qui s'exerçait jusqu'alors sur les aérodromes avancés de la RAF, soumis à des bombardements intensifs depuis le mois d'août – la base de Manston, dans le Kent, a dû être abandonnée –, et particulièrement les bases situées dans la zone centrale, comme Biggin Hill et Northolt, qui abritent des groupes entiers d'escadrilles d'intercepteurs. L'absence de bombardement et de mitraillage au sol des aérodromes donne naturellement aux pilotes un peu plus de temps pour souffler et aux mécaniciens un peu plus de temps pour ravitailler et effectuer des réparations sans être interrompus. Mais les Britanniques sont surtout ébahis de constater que leurs immenses stations radars demeurent intactes.

Au lieu de se concentrer sur les points critiques du système de défense aérien des Britanniques, Goering, poussé par le Führer, décide d'attaquer la cible résidentielle la plus étendue du globe. Les dégâts infligés sur la ville, ainsi que sur les ports du sud et de l'ouest de l'Angleterre, sont aussi terribles que brutaux. Mais on peut douter que la Luftwaffe soit jamais parvenue à « détruire Londres », quand bien même elle aurait disposé du double de bombardiers – et, même dans ce cas, rien ne garantit que les problèmes posés par l'invasion à l'été auraient été résolus à l'automne (les responsables allemands de la marine et de l'armée s'abstiennent d'ailleurs du moindre préparatif sérieux avant de voir comment les choses tournent pour Goering). Enfin, attaquer Londres depuis des aérodromes français nécessite un survol plus long de l'Angleterre, qui permet à la RAF d'attaquer à nouveau les bombardiers allemands sur le chemin du retour ; cela donne aussi à Dowding l'occasion de déployer de nouvelles escadrilles depuis le sud-est de l'Angleterre et les Midlands pour des contre-attaques en fin d'après-midi. « J'avais du mal à croire que les Allemands puissent commettre une telle erreur... », celle d'attaquer Londres, écrivit Dowding plus tard[24].

De « nouvelles escadrilles » signifient de nouveaux avions et de nouveaux pilotes. Chaque camp déploie une variété d'appareils ; les escadrilles de la RAF sont ainsi équipés du lent (et bientôt remplacé) Defiant, mais majoritairement du Hawker Hurricane et d'un petit nombre grandissant de Spitfire ; la Luftwaffe s'appuie sur le terrible bombardier en piqué Stuka Ju-87, sur un mélange de chasseurs bombardiers et de bombardiers moyens bimoteurs comme le Me-110, le Dornier 17 et le Heinkel 111, ainsi que sur le lent Ju-52, tous escortés par le célèbre chasseur monomoteur Messerschmitt Bf-109. Une année durant, ces avions ont terrorisé l'Europe (on peut d'ailleurs voir leurs silhouettes sur des affiches qui ornent les gares, les bureaux de poste et les écoles à travers la Grande-Bretagne) ; ils sont maintenant abattus par dizaines dans le ciel anglais et aucun modèle de remplacement amélioré n'est en phase de production. La Luftwaffe a abandonné l'idée de produire des bombardiers lourds dans les années 1930 et il n'existe donc pas d'équivalent aux forces aériennes stratégiques anglo-américaines qui vont attaquer le Troisième Reich. Les Dornier qui bombardent les docks de Londres sont les seuls appareils qui se rapprocheraient des bombardiers stratégiques alliés et ils se montrent totalement inadaptés à cette tâche.

La campagne aérienne contre Londres et le sud de l'Angleterre devient à son tour une version du jeu de papier/pierre/ciseaux. Si les bombardiers allemands atteignent leurs cibles comme prévu – et bon nombre d'entre eux y arrivent, comme on peut le voir dans l'East End –, ils peuvent infliger des dommages considérables aux populations, aux habitations, aux usines et aux ports. Si la RAF parvient à les intercepter, les bombardiers subissent de lourdes pertes ; les Me-110, pourtant solides, ne sont pas de taille face à un Hurricane, sans parler d'un Spitfire. (Les survivants britanniques et français de la poche de Dunkerque, comme les civils ayant dû subir les attaques incessantes de l'aviation allemande sur les colonnes de réfugiés doivent apprendre non sans satisfaction que les chasseurs de la RAF font un tel massacre des Stuka que ces derniers doivent être retirés de la bataille). Si, par contre, des Bf-109 parviennent à engager des escadrilles britanniques avant qu'elles n'atteignent les bombardiers allemands, le match s'équilibre. Quand, à la fin du mois d'août, Goering, alarmé par les pertes de ses bombardiers, ordonne aux Bf-109 d'escorter de plus près les Me-110, il leur fait perdre beaucoup en flexibilité. De plus en plus critiquées pour leur incapacité à protéger les bombardiers, les escadrilles de chasseurs Messerschmitt sont contraintes d'effectuer trois sorties par jour au-dessus de l'Angleterre – un rythme intenable.

Si chaque camp doit faire face à des pertes importantes d'appareils de première ligne, ce facteur n'est pas le plus inquiétant. L'Allemagne comme la Grande-Bretagne sont en train de passer à un mode de production de « guerre totale » et reçoivent donc de nouveaux avions tous les mois, la production britannique étant d'ailleurs étonnamment plus importante que celle de l'Allemagne. La crainte mutuellement partagée est celle du taux de pertes des pilotes expérimentés, bien plus difficiles à remplacer que des avions. L'analyse détaillée de Williamson Murray révèle que les deux camps subissent des pertes énormes en pilotes de chasse durant les mois d'août et septembre 1940. La RAF doit emprunter des pilotes au Bomber Command, rappeler des réservistes, diviser par deux le temps de formation et – véritable bénédiction – ouvrir ses bras à tous les pilotes Français libres, polonais[25], tchèques, norvégiens ou américains qui se proposent, sans parler des pilotes venus du Canada, d'Australie, de Nouvelle-Zélande, d'Afrique du Sud ou de Rhodésie (les Allemands quant à eux ne se voient offrir qu'une vague démonstration italienne durant la bataille). Les chiffres clés sont fournis par Murray : au début de mai 1940, Goering commande à un millier de pilotes de Bf-109 « opérationnellement prêts » et leur taux de pertes, ce mois-ci, est de

6,8 % ; début septembre, il ne lui reste plus que 735 pilotes ; il en perd 23,1 % durant le mois[26]. La grande victoire britannique du 15 septembre, qui voit 60 chasseurs du Groupe 12 des Midlands participer à la curée, est un véritable choc pour le commandement de la Luftwaffe, qui prend conscience de la solidité de la défense britannique. Mais c'est bel et bien le taux de pertes mensuel qui compte.

La leçon stratégique de la bataille d'Angleterre est très claire ; face à un système de défense aérien efficace et bien organisé, les bombardiers ne peuvent pas « passer », comme on le pensait ; quelques-uns le peuvent, mais la plupart subissent mille morts s'ils volent seuls ou avec une escorte partielle. N'assurer la protection des bombardiers que sur la moitié du trajet revient à ne pas l'assurer du tout, car l'ennemi se contente alors de redéployer sa ligne de défense plus loin et attend avant de passer à l'attaque. Une campagne de bombardement stratégique menée contre une nation industrielle dépend donc en premier chef de l'élimination des intercepteurs de l'adversaire. Le reste n'est que littérature.

Voilà pourquoi nous venons d'étudier une campagne qui se déroule pourtant près de deux ans et demi avant la conférence de Casablanca. Les différences sont naturellement de taille entre les quatre mois que dure le gros de la bataille d'Angleterre et la campagne de cinquante mois menée contre l'Allemagne à partir de janvier 1941 par les Anglo-Américains. Mais les principes opérationnels de la guerre aérienne – une bonne appréciation de la géographie, des cibles, des hommes et du matériel – demeurent identiques.

Pourtant, les commandements britannique et américain considèrent qu'aucune leçon ne saurait être tirée de la victoire remportée par le Fighter Command contre une Luftwaffe pourtant numériquement avantagée. Les observateurs américains en concluent que les bombardiers allemands disposent d'un armement inadéquat, volent trop bas et sont trop peu disciplinés, ce qui n'est pas le cas. Les Américains ayant prévu de déployer « un grand nombre d'avions rapides, bien armés et en haute altitude », l'USAAF ne sera pas confrontée aux problèmes rencontrés par Goering et Kesselring. Il faut admettre que les B-17 Forteresses volantes et les B-24 Liberator sont des avions très supérieurs aux bombardiers moyens allemands comme le Heinkel 111. Mais l'hypothèse de départ est que les capacités de combat de la Luftwaffe vont demeurer statiques et qu'en volant à 24 000 pieds plutôt qu'à 12 000, les pertes seront minimes. Et si les Allemands développent des chasseurs capables de voler à 30 000 pieds ?

Les conclusions des chefs de la RAF (mais certainement pas de Dowding) sont plus extrêmes encore. La résistance morale et le magnifique esprit des populations civiles de Londres, Portsmouth ou Coventry face aux bombardements massifs n'ont pas remis en cause la validité de la doctrine de bombardement stratégique des centres urbains de l'ennemi. Au lieu de cela, le commandant en chef de la RAF, sir Charles Portal, considère, comme bien d'autres, que le peuple allemand sera bien moins résistant que le peuple anglais – soit le miroir exact de la pensée en vogue au sein de la Luftwaffe durant les années 1930, qui estimait que les populations civiles des démocraties occidentales n'auraient jamais l'allant moral de la population allemande après des années de nazisme[27]. Si le présupposé principal de chaque camp est que ceux d'en face vont craquer les premiers – ce qui, hélas, sonne comme du Nivelle ou du Lüdendorff au pire de la guerre des tranchées –, il n'est pas étonnant que les questions de la distance, des cibles et de la détection passent au second plan.

La campagne de bombardement des Alliés et son échec (fin 1940-fin 1943)

Au mois de janvier 1941, absorbé désormais par son attaque contre l'URSS, Hitler entend que cessent les préparatifs d'une invasion de l'Angleterre. Goering ordonne alors à la Luftflotte III de Sperrle de se concentrer sur les attaques de nuit contre des cibles industrielles. Les combats aériens épiques au-dessus des vergers du Kent sont de l'histoire ancienne. Les chasseurs allemands ne survoleront plus guère l'Angleterre. Les effectifs de Sperrle sont regonflés par le transfert de quelques escadrilles de bombardement de la Luftflotte II. Il prend à présent en charge l'intégralité de l'offensive aérienne contre la Grande-Bretagne et possède une imposante flotte de 750 bombardiers (les réparations et les problèmes de maintenance font baisser les effectifs opérationnels). Les habitants de Londres et des autres villes britanniques ne connaissent aucun répit nocturne, même après qu'Hitler eut ajourné l'opération Otarie : Londres est bombardée 57 nuits d'affilée avant que la Luftwaffe n'effectue le terrible raid sur Coventry, qui réduit en miettes une bonne partie du centre historique de la ville. Le *Blitz* se poursuit donc jusqu'à la fin du mois de décembre, lorsqu'il est suspendu par le mauvais temps, mais il reprend au printemps 1941. Jusqu'au 10 mai 1941, Londres est régulièrement bombardée de nuit. Après cette date, bien que les raids se poursuivent (avant d'être remplacés par les V-1 et V-2), la campagne de bombardement des Allemands baisse en intensité. Au milieu du mois de mai, la plupart des bombardiers et des chasseurs de Goering sont redéployés vers l'Est ou sur le front de Méditerranée et des Balkans. Cela ne sera pas sans conséquences majeures, que nul ne peut alors anticiper : les avions allemands ne survolant plus l'Angleterre en plein jour, les reconnaissances aériennes ne permettent pas de détecter le rassemblement massif des troupes en préparation du Jour J ; la faiblesse des Allemands dans le domaine aérien les a rendus aveugles.

Si la campagne de bombardement nocturne est bien moins épique que le grand duel livré dans le ciel anglais aux mois d'août et septembre 1940, les leçons à en tirer ne manquent pas. Elle démontre la difficulté de mener une campagne nocturne, quelle que soit la force aérienne impliquée, car l'obscurité est la même pour tous. Une fois les escadrilles allemandes passées au-delà des stations radars, la recherche et la destruction des assaillants deviennent un jeu de cache-cache, dans lequel les pertes sont faibles. Les Britanniques finissent par établir un système très perfectionné de défense contre les attaques aériennes nocturnes, avec une combinaison d'escadrilles de Spitfire et de Mosquito spécialement formées, des stations de détection radar plus pointues et l'interception des messages Enigma de la Luftwaffe (cependant, comme dans l'Atlantique, le décryptage des messages n'entraîne pas automatiquement la destruction de l'ennemi).

Mais la tâche de la Luftwaffe est bien plus ardue. Elle doit pour commencer faire face aux contraintes posées à ses bombardiers bimoteurs par la distance et l'endurance ;

si les Blenheim et autres Wellington de la RAF ne peuvent s'enfoncer très profondément en France ou en Allemagne, il en va de même pour les Dornier et les Heinkel en Grande-Bretagne[28]. Si l'on excepte la cible gigantesque de Londres et quelques cibles côtières comme Harwich ou Portsmouth, la majeure partie de l'industrie britannique se trouve plus au nord et à l'ouest. La majorité des chantiers navals s'y trouvent, ainsi que la plupart des mines de charbon. A l'exception de la présence de quelques petites unités dans le Sud, la Royal Navy déploie la plupart de ses gros navires et de ses escorteurs transatlantiques en Irlande du Nord, à Liverpool, sur la Clyde et dans les îles Orcades. Si de nombreuses usines sont présentes dans les Midlands, la structure industrielle victorienne, très décentralisée, fait qu'elles sont disséminées sur une large zone. Même lors d'une nuit de pleine lune (lorsque les bombardiers sont les plus menacés par les chasseurs de la RAF), les règles très strictes (et suivies) du black-out rendent la localisation des cibles extrêmement difficile pour les équipages allemands ; les nuits nuageuses, la tentation naturelle est de larguer ses bombes quelque part dans la zone et de rejoindre la base. La plupart de ces bombes explosent dans des champs sans faire de dégâts, même si certaines d'entre elles peuvent frapper une école, un hôpital ou une rangée de maisons.

Enfin, si les services de renseignements allemands ont rassemblé, avant la guerre, des informations sur les infrastructures industrielles britanniques pouvant être prises pour cibles, la campagne de bombardement nocturne de la Luftwaffe semble se dérouler au petit bonheur la chance. Le bombardement de Londres fait baisser la pression exercée non seulement sur les bases de la RAF, mais aussi sur les régions industrielles, et les attaques effectuées ensuite contre Birmingham, Coventry, Bristol, Exeter, la Tyne, Plymouth ou le sud du pays de Galles, bien que destructrices, sont trop sporadiques pour avoir un réel impact stratégique. Durant le printemps 1942, les commandements des deux camps font d'ailleurs assaut de stupidité. Fin mars 1942, pour une raison inexpliquée, les stratèges de la RAF ordonnent un raid sur la ville hanséatique de Lübeck, dont les vieilles maisons en bois sont dévorées par les flammes. Cette attaque fait à tel point enrager Hitler qu'il ordonne que soient attaquées les villes universitaires britanniques et celles pourvues de cathédrales (ce que l'on appela les « raids Baedeker » du nom des guides touristiques allemands) comme York ou Norwich ; le 3 mai, le centre-ville médiéval d'Exeter est réduit en miettes. De tels raids n'ont aucun effet stratégique, d'aucune sorte. Ils ne sont qu'un gaspillage d'équipages et de bombes et n'ont pour seul effet que de fouetter les haines. Avec le recul, les plus importantes cibles industrielles sont, et de loin, les usines de moteurs Rolls-Royce de Derby et les lignes d'assemblage des Lancaster et des Spitfire, situées plus loin encore de la Manche. La production d'avions en Grande-Bretagne en témoigne : 15 000 avions sont construits en 1940, 20 000 en 1941 et 23 000 en 1942[29].

Le *Blitz* contre les villes anglaises a deux autres effets : pour les populations qui le subissent, il est tentant de demander que les villes allemandes connaissent le même sort ; il contribue à faire tomber la barrière morale condamnant les bombardements indiscriminés des populations civiles. Les discours les plus populaires de Churchill à cette époque sont ceux où il affirme au peuple allemand que s'il continue de soutenir ses abominables chefs nazis (mais quel autre choix a-t-il ?), il subira à son tour ce qu'ont enduré Varsovie, Rotterdam, Londres et Coventry. Aujourd'hui, il est de bon ton de présenter l'offensive aérienne des Alliés contre l'Allemagne comme un holocauste – et il convient en effet de critiquer sévèrement la manière dont elle fut menée, comme nous allons le faire. Mais il ne faudrait pas oublier que les « bombardements terroristes » sont, en premier lieu, l'œuvre des Japonais, des Italiens et des Allemands, qui n'hésitent pas à larguer leurs bombes sur des civils.

L'offensive aérienne du Bomber Command de la RAF contre les cibles allemandes rencontre des problèmes similaires à ceux rencontrés par la Luftwaffe. Les premiers mois de la guerre ne sont pas très favorables pour cette branche qui n'a cessé de promouvoir, depuis deux décennies, le bombardement stratégique. Quelques raids limités sont effectués (souvent en ne larguant que des tracts) au-dessus de l'ouest de l'Allemagne, mais les pertes sont telles que les raids diurnes doivent être abandonnés. Le ciel est souvent nuageux la nuit, ce qui permet de dissimuler les bombardiers Wellington aux yeux des chasseurs ennemis, mais masque par la même occasion les cibles au sol. Après mai 1940, l'entrée de l'Italie dans la guerre provoque le départ de nombreuses escadrilles de bombardiers pour le théâtre méditerranéen. Et chacun – du Coastal Command au Fighter Command et de l'Inde au Moyen-Orient – fait tout son possible pour recruter des pilotes et des équipages entraînés.

Malgré cela, de la fin 1940 à la fin 1942, le Bomber Command occupe une place à part dans la stratégie britannique. Avec la défaite de la France et de la majeure partie de l'Europe occidentale, la Grande-Bretagne et son empire se retrouvent seuls face à l'Axe. Les Etats-Unis comme l'URSS demeurent observateurs. A tous points de vue ou presque, la posture britannique se doit d'être défensive : pour protéger les convois de navires des U-boote, traquer les navires allemands, enrayer les attaques nocturnes de la Luftwaffe contre les villes et les usines britanniques, contenir les nombreuses troupes italiennes en Afrique et en Méditerranée et (si possible) envoyer des renforts en Inde et en Extrême-Orient pour résister aux offensives, alors limitées, des Japonais. Les attaques massives et répétées contre l'Allemagne démontrent pourtant que la Grande-Bretagne peut infliger des dégâts à l'ennemi et qu'elle peut l'emporter. Ceci joue un rôle fondamental dans la relation entre Churchill, Roosevelt et Staline et contribue à rehausser grandement le moral de la population de l'île. Surtout, une campagne de bombardement stratégique réussie peut affaiblir l'Allemagne, sans doute moins que ses avocats le pensent (c'est-à-dire en provoquant l'effondrement de l'ennemi par ce seul biais), mais assez en tout cas pour faciliter la reconquête de l'Europe. Même les amiraux et généraux britanniques opposés aux vues du Bomber Command considèrent que la destruction des chantiers navals, des usines d'aviation et d'armement est une bonne chose.

Mais la question demeure : est-ce réalisable ? La réponse : pas en 1941 ni en 1942. Le Bomber Command effectue ses sorties, chaque nuit, contre les cuirassés en rade de Brest ou contre les bases de sous-marins, mais le plus souvent contre le cœur de l'Allemagne. Malgré le courage extraordinaire dont font preuve les équipages qui participent à ces longues et éprouvantes missions, qui perdent tant d'amis et de collègues dans le ciel obscur de l'Allemagne et qui y retournent sans relâche, le succès opérationnel ne peut être garanti sans la possession des outils permettant d'atteindre les objectifs stratégiques définis. Si les avions de la RAF ont un rayon d'action limité (même s'il a tendance à augmenter), s'ils ne peuvent localiser leurs cibles, s'ils ne possèdent pas d'instruments de navigation et de visée adéquats, ils n'ont que peu de chances d'infliger des dégâts à l'immense puissance industrielle de l'ennemi, quand bien même les chasseurs de nuit et la Flak (DCA) ne les arrêteraient pas. Face à cette menace, notamment celle des barrages denses de la Flak, les bombardiers doivent encore gagner en altitude et la précision du bombardement chute. Au printemps 1941, l'état-major de l'Air évalue l'erreur de bombardement médiane théorique à un kilomètre, ce qui est déjà énorme. Mais le rapport Butt, publié en août 1941 et qui s'appuie sur des reconnaissances photographiques, montre que, sur les raids effectués contre la Ruhr, seul un dixième des bombardiers britanniques arrivent dans un rayon de sept kilomètres de leur cible. Ce rapport ébranle considérablement la foi de Churchill dans les bombardements. S'il continue de les soutenir publiquement, il se montre rétif aux demandes de l'état-major des forces aériennes qui exige de lui la production de 4 000 bombardiers lourds supplémentaires, et réplique qu'une simple amélioration de la précision des bombardiers multiplierait par quatre leur capacité à infliger des dégâts à l'Allemagne. Pour la première fois, il admet également, en privé, que « tout ce que nous avons appris depuis le début de la guerre nous montre que les effets des bombardements, tant au physique qu'au moral, sont grandement exagérés[30] ».

La réponse de la RAF consiste à concéder que « la seule cible contre laquelle des bombardiers de nuit peuvent infliger des dégâts significatifs est une ville allemande dans son ensemble », ce qui implique un nouveau glissement vers les bombardements indiscriminés[31]. C'est à partir de cette époque que l'accent est mis sur l'importance de faire chuter le moral de l'ennemi, quels que soient les moyens employés, et les moyens de destruction de masse augmentent rapidement. Quels dégâts peuvent infliger les centaines de nouveaux bombardiers Lancaster au-dessus de l'Allemagne ? Les scientifiques britanniques sont en train de développer, avec des crédits alloués par la RAF, toute une série de systèmes de radionavigation et d'identification des cibles (Gee, Oboe, H2S) qui permettent aux bombardiers de se rapprocher de plus en plus de leurs objectifs. Sont également mises sur pied des escadrilles de *Pathfinders**, spécialement conçues pour voler en avant des formations de bombardiers et qui marquent les cibles au moyen de fusées éclairantes. Les autorités britanniques décident également d'autoriser le largage par les avions de bandes d'aluminium (*windows, snowflake* ou *chaff*) qui brouillent les radars de l'ennemi. Enfin, le 22 février 1942, le maréchal de l'Air sir Arthur Harris, implacable avocat du bombardement systématique de l'Allemagne, est nommé à la tête du Bomber Command.

Mais rien de tout cela ne résout le dilemme opérationnel de base : comment obtenir la maîtrise des airs au-dessus de l'Allemagne, préambule nécessaire à la destruction systématique de l'industrie nazie. Le Bomber Command semble avoir d'emblée écarté l'idée que cet objectif ne soit pas réalisable. Il suffit donc, à ses yeux, de bombarder l'Allemagne plus systématiquement encore, grâce à des efforts redoublés de la RAF, mais aussi à l'entrée en lice, à partir de 1943, des bombardiers de l'USAAF. La vision américaine du bombardement stratégique est très appréciée par Harris. Si des généraux de l'USAAF comme Arnold, Spatz et Eaker ont besoin du soutien de leur état-major pour mener à bien leur campagne en Europe, la RAF a également besoin du soutien des généraux des forces aériennes américaines pour que la campagne de bombardement stratégique se poursuive. A Casablanca, les chefs des états-majors aériens britannique et américain tiennent bon.

Harris est un personnage aussi estimé par certains qu'il est détesté par d'autres, un égal de Patton ou de MacArthur tant dans la force de caractère que dans l'égoïsme et l'agressivité. Comme MacArthur et Patton, il est convaincu de l'importance de la publicité, ce qui explique les fameux « raids d'un millier de bombardiers » effectués par le Bomber Command en 1942. En raclant tous les fonds de tiroirs, il peut ainsi réunir 1 046 bombardiers pour attaquer Cologne dans la nuit du 30 mai, un raid essentiellement symbolique, même si la ville est industrialisée et qu'elle occupe un point stratégique sur le Rhin. Près de trois kilomètres carrés de la vieille ville sont aplatis par les bombes, pour la perte de 40 bombardiers (3,8 %). D'autres raids sui-

* Litt. : « pionniers » (*NdT*).

vent, contre Essen, Brême – toujours des villes de l'Ouest –, mais la couverture nuageuse et les taux de pertes en augmentation au sein des escadrilles nouvellement formées contraignent Harris à cesser un temps ses attaques à grand spectacle. Il a pourtant marqué des points ; il dispose à présent d'un outil indépendant pour tuer des Allemands et frapper le Troisième Reich. Il a désormais les coudées franches pour se lancer dans les trois campagnes d'envergure qui vont suivre : la bataille de la Ruhr, la bataille de Hambourg et la bataille de Berlin.

Le résultat global de ces trois batailles démontre à quel point il est aujourd'hui compliqué, comme à l'époque, de déterminer avec précision les effets de la campagne de bombardement stratégique des Britanniques et explique aussi pourquoi le Bomber Command fut autorisé à la poursuivre durant tant de temps. La bataille de la Ruhr se décompose en pas moins de 43 raids majeurs, entre mars et juillet 1943, qui infligent des dégâts considérables aux villes d'Essen, Aix-la-Chapelle, Duisburg, Dortmund, Bochum, Düsseldorf et Barmen-Wuppertal – 90 % de cette dernière ville est détruit en une seule attaque, au mois de mai. La précision du Bomber Command est alors grandement améliorée grâce au système de guidage Oboe (Hautbois) et aux *Pathfinders*. Les bombardiers peuvent désormais atteindre leurs objectifs, demeurer plus longtemps dans les airs et larguer leurs bombes (les nouveaux modèles de bombardiers Lancaster embarquent des bombes de 4 tonnes) et leurs plaquettes incendiaires. Surtout, les pertes de la RAF, en hommes et en matériel, bien qu'en constante augmentation, sont comblées par des renforts permanents.

Harris aurait pu s'arrêter là et ne pas envoyer ses bombardiers plus loin. Deux arguments plaident en faveur d'une campagne géographiquement limitée, dont le premier est, naturellement, la géographie elle-même. Si la majorité des aciéries britanniques (Sheffield et Doncaster) se trouve dans le nord de l'Angleterre, la majorité de l'industrie lourde allemande est située dans l'ouest du pays. Les bombardiers du Bomber Command n'ont donc qu'un trajet relativement court à effectuer sous la menace de la DCA et des chasseurs de nuit allemands. Deuxièmement, comme l'historien Adam Tooze l'a récemment montré, les bombardements de la Ruhr infligent d'importants dégâts à l'économie de guerre allemande, bien plus que les critiques plus tardives de la stratégie de bombardement systématique ne l'ont imaginé[32]. Si la RAF n'est pas en mesure d'effectuer des bombardements de précision sur telle ou telle usine, elle largue des bombes sur d'imposantes concentrations d'usines stratégiques. Spaatz, en entendant des visiteurs américains critiquer l'effort de guerre limité de la Grande-Bretagne en 1943, leur rappelle vertement que le Bomber Command est alors la seule force des Alliés occidentaux à frapper l'Allemagne au cœur.

Mais Harris veut poursuivre son offensive. A sa grande satisfaction, la bataille de Hambourg se révèle une excellente publicité pour les bombardements de masse. Entre les mois de juillet et de novembre 1943, 17 000 sorties sont effectuées contre la grande cité portuaire et d'autres parties de l'Allemagne de l'Ouest, sous le nom de code d'opération Gommorah. Le premier raid, le 24 juillet, est terrifiant : 791 bombardiers de la RAF, dont 374 Lancaster, sous couvert de bandes d'aluminium *windows*, dirigés par le système Oboe, devancés par des *Pathfinders* et aidés par un ciel dégagé, pilonnent le centre historique de cette ville traditionnellement anglophile. Hambourg ne connaît pas de répit durant les semaines qui suivent car l'USAAF entre dans la danse, ainsi que des chasseurs bombardiers Mosquito, spécialement modifiés pour embarquer des bombes de 2 tonnes. Le gros du Bomber Command continue de frapper sans relâche durant l'été. Le 17 août, Harris lance 591 Lancaster contre les installations expérimentales de bombes volantes à Peenemünde.

Il s'agit là de l'apothéose de la doctrine de Trenchard (le grand théoricien est toujours vivant et, tenu informé des progrès, manifeste son approbation). Près de 260 usines des environs de Hambourg sont rayées des cartes, ainsi que 40 000 maisons et 275 000 appartements, 2 600 magasins, 277 écoles, 24 hôpitaux et 58 églises ; près de 46 000 civils sont tués. La dévastation de Hambourg est un choc immense pour le sommet de l'appareil d'Etat allemand. Speer avertit le Führer : six nouvelles attaques de ce genre et le Troisième Reich sera à genoux, une conclusion qu'Hitler réfute. Goebbels, en privé, décrit les bombardements de Hambourg comme une « catastrophe[33] ».

Mais les terribles succès enregistrés par Harris à Hambourg vont causer la perte du Bomber Command, ou peu s'en faut. Ces attaques nocturnes sont si manifestement destructrices et produisent une telle panique au sein des populations allemandes que le chef du Reich ne peut les traiter comme des événements marginaux. Les dégâts infligés à Hambourg, qui suivent les désastres de Stalingrad et de Koursk, d'El-Alamein et de Sicile, sont autant de signes pour le Troisième Reich qu'il a mangé son pain blanc. Il ne peut plus vivre au jour le jour et se contenter d'offrir à son peuple du beurre et des canons. Speer, dans son domaine, et les chefs de la Luftwaffe, dans le leur, font ce qu'ils peuvent avec les moyens du bord, mais ils ne peuvent faire plus.

Dès la campagne de Hambourg terminée, Harris décide de franchir un nouveau cap en lançant la « bataille de Berlin », soit 16 attaques majeures entre novembre 1943 et mars 1944 (en plus des attaques contre Francfort, Stuttgart et Leipzig, soit plus de 20 000 sorties en tout). Mais dans le même temps, et avec une très grande rapidité, le système de défense antiaérien allemand est renforcé et amélioré. Une imposante masse de bataillons antiaériens est déployée sur tout le territoire du Reich. Des escadrilles de chasseurs de nuit équipés de fusées sont mises sur pied. Les systèmes de détection allemands sont en progrès. La Luftwaffe a même trouvé le moyen de contrer le brouillage des *windows*. Ne demeurent finalement que les deux obstacles classiques à toute campagne de bombardement stratégique : le climat, qui durant ces mois d'hiver est extrêmement mauvais ; et la distance, car les raids contre Berlin sont bien plus longs que ceux contre Hambourg ou Cologne. Les bases de chasseurs de nuit allemands de Hanovre peuvent, par exemple, attaquer les bombardiers à l'aller, ravitailler et redécoller pour les attaquer au retour.

Pour toutes ces raisons, les dégâts infligés à Berlin – une ville très étendue, comme Londres – sont bien moindres que ceux infligés à des villes plus petites, comme Essen. Par ailleurs, les pertes du Bomber Command en appareils et en équipages montent en flèche à la fin de l'année 1943. Le taux de pertes moyen est de 5,2 % (soit 52 appareils pour un raid de 1 000 avions, 26 sur un raid moyen de 500 appareils) et le moral de ces courageux équipages est en train de fléchir. Pour la seule campagne de Berlin, le Bomber Command perd ainsi 1 047 bombardiers lourds, et 1 682 sont endommagés. Les pertes catastrophiques, décrites par le *Pathfinder* Pat Daniels, lors du raid sur Nuremberg du 20 mars 1944 mettent un terme brutal à l'offensive stratégique de la RAF contre l'Allemagne. Perdre 95 bombardiers sur 795, soit un taux de 11 %, est totalement inacceptable. Même l'état-major des forces aériennes cesse de soutenir Harris et se montre sans doute soulagé d'apprendre qu'Eisenhower ordonne à la RAF et à l'USAAF de se concentrer sur les cibles en liaison avec le débarquement qui approche – c'est-à-dire des cibles *tactiques*, comme des ponts ferroviaires en France, plutôt que *stratégiques*. En avril 1944, Harris lui-même admet, devant le ministre de l'Air, que « les taux de pertes [...] sont intenables sur le long terme ». Les *Pathfinders* et les *windows* devenus inefficaces, des « actions curatives » doivent être entreprises, peut-être avec l'envoi de chasseurs de nuit de la RAF pour escorter les bombardiers. Comme les rédacteurs de l'histoire officielle britannique le résument à la lecture de ces rapports, deux décennies plus tard : la bataille de Berlin n'est pas un échec ; « c'est une défaite[34] ».

Le troisième élément, le plus important, de cette période qui s'écoule de la fin 1940 au début de 1943 est le déploiement des forces aériennes des Etats-Unis d'Amérique qui rejoignent la RAF dans sa campagne de bombardement de l'Allemagne. Résumons ses effets à grands traits. Ils sont stratégiquement significatifs car l'irruption d'une nouvelle force aérienne stratégique en Europe entraîne une pression renforcée sur le Troisième Reich et davantage de pression à l'Ouest, ce qui, fort logiquement, implique une baisse de capacité (moins d'avions, moins de ressources industrielles, moins de personnel qualifié) de la Luftwaffe sur le front de l'Est, mais également en Méditerranée et en Afrique du Nord, qui nécessitent pourtant l'octroi de nombreuses escadrilles allemandes pour parer à la montée en puissance des forces aériennes des Alliés sur ce dernier théâtre d'opérations. C'est à partir de cette période (1942-1943) que les groupes de la Luftwaffe commencent leur ballet incessant d'un front l'autre, de l'Afrique et de l'Italie au front de l'Est puis à la défense du Reich. Hap Arnold, qui se plaint continuellement du manque d'appareils et d'équipages dont souffre selon lui l'USAAF, peut déployer de nouvelles escadrilles en Grande-Bretagne, en Afrique du Nord ou dans le Pacifique ; Goering n'a plus cette possibilité. Fin 1943, un nouvel aérodrome est inauguré tous les six jours dans les plaines de l'est de l'Angleterre pour y accueillir de nouveaux bombardiers et chasseurs américains.

L'arrivée de ces escadrilles américaines n'est pas seulement importante en raison de l'irruption d'une nouvelle force pour combattre l'Axe en Europe ni parce qu'elle regonfle nettement le moral des Britanniques, mais parce que deux éléments opérationnels clés en sont modifiés. Le premier est que l'USAAF insiste pour n'effectuer que des bombardements diurnes ; c'est sa doctrine depuis des années, qui tient compte des qualités des B-17 et des B-24, lourdement armés et aptes à voler à très haute altitude, et qui sont équipés de viseurs Norden, d'une très grande précision. Harris et d'autres membres de l'état-major de la RAF et jusqu'à Churchill tentent de convaincre les Américains de participer à leur campagne de raids nocturnes, une idée fort justement écartée par ceux-ci : tout l'intérêt de leur plan est de permettre un bombardement continuel, de jour comme de nuit, de l'Allemagne. Les Londoniens peuvent profiter de la journée pour réparer les dégâts des raids de la nuit et se reposer un peu. Le bombardement « en continu » des Américains le jour et des Britanniques la nuit est la promesse, en théorie du moins, d'une pression constamment exercée sur les défenses aériennes de l'Allemagne, ses contrôleurs aériens, ses unités de réparation et de secours, et sur les travailleurs allemands eux-mêmes.

Le second effet est dû à l'obstination des Américains de s'en tenir à un autre point de leur doctrine aérienne développée avant la guerre : le bombardement de précision sur des cibles militaro-industrielles. Comme nous allons le voir, la chose est plus facile à dire qu'à faire, et souvent mise à mal par des équipages effrayés et désorientés. Mais l'insistance de l'USAAF à attaquer des cibles comme des usines Messerschmitt ou des gares de triage a d'autant plus d'effet que ces attaques complètent les bombardements massifs effectués de nuit par la RAF et rendent plus difficile la réplique des responsables de la défense du Reich : doivent-ils rassembler leurs bataillons antiaériens autour de Cologne ou autour d'une importante usine située à 30 kilomètres de là ? Ces deux approches donnent également l'opportunité aux stratèges alliés de comparer les effets des deux doctrines de bombardement. Lors des controverses houleuses, après la guerre, autour du bombardement de masse des populations civiles, l'USAAF se trouvera relativement plus épargnée par les critiques que le Bomber Command – au moins pour le théâtre européen.

La situation semble donc favoriser grandement les Alliés. Le problème est que les suppositions opérationnelles sur la capacité d'effectuer des bombardements de précision ne se vérifient pas du tout durant la période qui s'étend de 1942 au début de 1944 et que le bilan de l'USAAF n'est pas beaucoup plus brillant que celui du Bomber Command. Trouver une solution à ce problème est manifestement bien plus compliqué que de sécuriser les routes de l'Atlantique.

Avec le recul de l'historien ou du stratège de salon, il n'est pourtant pas très difficile d'identifier les obstacles. Le premier est dû au fait que l'offensive de la 8e Air Force américaine, lancée fin 1942, l'est « trop tôt et trop peu ». Politiquement et institutionnellement, les chefs de l'USAAF, Arnold, Spaatz, Eaker et leurs états-majors, considèrent que l'existence même de leur arme en tant que branche indépendante dépend de sa capacité à prouver son efficacité le plus vite possible. Pour des raisons géographiques évidentes, ainsi qu'en souvenir des combats de 1917-1918, l'armée et les forces aériennes accordent bien davantage d'importance au théâtre européen qu'à celui du Pacifique ou d'Extrême-Orient. Pour l'armée, l'étendue même du Pacifique lui interdit de jouer un rôle de premier plan – les îles du Pacifique sont bien trop petites pour permettre le déploiement de 25 à 50 divisions à la « manière traditionnelle » de l'armée américaine, c'est-à-dire avec l'emploi en masse d'hommes et de munitions pour écraser l'ennemi, comme durant la guerre de Sécession ou la Grande Guerre en France[35]. Il n'y a guère d'espace dans le Pacifique pour l'emploi des chars et encore moins pour celui de l'artillerie ; il n'y a rien dans ce secteur d'opérations que l'armée puisse faire mieux que le corps des Marines, alors en pleine expansion.

Les forces aériennes font face à un problème équivalent. Il n'y a rien à bombarder stratégiquement dans le Pacifique avant de se rapprocher assez du Japon, ce qui risque de prendre plusieurs années. L'Allemagne n'est donc pas seulement le grand ennemi industriellement et technologiquement parlant : ses usines et ses voies de chemin de fer se trouvent de l'autre côté de la mer du Nord, face au Suffolk – tout comme les plages de Normandie se trouvent de l'autre côté de la Manche, face au Sussex. Arnold craint donc que, si l'on ne se concentre pas sur l'Allemagne, ses nouvelles escadrilles se trouveront disséminées de Terre-Neuve (pour attaquer les U-boote) à l'Afrique du Nord (pour y soutenir les troupes au sol d'Eisenhower et Patton) et jusqu'en Nouvelle-Guinée (pour appuyer la difficile campagne de reconquête entreprise par MacArthur).

Il se rend donc à la conférence de Casablanca non sans une certaine appréhension. L'attaque des Japonais sur Pearl Harbor et sur les Philippines a donné aux amiraux King et Leahy des cartes maîtresses pour réclamer que priorité soit accordée au Pacifique, une idée soutenue par une bonne partie de l'opinion publique et qui donnera, avant tout, le beau rôle à la marine américaine. Le refus des Britanniques de fixer une date butoir pour l'invasion de la France affaiblit encore le concept précaire de « l'Allemagne d'abord ». Il faut enfin compter avec la pression exercée, non sans animosité, par Staline à l'égard de Londres et de Washington pour qu'ils s'engagent davantage et le fait que les capacités industrielles américaines, pour énormes qu'elles soient, ne puissent répondre aux exigences gigantesques en hommes et en matériel. Durant toute l'année 1942, les différents services s'affrontent donc de manière violente pour se voir accorder la priorité et l'USAAF craint que son programme de bombardement stratégique ne fasse les frais des demandes des autres armes – ce qui implique de montrer très rapidement que les bombardiers sont en mesure d'infliger d'importants dégâts à l'Allemagne[36]. Bon gré mal gré, les bombardiers américains doivent donc se lancer à l'assaut de ce pays en étant aussi peu nombreux et préparés que leurs cousins britanniques en 1939.

Arnold et ses collègues quittent donc la conférence de Casablanca soulagés par l'assurance que « la destruction et la dislocation progressive du système militaire, industriel et économique de l'Allemagne » sont la deuxième priorité des Alliés après la bataille de l'Atlantique. Ils se sont battus avec la marine jusqu'à la veille de la conférence et ont dû batailler avec Churchill et les généraux britanniques (leurs alliés dans la promotion de « l'Allemagne d'abord ») sur la question du déploiement des forces en Méditerranée. Ils ont passé toute l'année 1942 à développer tous les arguments possibles pour faire pencher la balance en leur faveur, n'hésitant pas, par exemple, à décrire le raid du 9 octobre sur Lille (qui a eu des résultats pour le moins mitigés) comme l'exemple parfait de la capacité de destruction d'une imposante force de bombardiers volant sans escorte. Chaque rapport de la RAF accréditant l'efficacité de leurs bombardements stratégiques est amplement diffusé auprès des plus hautes autorités. En janvier 1943, les forces aériennes américaines espèrent donc avoir fait la démonstration de leur utilité et conserver leur mission stratégique. Des années après la guerre, Albert Speer demandera à Eaker pour quelle raison il avait décidé de déployer ses escadrilles si tôt, en si petit nombre et sans escorte de chasseurs ; Eaker lui répondra qu'il s'agissait d'une nécessité politique. On peut comprendre la fureur d'Elmer Bendiger, dont nous évoquions le témoignage au début de ce chapitre, quand il eut vent de cette conversation, trente ans plus tard[37].

Deux autres raisons expliquent les résultats décevants des deux premières années de bombardements stratégiques américains contre l'Allemagne. L'USAAF est en train de mettre sur pied la plus importante force aérienne stratégique de l'histoire (en 1945, l'USAAF déploie en Europe et sur le théâtre méditerranéen le double d'appareils du Bomber Command), et doit le faire dans des délais très courts. Où trouver les milliers de pilotes nécessaires et comment les former ? Où trouver les dizaines de milliers de navigants, de rampants et de techniciens, de responsables logistique, de personnels de renseignement et d'état-major ? Où se trouvent les aérodromes, les tours de contrôle, les hangars et les mess, les avions et les bombes ? Arnold n'ignore pas non plus que, sans l'appui de ses bombardiers dans le Sud-Est Pacifique, les Américains risquent de perdre la bataille de Guadalcanal qui fait rage d'août 1942 à janvier 1943. Il ne peut négliger les théâtres d'opérations hors d'Europe, ce qui limite forcément le nombre d'avions et d'hommes à envoyer en Angleterre. Il n'est donc pas étonnant que les 8e et 9e Air Force embryonnaires rencontrent de telles difficultés lors de leurs premiers raids au-delà de la Manche. Commandées par de nouveaux officiers, elles sont constituées de nouveaux équipages et de nouveaux avions décollant de nouveaux aérodromes – face à un nouvel ennemi.

Il faut également compter avec l'inévitable lot de problèmes pratiques – mauvais temps, missions avortées, viseurs moins précis qu'espéré, limites des rayons d'action, contre-attaques de la Luftwaffe et manque d'escorte. Voilà qui aurait déjà mis à rude épreuve une force aérienne expérimentée. On ne peut naturellement pas faire grand-chose contre la couverture nuageuse quasi constante au-dessus de l'Europe une bonne partie de l'année, ce que les Britanniques savent. S'il est possible de larguer « une bombe dans un tonneau » à 6 000 pieds grâce au viseur Norden sur une base d'essais du Texas, la chose est impossible avec une couverture nuageuse d'un dixième. Il n'existe alors aucun moyen de guidage sophistiqué permettant d'amener les B-17 au-dessus de leurs cibles et les chefs d'escadrille doivent bien souvent ordonner un retour à la base sans avoir rempli la mission. Que l'on revienne avec ou sans son chargement de bombes est laissé à la libre appréciation de chacun, mais il est un fait que les pilotes aiment rarement se poser avec leur chargement complet. Et, même si le ciel est dégagé, des vents violents sont susceptibles de dévier la trajectoire des bombes ; plus on vole haut pour éviter la Flak, plus la marge d'erreur est grande.

L'USAAF doit enfin faire face à sa grande vulnérabilité face aux attaques des chasseurs ennemis. A partir de 1942, le haut commandement allemand commence enfin à se préoccuper de la menace que font peser, sur l'industrie allemande, les raids d'un millier d'appareils du Bomber Command et s'est attelé à y faire face avec une grande efficacité. Les défenses allemandes sont renforcées lorsque les Américains tentent leurs premiers raids diurnes. La Luftwaffe jouit également de l'avantage de combattre « à domicile », qui avait été si précieux pour le Fighter Command durant la bataille d'Angleterre ; plus les cibles frappées par Spaatz et Eaker sont éloignées, plus les chasseurs allemands ont l'occasion de ravitailler et de repartir à l'attaque, alors que les bombardiers ne bénéficient plus de la protection des Spitfire et des Thunderbolt à moyen rayon d'action. (Speer construit d'ailleurs ses nouvelles usines de chars et d'avions aussi loin que possible de la Manche, en Pologne et en Tchécoslovaquie.) Les bombardiers américains, comme les convois dans l'Atlantique, doivent traverser une zone « sans couverture ».

Les premiers raids sont donc modestes et effectués à courte distance, pour l'essentiel au-dessus du nord-ouest de la France et des Pays-Bas, et bénéficient de l'appui de chasseurs d'escorte. Le ciel est très dégagé durant tout le mois d'août 1942, la Luftwaffe brille par son absence et les bombardements sont remarquablement précis. Tout ceci se poursuit au mois de septembre, malgré l'apparition des Fw-190, qui donnent du fil à retordre aux Spitfire. Tout change avec l'attaque de 108 bombardiers de l'USAAF contre les usines proches de Lille, le 9 octobre 1942. Parvenant à percer l'écran assuré par la bagatelle de 156 chasseurs alliés, les chasseurs allemands s'acharnent sur les B-17 Forteresses volantes et les B-24 Liberator, lourdement chargés. La Luftwaffe n'a pas encore trouvé la bonne méthode pour attaquer ces formations serrées de bombardiers volant aux alentours de 25 000 pieds et l'USAAF ne perd que 4 bombardiers ; 4 autres sont sérieusement endommagés et 42 nécessitent des réparations. Mais la saignée vient de commencer. Surtout, les attaques constantes des chasseurs allemands ont des effets démesurés sur la précision du bombardement – seules 9 des 588 bombes larguées tombent à moins de 500 mètres de leurs cibles et la plupart des bombardiers larguent leur chargement avant même d'arriver sur zone. La mêlée est si confuse que les mitrailleurs américains surestiment grandement le nombre de chasseurs allemands abattus (56 certains et 24 probables), ce qui sert évidemment Arnold et Spaatz dans leurs discussions à Washington, mais démontre aussi l'inexpérience et la nervosité des équipages et l'inefficacité des systèmes d'analyse des missions : les rapports allemands indiqueront, après la guerre, que la chasse a perdu *un* appareil ce jour-là, et peut-être un second !

Bien que l'on demeure alors certain de l'efficacité de la campagne de l'USAAF, les derniers mois de 1942 et les premiers de 1943 voient un ralentissement des opérations. De nombreuses escadrilles américaines de chasseurs et de bombardiers sont redéployées pour soutenir l'opération Torch et la campagne d'Afrique du Nord qui suit. L'hiver est terrible et rend les bombardements de précision, même diurnes, virtuellement impossibles : les tempêtes qui ont empêché les U-boote d'attaquer les navires marchands alliés empêchent également les bombardiers américains de trouver leurs cibles en France. On craint aussi les effets, sur l'opinion publique, des pertes civiles françaises, surtout quand elles se produisent à une grande distance des objectifs fixés. Durant un temps, les bombardiers américains se concentrent sur des cibles côtières, comme les bases de sous-marins allemands, au grand mécontentement du Bomber Command, qui avait espéré recevoir un plus grand soutien dans sa coûteuse (pour les deux camps) offensive contre la Luftwaffe en Allemagne. Surtout, le commandement allemand peut repenser son système de défense antiaérien et mettre l'accent sur la production de chasseurs.

La 8e Air Force américaine effectue ses premiers raids contre l'Allemagne à la fin du mois de janvier 1943, mais ils n'ont que peu d'effet en raison du temps exécrable. Cette période décevante s'étire, à la grande déception d'Arnold. Ce n'est qu'avec le début de l'été, l'amélioration des conditions météorologiques et l'arrivée de nouvelles escadrilles (en février, la 8e Air Force dispose quotidiennement d'une moyenne de 74 avions opérationnels) que l'offensive américaine débute réellement. Mais l'amélioration de la météo permet également aux nouvelles capacités défensives de la Luftwaffe de donner à plein durant les raids diurnes. Lors d'un raid contre Kiel, le 14 mai, 8 bombardiers sont perdus et 36 sont endommagés sur les 126 engagés ; lors d'un raid double sur Kiel et Brême, le 13 juin, 26 bombardiers sont perdus et 56 endommagés sur 182 engagés ; lors du raid d'Ochersleben, du 28 juillet, un tiers seulement des 120 bombardiers engagés rentrent entiers : 16 avions sont perdus et 64 sont endommagés[38]. Pourtant, lors de ces opérations, les escadrilles ont pu compter sur une couverture aérienne sur la majeure partie du trajet. Malgré ces signes peu encourageants, la pression se fait de plus en plus forte en faveur de raids plus lointains.

C'est alors qu'ont lieu les terribles raids sur Schweinfurt décrits au début de ce chapitre. En plus des 60 bombardiers perdus lors de ce raid du 14 octobre 1943, 138 sont endommagés, ce qui signifie que seuls 14 % des 229 appareils engagés – dont une partie a rebroussé chemin avant l'objectif – rentrent intacts à la base. Ce chiffre paraît délirant, mais la lecture de l'analyse détaillée qui en est faite dans l'histoire officielle de l'USAAF évoque une performance de la Luftwaffe sans précédent par l'ampleur, l'ingéniosité et le talent dans l'exécution :

« Les vagues de chasseurs se succèdent. Un écran de chasseurs monomoteurs commence par attaquer la formation frontalement, faisant usage de canons de 20 mm et de mitrailleuses en se rapprochant le plus possible. Immédiatement derrière eux s'avancent, par vagues, d'importantes formations de bimoteurs, armés de fusées sous leurs ailes [...] les monomoteurs, partis ravitailler, attaquent à nouveau dans toutes les directions. Ils sont bien vite rejoints par de nouveaux groupes reformés de bimoteurs équipés de fusées. Après avoir lancé leurs fusées, les bimoteurs font usage de leurs canons et de leurs mitrailleuses. Les appareils de l'ennemi se concentrent sur une formation à la fois, la disloquent avec leurs tirs de fusées [...] et achèvent les avions endommagés à la mitrailleuse. Un groupe de combat de la 1re division de bombardement est presque intégralement anéanti de cette manière[39]. »

Malgré ces pertes, les attaques de l'USAAF contre l'industrie aéronautique ont un impact considérable ; la stratégie des cibles sélectives donne de bien meilleurs résultats que les raids nocturnes de la RAF sur la Ruhr et inquiètent suffisamment Speer pour le contraindre à attribuer toujours plus de ressources à la campagne de lutte contre les bombardements alliés. La lutte s'intensifie. Mais, pour les commandants alliés, les taux de pertes sont insupportables, plus élevés sans nul doute que les taux de pertes des autres campagnes aériennes de la guerre. L'offensive doit tout simplement cesser et les bombardements ne plus être effectués que contre des cibles à courte distance. L'arrivée de l'hiver justifie ce repli et donne un peu de répit pour regonfler le moral très atteint des équipages[40], qui peut se mesurer, hélas, au grand nombre de missions avortées ou d'avions même partiellement endommagés qui préfèrent se poser en Suisse ou en Suède, neutres.

Il est donc difficile de faire mieux que la conclusion de l'histoire officielle des forces aériennes américaines sur ce chapitre des combats :

« A la mi-octobre 1943, la campagne de bombardement diurne a atteint un point de crise. Son coût augmente de manière alarmante, tandis que son succès demeure douteux. Il convient donc de reconsidérer les présupposés de l'offensive... La 8e Air Force n'a plus la maîtrise des airs au-dessus de l'Allemagne. Et il est alors évident qu'elle ne pourra pas la regagner tant qu'une escorte ne sera pas disponible sur la durée du trajet [...] le rayon d'action des chasseurs doit donc être augmenté[41]... » Heureusement pour les équipages exténués des bombardiers alliés, la solution est à portée de main.

Le Merlin et le Mustang

La décision des Américains de cesser leurs bombardements diurnes des usines de l'ennemi est prise presque vingt-six ans après la parution du rapport Smuts, une somme généralement reléguée au second plan, loin des récits plus technologiques de la montée en puissance des forces aériennes. Il s'agit pourtant, pour qui étudie la guerre, d'un exemple superbe – peut-être le meilleur – de la manière dont une doctrine stratégique originale peut être inventée et promulguée bien avant que ses théories visionnaires puissent être mises en pratique. Il convient ici d'expliquer en détail pourquoi les Alliés mettent tant de temps à combler l'espace critique entre le concept et la réalisation de leur stratégie. Cela est lié, pour partie, au fait que les autres formes de conflit évoquées (les batailles pour les convois, la guerre amphibie, les batailles terrestres massives) existent depuis des siècles ; mais un retour sur cette histoire toute particulière se justifie également par les proclamations de l'efficacité redoutable de la puissance aérienne, édictées tant avant que bien après la Seconde Guerre mondiale[42].

Il est également intéressant de noter que la « solution » au problème rencontré par les Américains, quand elle émerge, est développée très rapidement. Mais elle aurait pu, comme nous allons le voir, arriver bien plus tôt dans le ciel européen.

Ce qui est nécessaire, c'est une avancée technique permettant de résoudre le problème succinctement résumé par les historiens officiels américains : un chasseur à long rayon d'action capable de repousser les attaques aériennes allemandes contre les formations de bombardiers alliés. Mécaniquement, cette solution peut se résumer à une suite de données techniques et opérationnelles caractéristiques de cet avion. Il doit s'agir d'un monomoteur, plus rapide et plus maniable que les chasseurs dont disposent ou pourraient disposer les Allemands à brève échéance et dont les performances doivent rester constantes à toutes les altitudes comprises entre 5 000 et 40 000 pieds, ce que les experts en aérodynamique tiennent alors pour impossible. Surtout – et cela semble alors tout aussi impossible à réaliser –, cet appareil doit emporter assez de carburant pour accompagner les bombardiers de l'USAAF depuis les plaines de l'est de l'Angleterre jusqu'à Berlin, aller-retour, et protéger les « convois » à près de 900 kilomètres de leurs bases. Toutes ces spécifications techniques semblent défier les lois de la physique ; comment un chasseur pourrait-il emporter assez de carburant pour atteindre Prague, tout en demeurant assez rapide pour abattre un Fw-190 ? Pourtant, cet avion est construit.

L'histoire débute avec sir Henry Royce (1863-1933), un des plus grands inventeurs et ingénieurs du monde occidental depuis Macadam, Brunel, Stephenson, Bell et Edison. Royce n'a pourtant pas fait d'études et commence à travailler, dès l'âge de 10 ans, en vendant des journaux. Fasciné par les machines, et particulièrement par les automobiles, il commence à en construire avant même le début de la Première Guerre mondiale ; il s'associe alors à son partenaire en affaires, Charles Rolls. Leur société grandit, mais Royce demeure intraitable sur le contrôle de la qualité, car l'homme est un maniaque de la précision. Plus tard, cet inventeur de voitures aussi fiables que superbes s'intéresse au domaine, lié, des moteurs d'avions. Rien d'étonnant à cela : les voitures comme les avions utilisent le même carburant, l'essence, pour la propulsion des machines et de ceux qui les occupent, que ce soit le long des routes ou dans les airs. Les voitures, comme les avions, sont constituées d'une structure solide à l'intérieur de laquelle se trouvent des milliers de pièces en mouvement, qui doivent se déplacer et entretenir la combustion de l'essence sans un accroc, heure après heure, jour après jour. Une des raisons de la suprématie occidentale, qui débute au XVIIIe siècle, est le développement des « sciences exactes », c'est-à-dire de l'industrialisation des avances technologiques, civiles et militaires, qui ne se produit nulle par ailleurs[43]. Le moteur Rolls-Royce est une sorte d'apothéose de cette magnifique réalisation humaine, du franchissement interrompu des obstacles que représentent le temps et l'espace.

La fin des années 1920 et le début des années 1930 sont des périodes d'effervescence, durant lesquelles chacun s'attelle à l'amélioration des capacités des avions et de leur matériel. Le moteur Curtis V12 américain est alors à la pointe du progrès et Royce et son équipe n'ont aucun scrupule à en acheter aux Etats-Unis, à s'en faire expédier et à les démonter pour créer, analyse faite, leurs propres modèles, le Kestrel, le Griffon et le Merlin. Malcolm Campbell utilise un moteur Rolls-Royce pour battre le record de 450 km/h à Bonneville Salt Flats en 1933 et la firme d'aviation Supermarine les utilise pour rafler à trois reprises consécutives le trophée Schneider (pour les hydravions), dont le dernier avec une vitesse dépassant les 500 km/h.

Parallèlement, Royce tente de placer un de ses moteurs dans un nouveau modèle d'intercepteur rapide destiné à la RAF. En 1931, non loin de sa maison de campagne de West Wittering, dans le Sussex, alors qu'il chemine sur les bancs de sable avec une partie de ses ingénieurs, il en dessine le croquis sur le sable mouillé. Les biplans en bois et en toile sont alors déjà en train de laisser progressivement la place à des monoplans couverts d'aluminium ; sur les planches à dessin, on trouve également des bombardiers bimoteurs rapides, voire des quadrimoteurs, à long rayon d'action. Tous ces appareils nécessitent une motorisation améliorée, ce qui implique la création d'un moteur d'avion répondant exactement aux standards de production afin de convertir le carburant en propulsion avec la meilleure efficacité possible. Il n'est naturellement pas le seul sur ce marché : en Amérique, en Allemagne, en Italie, au Japon ou en France, des compagnies sont mues par le même intérêt et chacune tente de tirer le meilleur parti possible du carburant en optimisant de plus en plus[44] la machinerie complexe des pistons, des cylindres, des bougies, des câbles et des chambres de combustion[45].

La compagnie Rolls-Royce a pour habitude de donner à ses moteurs d'avion le nom de rapaces, comme les faucons ou les aigles. Dans le cas qui nous intéresse, le moteur est baptisé « Merlin », en référence non au magicien des contes de fées mais à l'émerillon (« merlin », en anglais), le plus petit et le plus rapide des faucons – une merveille de la nature qui peut attaquer sans être attaquée.

Il convient de signaler que les moteurs, de plus en plus puissants, développés par Rolls-Royce équipent un grand nombre d'avions ; l'histoire officielle de Rolls-Royce mentionne le déploiement du Merlin sur environ 40 appareils différents, monomoteurs, bimoteurs et quadrimoteurs[46] – des variantes servent à propulser des hydroglisseurs, des hors-bord, des voitures de course, mais aussi des voitures Rolls-Royce et Bentley. Une légende vivace veut que le Merlin ait été spécialement conçu pour équiper le Spitfire et réciproquement. C'est inexact : si le Spitfire n'avait pas été développé, le Merlin aurait quand même sa place dans l'histoire de l'aviation. Il n'est d'ailleurs pas étonnant que le Merlin, si fiable, ait naturellement été choisi pour propulser l'élégant Supermarine Spitfire, sorti de l'imagination du grand avionneur J. R. Mitchell. Malgré les importantes restrictions budgétaires de l'entre-deux-guerres, la firme Vickers, propriétaire de Supermarine, est poussée par le ministère de l'Air, alors impécunieux, à produire un chasseur propulsé par un moteur V12. C'est ainsi que le Merlin et le Spitfire se rencontrent. La chose aurait pu ne pas se faire : Royce meurt en 1933 et travaille encore, sur son lit de mort, à de nouveaux modèles de moteurs ; il disparaît avant d'avoir pu voir un prototype du Spitfire, mais laisse derrière lui une équipe d'ingénieurs chevronnés. Mitchell, qui luttait contre le cancer, meurt en 1937 à l'âge de 42 ans et travaille jusqu'à son dernier souffle sur le projet. Il a, au moins, la chance de voir les premiers modèles voler avant de mourir.

Le rôle du Spitfire dans la Seconde Guerre mondiale en Europe est devenu légendaire. De la fin de la bataille d'Angleterre aux combats au-dessus de Malte, des grandes incursions en territoire français aux patrouilles au-dessus des plages du débarquement (l'honneur en revient aux escadrilles polonaises), il est LE chasseur de la RAF. Sa silhouette élégante et ses ailes elliptiques font des milliers d'adeptes – même dans le camp d'en face[47]. Lorsque Goering demande à Galland ce qui lui manque, ce dernier lui répond : « Une escadrille de Spitfire ! » L'évolution du premier modèle d'hydravion conçu par Mitchell pour remporter le trophée Schneider vers un modèle ajouté à la hâte à l'arsenal du Fighter Command de la RAF a été l'objet de nombreux films, livres, documentaires et DVD[48].

Mais la place du Spitfire dans notre histoire est celle d'un avion intermédiaire. Fin 1940, il est le meilleur et le plus rapide des intercepteurs de la RAF, meilleur que le Bf-109. Mais la Luftwaffe augmente constamment la puissance motrice de ses propres chasseurs et développe de nouveaux modèles ; le Spitfire et le Merlin doivent eux aussi être améliorés. Les ingénieurs de Rolls-Royce développent notamment les capacités du Merlin pour lui permettre de concurrencer l'époustouflante vitesse ascensionnelle du Fw-190. C'est chose faite en 1942, avec l'excellent Merlin 61, qui multiplie par deux la puissance d'origine du moteur[49].

Bien sûr, tout le monde veut ce nouveau moteur – le Bomber Command pour ses nouveaux quadrimoteurs Lancaster, le Fighter Command pour ses Spitfire, les escadrilles de reconnaissance et de *Pathfinders* pour les Mosquito. Des dizaines de milliers de moteurs ne suffisent pas. Même les excellentes usines américaines Packard (dont la production est multipliée par trois) ne peuvent faire face à la demande. Mettre la main sur un Merlin 61 est alors aussi difficile que d'obtenir une cargaison d'épices des Indes au XVIIe siècle à Amsterdam.

C'est Wilfried Freeman, personnage peu connu du grand public à l'époque comme aujourd'hui, qui est le responsable de l'allocation de cette denrée rare. Il est alors une des personnes les plus influentes au sein du ministère de l'Air – Churchill est de ceux qui le tiennent en très haute estime[50]. Responsable de la logistique du ministère depuis la fin des années 1930, Freeman a fait partie de ceux qui ont encouragé le développement de pratiquement tous les nouveaux appareils de la RAF : le Hurricane, le Spitfire, le Wellington, le Lancaster et le Halifax, bombardiers lourds, et le Mosquito. C'est Freeman qui réalise que les bombardiers Avro Manchester, développés à la fin des années 1930 et aux performances médiocres, pourraient bénéficier de l'introduction des moteurs Merlin, donnant naissance aux puissants Lancaster. La même année, il encourage la mise en production du bimoteur Mosquito, ce que chacun alors considère comme absurde : pourquoi investir de trop rares ressources dans la production d'un avion à la structure en contreplaqué, sans armement, et espérer qu'il puisse voler au-dessus de l'Allemagne et revenir à bon port ? Les critiques lui donnent le surnom de « Délire de Freeman ». Le Mosquito sera pourtant l'avion le plus polyvalent de la guerre, pouvant être modifié (c'est-à-dire armé) pour en faire un chasseur de nuit, un chasseur de sous-marins, un appareil de reconnaissance en haute altitude (atteignant des altitudes qui interdisent aux chasseurs allemands de l'atteindre) et même comme bombardier – sa version modifiée de 1942 emporte davantage de bombes qu'un B-17 la même année. A cette date, Freeman est devenu une figure respectée tant des fabricants britanniques que de ses homologues américains – et il a l'oreille de Churchill. Il est donc en mesure, si une nouvelle idée lui parvient, de faire en sorte qu'elle soit rapidement mise en pratique. Et c'est ce qui arrive au printemps 1942.

Entre alors en scène une autre figure clé de cette histoire, encore moins connue que Freeman. Fin avril 1942, Ronnie Harker, pilote d'essai de Rolls-Royce détaché au sein de la RAF, reçoit un coup de téléphone de l'Unité de développement tactique de la RAF qui lui demande de bien vouloir se rendre sur l'aérodrome de Duxford pour effecteur des tests sur un prototype de chasseur américain, le Pursuit Fighter 51 (P-51). La tâche n'a rien de neuf pour Harker, qui a volé au sein de la RAF avant d'être rappelé à ses missions d'essai ; il a méthodiquement testé presque tous les nouveaux avions, dont des variantes capturées des Messerschmitt et des Focke-Wulf, afin de donner son sentiment sur leurs performances. L'appareil qu'on lui demande d'essayer est un chasseur monomoteur produit par la société North American et fait partie de la dizaine de modèles rapidement lancés par les forces aériennes américaines, françaises et britanniques à partir de 1938, au moment où le défi technique posé par la Luftwaffe est devenu clair aux yeux de tous. Le problème, c'est que le P-51, avec son moteur Alison, n'est pas un très grand appareil. Ses spécifications initiales sont celles d'un intercepteur de basse altitude. Ses performances sont correctes à cet égard, mais l'USAAF préfère (et c'est compréhensible) s'appuyer sur le P-38 Lightning et le P-47 Thunderbolt, plus puissants, capables d'affronter les Zéros japonais ou les Bf-109. Lorsque, au début de 1942, le Fighter Command reçoit ses premiers exemplaires de P-51, il ne sait qu'en faire et songe même à les envoyer à la casse.

Harker vole pour la première fois sur le P-51 le 30 avril 1942 (les archives de Rolls-Royce ont conservé la photo de cet avion revenu au sol). Harker est perturbé. L'avion vire magnifiquement, ne décroche jamais et est excellent à basse et moyenne altitude. Son aérodynamique est splendide (avec une traînée extrêmement courte, bien que rien ni personne ne parvienne alors à l'expliquer[51]). Le rapport de Harker se termine par une remarque laconique (qui attire pourtant l'attention de tous ceux qui la lisent) : « Ce qui me frappe, c'est qu'avec un moteur plus puissant, comme un Merlin 61, ses performances devraient être exceptionnelles, car il est environ 50 km/h plus rapide qu'un Spitfire 5 à puissance comparée[52]. » Quelques jours plus tard, une équipe de mécaniciens démonte le moteur Alison et installe à sa place un Merlin 61 dans l'avion que Harker a essayé. Comme le pilote attentif l'avait pressenti, la distance entre l'avant du cockpit et le nez du P-51 est identique à celle du dernier modèle de Spitfire.

Parallèlement, Witold Challier, brillant mathématicien polonais devenu ingénieur, estime, grâce aux données aérodynamiques dont il dispose, que le P-51 équipé d'un moteur Merlin 61 devrait être supérieur au Spitfire à toutes les altitudes en dessous de 40 000 pieds et devrait atteindre la vitesse extraordinaire de 695 km/h, des prévisions qui vont se vérifier. Les deux hommes, soutenus par le très dynamique directeur de Rolls-Royce, E. W. Hives, demandent donc que cette nouvelle version entre en production le plus rapidement possible.

Dès que Freeman a vent de cette demande, il y répond immédiatement. Bien que le Fighter Command et le Bomber Command souhaitent obtenir tous les moteurs Merlin 61 disponibles pour leurs propres projets, Freeman ordonne la conversion de cinq nouveaux P-51 et que deux d'entre eux soient renvoyés le plus vite possible au général Spaatz pour que l'USAAF les teste. Hives propose bientôt la conversion de 250 nouveaux appareils ; Freeman double la commande à 500 exemplaires. Il se met d'ailleurs rapidement en contact avec les ingénieurs de Packard (qui sont en train d'installer un Merlin 61 dans un P-51, que l'on appelle désormais « Mustang »), avec l'ambassadeur des Etats-Unis en Grande-

Bretagne, John Winant, homme influent, ainsi qu'avec Thomas Hitchcock, assistant de l'attaché de l'Air américain, homme de réseau, ancien pilote de l'escadrille Lafayette, grand admirateur du moteur Rolls-Royce et qui possède des attaches familiales à la Maison-Blanche. Freeman commence également à pousser Churchill pour qu'il écrive à Roosevelt, chacun ayant déjà compris que ce modèle hybride américano-britannique ne pourra être produit rapidement et en masse qu'aux Etats-Unis. L'histoire du magnétron à cavité se répète : la Grande-Bretagne est au bout de ses capacités industrielles, mais les Etats-Unis disposent d'une immense capacité de production d'avions et de moteurs.

Pourtant, à la consternation de Freeman, le plan capote. L'opposition farouche des Américains ralentit considérablement le rythme de production du Mustang-Merlin dans les usines Packard. Il est vrai que d'autres projets industriels nécessitent leur part de ressources et il est naturellement difficile de prétendre réduire la production d'avions américains pour laisser de la place à un modèle inconnu et pour l'essentiel de conception étrangère. Une grande incompréhension règne autour de l'élément mis en avant par Harker et Challier, celui de l'excellence du Mustang à *toutes* les altitudes, certains généraux considérant que l'avion doit tout simplement être utilisé, comme prévu, à basse altitude, en appui tactique. D'autres, très satisfaits des qualités du P-38 Lightning et du P-47 Thunderbolt, qui ont déjà fait leurs preuves, ont du mal à accepter l'idée que le Mustang pourrait leur être supérieur. Au sein même des bureaux des forces aériennes, la lutte fait rage, ainsi qu'entre les différents fabricants. Freeman, qui suit les chiffres de production américains avec autant d'angoisse que ceux de la Grande-Bretagne, est averti par Harry Hopkins, conseiller personnel et très anglophile du président Roosevelt, que l'USAAF a déjà commandé la bagatelle de 2 500 P-40 Kittyhawk, 8 800 P-39 Airacobra et 11 000 P-63 Kingcobra, tous surclassés par le terrible chasseur allemand Fw-190 qui domine alors les airs en Europe. Mais tous ces avions médiocres ont des soutiens influents[53]. Le développement du Mustang, qui ne se fait pas non plus sans anicroches, provoque également de nombreux retards de production.

Tout ceci est regrettable, mais compréhensible. Ce qui l'est nettement moins, c'est l'anglophobie manifestée de manière constante par le Material Board, le bureau d'études de l'armée américaine, dirigé par le très rigide Oliver Echols. Hopkins plaisante à peine quand il confie à Freeman que de nombreux Américains sont persuadés d'être naturellement plus doués pour le pilotage que les Britanniques et qu'ils ont toujours construit de meilleurs avions qu'eux. Le P-51 ayant été commandé par la RAF, il n'est pas passé par la chaîne habituelle d'inspection du bureau d'études et bon nombre de ses ingénieurs font remonter à Echols des rapports désobligeants sur les défauts relevés lors des études des premiers modèles. Pour l'essentiel, ce que l'on reproche au Mustang tient en une phrase : « Pas inventé ici[54]. » Hitchcock, attaché militaire américain à Londres, est écœuré par une telle attitude : « Rejeton d'une mère américaine, adopté par les Anglais, le Mustang n'a donc pas de parent au sein de l'Army Air Corps ni à Wright Field[55] susceptible de l'apprécier et de mettre ses qualités en avant... il déplaît à bon nombre de personnalités importantes de part et d'autre de l'Atlantique, qui semblent bien davantage intéressées par la production d'un produit 100 % national plutôt que par la production rapide d'un chasseur supérieur à tout ce dont les Allemands disposent. » Les historiens officiels, plus mesurés, se contentent d'indiquer que « l'histoire du P-51 a bien failli se solder par le fiasco le plus coûteux, pour les forces aériennes alliées, de toute la Seconde Guerre mondiale[56] ».

A ce stade, Freeman ne peut pas grand-chose, pas plus que ses appuis chez Packard et North American. Churchill lui-même est relativement désarmé, mais il ne lésine pas sur les courriers personnels adressés à Roosevelt et fait appel à ses relais habituels afin d'obtenir que la production du Mustang soit prioritaire : l'ambassadeur Winant, l'envoyé spécial (et bientôt membre de la famille Churchill) Averell Harriman et Hopkins. Mais le coup de pouce doit venir de l'USAAF. Et il arrive pour deux raisons. La première est le raid catastrophique de Schweinfurt-Ratisbonne d'octobre 1943. Si l'USAAF a déclaré à la presse que la « pause » dans les bombardements est due à la dégradation du climat et à la priorité donnée au bombardement de l'Allemagne depuis les aérodromes italiens nouvellement conquis, Arnold et Spaatz reconnaissent en privé que leurs suppositions initiales sont erronées : les bombardiers ne peuvent pas « passer au travers » sans une escorte de chasseurs, et les chasseurs actuels ont un rayon d'action trop limité. Dans son « discours de Noël » (du 27 décembre 1943) devant les chefs de l'USAAF en Grande-Bretagne et en Italie, Arnold délivre un message sans fioritures :

« Overlord et Anvil[57] ne seront pas possibles sans la destruction des forces aériennes allemandes. Aussi, mon message personnel – et c'est un ORDRE – est le suivant : détruisez les forces aériennes de l'ennemi partout où elles se trouvent, dans les airs, au sol et dans les usines[58]. » Mais, pour y parvenir, il faut disposer d'un chasseur à long rayon d'action, dont les spécificités ont déjà été définies par Harker dix-neuf mois auparavant.

La seconde raison est la pression constante exercée par un petit noyau d'individus travaillant au niveau intermédiaire de l'effort de guerre allié. Thomas Hitchcock, pour commencer, a tout du dandy : reconnu comme un des meilleurs joueurs de polo du monde avant guerre, c'est un pilote émérite, avec une jolie plume et disposant d'un important réseau. Hitchcock fait partie des rares personnes qui ne craignent pas d'affronter Echols et son Material Board, ni d'approcher en privé Eleanor Roosevelt pour discuter avec elle de ce point précis. Vient ensuite Robert A. Lovett, remarquable assistant du secrétaire à l'Air, ancien pilote de la légendaire escadrille navale de Yale en 1917-1918, puis membre de la branche aérienne de la Royal Navy. Issu d'une famille patricienne de la Nouvelle-Angleterre, Lovett refuse tout salaire et est très respecté par Arnold. Comme Hitchcock, il n'est pas impressionné par le Material Board et, dès les années 1940, considère le P-51 à moteur Alison comme « un raté ». Lovett effectue une analyse détaillée de la campagne de bombardement de l'USAAF lors d'une tournée en Angleterre en juin 1943 et adresse un certain nombre de recommandations à Arnold dans son rapport. Les plus importantes sont la nécessité absolue d'augmenter la production de réservoirs auxiliaires afin d'augmenter le rayon d'action des avions déployés en Angleterre et l'urgence de développer des escorteurs à long rayon d'action, le Mustang équipé du moteur Merlin semblant particulièrement prometteur à cet égard. Telles sont, selon lui, les clés permettant de débloquer la situation. Dès le retour de Lovett à son bureau à Washington, qui se trouve, et ce n'est pas un hasard, à côté de celui d'Arnold, les obstacles commencent à tomber. Quatre jours après avoir lu ce rapport, Arnold rédige un mémorandum qui insiste sur la « nécessité absolue de construire un chasseur pouvant accompagner les bombardiers à l'aller comme au retour[59] ». A la même période, les pouvoirs du Material Board sont considérablement réduits. Trop de temps s'est écoulé et le chef de l'état-major aérien n'a que trop tergiversé.

Il faut aussi compter avec la pression exercée par les officiers des forces aériennes stationnés en Angleterre, dont un personnage fort en caractère, le commandant Donald Blakeslee, un Américain qui a combattu durant la bataille d'Angleterre au sein d'une escadrille canadienne et qui, pour éviter d'être nommé officier formateur, a rejoint l'escadrille de volontaires américains des *American Eagles*. Blakeslee a combattu sur Spitfire et adore cet avion ; mais il a conscience des limites de son rayon d'action, qui ne s'étend guère au-delà des frontières du Reich. Il a également volé sur un P-47, qu'il trouve trop pataud. Dès qu'il vole sur l'un des premiers Mustang de la RAF, il milite sans relâche pour que les groupes de chasse rattachés à la 8e Air Force (stationnée dans l'est de l'Angleterre) soient équipés de ces appareils. A son grand désappointement, ils sont rattachés à la 9e Air Force (couvrant la Manche et le nord de la France) et affectés aux attaques à basse altitude. Mais en décembre 1943 Arnold sent, pour toutes les raisons déjà mentionnées, que l'heure du changement a sonné. Spaatz est bientôt nommé à la tête de toutes les forces aériennes américaines en Europe, Eaker est affecté au commandement des forces aériennes alliées sur le théâtre méditerranéen et le pugnace général Jimmy Doolittle est retiré de ce théâtre pour prendre le commandement de la 8e Air Force. Presque immédiatement, Doolittle fait pression pour obtenir des escadrilles de Mustang et Arnold et Spaatz, eux aussi persuadés de leur valeur, les lui fournissent. Portal ordonne à son tour que quatre escadrilles de Mustang de la RAF soient rattachées aux Américains. Toutes les escadrilles de Mustang de la 9e Air Force sont transférées dans le Nord et placées sous les ordres du supérieur de Blakeslee, le général Kepner, qui commande les groupes de chasse. Tous les pilotes de l'USAAF volant sur Mustang sont transférés à la 8e Air Force. On est enfin sorti de l'impasse.

La suprématie aérienne, enfin

L'objet de ce chapitre n'est pas de montrer comment la guerre aérienne en Europe a été radicalement transformée par l'introduction d'une « arme miracle ». Bien des livres à sensation décrivent la manière dont une arme ou un matériel de détection ont « changé la donne » de la Seconde Guerre mondiale. Il s'agit ici de montrer comment des données tactiques, opérationnelles et techniques complémentaires, entrées en application après bien des retards, permettent à un petit groupe de Britanniques et d'Américains de résoudre le problème qui empêchait la réalisation des bombardements stratégiques depuis de longues années, en réduisant la capacité offensive et défensive de l'ennemi par l'application constante de la puissance aérienne.

A l'inverse des auteurs ayant une lecture monolithique de l'histoire, les historiens sérieux voient les choses de manière moins passionnée[60]. Ils s'intéressent aux interactions et aux circuits de circulation de l'information, à la manière dont un échec ou une victoire sur le plan opérationnel peuvent avoir un impact sur le cours général des campagnes. Une des données expliquant la victoire des Alliés a déjà été mentionnée : en bombardant l'Allemagne jour et nuit, la RAF et l'USAAF ne donnent guère de répit à l'ennemi. Mais on peut faire encore mieux et le Comité des chefs d'état-major exige, par exemple, une plus grande diversification des cibles. Reste que les bombardiers britanniques qui survolent l'Allemagne chaque nuit, et les bombardiers américains chaque jour, affaiblissent grandement les défenses du Reich. Aucune des deux forces aériennes ne peut prétendre y être arrivée seule.

L'autre donnée importante est l'utilisation du Mustang comme escorteur diurne à long rayon d'action. Il ne remplace pas les Spitfire, Lightning et Thunderbolt, mais il complète leur effort, tout particulièrement à longue distance. Les tests de Rolls-Royce ont démontré que, malgré un poids plus important que celui du Spitfire, le Mustang nécessite une puissance motrice inférieure pour atteindre la même altitude et la même vitesse (cela est dû à l'énigme aérodynamique déjà évoquée) ; il peut donc atteindre sa destination au prix d'efforts moindres. Mais un autre aspect de cet avion intéresse Freeman : la taille de ses réservoirs qui, combinée à l'économie de carburant due à son profil aérodynamique, fait des miracles : « Ses réservoirs internes normaux contiennent 692 litres (1018 en utilisant le réservoir arrière) contre 375 litres pour le Spitfire. Il consomme, en moyenne, 238 litres par heure, contre 535 pour le P-38 et 525 pour le P-47. Avec ses réservoirs pleins, dont celui de 325 litres, à l'arrière du fuselage, et deux réservoirs largables de 400 litres chacun, son rayon d'action opérationnel est de 1 200 kilomètres[61]. » C'est plus de deux fois le rayon d'action d'un Spitfire.

Les réservoirs largables – deuxième invention poussée par Lovett après sa visite, et que toutes les forces aériennes du globe sont en train d'incorporer – donnent à tous les chasseurs américains et britanniques un rayon d'action accru. Dès le potentiel des réservoirs largables établi, toutes les branches de l'aviation souhaitent en bénéficier, pas seulement la chasse. Les Britanniques sont à ce point en demande qu'ils fabriquent leurs premiers réservoirs de 400 litres avec du papier renforcé, qui se révèle plus léger et d'une plus grande capacité que les versions métalliques américaines, et est finalement préféré par les pilotes américains, qui en « empruntent » autant qu'ils peuvent à la RAF. Il prive également l'ennemi d'une source potentiel d'aluminium[62]. Avec ces réservoirs auxiliaires, tous les chasseurs alliés, Spitfire, Lightning, Thunderbolt et Mustang, peuvent voler plus loin et plus longtemps. La carte page suivante le démontre parfaitement[63].

La campagne de bombardement stratégique des Alliés (opération Pointblank) reprend de plus belle début 1944 avec comme objectif « la destruction et la dislocation progressive » de la capacité militaire de l'ennemi, enfin susceptible d'être mis en pratique. De réelles avancées sont enregistrées dans les quelques mois qui suivent. Elles sont la conséquence de la reprise des raids diurnes de l'USAAF contre les grandes usines du Troisième Reich, massivement accompagnés par des chasseurs à long rayon d'action. Mais les succès ne sont pas enregistrés du premier coup. La première escadrille de Mustang (celle de Blakeslee) a rejoint la 8e Air Force à la fin de 1943. Les premiers raids manquent cruellement de chasseurs d'escorte et les Mustang sont encore des machines perfectibles. La machine industrielle

RAYON D'ACTION DES CHASSEURS D'ESCORTE

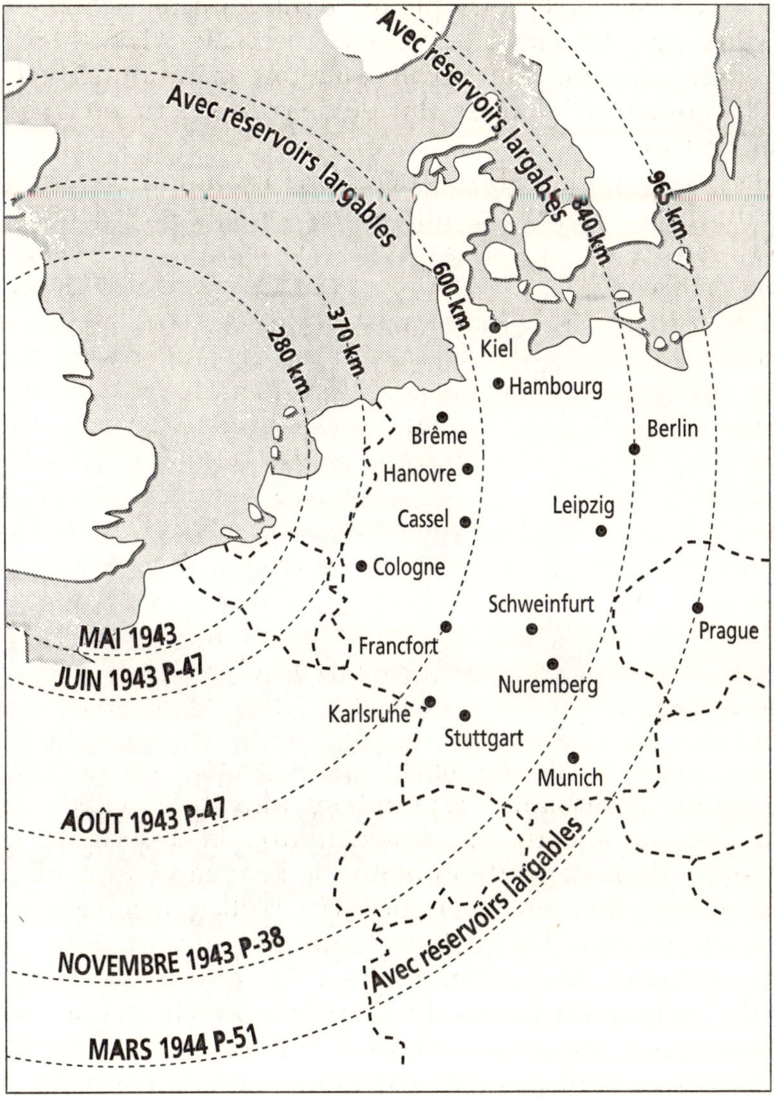

américaine est cependant lancée et des centaines de Thunderbolt et de Mustang arrivent chaque semaine en Grande-Bretagne – transportés sur les ponts des porte-avions d'escorte devenus inutiles en raison des revers infligés aux U-boote – pour rejoindre les escadrilles de Forteresses volantes et de Liberator qui les survolent, pilotés par les équipages masculins et féminins du Commandement du transport des Alliés.

Ce progrès est dû à la décimation des escadrilles de chasseurs allemands. Spaatz s'attaque à des cibles stratégiques spécifiques ; le renseignement des Alliés a identifié la production pétrolière allemande déclinante comme un maillon faible et, peu après, Eisenhower ordonne que les bombardements se concentrent sur les voies de chemin de fer et les ponts ferroviaires de l'Europe de l'Ouest afin de préparer le débarquement. Les chantiers navals produisant les U-boote sont également sur la liste. Comme les Américains l'ont fort bien calculé, de tels objectifs, comme les vitales usines aéronautiques, *doivent* être défendus par la Luftwaffe ; les Focke-Wulf et Messerschmitt doivent continuer de sortir des usines et de combattre. Mais les nouveaux chasseurs alliés à long rayon d'action rendent désormais obsolète la tactique développée par Galland, qui consistait à attaquer les bombardiers quand ils étaient dépourvus d'escorte. Si les escadrilles de la Luftwaffe souhaitent intercepter les bombardiers avant qu'ils n'atteignent le Rhin (ce qui n'est pas absurde, loin s'en faut), elles doivent affronter les nouveaux modèles de Spitfire et de Thunderbolt, très résistants ; si elles attendent que les armadas aériennes s'attaquent aux usines, aux voies de communication et aux raffineries du cœur de l'Allemagne, elles doivent faire face à des nuées de Mustang. Doolittle prend même l'audacieuse décision de libérer les Mustang de leurs missions d'escorte rapprochée et les envoie débusquer les chasseurs allemands partout dans le ciel de l'Allemagne, en les contraignant, si nécessaire, à combattre à basse altitude, où leur aérodynamique fait la différence.

Les Américains subissent des pertes sévères au printemps 1944 et bon nombre de leurs meilleurs pilotes de bombardiers et de chasseurs sont tués, blessés ou capturés en raison de la résistance désespérée des Allemands. Mais les nouvelles escadrilles ne cessent d'arriver tandis que la Luftwaffe subit des pertes qu'elle ne peut combler. Pour protéger le Reich, elle doit par ailleurs retirer du front de l'Est de nombreuses escadrilles, ce qui donne à l'aviation soviétique un avantage considérable dans sa poussée vers l'Allemagne. Les Allemands sont également contraints de retirer de nombreuses escadrilles du théâtre méditerranéen. Mais Goering reste impuissant ; on rapporte qu'ayant aperçu des Mustang volant en plein jour au-dessus de Berlin, il aurait déclaré « nous avons perdu la guerre », sans doute une de ses déclarations les plus honnêtes. En mars 1944, les Mustang abattent trois à cinq fois plus de chasseurs allemands que les Thunderbolt, qui infligent eux aussi des pertes sévères[64]. Quand la nuit tombe, les énormes bombardiers britanniques prennent le relai, intensifiant la pression et les dégâts infligés au système de défense aérien de l'Allemagne.

A la fin du printemps 1944, la Luftwaffe craque ; ses pilotes de chasse, épuisés, sont à bout : « Les pertes mensuelles, qui touchent la plupart des pilotes expérimentés, avoisinent les 450 durant les cinq premiers mois de 1944 ; à la fin du mois de mai, 2 262 pilotes sont morts. Le 24 mai 1944, il ne reste plus que 240 chasseurs allemands opérationnels[65]. » Certes, de nombreux avions sont sur les chaînes de production, mais leur sortie est retardée par les attaques contres les voies de communication, le ralentissement de la production de roulements à billes et une production de carburant totalement insuffisante. Mais le pire est la perte des pilotes et des équipages. Les aviateurs nouvellement formés ont bien moins d'heures de vol que leurs homologues américains et britanniques et souffrent en conséquence. Les pilotes de Mustang traquent parfois leurs proies jusqu'à très basse altitude et rapportent de nombreux cas de collision d'avions allemands avec des pylônes, des arbres ou de grands bâtiments. La plupart des grands « as » allemands, peut-être un peu ramollis par les conditions de combat plus favorables sur le front de l'Est, sont abattus les uns après les autres. En mars 1944, la Luftwaffe perd plus d'une dizaine de vétérans, dont deux chefs de groupe de chasse, l'un totalisant 102 victoires aériennes et l'autre 161. De tels hommes sont irremplaçables. Comme l'histoire officielle américaine le rapporte en termes policés, la Luftwaffe a davantage souffert de ces batailles aériennes que des coûteuses missions de bombardement diurnes et nocturnes des usines aéronautiques ordonnées par Harris, Spaatz et Eaker[66].

La question finit donc par être celle du nombre de personnels entraînés. Reste-t-il assez de pilotes pour monter dans les Spitfire et Hurricane du Fighter Command en 1940 ? Tout juste. Reste-t-il assez de capitaines de U-boote pour prendre part à la nouvelle offensive de Dönitz après l'automne 1943 ? Non. Reste-t-il suffisamment d'officiers subalternes expérimentés au sein de la 8e armée britannique pour faire face à Rommel en Afrique du Nord en 1941-1942 ? Non. Reste-t-il assez de pilotes japonais expérimentés après le « grand tir aux pigeons des Mariannes » en juin 1944 ? Non. Reste-t-il assez d'officiers supérieurs expérimentés au sein de l'Armée rouge après les purges des années 1930 et la première année de la guerre sur le front de l'Est ? Peu, mais oui.

Et il ne reste presque plus de pilotes allemands compétents pour faire face aux vagues croissantes de Spitfire, Thunderbolt et Mustang qui déferlent sur l'Europe de l'Ouest à la fin de 1944 et au début de 1945, bien que 80 % de la chasse allemande soient déployés face aux bombardiers alliés. Un as allemand, Heinz Knocke, rapporte dans son journal, au début de 1944, le « spectacle terrifiant » de formations d'un millier de bombardiers, entourés de toutes parts par des intercepteurs américains. Après avoir effectué deux sorties, il assiste au mitraillage au sol et à la destruction de son Bf-109 alors qu'il ravitaille sur un aérodrome de fortune ; quelques mois plus tard il se trouve à la tête d'un groupe de 5 avions patrouillant sur la frontière occidentale du Reich et est attaqué par 40 Mustang et Thunderbolt. Il est abattu (mais survit)[67]. Hitler et le commandement de la Wehrmacht raillent à présent la *couardise* des pilotes de la Luftwaffe, qui laissent passer les bombardiers ennemis. Rien n'est plus éloigné de la vérité, mais la vérité est une denrée rare à Berlin. Les pilotes allemands sont aussi braves que les Donald Blakeslee, Elmer Bendiger, Pat Daniels et Guy Gibson qui les ont affrontés des mois durant, de jour comme de nuit. La vérité est plus simple : comme dans l'Atlantique, les Alliés emploient de meilleures méthodes.

L'extermination des pilotes de la Luftwaffe et la perturbation de la production aéronautique allemande, des lignes de communication, du raffinage de l'essence, ont des effets très positifs sur la campagne de bombardement du Bomber Command. Il déploie désormais des chasseurs de nuit pour accompagner les bombardiers. Ils sont généralement lents (des bimoteurs Beaufighter), mais même les chasseurs de nuit modernes n'obtiennent pas un tel ratio de destructions. A la fin du printemps 1944, les effectifs de la chasse allemande sont déjà sur le déclin lorsque Eisenhower, soutenu par le Comité des chefs d'état-major, demande que le Bomber Command participe de tout son poids à la campagne de destruction des routes et des voies ferrées qui mènent à la Manche. Attaquer des gares de triage françaises est bien moins dangereux qu'effectuer des bombardements sur Berlin, mais la pression s'exerçant sur le Bomber Command tend, de toute façon, à se réduire. Comme le résume fort bien un des historiens britanniques officiels (lui-même pilote émérite) : les succès remportés de jour par les Américains, grâce à leurs chasseurs à long rayon d'action, facilitent la tâche du Bomber Command la nuit. Déjà dévastée par la politique d'extermination de ses chasseurs à basse et moyenne altitude et par la destruction des chemins de fer et des ponts qui permettent son ravitaillement, la Luftwaffe possède moins de chasseurs de nuit[68]. Les semaines qui suivent le Jour J voient d'ailleurs le Bomber Command repasser aux opérations diurnes, une première depuis 1939-1940. Le taux de pertes se révèle alors bien moindre qu'auparavant et la précision des Lancaster (malgré les craintes de Harris) fait merveille. En septembre 1944, la campagne de bombardement continuel de la RAF et de l'USAAF peut reprendre contre un Reich encore plus affaibli car privé de ses stations radars en France, en Belgique et en Hollande. A cette époque, les Mustang de Blakeslee peuvent accompagner, grâce à leurs réservoirs auxiliaires, les B-17 jusqu'en Russie, à près de 1 500 kilomètres. Ils ne tarderont pas à escorter les bombardiers depuis la Russie vers les bases italiennes puis, passant au-dessus des Alpes, jusqu'en Angleterre. Ce plan de vol triangulaire montre à quel point le Reich est encerclé.

Durant la période qui s'écoule de février à septembre 1944, les chefs d'état-major alliés se disputent, généralement sur des lignes nationales, mais pas seulement. Harris s'oppose, mais doit pourtant plier, au bombardement ciblé (raffineries, transports, réseau électrique) qui ne répond pas à sa propre exigence de bombardement ciblé : celui des villes. Spaatz doit lutter contre ses supérieurs de l'armée pour imposer des attaques contre l'industrie pétrolière allemande. Tedder et son gourou, Solly Zuckermann, s'allient au maréchal de l'Air Leigh-Mallory pour pousser le « Plan Transports » visant à interdire toute circulation sur les voies ferrées et les routes de l'ouest de la France, malgré l'opposition de Churchill qui craint (à juste titre) que cela ne provoque de nombreuses pertes civiles chez les Français. Eisenhower impose finalement que la RAF et l'USAAF agissent pour empêcher que de nouvelles divisions allemandes ne rejoignent celles déjà engagées en Normandie, en faisant sauter toutes les gares de triage, les ponts sur la Seine, les voies de chemin de fer et toutes les locomotives. En d'autres termes, Eisenhower promeut le « Plan Transports » pour protéger ses troupes en France, mais se montre prêt à reconsidérer le déploiement des bombardiers dès qu'il est manifeste que le réseau routier et ferré en France est suffisamment endommagé.

La décision d'Eisenhower de couper les lignes de communication et donc de renforts de la Wehrmacht est sans doute une des plus importantes de toute la guerre. Afin d'éviter de donner la moindre indication géographique sur le lieu du débarquement, les deux forces aériennes ont bombardé l'intégralité du réseau de transport français. Le 6 juin 1944, le trafic ferroviaire atteint 30 % de son volume du mois de janvier ; début juillet, il n'en atteint plus que 10 %. La Wehrmacht ne peut plus déployer de nouvelles divisions en France et ne peut pas davantage en retirer[69].

Il est étonnant que, dans ces débats houleux – Eisenhower menace à plusieurs reprises de démissionner si ses maréchaux de l'Air refusent de se plier à ses directives –, rares sont les protagonistes, à l'exception de Tedder, toujours pondéré, qui réalisent que l'objet des discussions porte désormais sur le *choix* des cibles. Plus personne ne se soucie désormais de la manière dont la guerre aérienne peut être gagnée. Elle l'est. La seule question qui demeure est donc celle de la manière de mettre, le plus rapidement possible et par le biais de la puissance aérienne, le Reich à genoux. La question n'est plus de savoir comment protéger les bombardiers, mais quelles cibles bombarder. Les responsables des forces aériennes alliées, qui ont perdu des dizaines d'équipages chaque mois durant tant de temps, tardent à prendre conscience de ce changement stratégique fondamental, mais les chefs d'état-major auraient dû s'en rendre compte. La bataille pour la suprématie aérienne au-dessus de l'Europe est gagnée, même si le Reich continue de se battre avec une ténacité étonnante durant la dernière année de la guerre.

Un témoignage de cette époque nous en dit plus que toutes les statistiques. Aux premières heures du 6 juin 1944, le *Flight lieutenant* Owen, de l'escadrille 97 (volant sur Lancaster), rapporte dans son journal un raid effectué la nuit précédente contre une petite batterie côtière ennemie en Normandie. Son escadrille a reçu l'ordre inhabituel de ne pas voler en dessous de 6 500 pieds, de ne pas utiliser les dispositifs IFF de détection et de ne pas larguer la moindre bombe dans la Manche. A quoi rime tout ceci ? Son Lancaster largue donc ses bombes sur la cible à 5 heures du matin et regagne sa base ; c'est alors qu'en se penchant, lui et son équipage peuvent assister en direct au débarquement, avec la « vision panoramique des Américains courant sur la plage[70] ». Tandis que les bombardiers britanniques regagnent leur base du Lincolnshire, ils sont frappés par la masse de bombardiers B-17 et B-24 qui volent au-dessus d'eux en direction du continent. Les Alliés sont en train d'envahir la France et leurs troupes sont protégées par une gigantesque armada, à l'abri de toute attaque de la Luftwaffe. Eisenhower a déclaré à ses troupes : « Si vous voyez des avions au-dessus de vous, ce sont les nôtres. » Quelle différence avec Dunkerque, ou même Dieppe ! Les troupes d'invasion sont également protégées des attaques des U-boote. Les trois dimensions – aérienne, terrestre et navale – sont réunies en un tout homogène.

Ce jour-là, les Américains, Britanniques et Canadiens emploient la bagatelle de 11 590 avions. Rien, même dans l'histoire plus récente, ne peut se comparer à ce déploiement. Près de 3 700 chasseurs, dont de nombreux Spitfire polonais, couvrent les plages du débarquement et patrouillent dans les airs du milieu de la mer du Nord à l'ouest des îles Britanniques. La Luftwaffe, déjà très diminuée, ne peut rien espérer d'autre en attaquant que de perdre de nouveaux pilotes et avions. Les forces aériennes allemandes vont bientôt recevoir de nouveaux avions, mais ils n'auront qu'un impact marginal, car les escadrilles sont de plus en plus privées d'aérodromes, de carburant et de pilotes. Les nouveaux pilotes sont si jeunes et si mal formés que leur engagement sera plus tard décrit comme le *Kindermord*, l'« infanticide » ; entre le mois de juin et le mois d'octobre 1944, 13 000 pilotes et membres d'équipage allemands sont perdus. Les chefs d'escadrille ont été depuis longtemps abattus, souvent par des Mustang, et la Luftwaffe ne s'en remet pas. La maîtrise des airs n'est finalement obtenue que quelques mois avant le débarquement. Pour parodier le duc de Wellington, qui évoquait ainsi la bataille de Waterloo, « il s'en fallut de peu ». C'est le lot de bien des batailles.

Après la Normandie

L'histoire des bombardements stratégiques des Alliés après la Normandie n'est pas sans intérêt, mais elle dépasse de loin l'objet de cet ouvrage. Il convient pourtant d'en mentionner les points les plus significatifs. Le premier est que la reprise, par Harris, des bombardements des villes allemandes après le mois de juin 1944 n'a pas tellement contribué à faire chuter la production aéronautique allemande – qui atteint même le chiffre record de 39 800 avions cette année-là. L'impressionnante capacité industrielle allemande, qui s'étend dans de nombreux territoires annexés, est bien trop importante pour s'effondrer sous les coups d'une campagne de bombardements massifs, malgré le manque d'opposition des chasseurs de la Luftwaffe. Fin janvier 1945, Arnold exprime encore son étonnement devant la résistance de l'économie allemande. Au printemps 1945, l'empire d'Hitler se déchire chaque jour un peu plus, et chaque nuit aussi, sous les coups de milliers de Lancaster, de Liberator et de Forteresses volantes. Les quatre cinquièmes du tonnage de bombes larguées sur l'Allemagne (sur un total colossal : 1,4 million de tonnes) le sont durant la dernière année de la guerre. Mais la RAF et l'USAAF sont en mesure d'infliger ces dégâts en raison des importants événements qui se sont déroulés avant cela.

Le deuxième point est que cette offensive stratégique ne brise en rien le moral de la population allemande, ou, tout du moins, pas au point qu'elle cesse de combattre ou qu'elle se retourne contre le régime. Les témoignages abondent, qui montrent que les habitants de Darmstadt, de Hambourg, de Dresde ou d'autres villes sont à ce point abasourdis par la violence des bombardements subis qu'ils expriment publiquement leur souhait que tout ceci cesse le plus vite possible. Mais le désespoir des populations allemandes a bien moins d'effet que les poignées de main échangées par les soldats américains et soviétiques sur l'Elbe. En poursuivant leur campagne de bombardement massif (en « tapis », « généralisé » ou « indiscriminé »), les Alliés occidentaux se sont sali les mains et ont produit l'équivalent de ce que la Luftwaffe avait fait subir à Varsovie, Rotterdam et Coventry. La destruction de Dresde, *de la manière dont elle est accomplie*, n'a aucune justification théologique, morale, politique, économique, stratégique ou militaire, à moins de considérer qu'il s'agit d'une tentative de répliquer à des revers (Ardennes, opération Market Garden, attaques des V-2 sur Londres) ou (comme Hastings ou Irving l'ont avancé) d'un signe adressé à Staline, avant la conférence de Yalta, sur la puissance des Occidentaux.

Troisièmement, les Alliés effectuent des campagnes de bombardement bien ciblées après la Normandie, dont celles contre les raffineries de pétrole, les nœuds routiers et ferroviaires et le réseau électrique allemand. Il s'agit là, une fois encore, de *choix*. Le débat technique, interminable, consistant à savoir si les flottilles de bombardiers auraient dû concentrer leurs attaques sur les gares de triage, les raffineries de pétrole ou les villes allemandes n'a que peu d'intérêt. Le fait est que toutes ces attaques contribuent collectivement à faire plier le Troisième Reich et qu'elles sont effectuées avec une précision impossible au début de la guerre. Si les mines allemandes continuent de produire massivement du charbon, mais que les voies de chemin de fer sont détruites, cette production n'a plus aucun intérêt. On peut bien construire de splendides nouveaux modèles de U-boote sur les chantiers de Kiel et de Brême, mais avec quel effet si les moteurs diesel ne peuvent quitter la Ruhr où ils sont assemblés ? (De la même manière, durant la bataille des Ardennes, les Panzers allemands tombent régulièrement en panne d'essence.) Speer et ses adjoints peuvent bien continuer de produire des avions dans des usines dissimulées dans les montagnes, mais à quelle fin si ces avions sont privés de carburant ? Certes, l'ingéniosité allemande permet la production du premier chasseur à réaction de l'histoire, le Messerschmitt Me-262 – fin 1944, les pilotes de Mustang rapportent les attaques d'avions allemands ultrarapides et dépourvus d'hélices[71] –, mais il ne s'agit là que d'« armes secrètes » nazies (comme les U-boote équipés de schnorkel ou les fusées V-2) qui ne peuvent avoir un impact sur l'issue de la guerre, car elles arrivent trop tard. La bombe atomique, de loin la plus importante des « armes secrètes », est alors inconnue des généraux du théâtre européen, qui combattent avec les outils disponibles, suffisants pour l'emporter.

Cette bataille épique est donc gagnée, comme elle devait impérativement l'être entre 1943 et 1944 ; son issue ne fait plus de doute durant les douze mois qui suivent le mois de juin 1944. La production allemande mensuelle de carburant pour l'aviation, en chute libre après la perte de la maîtrise des airs, est significative : en mars 1944, elle a atteint des sommets (185 000 tonnes) mais, à partir de la fin du mois de mai, les chiffres s'effondrent : 56 000 tonnes en juin, 17 000 tonnes en septembre et à peine 1 000 tonnes en février 1945[72]. Lorsque les parachutistes britanniques sautent sur Arnhem en septembre 1944 (une opération qui finira mal), certaines escadrilles de la Luftwaffe restent clouées au sol par manque de carburant, comme l'indiquent les messages du haut commandement décryptés par Ultra. Spaatz et ses adjoints ont donc adopté la bonne stratégie. Au début de 1945, la plupart des généraux alliés ne s'intéressent plus guère au bombardement stratégique. Leurs armées se rapprochent de l'Allemagne, de ses usines, de ses gares, de ses rampes de lancement de fusées et de ses bases de sous-marins. Ils souhaitent à présent un appui aérien tactique pour atteindre le bunker du Führer à Berlin. Transformer les villes allemandes en monceaux de ruines ne fait que ralentir la progression des troupes.

Selon Hastings[73], les deux progrès majeurs dans l'offensive aérienne des Alliés contre l'Allemagne sont à porter au crédit des Américains : l'introduction des Mustang à long rayon d'action pour affaiblir la Luftwaffe, puis, vers la fin, le choix d'attaquer les capacités de production d'essence de l'ennemi. Cette vision est trop partiale, et reviendrait à dire que le RadLab du MIT est seul responsable de l'invention du radar, en omettant le rôle de Birmingham dans la création du magnétron à cavité. Ce que nous avons tenté de montrer, c'est que le succès du Mustang n'aurait pas été possible sans les moteurs Merlin 61 de Rolls-Royce, la conception aérodynamique du P-51, l'introduction des réservoirs largables et les pressions exercées par un petit groupe d'Américains et de Britanniques pour que le projet puisse avancer. Je ne fais guère partie des fanatiques de l'histoire alternative – « et si le Mustang n'avait pas été inventé, combien de temps la guerre aurait-elle duré ? » –, mais il est incontestable que c'est la destruction de la chasse allemande, au début de 1944, qui a permis le débarquement de troupes en France en juin 1944, comme les directives de Casablanca l'avaient fixé.

La signification de la campagne de bombardement stratégique des Alliés est fortement débattue depuis la fin de la Seconde Guerre mondiale. Harris et les partisans du Bomber Command ont été les premiers à avancer l'idée que l'offensive aérienne avait été la clé de la défaite du Troisième Reich[74]. Avec le recul, il est manifeste que tel n'est pas le cas. A l'autre extrémité, on a parfois tendance à décrire cette offensive comme l'utilisation inappropriée et excessive des maigres ressources (essentiellement britanniques) des Alliés, un argument encore renforcé par une série d'ouvrages et de films montrant du doigt les horreurs des bombardements systématiques. Le bombardement stratégique est présenté comme un gâchis aussi condamnable qu'inutile.

Mais ces critiques confondent deux points pourtant distincts. L'idée d'attaquer des cibles non militaires a pour objectif de terroriser les populations, plutôt que de les empêcher de rejoindre les chantiers navals ou les usines de roulements à billes où elles travaillent ; l'objectif serait donc de « saper le moral de l'ennemi » – ce qui est moralement répréhensible. Que les bombardements massifs aient lieu en Chine, au-dessus du Japon, contre Varsovie, Londres ou Dresde, ils sont en parfaite contradiction avec le code de proportionnalité établi par saint Augustin ; ils sont une insulte à la notion de « guerre juste ». Mais, selon cette même doctrine, si une bombe destinée aux chantiers navals de Brême ou du Tyneside rate sa cible et s'écrase sur une maison voisine, la morale est sauve. Or, le véritable problème est le suivant : la plupart des escadrilles de la RAF et de l'USAAF ratent les cibles de leurs bombardements stratégiques en raison du mauvais temps, de la vitesse du vent, de l'altitude ou d'instruments de navigation défectueux. Tous ces obstacles, auxquels s'ajoutent les attaques de la DCA et des chasseurs ennemis, poussent les stratèges alliés à se lancer dans le bombardement de masse et de nombreux équipages alliés à se débarrasser de leurs bombes à la première occasion. Ces deux derniers points ne doivent pas être rangés dans la catégorie des bombardements indiscriminés. Par contre, l'idée de « bombarder une ville entière », comme le décide la RAF après le rapport Butt ou l'USAAF contre le Japon en 1945, est un franchissement net d'une barrière morale.

Pour tenter de mesurer les effets stratégiques des campagnes de bombardement des Alliés, mieux vaut s'en remettre aux études précises sur le sujet[75]. La campagne de bombardement stratégique des Alliés a été d'une très grande efficacité, en infligeant des dégâts directs à l'Allemagne (ainsi qu'à l'Italie et au Japon), mais aussi par ses nombreux effets indirects – en contraignant les Allemands à abandonner la maîtrise des airs au-dessus du front de l'Est, en forçant le redéploiement de quantité de soldats et de pièces d'artillerie pour défendre le Reich, en mobilisant des millions d'ouvriers pour remettre en état les voies de communication et les usines endommagées, en ralentissant la construction des U-boote et la formation de leurs équipages. Les chefs du Bomber Command, attachés à l'idée de leur indépendance, ont exagéré avant guerre les possibilités qu'offrait leur stratégie et, après guerre, leurs réalisations. Ce qui compte avant tout est la *conjonction* des actions des bombardiers avec les autres campagnes, navales et terrestres – en permettant la maîtrise des airs au-dessus des plages du débarquement, en contraignant la Luftwaffe à quitter le front de l'Est, en paralysant toutes les contre-attaques allemandes en Normandie, en ralentissant l'assemblage des nouveaux sous-marins et en privant le Reich de réserves de carburant. Voilà un bilan considérable.

Il est difficile d'évaluer le rôle exact du renseignement dans cette campagne, si ce n'est en observant que la connaissance des armes offensives et défensives des Alliés, dans le domaine aérien, est proprement misérable côté allemand. Les agents secrets ne sont d'aucune utilité pour Harris quand il effectue sa campagne de bombardement systématique des villes allemandes. Le décryptage des messages peut-être utile pour le ministère de l'Air, intéressé d'apprendre que telle Luftflotte va quitter la Calabre pour le front russe. Mais la principale source de renseignements est la reconnaissance aérienne, à la fois technique et objective. Les sources de Bletchley Park, d'une nature nécessairement épisodique, n'offrent aucun moyen de connaître l'opinion du haut commandement allemand sur le bombardement de Hambourg – ni même de connaître à l'avance le développement des chasseurs à réaction de la Luftwaffe.

Les Alliés sont aidés par les erreurs commises par les Allemands, particulièrement par Goering et par le Führer lui-même. Hitler ne tire aucune leçon de la bataille d'Angleterre et de l'importance de l'établissement d'une défense organisée. L'Allemagne se trompe dans l'allocation de ses ressources aéronautiques entre 1940 et 1943 et ne produit pas assez de chasseurs. Hitler refuse d'entendre les arguments en faveur de la construction d'outils défensifs et continue de réclamer que l'on bombarde l'Angleterre en 1943 comme en 1944. Durant les derniers mois de la guerre, il insiste pour que le Me-262 soit utilisé comme bombardier, alors qu'un chargement de 120 ou 250 kg de bombes ne peut que le déséquilibrer et lui faire perdre tout avantage face aux Spitfire et aux Mustang. L'augmentation de la production de chasseurs, voulue par Milch et Speer, est réalisée malgré les protestations d'Hitler. La fusée V-2 est une réalisation certes impressionnante, mais un spécialiste estime que sa réalisation coûte l'équivalent du projet Manhattan[76] (et, si l'Amérique peut se le permettre, l'Allemagne ne le peut pas), tandis qu'un autre montre que ce projet détourne des ressources en hommes et en matériel qui auraient pu être utilisées pour produire l'équivalent de 24 000 chasseurs[77]. En tout état de cause, la fusée V-2 arrive trop tard, comme les chasseurs à réaction. Il ne sert à rien de les engager, et en si petit nombre, au moment où les armées alliées se rapprochent à grande vitesse du Rhin et de la Vistule. C'est en 1943 ou au tout début de 1944 qu'ils auraient pu être utiles. Après cette date, l'Allemagne a déjà perdu la guerre.

Plus à l'est

Durant la première moitié du mois de juin 1944 se produit un autre tournant dans la campagne de bombardement stratégique qui se déroule dans le Pacifique, que nous examinerons au chapitre 5. Le 15 juin, la première vague de Marines débarque à Saipan, dans les îles Marshall, et, pour la première fois, l'Amérique pénètre dans le périmètre de sécurité du Japon. La prise des Marshall est essentielle car elle permet aux Américains d'y construire rapidement des terrains d'aviation d'où vont décoller des bombardiers de l'USAAF pour attaquer l'archipel nippon. A la fin du mois de novembre 1944, deux ans après la conquête de l'Afrique du Nord et la résolution de Casablanca, l'Amérique peut, grâce à ses nouveaux et immenses bombardiers B-29 Superfortress, attaquer le Japon comme l'USAAF et le Bomber Command attaquent l'Allemagne depuis des mois.

L'histoire des bombardements stratégiques contre le Japon sort de notre étude[78]. Elle se rapproche fort des théories de Trenchard, avec leurs attaques dévastatrices sur les usines, les villes, les voies de communication et les populations. Mais la lutte est si déséquilibrée qu'elle ne prend pas le caractère dramatique du combat désespéré contre la Luftwaffe. L'Allemagne est un adversaire d'un autre calibre, à tous points de vue, et notamment celui de la supériorité aérienne. Lorsque les B-29 débutent leurs attaques, les forces aériennes japonaises, aéronavales et terrestres, ont déjà beaucoup souffert et perdu de nombreux pilotes. Les Mustang déployés en Extrême-Orient ne livrent que très peu de combats. De toute manière, les B-29 volent à des altitudes que la plupart des avions de chasse japonais ne peuvent atteindre. Au printemps 1945, leur chef, le pugnace Curtis LeMay, a ordonné que l'on ôte les tourelles de mitrailleuses des bombardiers et que l'on effectue des attaques de nuit à 8 000 pieds, en larguant des plaquettes incendiaires contre les habitations japonaises, en bois pour l'essentiel. Les résultats des raids incendiaires contre Tokyo et d'autres villes sont terrifiants et les pertes civiles dépassent l'imagination des Britanniques comme des Américains. Les pertes estimées dues au *Blitz* contre la Grande-Bretagne avoisinent les 43 000 morts, avec un million de blessés. Mais l'annihilation, en un seul raid, de 150 000 Tokyoïtes n'est qu'un début. Dès que les B-29 font à nouveau le plein de plaquettes incendiaires (ils sont arrivés au bout de leurs réserves fin mars 1945), les autres villes japonaises subissent le même sort. Puis vient le tour des deux bombes atomiques. La théorie et la pratique du bombardement stratégique atteignent alors leur apothéose. Une nouvelle ère de bombardements indiscriminés voit le jour.

L'heure est venue d'évoquer la suite de la carrière des protagonistes de cette histoire. Thomas Hitchcock, le dandy influent qui se réjouissait tant que les Mustang commencent à opérer depuis l'Angleterre, meurt en 1944, peu avant le Jour J. Un avion qu'il était en train d'essayer s'écrase au sol pour une raison inexpliquée. Jimmy Doolittle prend sa retraite et se consacre à ses affaires jusqu'en 1992, travaillant tantôt pour son compte, tantôt pour le gouvernement, et continuant de se distinguer dans ce dernier domaine. En 1985, le président Ronald Reagan lui accorde enfin sa quatrième étoile. Lovett mène une carrière plus brillante encore après la guerre, comme sous-secrétaire d'Etat adjoint du général Marshall de 1946 à 1949, puis comme secrétaire à la Défense américaine durant la guerre de Corée (1951-1953). Donald Blakeslee demeure au sein des forces aériennes et sert en Corée et au Vietnam avant de prendre une retraite bien méritée en Floride. Elmer Bendiger, comme la plupart des aviateurs, retourne à la vie civile ; il lui faudra trente-cinq ans pour coucher par écrit le récit du raid contre Schweinfurt.

Sir Wilfried Freeman prend sa retraite avec le grade de maréchal de l'Air et se voit confier un poste de direction chez Courtaulds, fabricant textile britannique reconnu. Il meurt en 1953, de surmenage selon un témoin, ce qui paraît plausible, avec la satisfaction d'avoir pu constater que tous les avions dont il avait autorisé ou poussé la production à la fin des années 1930 avaient joué un rôle de premier plan. Arthur « Bomber » Harris a moins de chance. Dès les derniers mois de la guerre, le gouvernement britannique est gêné aux entournures par les critiques de plus en plus virulentes de la politique de bombardement systématique des villes menée par le Bomber Command. Harris est le seul général en chef britannique à n'être pas fait pair du royaume à l'issue de la guerre. En 1948, plein d'amertume, il quitte la RAF pour travailler en Afrique du Sud, mais regagne ensuite sa paisible vallée de la Tamise natale pour y couler des jours paisibles, jusqu'à sa mort en 1984. Huit ans plus tard, sa statue est inaugurée par la reine mère à côté de l'église de la RAF, à St. Clement Dane ; de violentes protestations suivent et la statue doit être gardée un temps. Il est regrettable que ce malaise moral et politique ait fini par affecter le Bomber Command lui-même, seul branche de l'armée à ne pas avoir reçu de médaille commémorative ; il est indigne de mélanger les responsables d'une politique contestable et les hommes courageux qui la mirent en pratique, dont des dizaines de milliers perdirent la vie.

Bien après la guerre, Ronnie Harker prend sa retraite en Nouvelle-Zélande où il s'adonne à ses deux passe-temps favoris : la pêche à la mouche et le pilotage des Mustang. Les forces aériennes australiennes et néo-zélandaises ont acquis un grand nombre de P-51, qui donnent toute satisfaction durant la guerre de Corée, avant de jouir d'un repos bien mérité aux antipodes. A la fin du siècle dernier, bon nombre de modèles sont encore en état de voler et l'un d'eux est spécialement réservé à Harker. En 1997, il monte dans son Mustang pour effectuer son dernier vol en solo. Il est douteux qu'il ait tenté de pousser l'avion aux limites de sa portance, comme il l'avait fait ce matin du 30 avril 1942 en montant dans un P-51 propulsé par un moteur Alison. Mais, en ce jour de 1997, Harker montait dans une machine qui, grâce à lui, était passée du statut de canard boiteux à celui de chasseur à longue portée mythique de la Seconde Guerre mondiale. Harker, comme ceux que nous venons d'évoquer, a contribué à l'achèvement des objectifs de Casablanca et a participé à l'élaboration d'un système qui a permis de gagner la guerre. Alors âgé de 88 ans, pensait-il à tout cela lorsqu'il ôta son masque à oxygène pour la dernière fois ? Deux ans plus tard, il rejoignait l'azur infini[79].

Les historiens du temps long, en politique comme en économie, ne peuvent qu'être frappés par le rôle que joue le hasard dans l'histoire du Mustang, qui échappe de peu aux ferrailleurs. Que se serait-il passé sur Ronnie Harker n'avait pas été invité à effectuer des tests à Duxford en avril 1942 ? Que se serait-il passé si un autre pilote, moins perspicace ou ne connaissant par les capacités du Merlin 61, avait effectué ces essais ? Que se serait-il passé si le directeur de Rolls-Royce n'avait pas entretenu une relation proche avec sir Wilfried Freeman ? Que se serait-il passé si Freeman avait été absent de Washington au moment où le rapport de Harker y arriva ? Que se serait-il passé si Freeman n'avait eu autant de relations aux Etats-Unis ou si Lovett n'avait pas effectué sa tournée des aérodromes de Grande-Bretagne en 1943 ?

Autant de conjectures et d'hypothèses. Une autre solution aurait tout aussi bien pu surgir pour mettre un terme à l'impasse stratégique des Alliés en 1943. Mais, sans toutes les avancées évoquées dans ce chapitre, on peut légitimement se demander si le débarquement aurait bien eu lieu en juin 1944 et si le Troisième Reich se serait bien écroulé moins d'un an plus tard. Le hasard a parfois une importance considérable.

3

Comment enrayer la *Blitzkrieg*

« Les succès allemands entre 1939 et 1942 doivent autant à la bonne compréhension, par les forces armées allemandes, de l'équilibre entre la puissance de feu offensive et défensive, qu'à des considérations matérielles. La Wehrmacht peut alors vaincre des adversaires disposant de ressources plus limitées et de doctrines inférieures, manquant de défenses antichars et antiaériennes adéquates et – surtout – du temps et de l'espace nécessaires pour absorber le choc de la *Blitzkrieg*... mais, en 1943, l'armée soviétique a déjà survécu à deux *Blitzkrieg* et, ce faisant, a appris à y faire face. »

H. P. Willmott, *The Great Crusade*[1].

« A cette date, la supériorité anglaise [...] était plus forte qu'auparavant... La 8e armée alignait 230 000 combattants alors que Rommel n'en alignait qu'à peine plus de 80 000, dont seulement 27 000 Allemands. De plus, la 8e armée avait 7 brigades blindées et un total de 23 régiments blindés, alors que Rommel ne disposait que de 4 bataillons de chars allemands et de 7 italiens... Dans les airs, la supériorité britannique était également plus forte que jamais. »

B. H. Liddell Hart, *Histoire de la Seconde Guerre mondiale*[2].

Le 20 février 1943, un peu plus d'un mois après la conférence de Casablanca, des unités américaines déployées à quelques centaines de kilomètres de là font leur première rencontre sérieuse avec la Wehrmacht. De sanglantes batailles se déroulent dans ce secteur du sud de la Tunisie autour de la passe de Kasserine. Il s'agit là du véritable « baptême du feu » de l'armée américaine sur le théâtre méditerranéen et européen. Malheureusement pour lui, le 2e corps américain tombe sur l'un des généraux allemands de Panzers les plus agressifs, le feld-maréchal Erwin Rommel, qui s'appuie sur un principe tactique simple : face à un ennemi supérieur en nombre, la seule réponse sensée consiste à se replier à petite distance, à se regrouper et à contre-attaquer vivement. Il peut s'appuyer sur le professionnalisme et l'expérience de ses troupes pour déstabiliser les soldats américains, plus nombreux mais très inexpérimentés. La plupart des autres généraux allemands auraient fait de même ; cette doctrine est la leur, depuis longtemps : frapper fort, se replier si la position est intenable ou menacée d'être tournée, réorganiser et réunir les unités ayant subi des pertes, et frapper de nouveau, au moment où l'ennemi marque une pause. Ayant fait la preuve, entre 1939 et 1942, de leur maîtrise offensive avec la pratique de la *Blitzkrieg*[3], les Allemands démontrent, durant les trois dernières années de la guerre, la supériorité de leur doctrine défensive.

Les troupes américaines, nouvellement mobilisées, n'ont jusqu'ici jamais été confrontées à cette forme de guerre, pas plus que les officiers qui les commandent. Ils ne font pourtant face, au petit matin de ce mois de février 1943, dans cette passe rocailleuse et désolée, qu'à six bataillons ennemis. Le récit, laconique, qu'en fait l'historien Rick Atkinson résume l'effondrement américain et nous ignorons si le lieutenant cynique dont il parle et qui murmure « dans la vallée de la mort chevauchent les six cents[4] » a survécu au massacre, mais cet officier subalterne a mieux compris la situation que ses supérieurs. Les GI's, ainsi qu'un malheureux bataillon du régiment de Leicester, en paient le prix[5]. A la lecture d'un grand nombre d'analyses, rédigées immédiatement après la bataille et plus tard, les défauts de l'armée américaine en Tunisie sautent aux yeux. Au sommet, la chaîne de commandement est bien trop complexe, les généraux de brigade et de division sont démesurément optimistes un jour et perdent leurs nerfs le lendemain en faisant porter la faute sur leurs subordonnés, et les problèmes de communication abondent. A la base, les troupes, trop inexpérimentées, ne savent pas se déployer convenablement, sont terrifiées par le vacarme des obusiers de l'ennemi et, dès qu'elles aperçoivent une unité amie battant en retraite, ont tendance à lui emboîter le pas en abandonnant leur armement lourd. La défaite de Kasserine est complète.

A la fin de la semaine, les troupes alliées, repoussées, tiennent à nouveau leur ligne. Cette défaite, car c'en est une, ne ressemble en rien à celle de la France en 1940. Eisenhower fait venir d'Algérie de plus en plus d'unités et de meilleurs généraux, la 8e armée de Montgomery arrive depuis l'Est et les troupes de Rommel sont à court d'essence et de munitions. Mais le choc est rude et donne aux Américains un aperçu de la solidité de leur adversaire et de ce qui les attend. Au total, 30 000 GI's sont engagés dans la bataille de Kasserine ; 6 000 sont perdus, la plupart capturés, qui passeront le reste de la guerre dans des camps en Allemagne. Le 2e corps d'armée américain du général Fredendall a perdu 183 chars, 104 semi-chenillés, plus de 200 canons et 500 Jeep et camions. Il est bientôt remplacé par un général plus agressif et plus ambitieux : Patton. Les Allemands ne déplorent que 201 tués.

Si l'on excepte la terrible défaite subie par MacArthur aux Philippines au début de 1942, il s'agit sans doute de la gifle la plus humiliante jamais infligée à l'armée américaine durant toute la Seconde Guerre mondiale. Pourtant, à bien des égards, elle n'a rien de surprenant. Les soldats allemands sont, pour commencer, bien plus expérimentés ; même les troupes britanniques, plus aguerries, en font les frais. Peu avant la bataille de Kasserine, des soldats des régiments du West Kent et des Argyll Highlander pénètrent dans la vallée de Jefna, en Tunisie, et font face au 21e bataillon de pionniers parachutistes allemands du commandant Rudolf Witzig, bien camouflé dans les collines environnantes. Les Britanniques, qui tombent dans l'embuscade, sont mis en fuite par un contingent allemand qui représente un dixième de leurs effectifs. Witzig s'est déjà distingué en France, en Crète et en Russie ; en mai 1940, il a dirigé l'attaque des parachutistes allemands sur le fort belge d'Eben-Emael, considéré comme imprenable, qui a permis la percée des Panzers dans son secteur[6]. Pour les Allemands, comparée à Stalingrad, la bataille pour l'Afrique du Nord est une promenade. Personne ne dispose, dans les armées occidentales, d'une expérience comparable à celle de Witzig[7].

Les unités du général américain Fredendall viennent donc s'ajouter à la longue liste de celles ayant dû affronter cette situation ô combien inconfortable durant toute la Seconde Guerre mondiale : subir les attaques vigoureuses de la Wehrmacht, suivies si nécessaire de nouvelles attaques, qui sèment le chaos chez l'ennemi, disloquent ses communications, affaiblissent son moral et paralysent son commandement. Dans la plupart des cas, la première attaque suffit. Si la résistance au sol se fait plus forte, les unités allemandes se replient – afin de préparer un nouvel assaut. Voilà en résumé l'histoire des combats de 1939 à la fin de 1942.

Au vu de la défaite ultime et complète du Troisième Reich, un historien qui se penche sur ces événements avec soixante-dix ans de recul est frappé par ce que Williamson Murray a décrit dans son ouvrage comme l'« efficacité militaire allemande[8] ». En septembre 1939, la Wehrmacht écrase la courageuse armée polonaise en deux semaines. On peut, pour de nombreuses raisons, considérer cette victoire à sens unique comme peu significative. Il s'agit pourtant de la première démonstration des effets de la *Blitzkrieg* : la Luftwaffe obtient immédiatement la maîtrise des airs, détruit les aérodromes et disperse les colonnes de troupes, avant de dévaster Varsovie ; les 14 divisions blindées allemandes contournent les masses d'infanterie polonaise, dispersent leur cavalerie et se ruent sur leurs cibles : Łódź, Cracovie et Lvov. En moins d'une semaine, alors que la masse des fantassins polonais est encerclée, une des divisions blindées de la 10e armée de Reichenau atteint les faubourgs de Varsovie. Tout est bientôt terminé.

Après avoir profité des quelques mois de la « drôle de guerre » pour réviser et améliorer encore leurs méthodes, les Panzers, les fantassins et les avions allemands passent à l'attaque à l'Ouest au printemps 1940. Les petites armées du Danemark, de la Belgique et des Pays-Bas sont, sans surprise, rapidement submergées par l'armée allemande, mais la capture rapide de la Norvège par les nazis, au nez et à la barbe de la Grande-Bretagne, étonne. Plus étonnant encore, au bout d'une des campagnes les plus mémorables de la longue histoire militaire de l'Europe, la grande armée française est écrasée et le corps expéditionnaire britannique est chassé du continent. Il devient clair que la victoire allemande en Pologne n'était pas un accident. Les Français disposent d'effectifs supérieurs (65 divisions d'active contre 52 pour les Allemands), de davantage de chars, souvent plus lourds ; ils se sont préparés, durant deux décennies, à une nouvelle attaque allemande et reçoivent le soutien d'un corps expéditionnaire britannique puis de l'armée belge, jetée bien malgré elle dans ce conflit. Mais l'armée de l'air française est trop peu nombreuse, obsolète, et la Luftwaffe peut dominer les airs. La percée inattendue des Panzers à travers les Ardennes sème la panique au sein du commandement français qui ne parvient pas à soutenir le rythme imposé par Guderian dans sa poussée vers la Manche – ses supérieurs et Hitler lui-même sont inquiets et effarés de voir les Panzers remporter une victoire si rapide ; ils craignent de les voir tomber dans un piège en s'enfonçant trop loin.

En juin 1940, la France est vaincue et la Grande-Bretagne se trouve isolée. La donne géopolitique et militaire du conflit a totalement changé. Staline est aussi abasourdi que troublé, ayant conscience que son armée, décapitée par ses purges, n'est pas en état de se battre. Le gouvernement américain est comme paralysé. Mussolini s'est rangé au côté d'Hitler. Les Japonais reconsidèrent leur position. La guerre en Europe n'a pas débuté depuis dix mois que le monde est sens dessus dessous. Le terme de « guerre éclair » semble plus que jamais approprié.

Pour la Grande-Bretagne et ses alliés, l'année 1941 n'est guère meilleure. La Yougoslavie, qui a fait montre de son hostilité à l'Axe, est envahie, et les armées allemandes s'étendent dans tous les Balkans, s'emparent de la Grèce puis de la Crète par le biais d'un audacieux, mais coûteux, raid de parachutistes. A-t-il existé, ce régiment britannique inventé par Evelyn Waugh dans sa trilogie, qui aurait été successivement chassé de Norvège, de France puis de Crète[9] ? Si tel est le cas, il aurait tout aussi bien pu se retrouver en Egypte et faire face aux attaques fulgurantes de l'Afrikakorps de Rommel. A cette époque, l'opération Barbarossa a déjà commencé et des Panzers s'enfoncent en Ukraine, laissant derrière eux des millions de soldats russes bientôt encerclés et faits prisonniers. Les soldats américains vaincus à la passe de Kasserine n'ont donc pas à se chercher d'excuses : leur tour était tout simplement venu.

Ce chapitre entend répondre à deux questions. La première : pourquoi les Allemands étaient si forts tactiquement et opérationnellement et, s'ils l'étaient tant que ça, comment se fait-il qu'ils aient été finalement vaincus ? La seconde question est plus générale : la stratégie offensive l'emporte-t-elle toujours sur la stratégie défensive ? Si l'on part du principe que les troupes qui la mènent sont bien formées et que les généraux qui les commandent savent faire preuve d'audace, la guerre éclair est-elle une garantie quasi systématique de succès ? Peut-elle être affectée, de manière critique, par d'autres facteurs comme le temps, l'espace et le poids du nombre ?

Il n'y a guère de sens à traiter la seconde question avant d'examiner les raisons des succès de la Wehrmacht durant la Seconde Guerre mondiale. Une telle analyse nous permet de comprendre comment se déroulent les combats terrestres, en Europe de l'Ouest, en Russie et sur le théâtre méditerranéen. L'Histoire déborde d'exemples de campagnes spectaculaires, aussi rapides que victorieuses – rien sans doute n'égalera jamais les succès remportés par Alexandre le Grand ou Gengis Khan et l'étendue des territoires qu'ils conquirent. L'étendue même de l'espace qui s'ouvrait devant eux explique pour une large part leurs succès ; avec un chef décidé et disposant de troupes de choc mobiles, une armée peut couvrir une distance considérable en une semaine. La topographie de l'Europe, avec ses nombreuses chaînes de montagnes, ses forêts denses, ses marécages et ses nombreuses rivières, a toujours empêché qu'une seule puissance la contrôle en intégralité[10]. Conscients de ces contraintes, les Romains se contentent de s'en tenir à leurs limites, tandis que les empires plus tardifs, comme ceux de Charlemagne ou des Habsbourg, ne sont que de grandes puissances régionales. Les guerres du Moyen Age sont de petites affaires et le renouveau des fortifications, à partir du XVIe siècle, donne le premier rôle à la guerre de siège*.

Pourtant, même en Europe, des campagnes sont menées tambour battant et prennent l'ennemi totalement par surprise, car les envahisseurs possèdent une armée si bien formée qu'elle paraît se rire de tous les obstacles géographiques. La campagne du duc de Marlborough le long du

* Comme le dit lord Orrery en 1677, « Nous nous battons bien plus comme des renards que comme des lions ; vous avez vingt sièges pour une bataille » (*NdT*).

Rhin, des Pays-Bas jusqu'en Bavière, qui débouche sur la victoire de Blenheim en 1704, en est un bon exemple. Un demi-siècle plus tard, Frédéric le Grand surprend ses ennemis par la vitesse avec laquelle il redéploie ses troupes d'un théâtre à un autre, n'hésitant pas à diviser ses forces pour fixer l'adversaire sur un point afin de le prendre de flanc avec le reste de son armée. La rapidité avec laquelle Napoléon déplace ses armées, pourtant gigantesques, est légendaire, et les campagnes de 1866 et de 1870, conduites par Moltke l'Ancien, provoquent un tel chaos chez les Autrichiens et les Français que la guerre se termine très vite[11].

Mais de tels succès sont exceptionnels. La plupart des autres batailles menées par Marlborough (Ramillies, Malplaquet) sont des bains de sang statiques dans les plaines des Pays-Bas. Assailli de toutes parts à la fin de la guerre de Sept Ans (1756-1763), Frédéric n'a souvent pas d'autre choix que de livrer des batailles frontales. Malgré leur expérience, les maréchaux de Napoléon et leurs troupes de vétérans ne parviennent pas à obtenir une victoire décisive en Espagne ; le terrain est trop accidenté et aride, ce qui permet à la guérilla espagnole d'opérer avec une grande efficacité et donne l'avantage à la coalition menée par les Britanniques et commandée par Wellington, passé maître dans l'exploitation des batailles de rencontre. Mais l'exemple le plus dramatique des défauts de la méthode napoléonienne est assurément celui de la désastreuse campagne de Russie de 1812. Le climat, l'espace et la décision des Russes de se replier sur des centaines de kilomètres interdisent l'obtention d'une bataille décisive et rapide. Peu après sa victoire de 1870, Moltke conclut que son armée ne sera bientôt plus en mesure de remporter des victoires rapides sur le territoire européen en pleine industrialisation : trop de zones urbaines, trop de canaux, trop de talus de chemin de fer. Mais le vieux maréchal est presque le seul à tirer de telles conclusions. Ses successeurs, tels Schlieffen et Moltke le Jeune, sont hypnotisés par le développement du chemin de fer et du télégraphe, comme presque tous les généraux avant 1914. L'avènement de nouvelles technologies militaires, comme l'introduction d'avions modernes et de chars perfectionnés durant l'entre-deux-guerres, entraîne une nouvelle résurgence de la croyance en des victoires militaires rapides.

Quelles sont donc les conditions susceptibles d'enrayer la guerre éclair ? La première est la topographie. Une victoire décisive est difficile à obtenir si la bataille est livrée sur un terrain escarpé, comme la Wehrmacht le découvre en tentant d'écraser les partisans en Yougoslavie et en Grèce à partir de 1941 et comme ont pu s'en rendre compte, siècle après siècle, tous ceux qui ont tenté de conquérir l'Afghanistan. Les jungles denses, comme celles du sud-ouest de la Chine ou de toute l'Asie du Sud-Est, confirment ce fait évident d'un point de vue militaire : un terrain accidenté tend à équilibrer les forces, quand bien même l'un des deux camps dispose d'une plus grande puissance que l'adversaire (cela est parfaitement démontré au Vietnam). Les déserts et leurs grandes étendues de sable désavantagent tous les Rommel du monde et donnent l'avantage aux Montgomery, généraux défensifs. Les grands cours d'eau, parfois larges de plusieurs kilomètres, ralentissent les offensives : même si les assaillants disposent de pontons, un tel matériel doit parcourir de grandes distances pour atteindre les rives de l'obstacle à franchir. La topographie ne réduit pas les efforts humains à néant, mais le stratège qui sait en tirer parti facilite la tâche de ses généraux.

Deux autres conditions, tout aussi évidentes, peuvent jouer un rôle. La première : si le défenseur est si puissant, si retranché et si nombreux qu'il peut empêcher toute percée rapide, la guerre mobile n'est d'aucun effet et cela demeure vrai quelle que soit l'étendue du champ de bataille. La seconde : la guerre éclair risque toujours de s'épuiser si les attaquants doivent se répandre sur de trop vastes étendues. Les éléments de pointe s'éloignent les uns des autres, tandis que leurs lignes de ravitaillement s'étirent.

Voilà, en résumé, ce que l'on peut dire, sur le plan historique, de la théorie de la *Blitzkrieg*, cette forme rapide, agressive et brutale de guerre, conduite par des troupes également efficaces dans la contre-attaque. Mais qu'en est-il des performances opérationnelles de la Wehrmacht durant la Seconde Guerre mondiale ? Dans un contexte de guerre moderne et industrialisée, les moteurs à combustion interne, les véhicules armés et blindés, les chemins de fer et les avions s'agglomèrent pour donner naissance à une forme de guerre qui paraît totalement neuve aux contemporains et semble faire fi des contraintes géographiques mentionnées. La percée des chars allemands à travers la forêt des Ardennes en mai 1940 en est la démonstration.

Pour quelle raison tous les témoins sont-ils abasourdis par la brièveté de ces campagnes ? Parce que, dans l'imaginaire collectif, l'idée de puissance militaire est forgée par l'expérience des combats statiques, lents et meurtriers de la Première Guerre mondiale, particulièrement sur le front de l'Ouest et en Italie. Sur la Somme, à Verdun, à Paschendaele comme le long de l'Isonzo, des centaines de milliers de soldats sont morts pour gagner quelques kilomètres de terrain. Souvent, les attaquants, après des mois d'assauts vains, se sont retrouvés sur leurs positions de départ. Telle est la réalité de la guerre moderne et industrielle, telle qu'elle est décrite dans les livres d'histoire, les mémoires et les romans des années 1920 et 1930.

Mais toute cette production littéraire ne voit pas que, durant les dernières années du conflit, certains états-majors ont tenté d'élaborer les moyens de sortir de l'impasse de la guerre de tranchées. Les premiers changements se produisent, et ce n'est pas un hasard, sur le front de l'Est, plus étendu que celui de l'Ouest, avec des défenses bien moins profondes. L'offensive Broussilov, lancée à l'été 1916, voit l'armée russe tailler en pièces des forces austro-hongroises déliquescentes. Elle ne réussit pas en employant des bombardements massifs dignes de Haig ou de Nivelle (les munitions manquent), mais s'appuie, pour l'essentiel, sur l'effet de surprise et sur des coups de main déclenchés dès la cessation du bref barrage préparatoire d'artillerie. L'année suivante, l'offensive allemande autour de Riga utilise les mêmes principes : choc, rapidité, contournement des obstacles. En 1917, l'Italie subit une grande défaite à Caporetto : des troupes allemandes ultramobiles (dont un bataillon de chasseurs commandé par le jeune Erwin Rommel), envoyées pour renforcer les Austro-Hongrois, effectuent une percée spectaculaire et contraignent l'Italie à demander de l'aide à ses alliés. Comme Timothy Lupfer le montre dans un article de référence publié en 1981, l'état-major allemand permet à cette époque aux officiers subalternes d'échanger leurs impressions, leurs idées et leurs expériences afin de stimuler les initiatives[12]. Si les attaques surprises donnent de bons résultats sur le front de la Baltique, pourquoi ne pas les tester en Italie ou sur le front de l'Ouest ?

Lentement, maladroitement, l'armée allemande expérimente donc de nouvelles tactiques et, tout aussi important, de nouvelles troupes : des « troupes de choc », bien formées, équipées de tout un nouvel arsenal (mitrailleuses légères, grenades, pinces coupantes) et encouragées à contourner les points de résistance de l'ennemi. Sur le front de l'Ouest, l'armée britannique est parvenue à trouver sa propre méthode pour percer le front de l'ennemi, de façon mécanique, avec les premiers chars d'assaut ; après de nombreux revers initiaux, ils pèsent de manière décisive lors des offensives d'août 1918. Dans l'éternel mouvement de balancier entre l'attaque et la défense[13], l'offensive vient de reprendre le dessus. Les attaques mobiles et les incursions rapides apparaissent comme le futur de la guerre et les grands prêtres de cette « révolution militaire », comme Liddell Hart ou J. F. C. Fuller, ne comptent pas leurs efforts pour diffuser la bonne parole. A leurs yeux, la technologie vient de vaincre la topographie, les nouvelles armées peuvent aller où bon leur semble et, si l'ennemi ne parvient pas à empêcher leur percée, son système nerveux se trouvera paralysé. Pourtant, ces fanatiques de la guerre blindée semblent oublier que la grande et brutale offensive de Lüdendorff, au printemps 1918, ne parvient pas à l'emporter malgré une percée initiale : la puissance de feu des Alliés est trop grande et l'espace de manœuvre trop étroit.

A l'issue de la Première Guerre mondiale, les experts militaires tirent donc des leçons variées du potentiel de la guerre mécanisée. Le haut commandement français, de manière conservatrice mais logique, conclut qu'en 1918 c'est la défense en profondeur qui a sauvé la République et que, si l'Allemagne venait à attaquer de nouveau, la meilleure stratégie serait nécessairement défensive, ce qui explique la création de la ligne Maginot. En Grande-Bretagne, les prophètes de la guerre blindée, et Fuller tout particulièrement, militent en faveur de forces entièrement blindées, capables d'élargir les percées initiales et de paralyser le système nerveux de l'ennemi. Liddell Hart, quant à lui, milite pour l'« approche indirecte » qui, tout en s'appuyant sur des attaques rapides, mise sur des unités mixtes attaquant depuis plusieurs directions ou débarquant dans le dos de l'ennemi. Les manœuvres de blindés, effectuées à grande échelle dans les plaines de Salisbury à la fin des années 1920, démontrent le potentiel d'une telle approche. Malgré l'opposition de la cavalerie, l'armée britannique est la première à se lancer dans la mécanisation, avant de devoir l'interrompre par suite de la crise économique des années 1930. Les Américains, qui sont intervenus à contrecœur en Europe en 1918 pour y écraser l'ennemi sous leur puissance matérielle (comme le Nord avait écrasé le Sud durant la guerre de Sécession), n'ont aucune intention de planifier une nouvelle intervention en Europe ; ils rentrent chez eux et démobilisent. La première Armée rouge, créée par Trotski et qui se professionnalise avec Toukhatchevski, s'intéresse à cette question et discute donc des « tactiques de combat en profondeur » jusqu'à ce que les purges délirantes de Staline ne mettent un terme à toutes ces réflexions au milieu des années 1930. Les zones d'expansion envisagées par les Japonais – faites de fleuves, de deltas et de jungles – ne sont pas adaptées à l'usage de chars autre que légers pouvant circuler sur des routes et des ponts étroits.

Les militaires allemands, dont le traité de Versailles a limité les effectifs et l'armement dont ils disposent, font face à une crise économique à laquelle s'ajoute une tension politique de plus en plus forte. Ils se demandent comment ils pourront un jour recouvrer la puissance qui était la leur. Avec l'avènement du Troisième Reich en 1933, les généraux voient les crédits qui leur sont alloués grimper en flèche. La plupart des officiers supérieurs sont des conservateurs prussiens traditionalistes. Ils souhaitent avant tout disposer de grandes quantités d'infanterie et d'artillerie. Mais l'armée compte également en son sein un grand nombre d'officiers aux vues plus radicales – Guderian, Manstein, Manteuffel, Rommel – qui tentent de promouvoir la guerre mobile. La Wehrmacht, qui provoque le déclenchement de la Seconde Guerre mondiale en attaquant la Pologne par surprise, reflète cet équilibre précaire entre tradition et modernité. Bien que possédant un petit noyau d'unités motorisées et de Panzers, les divisions hippomobiles, plus lentes, y demeurent prépondérantes. Malgré cela, les forces mobiles, appuyées par des forces aériennes tactiques, disposent d'un « punch » inégalé et du potentiel pour produire un « Kesselschlacht[14] ». Elles ont également à leur tête un Führer qui souhaite enregistrer des résultats rapides.

Aussi, la Wehrmacht et la Luftwaffe se lancent-elles dans l'élaboration d'un système offensif mêlant l'infanterie, les Panzers et les attaques aériennes, que nul n'a jamais affronté jusqu'alors. Les armées plus traditionnelles des pays voisins de l'Allemagne y succombent les unes après les autres. Elles doivent affronter les effets coordonnés des trois composantes déjà mentionnées : des unités d'infanterie mobiles et bien entraînées, la plupart du temps transportées par camions ou par voie ferrée afin de gagner du temps, et qui travaillent en soutien des bataillons de Panzers opérant tous azimuts ; une doctrine tactique et opérationnelle hétérodoxe fondée sur des attaques foudroyantes destinées à s'enfoncer le plus rapidement possible dans les défenses de l'ennemi et à s'y répandre ; une force aérienne spécifiquement conçue pour un appui tactique et des bombardements à basse altitude, destinés à détruire les forces aériennes de l'ennemi, ses communications et à démoraliser les défenseurs paralysés par le bruit perçant des sirènes des Stuka qui fondent sur eux.

Qui peut alors enrayer la mécanique de la *Blitzkrieg* des nazis ? Premièrement, un adversaire capable de déployer des troupes plus résistantes, plus nombreuses et mieux armées (avec de meilleurs chars, des mines, des bazookas et de meilleurs avions), à même de résister à l'audace opérationnelle des Allemands, et capable d'effectuer des contre-attaques massives. Mais des nations de taille moyenne n'ont pas la possibilité d'atteindre pareil objectif. Le style agressif développé par la Wehrmacht et par la Luftwaffe ne peut être contré que par les forces d'une autre grande puissance ou de plusieurs, soit, pour être concret, l'Empire britannique, l'Union soviétique et les Etats-Unis. Aucune de ces trois puissances n'est prête à livrer bataille à grande échelle durant la première moitié de la guerre, mais chacune possède assez de ressources en termes de population, de matières premières et d'expertise technologique. Et toutes trois bénéficient de l'avantage de la distance par rapport aux forces du Troisième Reich – l'Amérique tout particulièrement, mais également la Grande-Bretagne (grâce à la Manche et à la RAF) et même l'URSS (en raison de l'étendue de son territoire, sa production militaire peut être relocalisée) – pour monter en puissance et permettre à leurs scientifiques, ingénieurs de production et stratèges de fournir, en temps utile, les outils nécessaires et en nombre suffisant pour enrayer la machine de guerre nazie.

Deuxièmement, les deux grandes puissances les plus immédiatement menacées par les premiers succès de l'armée allemande, soit la Grande-Bretagne et l'URSS, peuvent venir à bout de la stratégie de la « guerre éclair » en tirant parti de leurs propres avantages géographiques. La stratégie britannique, développée avec une grande minutie par les planificateurs stratégiques travaillant avec Churchill et le Cabinet de guerre, consiste à défendre le pays dans les airs, contre la Luftwaffe, à développer une campagne de bombardement de l'Allemagne, à protéger les routes de l'Atlantique et à progresser lentement mais sûrement en Egypte et en Méditerranée où les unités allemandes sont au bout de leurs lignes de communication et ne peuvent résister éternellement face à l'accumulation de ressources militaires issues de l'Empire. La stratégie russe, imposée à Staline et à la Stavka (le Grand Etat-Major soviétique) par les succès initiaux de la Wehrmacht, consiste à troquer du temps contre de l'espace, afin d'attendre que les Allemands soient si éloignés de leurs bases et dispersés que la contre-attaque, appuyée par le regain de production des usines placées hors de portée de la Luftwaffe, puisse commencer. La Grande-Bretagne et l'URSS ayant besoin de temps pour se ressaisir, il n'est pas étonnant que leurs offensives débutent à partir de la fin de l'année 1942.

La *Blitzkrieg* nazie est ralentie puis enrayée avant de tourner au désastre pour les Allemands sur deux théâtres d'opérations : dans les étendues rocailleuses et désertiques d'Afrique du Nord et dans les grandes plaines de l'est de la Russie. Le premier de ces deux échecs infligés à l'expansionnisme germanique est, en termes d'effectifs engagés et de pertes humaines, bien plus réduit que le second, car c'est la guerre sur le front de l'Est qui donne le plus de fil à retordre à un Reich qui prétendait durer mille ans. Mais la manière dont les Anglo-Américains tiennent les Allemands en échec en Afrique du Nord mérite d'être étudiée – ne serait-ce que comme point de comparaison – car elle montre que les succès initiaux de l'Allemagne ne peuvent être répétés face à des grandes puissances qui possèdent des avantages importants comme ceux de la géographie, de la production, d'un armement sans cesse amélioré et d'états-majors plus clairvoyants. Les batailles titanesques du front de l'Est méritent d'être examinées en profondeur, mais il n'est pas inutile de commencer par El-Alamein et Tunis avant de se pencher sur les batailles de Stalingrad, de Koursk et de l'opération Bagration, qui voient les Allemands connaître des défaites de plus en plus dévastatrices.

Blitzkrieg *dans le désert*

La *Blitzkrieg* allemande est pour la première fois tenue en échec à 75 kilomètres à l'ouest du Caire, non loin de la petite ville côtière d'El-Alamein, au milieu des ravines et des ergs qui mènent, vers le sud, à la dépression de Qattara[15]. Cet étroit corridor de 80 kilomètres de long entre la Méditerranée et la dépression n'a pas grand-chose à voir avec les grandes plaines d'Ukraine. Personne, à part les petites unités spécialement équipées du Long Range Desert Group britannique, ne peut s'aventurer dans les sables mouvants du Sud ; les chars, les camions et les canons de Rommel risquent de s'y engloutir aussi sûrement que les chariots et l'infanterie du roi des Perses qui tenta d'y pénétrer six siècles avant notre ère. Si l'Afrikakorps entend s'emparer d'Alexandrie et du Caire, comme Hitler le lui a demandé, elle ne peut y parvenir qu'en forçant le passage de ce goulot étroit. Rommel et le nouveau commandant en chef de la 8e armée britannique, le général Bernard Montgomery, le savent mieux que personne. C'est la bataille de l'agressivité et de la mobilité contre la prudence et le flegme. Dans ce cas précis, la géographie avantage clairement le second, à condition que les défenses britanniques soient assez fortes.

Jamais, durant les deux années précédentes, les Britanniques n'ont disposé d'une telle puissance le long du littoral d'Afrique du Nord. L'imposante armée de Mussolini déployée en Cyrénaïque a bien effectué, en septembre 1940, une percée en Egypte – mais on est assez loin de la *Blitzkrieg*. La contre-attaque de la 8e armée, en décembre de la même année, s'appuyant sur des unités blindées mobiles pour encercler une armée italienne plus nombreuse mais plus lente, semble donner raison aux théories de Liddell

Hart. Pourtant, elle s'enraye de manière décevante peu après avoir quitté ses bases de départ. Ce théâtre d'opérations connaît ensuite d'importants mouvements pendulaires – la ville de Sidi Barani change de mains une demi-douzaine de fois – car aucun des deux camps n'a les moyens de soutenir une offensive prolongée. Aussi, aucune bataille décisive n'a lieu avant l'arrivée à Tripoli, en février 1941, de l'Afrikakorps de Rommel, venu renforcer les Italiens. Sa présence donne un nouveau rythme à ces allers-retours. Jeune officier prometteur à Caporetto en 1917, brillant général de la 7e Panzerdivision en 1940 en France, Rommel n'est pas du genre à demeurer l'arme au pied. Il lui faut certes, comme les chefs de la Luftwaffe qui l'accompagnent, développer ses bases arrière et attendre de recevoir des chars, des camions et des avions, mais il est bientôt prêt.

La campagne reprend, et son cours est affecté par de nombreuses interférences, dont la décision de Churchill de déployer une bonne partie de la 8e armée en Grèce et en Crète en 1941, avant de devoir rappeler ces troupes. Il est également affecté par le rythme auquel les deux camps reçoivent de l'infanterie et des chars, mais aussi des camions, d'une importance cruciale, de l'artillerie et des avions[16]. L'issue des combats est au final déterminée par l'importance qu'accordent à cette campagne les deux chefs de gouvernement opposés. Pour Hitler, cette campagne revêt une certaine importance, car elle permet de maintenir l'Italie dans la guerre et de circonvenir les Britanniques au Moyen-Orient, mais elle n'a bien évidemment pas celle du front de l'Est. Pour Churchill, à ce stade de la guerre, cette campagne est la seule à permettre aux forces aériennes et terrestres du Commonwealth de livrer bataille et de regagner un peu de leur fierté perdue.

A l'été 1942, chaque camp décide d'investir davantage sur le théâtre d'Afrique du Nord. Au vu de la tournure générale des événements, on peut s'étonner que le haut commandement allemand continue de fournir à Rommel toujours plus de troupes et d'unités blindées ; il convient également de noter que certaines des meilleures unités de l'armée italienne, les divisions Ariete et Folgore ou les unités de bersaglieri (chasseurs), sont formées aux standards de la Wehrmacht[17]. A ce stade, Churchill mise presque tout sur une victoire en Afrique du Nord, même si cela implique de limiter l'envoi de renforts en Extrême-Orient et de laisser le théâtre d'opérations birman en sommeil. Les navires alliés, chargés de chars, d'avions démontés, de camions, de Jeep et de troupes, qui contournent le cap de Bonne-Espérance pour s'aventurer dans l'océan Indien, se dirigent bien plus souvent vers la mer Rouge que vers la baie du Bengale.

Mais la bataille décisive ne débute pas dans la nuit claire du 23 octobre 1942, quand l'artillerie de la 8e armée britannique ouvre le feu sur toute la ligne des troupes allemandes et italiennes déployées à quelques kilomètres plus à l'ouest. Cette bataille épique, entrée dans la légende et dans la mémoire collective des Britanniques, n'est que le troisième épisode d'une lutte débutée au milieu de l'été, lorsque Rommel, poussé par Hitler, se met en marche pour s'emparer du Caire et, il l'espère, de la majorité du Moyen-Orient. Bonaparte s'y est essayé près d'un siècle et demi plus tôt, mais il était alors à la merci de la flotte de Nelson. Cette fois, les envahisseurs de l'Egypte progressent sur la terre ferme. Ils sont, malgré cela, eux aussi vulnérables.

La première bataille d'El-Alamein, qui se déroule durant tout le mois de juillet 1942, est remarquable à plus d'un titre. Les Panzers et l'infanterie des Allemands conservent leur suprématie, malgré des circonstances de plus en plus défavorables. L'Afrikakorps a, peu auparavant, infligé une défaite sévère aux Britanniques devant Tobrouk, avant d'encercler la ville et de s'en emparer (à la grande colère de Churchill). Rommel a repoussé les contre-attaques de la 8e armée et a poursuivi son offensive vers l'est avec un nombre limité de chars. Il s'agit sans doute de l'apogée de la *Blitzkrieg*, d'une offensive qui dépasse peut-être la percée de Guderian en France en mai 1940, et il est significatif que l'aviation allemande joue pleinement son rôle en désorganisant l'ennemi, paralysant le système nerveux des défenseurs et les repoussant dans la plus grande confusion. Les éléments de pointe de Rommel atteignent certaines positions défensives britanniques avant même que les bataillons sud-africains, néo-zélandais et britanniques ne parviennent, épuisés, à regagner le gros de la 8e armée. Mais les troupes allemandes sont également épuisées et le prudent général britannique Auchinleck se contente de tenir sa position et d'y envoyer des renforts. Aux alentours du 3 juillet, lorsque le dynamique Rommel (pourtant très malade) décide de reprendre l'offensive, il ne dispose plus que de 26 chars opérationnels. Dans une des lettres les plus poignantes adressées à son épouse, le 4 juillet, le feld-maréchal écrit : « Les choses ne tournent malheureusement pas comme nous l'espérions. La résistance est trop grande et nos troupes sont épuisées[18]. » Comme toujours, le carburant manque, ce qui nuit considérablement à la mobilité des Panzers. Pire encore, les escadrilles de la Luftwaffe sont réaffectées sur le front de l'Est, démonstration suffisante de la folie que constitue la décision de mener campagne sur trois fronts différents.

« La résistance est trop grande et nos troupes sont épuisées » : voilà résumé, en une phrase, le nœud du problème. Toute guerre éclair, qu'elle frappe depuis les airs, la terre ou depuis les océans avant de se répandre par les plaines et les vallées, finit par perdre de son élan, de sa densité et de sa puissance ; c'est une simple question physique. Les unités déjà décimées de l'Afrikakorps font face à une opposition de plus en plus forte : de nouvelles brigades arrivent de Grande-Bretagne, d'Australie, de Nouvelle-Zélande, des Indes, d'Afrique du Sud et d'ailleurs ; les avions alliés sont toujours plus nombreux ; les unités de la Royal Artillery, équipées de canons et d'obusiers lourds, arrivent elles aussi et jouent un rôle enfin conforme à leurs capacités[19]. Rares sont les nouvelles unités mécanisées des Alliés à pouvoir ne serait-ce que rivaliser avec la mobilité et la puissance de destruction des bataillons blindés allemands, même en sous-effectifs, mais elles sont trop nombreuses et trop bien équipées pour être dispersées d'une pichenette. Les divisions du Commonwealth encaissent des pertes sévères, malgré un rapport de forces si favorable qu'elles apparaissent inconcevables aujourd'hui encore.

Malgré cela, ces unités ne plient pas – et voilà pourquoi la deuxième bataille de cette trilogie est si intéressante et si riche d'enseignements. Elle se déroule le long de la ligne de crête désertique d'Alam Halfa, au sud et à l'est d'El-Alamein. La région côtière est si fortement minée et pourvue de tant d'obstacles antichars, défendus par des troupes nombreuses et bien protégées, que Rommel pense ne pouvoir frapper qu'en cet endroit. L'attaque se heurte à des champs de mines aussi denses que profonds – il faut un certain temps pour que Rommel réalise que ce qui ressemble à un terrain ouvert est en fait saturé de mines – ainsi qu'à une résistance acharnée et massive. Montgomery[20], qui vient d'être nommé, a même le loisir de renforcer encore son rideau défensif, tandis que la petite armée de Rommel est presque privée d'essence, un sort courant pour les armées allemandes et japonaises (la frustration de ces deux nations, avant la guerre, de ne pouvoir prétendre à une indépendance complète en raison de leur manque d'accès à des sources pétrolifères se vérifie tout au long du conflit). Début septembre, Rommel doit battre en retraite. Les Britanniques, à la grande surprise des généraux allemands, décident de demeurer sur place. Comme Liddell Hart le remarque, cette bataille « avait été non seulement remportée par les défenseurs, mais décidée par de la défense pure, sans aucune contre-offensive – ni même une sérieuse tentative de monter une contre-offensive[21] ». Chaque chose en son temps.

Un point technique mérite d'être ici évoqué, surtout lorsque l'on considère le destin des offensives blindées allemandes par la suite. Les vigoureuses attaques des blindés de l'Afrikakorps de Rommel ne sont pas enrayées par les blindés britanniques (Mathilda, Grant, Sherman) ni par l'infanterie, mais par des armes bien moins romantiques : des champs de mines étendus et des bataillons antichars, disposant de quantités de pièces d'artillerie et de bazookas. La mine terrestre – aujourd'hui considérée par certains comme la pire des armes de guerre – possède, malgré sa taille réduite, une extraordinaire capacité à arrêter les attaques des blindés ou, tout du moins, à les contraindre à reconsidérer leur assaut[22]. L'attaquant doit se résoudre à entreprendre le nettoyage d'un champ de mines, parfois profond de 4 à 8 kilomètres, ou à emprunter des axes dépourvus de mines mais garnis de pièces antichars déployées face aux blindés et, surtout, sur leurs flancs, ce qui permet de briser leurs chenilles et de percer leur blindage latéral, moins épais. Les scientifiques et les ingénieurs produisant toujours plus de nouvelles armes défensives, la défense reprend alors la main sur l'attaque.

Les mines, armes peu coûteuses et peu prestigieuses, finissent donc par jouer un rôle déterminant dans l'évolution et la forme du combat blindé durant la Seconde Guerre mondiale. Les champs de mines très denses restreignent naturellement la liberté de manœuvre des armées des deux camps : en ordonnant à leurs unités de sapeurs d'enterrer des centaines de milliers de mines devant leurs positions défensives, Auchinleck et Montgomery raccourcissent encore l'espace entre les rives de la Méditerranée et la dépression de Qattara. Lorsque les Allemands tentent de se frayer un chemin à travers les mines – et ils le doivent –, les défenseurs sont avertis très à l'avance de l'endroit où les attaquants vont frapper. Mais ce même problème est ensuite posé à la 8e armée quand elle passe à l'offensive, car Rommel a parfaitement compris l'intérêt des mines et en fait lui aussi poser un grand nombre sous le sable d'Afrique du Nord[23].

Comparée aux batailles titanesques livrées à travers le Pacifique, dans le nord-ouest de l'Europe et sur le front de l'Est, la campagne que mènent l'Allemagne et les forces de l'Empire britannique le long du littoral d'Afrique du Nord est d'échelle réduite. Mais elle donne l'occasion à de nombreux innovateurs occidentaux d'expérimenter de nouveaux moyens de contrer la puissance militaire terrestre allemande. Les deux outils les plus célèbres du nettoyage des champs de mines – le char à fléau, invention du pittoresque général Percy Hobart, dont nous reparlerons, et le détecteur de mines acoustique, fourni à l'armée britannique par le Polonais Jozef Kosacki[24] – sont les produits de cette campagne. Pour les armées modernes, ne pas disposer de détecteurs de mines paraît aujourd'hui aussi absurde que de ne pas disposer de radar ou de machines de décryptage. Comme de nombreuses autres armes étudiées dans cet ouvrage, le détecteur de mines naît d'une expérience conduite par un individu isolé. En 1942, Kosacki, futur ingénieur et professeur d'université, est lieutenant et spécialiste technique au sein de l'armée polonaise en exil et souhaite remercier la Grande-Bretagne pour son accueil. Son expérience se révèle concluante et arrive à point nommé : le détecteur de mines est opérationnel lorsque les sapeurs de la 8e armée de Montgomery passent à l'attaque.

El-Alamein constitue la dernière chance, pour Rommel, de semer « le choc et l'effroi » chez les Britanniques, la dernière chance de s'emparer du Caire et du canal de Suez, aussi important stratégiquement que symboliquement. Le repli de la flotte britannique de Méditerranée, en septembre 1942, la vision des archives brûlées devant le QG des forces du Moyen-Orient au Caire (qui rappelle des scènes au Quai d'Orsay en mai 1940) démontrent que les autorités britanniques considèrent alors la percée allemande comme une possibilité. Même si la victoire allemande n'est pas totale, une attaque bien exécutée peut infliger des pertes suffisamment sévères à Montgomery pour le contraindre d'abandonner sa position. La bataille d'El-Alamein offre également à Montgomery (et à Churchill) une excellente occasion de démontrer que les troupes du Commonwealth peuvent infliger une défaite aux Panzers et à l'infanterie allemande, non défensivement, comme à Alam Halfa, mais offensivement, en les poursuivant sans relâche, en les harcelant et en contournant les points de résistance, en faisant toujours plus de prisonniers et en les repoussant en direction des armées d'Eisenhower, qui vont débuter leur offensive à l'autre extrémité de l'Afrique du Nord.

Les Britanniques ont les meilleures cartes en main. Le terrain favorise nettement le défenseur par rapport à l'attaquant. Si l'on étudie les batailles terrestres de 1940 à l'été 1942, il apparaît que la situation topographique de la bataille est la seule qui puisse permettre aux Britanniques de vaincre leurs homologues plus expérimentés. L'autre carte majeure dont dispose Montgomery est la supériorité en nombre – pas seulement des troupes de première ligne, mais également en carburant, en matériel et dans le domaine aérien où il bénéficie d'une suprématie presque totale. Les effectifs de la Luftwaffe sont, à cette époque, très réduits, tandis que les escadrilles américaines et britanniques arrivent sans discontinuer en Egypte. Le responsable des forces aériennes du Moyen-Orient, le général sir Arthur Tedder, dispose de 96 escadrilles (soit environ 1 500 avions), un total nettement supérieur aux quelque 350 avions italiens et allemands, moins modernes ; il possède une véritable force de frappe. Les bombardiers moyens déployés non loin du Caire s'allient aux avions basés à Malte et aux sous-marins de la Royal Navy pour réduire l'afflux de matériel de l'Axe à travers la Méditerranée. Les navires marchands qui la traversent sont terriblement vulnérables aux attaques à basse altitude quand ils déchargent dans les ports. Les lignes de ravitaillement de l'Axe, le long des étroites routes côtières, sont fréquemment attaquées, les camions et les voitures d'état-major constituant la cible principale – tandis que Rommel fait montre d'un étonnant désintérêt pour tout ce qui concerne la logistique et les problèmes d'approvisionnement.

Grâce à une amélioration des communications, les unités de la 8e armée déployées sur le front peuvent désormais demander aux escadrilles de chasseurs bombardiers d'effectuer des attaques sur les Panzers, les divisions motorisées et les rassemblements de troupes de l'ennemi. Si de nombreux avions sont abattus, des remplacements arrivent fréquemment. Surtout, la RAF, qui n'a guère pesé tactiquement depuis le début du conflit, est enfin en mesure de le faire. Un autre héros méconnu, le vice-maréchal de l'Air G. G. Dawson, a considérablement amélioré le système de réparation et de maintenance de la RAF au Moyen-Orient, jusqu'alors lamentable. Surtout, les doctrines de coordination aérienne développées par la Western Desert Air Force, commandée par le maréchal de l'Air Arthur Coningham – dotée d'un commandement centralisé en liaison radio et radar avec les quartiers généraux des armées et des escadrilles –, se révèlent tellement efficaces qu'elles deviennent le système standard utilisé lors des opérations en Sicile et en Normandie[25].

A l'abri de ce parapluie aérien, sachant que de nouveaux renforts lui parviennent chaque semaine par le canal de Suez et ayant résisté aux demandes de Churchill qui le poussait à prendre l'initiative avant que lui-même ne se considère prêt, Montgomery déclenche un violent barrage d'artillerie de plus d'un millier de pièces le 23 octobre 1942. Si, comme certains experts l'affirment, l'artillerie est la reine des batailles lors des affrontements violents qui caractérisent la deuxième partie de la Seconde Guerre mondiale, les Alliés disposent d'une puissance de feu aussi écrasante que leur supériorité aérienne (2 300 pièces d'artillerie britanniques contre 1 350 pièces pour l'Axe, dont 850 pièces italiennes de médiocre qualité). Surtout, les régiments d'artillerie britanniques sont concentrés en plusieurs points et non dispersés sur le front. Malgré cela, la bataille d'El-Alamein s'annonce terrible. L'armée hétéroclite et nombreuse de Montgomery (Britanniques, Australiens, Néo-Zélandais, Sud-Africains, Indiens, Polonais, Français libres) peut déployer trois fois plus de soldats que l'armée combinée italo-allemande de Rommel. Montgomery dispose par ailleurs de plus de 1 200 chars, dont 500 excellents Grant et Sherman, supérieurs en puissance de feu, en portée et en blindage aux chars des régiments italo-allemands. Mais la profondeur des champs de mines allemands ralentit fortement les opérations, et les tentatives de la 8e armée pour les nettoyer donnent à Rommel de bonnes indications sur les endroits où déployer ses rares, mais terrifiantes, batteries de 88 mm antichars.

Cette fois, l'intensité même de la pression constante exercée par Montgomery fait ployer l'Axe ; de nombreux chars britanniques sont détruits, au rythme de quatre pour un char de l'Axe, mais ils continuent d'avancer. Les chars italiens sont détruits un à un, comme les chars légers allemands, le barrage d'artillerie ne faiblit pas, les frappes aériennes s'intensifient. Au soir des terribles combats du 2 novembre, les Britanniques ont perdu 200 chars, détruits ou endommagés ; il leur en reste encore 600 disponibles, contre seulement 30 à Rommel. Les Allemands battent alors en retraite, laissant derrière eux une bonne partie des troupes italiennes les moins mobiles. Malgré cela, à ce stade de la bataille, la discipline de l'Afrikakorps, qui continue de déployer de petits groupes d'arrière-garde tandis que le gros de ses unités de transport se replie, force l'admiration. Mais il est alors clair que les Allemands viennent de perdre la bataille qui scelle le sort de la campagne d'Afrique du Nord[26].

Durant la nuit du 7 novembre, alors que Rommel profite d'une pluie battante pour couvrir son repli depuis la position côtière de Mersa Matruh, d'importantes forces alliées arrivent au large des côtes du Maroc et de l'Algérie. L'opération Torch va commencer. Les forces italo-allemandes d'Afrique du Nord se trouvent désormais prises dans un gigantesque étau, les troupes d'Eisenhower repoussant les défenseurs vers l'est tandis que les divisions de Montgomery les refoulent vers l'ouest. Elles se retrouvent encerclées en Tunisie au début de 1943. La légende de la *Blitzkrieg* allemande est terminée, au moins sur le théâtre méditerranéen.

Mais la Wehrmacht continue le combat. Si la 8e armée britannique suit plus qu'elle ne poursuit l'Afrikakorps le long de la route familière qui mène de Sidi Barrani à Tobrouk puis à Benghazi, c'est que les maigres colonnes de Rommel font régulièrement et soudainement halte pour contre-attaquer ou s'installent sur des positions depuis lesquelles

elles infligent des pertes sévères aux forces du Commonwealth. Rommel reprend sa marche dès que les généraux alliés commencent à engager leur aviation et leurs troupes blindées en masse, qui ne trouvent alors que le vide devant elles. La plupart des généraux britanniques et américains font sans doute montre d'un peu trop de respect envers les Allemands, mais les événements démontrent qu'ils ont de bonnes raisons de le faire.

Les Allemands auraient sans doute retardé de manière plus significative ce que l'on a appelé le « nettoyage de l'Afrique du Nord » si Hitler avait accordé plus tôt à Rommel les divisions supplémentaires que ce dernier lui avait demandé d'expédier en Tunisie, dès la nouvelle des débarquements de Torch connue, ou si Rommel avait été, durant les derniers mois de la campagne, dispensé de la difficulté de se trouver sous le commandement théorique des Italiens, et de la rivalité de son homologue le général von Arnim[27]. Certes, la supériorité navale, aérienne et terrestre des Alliés rendait l'issue de la campagne d'Afrique du Nord inévitable ; mais une défaite allemande plus tardive aurait eu des effets importants sur les invasions programmées de la Sicile et de l'Italie, et aurait probablement relancé la querelle anglo-américaine sur la date de l'invasion de la France. Les interventions intempestives du Führer sur ce théâtre d'opérations ont donné des avantages inespérés aux Alliés.

Durant l'invasion du sud de l'Europe, les Allemands continuent de donner du fil à retordre aux Alliés (comme nous allons le voir au chapitre 4). Le commandement allemand choisit de ne pas s'opposer aux débarquements des Alliés dans le sud de la Sicile et s'accroche au massif montagneux du nord de l'île, malgré les assauts répétés de Patton. Le moment venu, les Allemands se replient rapidement à travers le détroit de Messine, et choisissent délibérément de ne pas se déployer à la pointe de la botte italienne, par crainte d'être tournés. Ils décident au contraire de rétrograder sur une véritable ligne de défense qui leur garantit une meilleure résistance. Après avoir persuadé Hitler, très dubitatif, que cette stratégie est la bonne, le général Kesselring fait préparer de nouvelles lignes fortifiées tout le long de la péninsule italienne, parcourue, en son épine dorsale, de massifs montagneux. Lorsque les Anglo-Américains tentent d'abréger la campagne en effectuant des débarquements derrière ces lignes, comme à Salerne ou Anzio, la réplique allemande est foudroyante. Les contre-attaques de la Wehrmacht ne peuvent être arrêtées que par le déploiement massif de troupes côté allié : maîtrise totale des airs, usage massif des cuirassés et des croiseurs pour pilonner les côtes et envoi régulier de nouvelles divisions. La campagne d'Italie est la plus coûteuse de toutes les campagnes menées par les Alliés en Europe[28].

Pourtant handicapées par un ravitaillement trop aléatoire, des renseignements défaillants, la perte de tout soutien aérien et les dégâts constants provoqués par les obsessions et les interventions d'Hitler, les divisions allemandes déployées en Italie puis en Europe de l'Ouest font preuve d'une grande résistance jusqu'à la fin de la guerre. L'efficacité opérationnelle et la ténacité d'une division allemande aguerrie sont sans équivalents durant la Seconde Guerre mondiale. Seul le nombre peut en venir à bout. Il y a quelques années de cela, un expert militaire américain, Trevor Dupuy, s'est lancé dans une analyse systématique des principales batailles entre les unités allemandes, britanniques et américaines durant les campagnes d'Afrique du Nord, d'Italie et d'Europe de l'Ouest. Division contre division, presque sans exception aucune, les unités allemandes font montre d'une supériorité au combat de l'ordre de 20 à 30 %[29]. Cette étude est probablement très généreuse pour les armées occidentales.

Mais l'argument de la supériorité numérique n'explique pas tout. Fin 1943, les Britanniques introduisent, en Afrique du Nord, un nombre remarquable d'innovations : des radars améliorés, un système de décryptage supérieur, une bien meilleure orchestration de l'appui aérien tactique, une meilleure coordination entre l'armée et la RAF, des unités des forces spéciales (les Italiens et les Allemands en sont dépourvus), des avions plus puissants et plus polyvalents, des chars à fléau pour le déminage, des détecteurs acoustiques de mines et, chapeautant le tout, un système intégré de commandement et de contrôle, conséquence des désastres de Crète et de Tobrouk. Ils y sont enfin arrivés. Mais ces « ils » ne sont ni Churchill, ni Alanbrooke, ni même Alexander ou Montgomery. Ces « ils » sont, une fois encore, ces artisans, ces officiers clairvoyants, ces organisateurs travaillant derrière la scène et, de manière plus lointaine, les scientifiques, les chefs d'équipe et les ingénieurs qui permettent à Montgomery de remporter la grande victoire d'El-Alamein.

Voilà pourquoi nous avons pris le temps de nous pencher sur ces campagnes qui annoncent les batailles épiques des grandes plaines de Russie. La *Blitzkrieg* allemande peut être enrayée par la supériorité numérique ; encore faut-il que le nombre dispose des outils adéquats et d'une meilleure organisation.

Le choc des titans

La guerre qui fait rage, de 1941 à 1945, dans les vastes étendues de l'ouest de l'Union soviétique – la Grande Guerre patriotique des Russes et l'*Ostfeldzug* des Allemands – constitue, comme l'affirme la notice d'introduction de la page Wikipedia qui lui est consacrée, le « plus grand théâtre d'opérations de l'histoire militaire ». Cette lutte est « connue pour sa violence sans précédent, ses destructions, ses déportations de masse, ses conditions climatiques brutales et les pertes humaines immenses provoquées par les batailles, la famine, les maladies et les massacres. Elle porte le poids principal de l'Holocauste ; presque tous les camps d'extermination s'y trouvent, et la plupart des marches de la mort, des ghettos et des pogroms s'y déroulent. On évalue, en moyenne, le nombre de morts de la Seconde Guerre mondiale à 70 millions ; avec 30 millions de morts, dont de nombreux civils, le front de l'Est représente la moitié du total... [Il] constitue sans doute le point décisif de la Seconde Guerre mondiale, expliquant pour une très large part la défaite de l'Allemagne[30] ».

Après une telle description de cette campagne colossale et de cette entreprise militaire gigantesque, le lecteur peut se demander quel rôle peuvent y jouer ces hommes intermédiaires chargés de résoudre les problèmes, les scientifiques, les ingénieurs et les organisateurs. Leur rôle apparaît pourtant critique dès que l'on examine les raisons profondes de la victoire de l'URSS sur la puissante machine de guerre des nazis. Mais on ne peut nier que, dans cette guerre germano-russe de 1941-1945, la « force brute » joue à plein et puisse aisément expliquer à elle seule la défaite de la Wehrmacht.

Ce conflit est unique. Il voit s'affronter la puissance de destruction mécanisée et les méthodes guerrières des peuples asiatiques. La guerre séculaire que se livrent les Teutons et les Slaves se réincarne dans une compétition technologique complexe. L'*Ostfeldzug* n'est plus un affrontement entre deux technologies militaires grossièrement équivalentes, celles des cavaliers, des piquiers et des archers, au même stade de développement technique, mais entre deux systèmes radicalement différents et infiniment plus complexes. Les deux camps doivent puiser aux tréfonds de leurs ressources technologiques et productives pour délivrer de nouvelles armes ou des armes améliorées aux unités du front qui, chaque camp l'espère, balayeront l'ennemi.

Considérons les effectifs engagés au début de l'opération Barbarossa, de juin 1941 à l'été de l'année suivante. Si l'on exclut les contingents et les unités de volontaires, pourtant nombreux, issus de ses pays satellites comme la Hongrie, la Roumanie, l'Italie et la Finlande, le haut commandement allemand (OKW) déploie environ 110 divisions, dont 14 de Panzers, dans ce qui reste la plus grande invasion de l'Histoire. Des divisions supplémentaires attendent d'être engagées. Les opérations successives d'encerclement démontrent que la *Blitzkrieg* peut fonctionner même sur des champs de bataille de plus en plus étendus : les forces aériennes de l'ennemi sont détruites au sol, les lignes avancées plient sous les coups de l'artillerie et les attaques de l'infanterie, et les armées de Panzers s'enfoncent en profondeur avant de pivoter pour se tendre la main et encercler les défenseurs. La prise de Smolensk, au début du mois d'août, voit la capture de 310 000 soldats soviétiques ; la prise de Kiev, au milieu du mois de septembre, entraîne la capture de 600 000 hommes, 2 500 chars et un millier de canons ; lorsque la « poche de Viazma », à l'ouest de Moscou, s'effondre au milieu de mois d'octobre, 670 000 hommes se rendent, avec un millier de chars et 4 000 canons[31]. Cette poussée, ces massacres et ces redditions en masse peuvent-ils seulement être arrêtés, et par quoi ?

Par le climat, pour commencer. A l'été 1941, l'offensive allemande prend sa forme habituelle : la Luftwaffe détruit par surprise et au sol les escadrilles de l'Armée rouge et appuie ensuite les Panzers en mitraillant et bombardant les troupes ennemies ; les colonnes blindées percent les défenses d'un ennemi en pleine confusion, pivotent sur ses arrières pour provoquer son encerclement et sa reddition puis, réapprovisionnées en munitions et en essence, reprennent leur marche. Mais cette marche ralentit bientôt, car la *Blitzkrieg* allemande ne peut tout simplement rien contre les boues de l'automne suivies d'un hiver particulièrement précoce, le froid, la neige – l'hiver, ironie de l'Histoire, le plus froid depuis l'invasion de la Russie par Napoléon en 1812, et qui frappe des soldats allemands encore en uniforme d'été. A la fin du mois d'octobre, le groupe d'armées Sud est presque privé essence, les moteurs diesel ne démarrent plus, les culasses de l'artillerie sont gelées et les soldats souffrent d'engelures. Avec le retour du printemps, les conditions empirent encore, avec l'apparition de la *raspoutitsa* – la neige en surface fond et l'eau ne peut s'écouler car le sol reste gelé. Le sol, qui dégèle sur 50 centimètres, se transforme alors en une mer de boue dans laquelle les armées soviétiques et allemandes pataugent au printemps de chacune des années de la campagne. A près de 800 kilomètres de ses bases de départ, avec des lignes de communication difficiles à maintenir même lorsque le climat est au beau fixe, la Wehrmacht est – littéralement – embourbée.

La seconde raison qui explique le ralentissement de l'offensive est liée à la réplique de l'Armée rouge qui, pour mal dirigée qu'elle soit, parvient tout de même à ralentir l'envahisseur. Les Russes incendient leurs granges et leurs ponts, comblent ou empoisonnent leurs puits, se replient en emportant leur bétail et leurs chevaux comme ils déplacent leurs usines ; l'ennemi est privé de tout. Ils jettent bientôt de nouvelles troupes dans la bataille, de nouvelles divisions assemblées à la hâte ou des troupes plus expérimentées transférées depuis l'Extrême-Orient (il semble en effet de plus en plus probable que les Japonais vont frapper vers le sud et non pas contre les provinces orientales de la Russie). En décembre 1941, rien n'est sans doute plus effrayant pour un soldat allemand que de se tenir, épuisé et gelé, dans une tranchée devant Moscou et de voir, à l'horizon, les fantômes vêtus de blanc des régiments de vétérans du front de Mongolie progressant vers lui au milieu des tempêtes de neige.

En d'autres termes, si les gains de la Wehrmacht sont immenses – elle a progressé d'un millier de kilomètres entre juin et décembre –, elle n'a pas obtenu la victoire. Du premier au dernier des combats, les Allemands, si supérieurs sur le plan tactique et opérationnel, semblent sous-estimer constamment la puissance de l'opposition. Les renseignements dont ils disposent sont très mauvais, ce qui n'est pas très étonnant lorsque l'on méprise, à tort, son adversaire (le général Joukov a pourtant infligé une lourde défaite à l'armée japonaise du Guangdong, sur la frontière russo-japonaise, deux ans plus tôt). Les interceptions radio ne sont pas d'un grand secours, les Soviétiques en faisant un usage minime. Aucun espion n'est présent pour informer les Allemands de la formation et de l'entraînement de nouvelles divisions à l'est de Moscou. Ainsi, malgré les coups sévères que porte la Wehrmacht aux Soviétiques durant les premiers mois, la bataille décisive n'a pas lieu, l'effondrement de la France ne se répète pas. Les Allemands donnent des coups de poing dans du sable. Au milieu du mois d'août 1941, une note dans le journal d'Halder, chef d'état-major de l'armée de terre, résume ce dilemme : « Nous avons sous-estimé la Russie : nous pensions qu'elle disposait de 200 divisions et nous en avons déjà identifié 360[32]. » Même si les divisions soviétiques sont d'une taille moindre que leur équivalent allemand de l'époque, ces chiffres donnent le vertige.

L'histoire se répète en 1942 et en 1943 : les Allemands font toujours plus d'efforts pour encercler et anéantir les armées soviétiques en pleine croissance, mais sans succès. Tout ce vocabulaire allemand désignant la percée (*Durchbruck*) ou l'encerclement (*Einkreisung*) part du principe que les lignes de l'ennemi sont faiblement défendues ou peuvent être débordées. Mais une position défensive de 1 800 kilomètres de long et de 300 kilomètres de profondeur, dont les ponts ont été détruits, les puits empoisonnés, les récoltes brûlées et qui fourmille de pièges – sans compter la chaleur étouffante de l'été, les boues d'automne, la neige hivernale et le bourbier du printemps –, n'est pas un mur fragile. Le réseau routier russe, très primitif, l'endurance des populations locales depuis longtemps habituées à une vie quotidienne difficile, tout cela joue contre les envahisseurs. La Wehrmacht aurait tout aussi bien pu tenter de se frayer un chemin dans la jungle d'Amazonie.

Comme sur le théâtre méditerranéen, les difficultés de la Wehrmacht sont encore aggravées par les altérations répétées et désastreuses des axes d'attaque après l'échec devant Moscou. En considérant que le siège de Leningrad, au nord, va se poursuivre malgré la résistance fanatique de la population, le principal choix stratégique pour le haut commandement allemand se partage entre une offensive en direction de Moscou et une autre sur le front Sud. Le débat entre les historiens sur les mérites comparés d'une attaque en direction de la capitale de l'ennemi et une poussée plus audacieuse en direction du Don et de la Volga est aussi violent que celui qui agite le commandement allemand en 1942. Ce qui ne fait pas débat, c'est que la directive d'Hitler, qui décrète une offensive en direction de Stalingrad et des champs pétrolifères du Caucase, soit une offensive double dans le Sud, est une décision aussi irréfléchie que dangereuse pour les lignes de communication allemandes, déjà très étirées. Comment faire circuler les munitions entre les usines de Leipzig et la ville de Groznyï, aux limites du Caucase ? Comment procurer une couverture aérienne sur tout ce trajet quand la Luftwaffe est en train de perdre la bataille critique qui l'oppose à la RAF en Méditerranée et en Europe de l'Ouest ? Staline et la Stavka ont repris leurs esprits et confié la direction des opérations à des généraux très capables (et, pour la plupart, plus jeunes que leurs homologues allemands).

Les grandes campagnes qui suivent s'étirent grossièrement entre novembre 1942 et juillet 1944 : Stalingrad, Kharkov, Koursk et l'opération Bagration. La première est un bain de sang, une bataille d'usure plus grande encore que celle pour Moscou, un duel entre deux boxeurs particulièrement agressifs ; les coups et les souffrances infligés sont énormes, tout comme les chances de remporter une victoire décisive. Si l'on s'essaie à comparer Stalingrad avec la bataille contemporaine d'El-Alamein, la différence la plus frappante n'est pas celle des effectifs engagés par chaque camp, mais celle de l'ampleur géographique et des opportunités opérationnelles qui en découlent. El-Alamein se livre sur un front étroit, aucun des deux camps ne pouvant effectuer d'attaque de flanquement. A Stalingrad, en revanche, le choix des deux camps de livrer bataille coûte que coûte fin 1942 n'est pas sans rappeler la sanglante bataille de

Verdun qui se déroula tout au long de l'année 1916. Il n'y a pas nécessairement lieu de la livrer en cet endroit et une nouvelle opération peut être déclenchée sur l'un des deux flancs ; mais l'engagement total des deux camps ne le permet pas.

Cette bataille pourrait bien constituer le plus bel exemple de *Kesselschlacht* de toute l'Histoire – mais c'est l'armée allemande qui en est la victime. Car, tandis que le fer de lance de la Wehrmacht livre bataille pour s'emparer des usines éventrées et des ruelles de la partie occidentale de Stalingrad, deux gigantesques armées soviétiques passent à l'attaque au nord et au sud de la ville, encerclant complètement la 6e armée du général Paulus. Il s'agit également d'une bataille d'usure, d'un bras de fer engagé entre Hitler et Staline. La 6e armée allemande est forte, à l'origine, de 300 000 hommes ; le 31 janvier 1943, seuls 90 000 hommes capitulent. Les Soviétiques passent à l'attaque et progressent, plutôt lentement, vers Kharkov et Koursk, donnant à la Wehrmacht le temps nécessaire pour retirer ses troupes du Caucase et reformer un front plus cohérent. La Stavka fait déjà montre de sa grande capacité à intoxiquer l'ennemi en feignant d'attaquer une position avant de frapper, de manière oblique, en direction de son objectif réel. De tels procédés ravissent évidemment Liddell Hart, car ils confirment le bien-fondé de sa théorie de l'approche indirecte[33].

Malgré cela, au début de 1943, l'armée allemande est en mesure de lancer une nouvelle offensive d'envergure à l'est, profitant du répit que s'octroient les Russes, qui doivent attendre que les camions livrés par les Américains leur amènent le carburant, les munitions, la nourriture et les pièces détachées, en parcourant des centaines de kilomètres. L'Allemagne jouit un temps de l'avantage de posséder des lignes logistiques plus courtes, ce qui, en l'espèce, revient à dire qu'elles sont passées du statut de « beaucoup trop étirées » à celui de « sérieusement étirées ». Les généraux du front de l'Est, Manstein au premier chef, tirent également profit de la réorganisation de l'économie allemande impulsée par Speer et de l'arrivée des premières vagues de chars Tigre et Panther – dont la production, qui n'égale en rien celle des Sherman et T-34, se révèle suffisante pour influer grandement sur le champ de bataille quand ils sont employés en masse, ce qui est le cas. En février 1943, les divisions blindées SS

Leibstandarte, Totenkopf et Das Reich, dotées de 70 chars Tigre, voire davantage, jusqu'alors placées en réserve, sont envoyées vers l'Est, en compagnie de nouvelles divisions d'infanterie venues de France. Ces renforts et le sol encore gelé permettent aux Panzers de couvrir en moyenne 30 kilomètres par jour et à Manstein de se ruer sur la ville meurtrie de Kharkov, qui tombe le 14 mars. Le 2e corps de Panzers SS élimine à lui seul 32 000 Soviétiques. L'Armée rouge est repoussée sur le Donets et la boue printanière met un terme à la campagne. Les deux camps reprennent leur souffle avant le prochain round. Huit des vingt corps blindés soviétiques ont été sévèrement malmenés. Manstein devient, pour un temps, le général préféré d'Hitler[34].

Voilà un bilan plutôt flatteur pour l'armée allemande, qui livre une guerre totale depuis quatre ans. Mais Forczyk, spécialiste de la Seconde Guerre mondiale, insiste sur un point : les corps blindés russes ont été sévèrement *malmenés*, mais ne sont pas *détruits*, et Manstein est très impressionné par l'opiniâtreté et la sophistication des défenses de l'Armée rouge. Chacun des deux camps a néanmoins besoin de quatre mois pour se renforcer et se regrouper, pendant que la steppe se réchauffe et sèche. A Berlin comme à Moscou, les débats font rage sur la suite des opérations, les deux dictateurs écoutant attentivement, au moins en apparence, les conseils prodigués par leurs états-majors respectifs. Pour l'Armée rouge, le saillant d'Orel, au nord, semble tout désigné pour une offensive, tandis que pour la Wehrmacht, celui de Koursk, plus au sud, paraît être tout aussi prometteur. Chaque camp se demande où déployer ses chars lourds et ses unités de pontonniers, où placer ses champs de mines et déployer ses forces aériennes tactiques limitées. Il s'agit, en quelque sorte, d'une gigantesque partie d'échecs.

Les Allemands attaquent les premiers, le 5 juillet 1943, à Koursk. Les troupes de Manstein (qui dispose de 18 divisions de Panzers et de Panzergrenadiers) frappent depuis le sud tandis que les troupes moins nombreuses de von Kluge attaquent depuis le nord, dans un vaste mouvement d'enveloppement. Il s'agit sans doute de l'apogée de la *Blitzkrieg*, qui démontre ses points faibles et mérite donc que l'on s'y attarde. Les attaquants allemands font immédiatement face à une défense en force et en profondeur, car le renseignement soviétique a eu vent de l'opération et la Stavka a déjà déployé des troupes en vue d'une contre-attaque. Le combat est particulièrement sanglant et atteint des sommets durant la journée du 12 juillet, qui voit la 5e armée blindée de la garde soviétique affronter le 2e corps de Panzers SS autour du village de Prokhorovka, dans ce qui sera décrit plus tard par les propagandistes soviétiques et les auteurs occidentaux comme la « plus grande bataille de chars de toute l'Histoire ». C'est sans doute le cas ; les effectifs engagés dans cette bataille précise, particulièrement du côté soviétique (environ 800 chars), sont énormes. Mais deux choses sont plus certaines : la première est que les pertes en blindés des Soviétiques sont de loin les plus nombreuses ; la seconde, que la Wehrmacht doit, malgré cela, abandonner le terrain, car elle ne parvient pas à percer. Sur le front de l'Est, l'« ère Manstein » prend fin. Si les chiffres des pertes sont, comme souvent pour cette campagne, très vagues, on estime que la bataille de Koursk coûte à Hitler la bagatelle de 50 000 hommes et 1 600 chars. Des dizaines de divisions de l'armée allemande sont anéanties ou en lambeaux[35].

Deux jours avant la bataille de Prokhorovka, les Alliés ont débarqué en Sicile, ce qui détourne l'attention d'Hitler – ainsi que de nombreuses unités – vers l'Italie. Le 12 juillet, l'Armée rouge frappe le saillant d'Orel, dans le nord. On commence alors à sentir l'épuisement de la Wehrmacht et à la voir vaciller. Certains secteurs du front sont abandonnés (malgré les directives hystériques du Führer, qui intime aux hommes l'ordre de tenir jusqu'au dernier), des unités de vétérans quittent les premières lignes avec à peine un quart de leur matériel d'origine. Manstein a espéré, en attaquant à Koursk, priver les Soviétiques de toute capacité offensive. Les voilà pourtant qui frappent partout, au nord, au sud ainsi que sur le front central ; lentement, au prix de lourdes pertes de part et d'autre, les unités de la Wehrmacht sont chassées des régions de Leningrad, de Crimée, de Smolensk, de Kiev. En juin 1944, la grande opération Bagration n'est pas encore déclenchée, mais la tendance est claire : les Soviétiques poussent, les Allemands résistent avant de devoir se replier, laissant place à une nouvelle poussée soviétique.

Quand a donc eu lieu le « tournant » de cet *Ostfeldzug* ? Un auteur décrit l'échec devant Moscou, durant le terrible hiver de 1941-1942, comme la « plus grande bataille de la guerre[36] ». Une telle conclusion aurait sans doute surpris Staline et la Stavka, qui s'inquiètent fortement de l'importante offensive allemande en direction du Caucase, du bassin du Donets inférieur et de Stalingrad, entre l'été et l'automne 1942, bien après la bataille de Moscou. La plupart des historiens considèrent aujourd'hui que la bataille de Stalingrad sonne le glas de l'armée allemande et constitue le tournant de la guerre. L'ouvrage consacré à cette campagne titanesque par le grand historien John Erickson est délibérément divisé en deux volumes : *La Route de Stalingrad* et *La Route de Berlin*. C'est, à ses yeux, au milieu des ateliers éventrés sur les rives de la Volga, des usines de production et d'assemblage de la grande ville de Stalingrad que la marée nazie commence à refluer. Dans un article retentissant consacré à « La mort de la Wehrmacht », R. M. Citino affirme que la fin de 1942, avec les batailles d'El-Alamein, du Caucase et de Stalingrad, signe la mort de la guerre éclair allemande[37].

Malgré cela, comme nous l'avons vu, les armées de Panzers de Manstein repartent à l'attaque au printemps 1943, écrasent les premières lignes russes et s'emparent de toute la région de Kharkov. Peut-être s'agit-il d'un coup de poker destiné à persuader Staline de signer une forme de paix séparée, qui verrait le partage de l'Europe centrale ? Malgré son retentissement, cette offensive ne provoque pourtant aucune réponse politique. En juillet 1943, la gigantesque machine de guerre d'Hitler lance donc l'opération Citadelle afin d'extirper les insolentes armées soviétiques massées dans le saillant de Koursk. Signalons qu'Erickson, malgré son choix de découpage temporel, a baptisé le chapitre consacré à Koursk « La perte d'équilibre » et celui consacré à l'opération Bagration de l'été 1944, « La rupture de la Wehrmacht ». Erickson semble indiquer que le cours de la campagne aurait donc été infléchi bien plus tard qu'il ne l'avait, ainsi que d'autres qui le maintiennent, initialement pensé.

Il y a quelques années de cela, le professeur Bernd Wegner, grand spécialiste allemand de cette campagne, posait la question du « tournant » en termes de pertinence historique du concept ; cette campagne connaît-elle un réel tournant, une bataille – Moscou, Stalingrad ou Koursk – après laquelle le cours de la campagne s'infléchit inexorablement en faveur des vainqueurs[38] ? L'opération Barbarossa n'était-elle pas tout simplement condamnée dès le départ ? Condamnée par l'incapacité du régime nazi, malgré la mobilisation de ses ressources et le pillage des territoires occupés, à résister à la puissance combinée de l'Empire britannique et de l'Union soviétique ? Condamnée davantage encore par la déclaration de guerre de l'Allemagne aux Etats-Unis après le déclenchement de la guerre dans le Pacifique ? Condamnée par l'ambition, les distances à couvrir et le manque de moyens ?

Au cours de la campagne, de nombreux généraux allemands finissent par en arriver à cette conclusion. Rares sont pourtant ceux qui veulent cesser le combat ou paraître contredire le Führer. Proposer un repli, c'est risquer de provoquer sa colère. Quand, en novembre 1941, après la première poussée en Russie et en Ukraine, von Rundstedt suggère que, avec l'arrivée de hiver et d'un grand nombre de divisions de l'Armée rouge en provenance de Sibérie, il conviendrait de se replier afin de raccourcir les lignes de communication et de consolider les gains territoriaux, il est purement et simplement limogé. Son nom est le premier d'une liste de généraux allemands démis de leurs fonctions, qui ira en s'allongeant[39].

Les généraux de division sont gênés par les problèmes grandissants de logistique et de transport – à quoi bon s'enfoncer dans les plaines d'Ukraine avec des divisions de Panzers s'il est impossible de les approvisionner en carburant et en munitions ou si un char qui perd sa chenille (ce qui arrive régulièrement) se trouve à des centaines de kilomètres des unités de mécaniciens ? Les camions de la Wehrmacht sont contraints de demeurer sur les rares routes carrossables et un grand nombre de chariots hippomobiles cheminent péniblement sur les chemins de terre bourbeux qui constituent l'essentiel de l'infrastructure routière du pays. Les plus perspicaces des généraux allemands sont également perplexes devant le jeu de « trompe-l'œil » auquel Hitler et l'OKW ne cessent de s'adonner en augmentant le nombre de divisions sur le front de l'Est, par la réduction d'effectifs des divisions existantes qui permet d'en « créer » de nouvelles. Entre la défaite de la France et le début de l'opération Barbarossa, les divisions de Panzers voient ainsi leur nombre doubler, mais chacune voit sa taille réduite de moitié ; les divisions motorisées subissent peu ou prou le même sort, passant de trois régiments d'infanterie à seulement deux[40]. Une telle organisation rend sans doute les unités plus manœuvrables sur le champ de bataille et offre aux généraux des groupes d'armées davantage de flexibilité, mais chacun ne peut s'empêcher de penser que les « nouvelles » divisions ne sont qu'un écran de fumée, tandis que l'Armée rouge, elle, en produit de réelles. (L'Union soviétique mobilisera, au total, trente millions d'hommes ; et en perdra dix millions, sans compter un nombre encore plus grand de blessés.)

Enfin, tous les généraux allemands engagés dans cet *Ostfeldzug* savent pertinemment que depuis 1942 le Troisième Reich est engagé dans une guerre totale, et que bon nombre de leurs camarades de promotion des écoles d'officiers sont déployés en Grèce, dans les Balkans, en Afrique du Nord, en France ou en Norvège. Paul Carell remarque que l'invasion de l'Afrique du Nord par les Alliés, suivie de l'invasion de la zone Sud par les armées d'Hitler en novembre 1942, se produit au moment précis où la Stavka s'apprête à lancer sa contre-offensive autour de Stalingrad ; la nouvelle de l'irruption des Alliés en Afrique du Nord et de leur avancée en Méditerranée pousse l'OKW à retarder, un temps, l'engagement de quatre des meilleures divisions de l'armée allemande (la 7e Panzer, et les divisions de Panzers SS Leibstandarte, Das Reich et Totenkopf) dans la bataille de Stalingrad[41]. L'Allemagne ne peut être forte partout et la Grande Guerre patriotique ne peut être considérée comme un conflit isolé, même si les récits des Soviétiques accréditent cette thèse. En envahissant l'Afrique du Nord, les Alliés influent sur la bataille de Stalingrad ; en envahissant la Sicile, ils influent sur la bataille de Koursk ; la division Leibstandarte, comme de nombreuses flottes aériennes de la Luftwaffe, fait ainsi la navette d'un front à l'autre. Un tel mouvement de balancier peut-il s'intégrer à la guerre éclair ? Non. Dès que l'on replace la campagne de Russie dans le contexte de la lutte globale, on est frappé par la futilité de tenter de définir la bataille de Moscou ou celle de Stalingrad comme le « tournant » décisif[42]. On peut parfaitement considérer le front de l'Est comme décisif sans désigner une bataille particulière comme la clé de toute la campagne.

Ce qui nous amène à l'énigme de la conduite allemande de cet *Ostfeldzug* et à son paradoxe, sur d'autres théâtres d'opérations, après 1941. L'objectif premier, théorique et pratique, de la guerre éclair est précisément d'éviter les combats statiques et sanglants de la Première Guerre mondiale. Les troupes motorisées attaquent par surprise les lignes ennemies, les percent, s'emparent de leurs lignes de communication et contraignent l'adversaire à se rendre. Mais ce concept de guerre rapide, clinique et économique est en totale contradiction avec l'idée d'Hitler, qui voit en cette campagne contre l'URSS une *Vernichtungskrieg*, une guerre d'annihilation, qui doit se solder par l'occupation permanente de gigantesques portions de terres arables. Il entre également en contradiction avec l'abominable et fatidique habitude des nazis qui consiste à abattre et affamer les prisonniers de guerre, à fouiller de fond en comble le moindre village pour en extirper les membres du parti communiste et les Juifs avant de les exécuter, et même à maltraiter les millions d'Ukrainiens qui avaient pourtant accueilli les Allemands comme des libérateurs (on peut se demander comment la guerre aurait tourné avec quarante millions d'Ukrainiens du côté de l'Axe). La *Blitzkrieg* est une forme de guerre intelligente, ce qu'elle est en 1939 en Pologne et en 1940 en France. Mais, sur le front de l'Est, la *Blitzkrieg* est une forme de guerre stupide. Comme le résume un historien : « La fin et les moyens sont en conflit dès le départ[43]. »

Tout cela semble indiquer que l'issue de la guerre sur le front de l'Est était donc prévisible. De toutes les campagnes livrées entre 1939 et 1941, il s'agit de celle où la « force brute » joue le plus grand rôle[44]. On voit mal quel rôle peuvent y jouer les hommes des niveaux intermédiaires, ces artisans de la victoire. Le nombre, le climat et la distance apparaissent déterminants. Mais une subtile question demeure : pourquoi et comment tout cela se combine-t-il ? Dans cette combinaison, l'échelon intermédiaire joue un rôle déterminant. Certaines armes fonctionnent mieux que celles du camp d'en face. Des officiers de terrain ou de soutien, des scientifiques et des ingénieurs offrent des réponses ingénieuses à cette guerre de masse. Et, face à la plus grande *Blitzkrieg* jamais menée, les généraux de l'Armée rouge finissent par se montrer supérieurs aux généraux allemands. Il convient donc de se demander pourquoi et comment la *Blitzkrieg* allemande se casse les dents sur les rives de la Volga et dans les plaines de Koursk. L'URSS ne remporte pas la victoire en se contentant d'engager davantage de troupes que son ennemi. Elle l'emporte en développant des *moyens* pour enrayer les assauts des forces blindées allemandes, qu'elle taille en pièces avant de partir à la reconquête des territoires perdus. Les Soviétiques, comme les Américains dans le Pacifique, l'emportent grâce à une combinaison d'armes, de tactiques et de structures de commandement, formant une sorte de « boîte à outils » qui leur permet de démonter la machine de guerre allemande. Examinons donc les principales pièces de la boîte à outils de Staline.

Le curieux cas du char T-34

Avec quelles armes, quelles structures et quelles techniques l'Armée rouge renverse-t-elle la tendance sur le front de l'Est ? Elles sont nombreuses, mais leur ordre d'importance diffère grandement de l'idée que nous nous en faisons. L'analyse qui suit nous ramène à l'argument même de ce livre : la conviction que nous avons trop longtemps ignoré l'importance que joue la cheville ouvrière entre le haut commandement et les soldats du front dans l'issue de la Seconde Guerre mondiale. Nous nous sommes trop souvent focalisés sur les mauvaises personnes, les mauvais exemples et les mauvais systèmes. Ce qui suit est, à ce titre, édifiant.

L'auteur de ces lignes a, comme de très nombreux historiens militaires, longtemps considéré que le char T-34 et ses versions successives, comme le T-34/85, constituaient de loin l'arme la plus efficace de l'arsenal soviétique. Cette vision doit être considérablement révisée. L'opinion générale est néanmoins compréhensible, car ce Béhémoth blindé a été encensé de toutes parts. Le « plus grand char de tous les temps », le « char le plus polyvalent de la Seconde Guerre mondiale », l'« arme qui choqua les Allemands » sont des descriptions courantes. Dès le mois de juillet 1941, Jodl note dans son journal la surprise née de la rencontre des divisions de pointe allemandes avec cette arme inconnue et terrible[45]. Dans son ouvrage consacré au front de l'Est, Paul Carell narre de manière admirable la confrontation entre un T-34 isolé et des éléments de pointe allemands de Panzers et d'infanterie lors de la bataille de Senno, le 8 juillet 1941 : « T-34 ! C'est au tour du groupe d'armées Centre d'affronter cette arme miracle... "Coup au but !" crie le sergent Sarge. Mais le Russe ne semble pas même avoir ressenti la morsure de l'obus. Il poursuit sa route. Deux, trois, puis quatre chars zigzaguent autour du Russe à une distance de 800 à 1 000 mètres, en tirant sur lui. Rien ne se passe. Puis il s'arrête. Sa tourelle pivote... Il se dirige droit sur les pièces antichars. Les artilleurs tirent comme des forcenés. Il les écrase. » Trois de ces mastodontes abandonnés par leurs équipages dans un marais sont inspectés par Guderian. On rapporte qu'il s'en alla silencieux, pensif et les traits tirés[46]. Avant que de nouveaux chars lourds ne soient produits par les Allemands, les Panzers III et IV sont, en combat singulier, clairement désavantagés face à un tel véhicule.

Cette impression, devenue légendaire, du T-34 véritable conquérant du champ de bataille est renforcée par le témoignage des généraux allemands vaincus. Le général de Panzers Mellenthin déclare ainsi : « Nous n'avions rien de comparable », et von Kleist le décrit comme le « meilleur char du monde ». Guderian note, tristement : « Jusqu'alors, nous avions la supériorité dans le domaine des Panzers ; après cela, la situation s'inversa ; c'était très inquiétant. » Et l'homme qui recueille ces témoignages croit bon d'ajouter : « Qui peut être meilleur juge ? » Cette vision est également renforcée (et de manière peut-être plus convaincante) par les témoignages des équipages des chars de l'Armée rouge. Enfin, et à des fins évidentes de propagande, l'Union soviétique fait du T-34 le symbole du succès de l'ingéniosité socialiste et de la puissance industrielle nationale après la guerre. Les qualités proclamées de ce char séduisent de très nombreux historiens occidentaux, sans mentionner la longue liste des ministres de la Défense étrangers qui continuèrent d'en acheter bien après la fin de la guerre – en 1996, des variantes du T-34 étaient toujours en service dans au moins 27 pays[47].

Les généraux allemands vaincus ont naturellement de bonnes raisons de louer les mérites d'un char qu'ils n'ont jamais possédé et la propagande soviétique de l'après-guerre des raisons meilleures encore de mettre en avant ce magnifique instrument de l'Armée rouge. Même en écartant ces sources, il n'en demeure pas moins qu'à Koursk, en juillet 1943, des hordes de T-34 contraignent les puissants groupes de Panzers allemands à battre en retraite. Les T-34 sont également à la pointe des offensives de l'Armée rouge qui débutent à l'été 1944 et se soldent par la prise de Berlin en avril 1945. Mais rien de tout cela ne signifie que le T-34 est une arme miracle, un char inégalable, dès son apparition sur le front en juillet 1941.

Son histoire est bien plus complexe. Disons-le tout net : les premiers T-34 ont d'énormes défauts de conception, se révèlent peu fiables sur le champ de bataille et souffrent des nombreux coups d'arrêt imposés par Staline et la Stavka à la production de chars lourds durant les années 1930. Le développement de cette machine imparfaite, mais au potentiel certain, n'est pas sans rappeler celui du P-51 Mustang ou, comme nous le verrons au chapitre 5, du B-29 Superfortress.

Mais la situation est bien plus grave pour le T-34, au vu de la durée de son développement. En Occident, les plus enthousiastes des commentateurs dénoncent la mauvaise conception de sa tourelle et l'absence de radio[48]. Au lancement de l'opération Barbarossa, l'Union soviétique ne dispose que d'un millier de ces nouveaux chars, les équipages n'ont pas été formés à leur utilisation. Ils sont par surcroît engagés individuellement sur le front et ainsi n'ont pas l'impact des colonnes blindées allemandes. Ils collaborent mal avec l'infanterie et cheminent sans couverture sur leurs flancs. Ils tombent également rapidement en panne d'essence[49]. Enfin, la production et les améliorations envisagées sont considérablement gênées par l'invasion allemande et le besoin impérieux de redéployer les usines des régions de Leningrad et de Kharkov vers l'Oural (l'usine de chars Vorochilov n° 174 quitte Leningrad pour Omsk, à plus de 1 500 kilomètres). En septembre 1942, les fameuses usines de tracteurs de Stalingrad doivent cesser le travail à l'approche des divisions allemandes.

Ces problèmes de jeunesse sont sans aucun doute résolus au moment des combats de Stalingrad en 1942 ou au plus tard durant la bataille de Koursk en 1943. Mais la liste des défauts du T-34 est bien plus longue et ses performances sont très inégales durant les trois premières années de la guerre. S'il finit par devenir un formidable outil sur le champ de bataille, la route est longue qui mène au succès.

Les circonstances de la naissance du T-34 sont assez obscures. Durant l'entre-deux-guerres, la plupart des prévisionnistes militaires étudient l'utilisation, par les Britanniques, des chars d'assaut durant la période de 1917-1918 et, au cours des années qui suivent, tentent de faire le tri entre les avancées techniques réelles de cette arme et les visions futuristes de son utilisation. De nombreuses améliorations sont proposées, malgré la crise économique générale et les nombreux désaccords au sein des états-majors sur le rôle exact que pourraient jouer les chars dans un conflit futur. C'est en cette période trouble que le légendaire ingénieur américain J. Walter Christie produit le char M1928. L'armée américaine souhaitant disposer de plusieurs modèles différents et Christie refusant de modifier les siens, il se tourne vers des clients étrangers, comme la Pologne, la Grande-Bretagne et l'URSS. C'est ainsi que deux de ses nouveaux chars (sans tourelle et baptisés « tracteurs de ferme ») sont vendus à l'Armée rouge, alors en pleine construction. La chose n'est pas aussi étonnante qu'il y paraît : les Russes achètent également des chars britanniques Vickers et les Britanniques eux-mêmes achètent des modèles de Christie, qui débouchent sur la production du char Crusader[50].

Plusieurs aspects du char Christie attirent l'attention de l'Armée rouge. Il est le premier à utiliser un glacis incliné (à 40 %) sur l'avant du véhicule, ce qui augmente considérablement sa résistance aux obus ennemis. Christie est également un génie dans le domaine de la suspension. Ses modèles M1928 et M1932 sont équipés d'une suspension à ressorts très novatrice. Malgré les retards provoqués par les purges de Staline et par des désaccords entre les généraux de l'Armée rouge sur l'utilisation des chars, les ingénieurs soviétiques commencent à combiner les idées de Christie avec les modèles de Vickers et produisent leurs modèles hybrides, dont le A-20, le A-32 et le T-34.

A la fin des années 1930, la principale équipe d'ingénieurs travaille au sein de l'usine Kharkov Komintern Locomotive (KhPZ), sous la direction de l'ingénieur Mikhaïl Kochkin, chef d'équipe génial qui a obtenu le soutien de Staline dans la lutte qui déchire, au sein de l'Armée rouge, les partisans des chars légers de reconnaissance et ceux qui leur préfèrent des chars plus lourds. Malgré toutes ces disputes, plusieurs modifications sont effectuées sur le prototype du T-34. Le moteur à essence est remplacé par un V-12 diesel ; était-il réellement moins inflammable qu'un moteur à essence et donc moins dangereux en cas de coup au but sur le char ? La question demeure posée. Mais les témoignages d'après guerre démontrent que ce changement contribue à rassurer les équipages. Le blindage incliné ne se limite plus à l'avant du char mais couvre toutes ses faces, donnant ainsi naissance au char moderne. Le canon est d'un calibre plus imposant (45 mm). Des tests intensifs effectués durant l'hiver de 1939-1940 (qui voit, hélas, Kochkin attraper une pneumonie – il décède peu après) convainquent la Stavka d'en augmenter la production[51].

Mais cette décision est loin de fournir un char parfait à l'Armée rouge durant les deux premières années du conflit. Les T-34 ne sont pas assez nombreux, mal utilisés, leurs équipages sont pour la plupart novices, à peine sortis de leurs fermes et de leurs usines, et n'ont reçu qu'une instruction sommaire avant de se voir confier une machine particulièrement délicate d'utilisation. On leur ordonne par ailleurs d'attaquer dans des conditions difficiles. Sans soutien, ils tombent régulièrement dans des embuscades. Les avantages initiaux du T-34 sur les chars allemands de l'époque (meilleur blindage, plus grande mobilité dans la boue et la neige) sont donc neutralisés. Il convient de remarquer qu'à cette période du conflit toutes les nations font face à des problèmes techniques sur leurs chars, leurs torpilles, leurs bombardiers lourds ou leurs chasseurs à long rayon d'action. C'est précisément à la catégorie d'hommes que nous étudions que revient la mission de résoudre ces nombreux problèmes.

La résolution des défauts du T-34 est un long processus. On pourrait croire que les problèmes sont réglés à l'été 1943, pour la bataille de Koursk, soit près de huit mois après le début de la bataille de Stalingrad. Il n'en est rien. Sinon, comment expliquer que le commissaire du peuple à l'Industrie des blindés, Malychev, qui visite l'usine de chars n° 112 peu après la bataille de Koursk, y rende compte de la mauvaise performance des T-34 face aux blindés allemands et y déplore les pertes disproportionnées des chars russes et de leurs précieux équipages face à un char Tigre ou Panther[52] ? A ses yeux au moins, les T-34 qui sortent des usines au milieu de 1943 ne sont toujours pas assez efficaces.

Le problème vient de la conception et des faiblesses opérationnelles du char, tenues secrètes jusqu'alors. Ce n'est que très récemment qu'un historien russe, A. Isaev, a livré une compilation de témoignages et d'entretiens avec des chefs de chars et des équipages de T-34, réalisés après la guerre[53]. Tous ces hommes sont très attachés à leur véhicule mais, comme tous les anciens soldats, font preuve d'une remarquable candeur quand il s'agit d'évoquer ses défauts : direction trop raide, problèmes d'étanchéité, manque d'espace. Ces témoignages sont confirmés par une source bien différente : un rapport détaillé, issu des archives soviétiques, rédigé par les concepteurs, ingénieurs et équipages de chars du Centre de recherches de l'armée américaine à Aberdeen, dans le Maryland. Les Russes leur ont fourni un T-34 à la fin de 1942, sans doute pour qu'ils leur fassent part de leurs éventuelles remarques. Tous ces Américains sont ingénieurs et leur rapport est clair, clinique et argumenté. Le département du Renseignement de l'Armée rouge, qui traduit et résume le rapport à destination de la Stavka, a mieux à faire que de chicaner : la bataille pour Stalingrad fait alors rage et toutes les informations sont bonnes à prendre[54].

Les Américains admirent la silhouette inclinée du T-34 (savent-ils que leurs prédécesseurs ont refusé les prototypes de Christie quatorze ans auparavant ?), « meilleure que celle de tous les chars américains ». Ils apprécient le moteur diesel « fiable et léger » et se lamentent au passage que la marine américaine monopolise l'accès aux usines de moteurs diesel. Le canon du T-34 est simple, fiable et facile à utiliser, son système de visée est « le meilleur du monde ». Il peut gravir des pentes bien plus rapidement que n'importe quel char britannique ou américain, grâce à la largeur de ses chenilles. Jusqu'ici tout va bien, mais c'est alors que l'on entre dans le résumé, par le département du Renseignement, de la très longue liste des défauts relevés par les analystes d'Aberdeen[55].

Les filtres à air sont lamentables, d'importantes quantités de poussière pénètrent donc rapidement dans le moteur, qui surchauffe, ce qui endommage ses pistons. Le blindage est en acier doux, qui pourrait être renforcé avec des alliages de zinc. Les soudures laissant à désirer, le T-34 embarque quantité d'eau en cas de pluies intenses ou en traversant des rivières, ce qui endommage l'équipement électrique et parfois même les munitions. Les experts américains évoquent également les faiblesses des chenilles (les fixations et les aiguilles sont trop minces et cassent) et la mauvaise performance du ventilateur du moteur – qui s'encrasse d'autant plus que les pots d'échappement sont dirigés vers le bas et soulèvent une importante poussière, qu'avalent les chars qui suivent. Le système de transmission est exécrable et endommage plus de T-34 que de chars ennemis. Les radios fonctionnent mal – avant qu'un modèle britannique ne soit copié en masse – et il n'existe aucun moyen de communication interne pour l'équipage, le chef de char étant souvent réduit à donner des coups de pied sur l'épaule du conducteur. Pour finir, le compartiment du chef de char est une horreur, car il doit effectuer bien trop de tâches en même temps, avec des leviers et des pédales si durs qu'il est contraint d'utiliser un maillet, en dotation systématique, pour les actionner[56].

Cette liste est prise très au sérieux, car le résumé soviétique se conclut par neuf recommandations, qui suivent point par point le rapport d'Aberdeen. Le dilemme est que, pour effectuer de tels changements, la production doit cesser dans les principales usines de chars à un moment particulièrement critique de la Grande Guerre patriotique. Les nouvelles versions risquent également d'entraîner de nouveaux problèmes et de nécessiter une nouvelle formation pour les équipages. Les Russes doivent-ils sérieusement réduire leur rythme de production pour obtenir un avantage sur le long terme ou continuer de produire des chars avec des défauts, alors que la campagne en cours nécessite l'emploi de toutes les armes disponibles ? Entre la fin de 1942 et le début de 1943, l'Armée rouge considère ne pas avoir le choix. Elle doit continuer d'envoyer des T-34 sur le front, même s'ils doivent subir des pertes disproportionnées, afin d'enrayer la ruée nazie et de saigner à blanc les armées de Panzers. Les améliorations ne peuvent être introduites que lorsque les boues du printemps et de l'automne réduiront l'intensité des combats. Voilà pourquoi les Russes perdent de très nombreux chars à Koursk et pourquoi Malychev se lamente du taux de pertes – mais qu'y peuvent les responsables de la production, qui n'ont pas été autorisés à effectuer des modifications importantes juste après la bataille de Stalingrad ? La bataille de Koursk met également en lumière un nouveau problème : le canon de 76 mm est inadéquat face aux nouveaux chars Tigre et Panther ; une tourelle pouvant contenir trois hommes et faciliter le pointage et la direction du véhicule est nécessaire et une suspension à torsion est essentielle pour manœuvrer en terrain accidenté. Malgré cela, les usines sont condamnées, durant l'hiver 1943-1944, à produire quantité de chars inadéquats.

Le T-34 atteint ses pleines capacités au début de 1944, presque en même temps que les Mustang commencent à l'emporter au-dessus de l'Allemagne. Les nouveaux modèles de chars russes bénéficient d'une meilleure finition, sont équipés d'un redoutable canon de 85 mm, d'une tourelle spacieuse pouvant accueillir trois hommes et équipée d'une radio, de meilleurs filtres à air, d'un périscope avec une vision à 360° et de chenilles plus larges et plus solides. Surtout, le système logistique, la formation améliorée des mécaniciens, l'approvisionnement plus rapide, par camions, en carburant ajoutent encore à l'efficacité de l'Armée rouge. Comme dans bien d'autres domaines de la Seconde Guerre mondiale, ces améliorations sont naturellement progressives et ne sont mises en pratique que lorsque les circonstances le permettent, une fois que les rudes leçons des premiers combats ont été tirées. Dans ce cas précis, les améliorations désirées ne sont entreprises qu'après la défaite des Allemands devant Koursk. La production des anciens modèles de T-34 chute à l'automne de 1943, sans cesser entièrement, tandis que celle des nouveaux véhicules blindés augmente constamment, en vue de préparer les grandes offensives de l'année suivante.

La seconde amélioration de l'année 1943 n'est pas technique mais tactique. Les unités de T-34 n'ont pas été, jusqu'ici, bien utilisées face à des défenseurs allemands déterminés. Même les nouveaux T-34/85 ne peuvent espérer l'emporter en combat singulier contre un Tigre ou un Panther et, malgré l'écrasante supériorité numérique des Soviétiques, voir quatre blindés soviétiques détruits pour un char allemand n'a rien de réjouissant pour les chefs de char et les équipages. A la fin de 1943, la Wehrmacht commence, par surcroît, à utiliser les terribles *Panzerfausts* (armes antichars individuelles), bien plus efficaces que leurs équivalents soviétiques. Sans compter les mines. Pour attaquer, une à une, les villes tenues par les Allemands, dont les lignes de front tendent à se réduire, les T-34 ne sont pas d'une grande utilité. Pourquoi, dès lors, ne pas les libérer et ne pas créer des brigades purement blindées qui pourraient contourner l'ennemi et le frapper par surprise ? Pourquoi ne pas regrouper les nouveaux T-34/85 et ne pas les utiliser comme stipulé dans le manuel de Guderian ? Pourquoi ne pas attaquer les points faibles des lignes ennemies et ne pas effectuer des percées en profondeur ? Durant la dernière année de combat sur le front de l'Est, voilà comment seront utilisées les divisions blindées soviétiques qui fondent sur la Bessarabie, la Roumanie, le sud de la Pologne et la Hongrie.

Au cours de l'année 1944, la Stavka, plus expérimentée et plus confiante qu'auparavant, orchestre la grande offensive en direction de Berlin et les unités de vétérans de l'Armée rouge disposent enfin, avec la nouvelle version du T-34/85, du char le plus polyvalent de toute la Seconde Guerre mondiale. Pourtant, il ne peut toujours pas venir à bout, seul, d'un char Tigre. Les nouveaux Sherman de l'armée américaine (qui ont le même problème) sont, eux aussi, bien plus puissants que les premiers modèles. En 1944, les chars russes, allemands et américains sont plus efficaces et dangereux qu'ils ne l'étaient en 1942. Le T-34 est donc *devenu* une formidable arme pour lutter contre l'envahisseur allemand, mais il a fallu du temps avant que ses capacités ne soient réellement exploitées.

L'historien qui souhaite expliquer l'augmentation croissante de l'efficacité de l'Armée rouge face à la *Blitzkrieg* nazie entre 1942 et 1944 doit donc chercher ailleurs, sans nier le rôle qu'a pu jouer le T-34 et sans se tourner vers d'autres armes miracles. Il faut au contraire comprendre que ce char amélioré n'était qu'une des pièces de l'arsenal déployé par les Soviétiques et qui finit par leur permettre de l'emporter.

Les vrais tueurs de chars : les canons antichars et les mines

Quand Montgomery et Joukov se rencontrent à Berlin au début du mois de mai 1945, au milieu des multiples célébrations et remises de médailles, discutent-ils de leurs campagnes respectives contre leur adversaire commun ? C'est bien possible. Ils ont tous deux régulièrement fait usage de pièces antichars, de champs de mines et de fossés ainsi que d'autres obstacles destinés à arrêter l'assaut des Panzers, avant de lancer des offensives foudroyantes contre leur adversaire affaibli. El-Alamein et Koursk diffèrent, tant en durée qu'en espace et en effectifs, mais se ressemblent à bien des égards. Dans les deux cas, le défenseur arrête l'ennemi et lui inflige des pertes irréparables avant de lancer une offensive irrésistible.

L'attention que porte Joukov aux champs de mines égale, si elle ne dépasse, celle de Rommel et Montgomery (aucun général américain ne s'est manifestement intéressé à l'usage massif des mines). Les mines sont des armes peu coûteuses, faciles à produire en grandes quantités, facilement transportables jusqu'au champ de bataille, qui peuvent être aisément enterrées dans le sol et déployées dans toutes sortes de dispositions. Elles n'ont pas besoin d'être puissantes au point de détruire un char ou une Jeep ; briser un châssis ou une chenille suffit. Il faut également mentionner les mines antipersonnel, dont la détonation moindre est suffisante pour tuer ou blesser grièvement les fantassins qui progressent aux côtés des chars. La bataille d'El-Alamein démontre que les champs de mines – ou plutôt le temps que doit passer l'attaquant pour les traverser – donnent au défenseur un temps précieux pour préparer ses propres mouvements.

Tout ceci est également démontré, à une autre échelle, lors de la bataille de Koursk, qui fut sans doute la plus grande bataille de mines de l'Histoire. Comme Montgomery huit mois plus tôt, Joukov et la Stavka se sont bien préparés. Le tracé du front de l'Est, en juin 1943, suggère que la nouvelle offensive d'envergure de la Wehrmacht, dont chacun sait qu'elle se prépare, visera certainement l'enveloppement du saillant de Koursk, afin de provoquer un nouveau *Kesselschlacht*. La mission des divisions de vétérans de la Wehrmacht est d'effectuer un mouvement d'enveloppement. Et rien n'est plus efficace pour contrer le mouvement rapide des Panzers que des champs de mines en profondeur.

Dès le printemps, rapporte Mark Healy, l'Armée rouge pose des dizaines de milliers de mines sur tout le front du saillant, bientôt recouvertes par des champs de blé. « La densité des champs de mines, particulièrement entre les points de résistance, était remarquablement élevée, avec environ 2 000 mines antichars et 2 200 mines antipersonnel au kilomètre. » Les ceintures de champs de mines soviétiques, méticuleusement établies par les précieuses unités de sapeurs, mesurent, selon un chercheur, entre 25 et 40 kilomètres de profondeur. Par leur étendue même, elles réduisent le concept de « guerre éclair » à néant[57].

Quand les champs de mines n'interrompent pas le mouvement des Panzers, ce sont les armes antichars de l'Armée rouge qui prennent le relai. Les Russes, comme les Britanniques, s'appuient traditionnellement sur une artillerie de campagne nombreuse, combinant les mortiers, les obusiers, les pièces de campagne classiques et les fusées (les célèbres Katiouchas), pour repousser les attaques de l'ennemi, prendre ses lignes d'assaut et le tailler en pièces avant même que les chars et l'infanterie ne se soient mis en branle. A Koursk, l'Armée rouge déploie plus de 20 000 pièces d'artillerie, soit un nombre supérieur à ce dont dispose toute la Wehrmacht à ce stade de la guerre. Les canons de 85 mm, très polyvalents, sont particulièrement redoutables depuis que l'Armée rouge a appris à les utiliser en masse et à les déployer dans des redoutes, des bâtiments et des milliers de points fortifiés bétonnés dont certains sont transportables. Une bonne partie de cet armement existe déjà de manière embryonnaire en juin 1941. Mais, comme les T-34, il a été trop souvent éparpillé – déployé « au compte-gouttes », pour employer le terme favori d'Erickson – et en trop petit nombre pour permettre de stabiliser l'intégralité du front, en plein effondrement.

Deux armes, spécifiquement conçues pour détruire les chars, doivent être mentionnées. La première est un fusil antichar particulièrement efficace, le Degtyartyov PTRD-41, qu'une section d'infanterie peut utiliser pour détruire les chenilles d'un char ou toute autre partie exposée, voire en tuer le conducteur. L'efficacité de cette arme rudimentaire, comparée aux bazookas américains ou aux *Panzerfausts* allemands, est due au fait que les Soviétiques la déploient en plus grand nombre que les autres nations et qu'ils attendent de leurs fantassins qu'ils en fassent un usage rapproché contre les chars allemands. L'Armée rouge l'emporte avec des armes parfois primitives (comme le premier T-34) et une capacité à sacrifier plus de troupes que son adversaire. Aux yeux de la Stavka, perdre la moitié d'un peloton de chars pour détruire deux Panzers en vaut la chandelle[58].

La deuxième arme est le canon antichar, plus puissant. Le premier modèle, de 45 mm à canon long, affiche un bilan mitigé – les colonnes de chars allemands en détruisent un grand nombre. Il est remplacé par le ZiS-2 de 57 mm. La production de ce dernier modèle, conçu par V. G. Grabin et assemblé dans la grande usine d'artillerie n° 92 de Gorky, débute en 1941, cesse de manière inexplicable en 1942 et reprend avec célérité en 1943, quand les Soviétiques réalisent que leurs pièces de 45 mm sont incapables de perforer l'armure des nouveaux chars Tigre et Panther. Les canons de 57 mm recommencent à sortir des chaînes d'assemblage à partir de juin 1943, quelques semaines avant l'offensive allemande du 5 juillet devant Koursk. Une fois de plus, on est frappé de constater la brièveté des délais avec lesquels des nouvelles armes sont déployées en première ligne, dans cette campagne comme dans d'autres. Sur cette bataille précise, John Keegan écrit : « Koursk peut être considérée comme la première bataille durant laquelle les pièces antichars [...] ont joué le rôle qui leur était dévolu – arrêter, voire détruire, les chars de l'ennemi sans avoir à faire usage de blindés en soutien[59]. »

La description, par Kathy Barbier, de la manière dont l'Armée rouge assemble toutes les pièces de ce puzzle avant l'offensive de Koursk est inégalable. En juillet 1943, explique-t-elle, « les Soviétiques ont construit toute une série de points d'appui avec d'importantes concentrations d'artillerie dans les secteurs les plus susceptibles d'être attaqués par l'ennemi. Ces points d'appui se soutiennent et forment des zones antichars. Dans chacune de ces zones se trouvent au moins trois compagnies abritées dans les points d'appui. Chacune compte de quatre à six pièces antichars, entre quinze et vingt fusils antichars, plusieurs chars et de l'artillerie automotrice, ainsi qu'une section du génie capable d'attaquer les chars avec des mines et des grenades. Les

Soviétiques utilisent tous les types d'artillerie, dont des pièces antiaériennes, au sein de leurs défenses antichars qui s'étendent sur 30 à 35 km de profondeur[60] ». Ce qui compte, encore une fois, c'est que les fusils antichars, les bazookas ou les mines peuvent se contenter d'endommager un char. Si sa chenille est endommagée, le Béhémoth se trouve immobilisé et sa capacité d'attaque réduite à néant. Les équipes de mécaniciens de la Wehrmacht sont déployées trop loin du front et l'état-major allemand semble n'avoir toujours pas saisi qu'une bonne organisation logistique est un des fondements de la victoire.

Fuller, stratège et polémiste excentrique, malgré son enthousiasme exagéré pour les attaques en profondeur, considère que si le rôle des Panzers est intrinsèquement offensif, celui de l'infanterie est intrinsèquement défensif. Le problème, c'est que Fuller et les gens de son espèce pensent qu'une offensive blindée rapide ne peut échouer et que l'offensive l'emportera toujours. Or, cela est tout bonnement impossible face au *huit* lignes de défense successives devant Koursk, ou face aux nombreuses lignes devant El-Alamein. Derrière ces lignes se tiennent par surcroît des réserves de blindés prêtes à contre-attaquer dès que les Panzers auront perdu au moins la moitié de leurs effectifs initiaux.

La Wehrmacht est donc, sur le front de l'Est, handicapée par plusieurs problèmes pratiques : se trouver à court de munitions et d'essence et faire face à des champs de mines et à des pièces antichars soviétiques particulièrement efficaces. D'un point de vue géographique, il n'existe plus un seul point du front qui soit assez faiblement défendu pour permettre une exploitation à la Guderian. Voilà pourquoi les journaux des armées allemandes qui frappent au sud comme au nord du saillant de Koursk, en juillet 1943, indiquent qu'elles sont régulièrement contraintes de tâtonner à la recherche d'un point faible dans les défenses de l'ennemi. En vain.

A partir de l'été 1943, les Russes bénéficient par ailleurs d'un nouvel avantage : la mobilité, offerte par le flux continuel de camions Studebaker et de Jeep. La guerre froide a provoqué un débat aussi chauvin que ridicule sur l'importance qu'a joué le prêt-bail américain dans la victoire des Soviétiques, et il est vrai que la majorité des véhicules de l'Armée rouge (58 % des 665 000 camions dont elle dispose à la fin de la guerre) sont de fabrication russe. Mais il est également vrai que les Jeep et les camions américains sont plus robustes et plus fiables, que les généraux commandant sur le front se battent pour en obtenir et qu'ils sont exclusivement dédiés au transport des canons et des munitions pour les troupes de première ligne, tandis que les camions russes sont employés pour transporter du matériel et évacuer les blessés. (Bel exemple de symbiose : les camions américains, transportés par des convois britanniques, augmentent la mobilité de Joukov.) En 1944, un régiment antichar motorisé se déplace probablement plus rapidement qu'un régiment de chars. Aucune autre armée n'est capable d'une telle prouesse[61].

La défense victorieuse de l'Armée rouge à Koursk, suivie d'une offensive méthodique vers l'Ouest durant l'année qui suit, est facilitée par trois autres avantages dont la Wehrmacht ne dispose pas : un corps de pontonniers digne de ce nom, des techniques efficaces d'intoxication et un vaste réseau de partisans. Les deux premiers avantages sont le parfait exemple de la manière dont des organismes intermédiaires peuvent fournir des solutions à des problèmes techniques précis. Comment faire franchir des fleuves et des rivières immenses à trois ou cinq armées soviétiques lancées à la reconquête systématique de l'Eurasie à partir de l'automne 1943 ? Nous verrons, au chapitre suivant, la manière dont les Anglo-Américains résolvent, après bien des déboires, un problème équivalent, celui de débarquer des troupes sur des rives tenues par l'ennemi. Ce défi logistique est énorme pour les groupes d'armées russes, constitués de quantités de chars, d'artillerie automotrice, d'artillerie lourde, de Katiouchas, de camions ou de matériel d'état-major, en raison des obstacles physiques posés par ces fleuves et rivières extrêmement larges, bordés de roseaux et qui ont joué un rôle si fondamental dans l'histoire russe : la Volga, le Don, le Dniepr, le Dniestr, la Vistule.

Ce problème logistique, voilà des siècles que les Russes, en raison de leur géographie et de leur histoire, sont contraints d'en tenir compte : en 1799, le grand général Souvorov marche en direction des Alpes avec son armée et doit pour cela franchir de nombreux fleuves. Si la construction de pontons ne prend guère de place dans les documents de planification soviétique de réarmement durant les années 1930, au 1er janvier 1942, tandis que la bataille de Moscou arrive à son terme, l'Armée rouge possède 46 bataillons de pontonniers, qui jouent un rôle majeur trois ans plus tard durant la poussée sur Berlin. En janvier 1944, l'Armée rouge dispose de 184 bataillons du génie et de 68 bataillons de pontonniers[62]. L'état-major soviétique accorde bien plus d'importance aux troupes du génie que le haut commandement allemand.

Le problème logistique échoit, dans l'urgence, après le début de l'opération Barbarossa, aux bureaux du NKO (le Commissariat du peuple à la Défense) – et nous manquons de détails relatifs à l'identité des personnes en charge de ce dossier. Les possibilités sont, au départ, très limitées, car il est bien difficile de concevoir et de fabriquer des pontons lorsque l'envahisseur est aux portes de Minsk, de Kiev, de Smolensk et se rapproche de Moscou. Mais, au printemps 1942, le NKO envoie ses premiers équipements, pour la plupart des bacs en bois (pour le dire plus franchement : de simples radeaux) permettant de transporter des troupes et de l'équipement léger de part et d'autre d'un fleuve ou d'une rivière et qui peuvent être solidarisés pour former un pont de fortune, pouvant être démantelé avant d'être redéployé ailleurs. Ces « parcs de pontons » sont construits à partir de matériaux simples et produits en masse ; les usines soviétiques ne produiront pas les équivalents des barges américaines de transport de blindés comme les LCT (*Landing Craft, Tanks*). En septembre 1942, les premiers modèles de pontons TMP arrivent sur le front, peu avant l'offensive sur Stalingrad. Les équipes de spécialistes chargées de leur assemblage sont en mesure de jeter un pont sur la Volga, avec une capacité de portance de 80 tonnes, dans un délai de trois à cinq heures ; un exploit remarquable[63].

Parallèlement, un autre groupe de concepteurs et d'équipes de production du NKO s'attelle à la création d'équipements destinés à mettre en pratique une des tactiques préférées de l'Armée rouge – la *maskirovka* ou intoxication de l'ennemi. L'idée est aussi vieille que la guerre – Scipion, Frédéric le Grand, Napoléon, Sherman, tous ont utilisé des techniques de ce genre et les Alliés occidentaux s'y adonnent avec succès durant les préparatifs du 6 juin 1944 et pendant l'opération. La Stavka considère l'intoxication de l'ennemi comme un point fondamental de son entreprise de reconquête, pour deux raisons évidentes : la première est qu'elle se méfie, comme les Alliés de l'Ouest, des capacités de l'armée allemande à réagir avec vigueur et rapidité à une attaque, où qu'elle ait lieu ; la seconde, parce qu'une attaque à travers un cours d'eau large et à fort courant est aussi délicate qu'un débarquement sur un atoll corallien, en raison de la vulnérabilité des troupes d'assaut face aux tirs de l'ennemi retranché sur la rive. Il est donc impératif de frapper là où l'ennemi ne se trouve pas, ou avec des défenses plus faibles. Le NKO se lance donc dans la production d'un matériel nombreux, allant des filets de camouflage au matériel de dissimulation en passant par de faux blindés et de fausses pièces d'artillerie. Tout ce matériel est servi, sur le terrain, par des compagnies spéciales de *maskirovka* déployées sur chacun des fronts de l'Armée rouge avec une mission double : dissimuler les concentrations de troupes et les points de départ des futurs offensives, et attirer l'attention sur des secteurs où une attaque n'aura pas lieu[64].

L'efficacité de cette tactique est encore renforcée par la montée en puissance des groupes de partisans soviétiques opérant sur les arrières de l'armée allemande à partir du milieu de 1942. Le haut commandement allemand est ainsi rattrapé par les mauvais traitements insensés infligés par les nazis aux Ukrainiens et autres groupes ethniques présents au sein de l'empire pourtant honni de Staline. Plus les actions de représailles à l'encontre des partisans se radicalisent (exécutions de masse, pendaisons à des arbres, destructions d'églises), plus les rangs des partisans se grossissent d'hommes, de femmes et même d'enfants. Les difficultés rencontrées par la Wehrmacht dans ses opérations de répression en Crète, en Grèce et en Yougoslavie ne lui sont apparemment d'aucune leçon. De la Bretagne à la Biélorussie, de la Norvège à Rhodes, les troupes allemandes doivent à la fois faire face aux attaques des troupes des Alliés et à celles, plus sporadiques, des mouvements de résistance opérant dans les territoires conquis. Les officiers de coordination soviétiques, comme leurs équivalents britanniques, travaillent assidûment à fournir les partisans en armes, en explosifs, en radios et en artificiers. Dès le début de la bataille de Koursk, on estime qu'environ 100 000 partisans effectuent des actions de sabotage et d'embuscade. Durant le mois de juin 1943, les groupes de partisans détruisent 298 locomotives, 1 222 wagons et 44 ponts dans le secteur situé sur les arrières du groupe d'armées Centre, un signe inquiétant adressé à Manstein et aux autres généraux allemands en prélude à l'opération Citadelle. Un an plus tard, peu avant le début de la grande opération Bagration, des partisans biélorusses font sauter des dizaines de milliers de tonnes d'explosifs sur les voies ferrées et les ponts des Allemands, et attendent de recevoir l'ordre d'attaquer les troupes allemandes en repli après le succès de l'offensive russe. Si les partisans peuvent prêter main-forte à l'Armée rouge, ils ne peuvent pas inverser à eux seuls le cours de la campagne du front de l'Est. Comme un historien l'a fait remarquer, leur influence est particulièrement décisive au moment où les principales armées soviétiques commencent leur marche finale sur Berlin[65].

Les partisans fournissent également de nombreuses informations sur les mouvements des troupes allemandes. Il est pourtant difficile de les utiliser, car en 1943 et 1944 les rapports proviennent de dizaines, voire de centaines de groupes de partisans et la Stavka se retrouve dans la même situation que le commandement américain avant Pearl Harbor : le trop-plein d'informations. Le service de renseignements de la Stavka doit donc disposer d'informations précises : délais, chiffres, points de départ et axes de progression exacts. De toutes parts – des casseurs de code d'Ultra en Grande-Bretagne, de la *Rote Kappelle* aux Cinq de Cambridge* et jusqu'aux prisonniers – proviennent des informations sur une offensive majeure des Allemands en préparation pour le début de l'été 1943, mais quels renseignements cela donne-t-il à Joukov qu'il ne connaisse déjà ? La Stavka a déjà connu trois alertes différentes pour le seul mois de mai. Début juillet, le suspense est devenu intolérable. Mais le 5 juillet, à 2 heures du matin, une section d'infanterie russe capture un sapeur allemand en train de nettoyer un champ

* La *Rote Kappelle*, ou « Orchestre rouge », est un réseau mis en place par l'agent soviétique Léopold Trepper. Les Cinq de Cambridge sont, comme leur nom le suggère, cinq brillants espions britanniques favorables à l'URSS et qui espionnent pour son compte. La découverte tardive de leurs activités provoquera un immense scandale au Royaume-Uni, bien après la guerre (*NdT*).

de mines. Joukov et Rokossovski lancent immédiatement un bombardement préventif des positions allemandes pour gêner leurs préparatifs (on est frappé par le contraste avec la réaction des Soviétiques durant la nuit du 21 au 22 juin 1941, qui fut inexistante alors que les signes étaient tout aussi clairs). La bataille pour le saillant de Koursk vient de débuter ; le rôle joué par le renseignement dans son déroulement demeure mystérieux et le débat sur « Koursk et le renseignement russe » continue de faire rage entre les spécialistes[66].

Mais la Stavka est également abondamment informée par les nombreuses reconnaissances aériennes, dont la qualité s'est considérablement améliorée depuis la bataille de Stalingrad. Elles sont précieuses pour bien des raisons : disponibles presque immédiatement, elles sont plus aisément vérifiables qu'un message radio en provenance des forêts de Biélorussie. Elles offrent aux généraux soviétiques la possibilité de redéployer leurs troupes et à la Stavka de déplacer ses réserves. Elles servent aux forces aériennes soviétiques pour préparer leurs missions d'appui au sol.

La puissance aérienne soviétique en question

Les forces aériennes soviétiques connaissent, elles aussi, un essor considérable en nombre et en matériel après 1942. Mais il est difficile d'évaluer leurs performances et leur contribution à la victoire sur le front de l'Est. L'historien doit patiemment gratter l'épaisse couche de propagande contemporaine (et de la guerre froide) qui obscurcit le tableau. Par ailleurs, de nombreuses archives soviétiques demeurent inaccessibles, tandis que l'authenticité des Mémoires est sujette à caution. Il faut donc, pour l'essentiel, s'appuyer sur les archives allemandes. On peut malgré tout en tirer quelques conclusions.

La première est que le rôle joué par les forces aériennes soviétiques est bien plus spécifique que celui, plus polyvalent, que doivent jouer les forces aériennes britanniques et américaines. L'Union soviétique n'a pas à livrer de batailles aéronavales, sur mer, ne possède pas d'avions embarqués, ni de porte-avions, ni d'escorteurs. Il n'existe aucun équivalent du Coastal Command, tant en termes de matériel que d'infrastructures, de personnel au sol, de matériel de reconnaissance, de production d'appareils, d'acheminement de carburant et de munitions, toutes choses nécessaires pour livrer bataille aux terribles U-boote. Aucun effort réel n'est entrepris non plus en faveur du développement d'une aviation stratégique et de la production de bombardiers quadrimoteurs qui en constituent l'armature en Grande-Bretagne et aux Etats-Unis. La contribution des forces aériennes soviétiques se limite donc à deux secteurs : la chasse, afin de défendre le territoire face aux attaques de la Luftwaffe et obtenir la maîtrise des airs au-dessus du champ de bataille ; et l'appui au sol, afin de bombarder et mitrailler les troupes de la Wehrmacht, en soutien des troupes soviétiques.

Même dans ces deux secteurs, pourtant limités, il est difficile d'évaluer objectivement l'efficacité des forces aériennes soviétiques, et pour deux raisons. La première est que nous manquons de donnés techniques fiables pour évaluer leur capacité de combat. Si l'on peut admettre que les performances des avions russes s'améliorent régulièrement, surtout à partir de 1943, c'est que la tendance s'observe partout. Il est plus difficile de déterminer la véracité de certains propos tenus à la fin de la guerre et après, comparant les performances du Yak-3 aux derniers modèles de Spitfire, pour la simple raison que les deux appareils ne se sont jamais affrontés et que le Yak-3 n'a pas non plus été engagé dans une lutte féroce comparable à la bataille d'Angleterre, ni aux opérations massives effectuées sur le front de l'Ouest de février à avril 1944. Les Soviétiques n'ont pas été davantage impliqués dans des batailles comme celle du « grand tir aux pigeons des Mariannes » (voir chapitre 5) durant laquelle la supériorité des Hellcat sur les Zéros est totale. Si ce que nous savons du T-34 peut nous servir de guide, les données dont nous disposons sur la puissance motrice et la vitesse des chasseurs soviétiques indiquent de nettes insuffisances. La question qui demeure est la suivante : le Yak-3 était-il meilleur que les avions allemands en combat aérien ? Nous ne le saurons sans doute jamais.

La seconde difficulté est plus grande encore : comment évaluer la suprématie aérienne croissante des Soviétiques durant les dix-huit derniers mois de la guerre alors que la majorité des escadrilles de chasseurs de la Luftwaffe et les as allemands sont redéployés en Europe de l'Ouest ? Lorsque débute l'opération Barbarossa, les forces aériennes allemandes combattent sur trois fronts (Est, Ouest et Sud), mais jusqu'à la fin de 1942 la moitié de leurs escadrilles sont déployées sur le front de l'Est. Débute alors la campagne de bombardement anglo-américaine de l'Allemagne, et particulièrement la dévastation de Hambourg en juillet-août 1943, qui inquiète tant Speer, Goering, Milch, Galland et d'autres (jusqu'à Goebbels, qui l'évoque dans son journal). Tous sentent que d'importantes ressources doivent être dédiées à la défense des infrastructures industrielles allemandes, bien que cela implique de les prélever ailleurs. Comme nous l'avons vu au chapitre 2, la campagne aérienne des Anglo-Américains est (momentanément) enrayée, au prix du redéploiement des escadrilles allemandes opérant à l'Est.

Ce redéploiement s'intensifie avec la massification de la campagne de bombardement des Alliés en Europe de l'Ouest. L'impact sur la campagne livrée en Russie est manifeste. En avril 1944, les forces aériennes allemandes ont déserté le front de l'Est : il n'y reste plus que 500 avions de tous types pour affronter plus de 13 000 appareils soviétiques[67]. A cette époque, l'Allemagne concentre l'essentiel de ses batteries antiaériennes (10 000 pièces et un demi-million de soldats) pour défendre les villes allemandes plutôt que pour abattre les forces aériennes soviétiques et enrayer la progression de Joukov. Staline se plaint constamment, auprès de Churchill, de ce que les Occidentaux n'en font pas assez pour abattre l'Allemagne. Il refuse de voir que la guerre aérienne en Russie est sans doute majoritairement gagnée, de manière indirecte, par la guerre livrée dans le ciel de la Ruhr.

Les forces aériennes soviétiques sont-elles particulièrement performantes ou faut-il attribuer leur succès à la faiblesse croissante de la Luftwaffe, dont les avions sont pilotés par des aviateurs de plus en plus inexpérimentés ? La VVS (les forces aériennes soviétiques) ne connaît-elle pas son plein essor alors que la guerre est déjà gagnée ? Y a-t-il eu une occasion (voire plusieurs occasions) où une quinzaine de Yak-3 l'auraient emporté sur une quinzaine de Fw-190 ? Le grand pilote russe Kozhemiako rapporte, dans ses Mémoires, une rencontre entre ses Yak et quatre chasseurs

Fw-190 ; ayant aperçu les Russes, les Fw-190 accélèrent et s'enfuient (ce qu'ils n'auraient pas pu faire face à des Spitfire ou des Mustang). Surtout, rares sont les Fw-190 encore déployés sur le front de l'Est fin 1944. Ils servent pour l'essentiel de chasseurs bombardiers pour remplacer les vieux Stuka. Durant l'opération Bagration, le ratio de chasseurs est de *cinquante-huit contre un* en faveur des forces aériennes soviétiques. Comment évaluer les qualités respectives des adversaires dans de telles conditions ? La légende de l'envol du « Phénix rouge » n'est-elle pas due au fait qu'il ne fait alors face à aucune opposition et que ce qui reste de la Luftwaffe est bien plus occupé à approvisionner les défenseurs et à bombarder les pontons soviétiques qu'à lui disputer la maîtrise des airs[68] ?

Cet aspect de la guerre aérienne durant la Seconde Guerre mondiale conserve donc sa part de mystère, malgré des études complètes sur le sujet[69]. Les forces aériennes soviétiques sont quasi inexistantes au début de la guerre. Le premier jour de l'opération Barbarossa, les Russes perdent environ 1 200 avions (la plupart au sol) pour la perte de 35 appareils côté allemand. Les Russes remontent ensuite lentement la pente. A la fin de la bataille de Stalingrad (où les combats de rue sont si rapprochés que les Stuka ne peuvent appuyer les troupes au sol), les soldats de l'Armée rouge peuvent enfin apercevoir quelques avions frappés de l'étoile rouge. La pression exercée par les Anglo-Américains joue également son rôle : la Luftwaffe doit faire face à l'effondrement du front méditerranéen, à l'arrivée de bombardiers américains en Angleterre et à la destruction des villes allemandes par les avions de Harris. La VVS dispose à présent de meilleurs avions, dont le Yak-9 et le Sturmovik d'Iliouchine, chasseur de chars incroyablement résistant, plutôt lent et conçu pour appuyer la poussée de l'Armée rouge vers l'Ouest[70]. En 1944, le Yak-3 est toujours en service et sème la désolation au sein des escadrilles d'avions de transport, de bombardiers légers et de variantes plus ou moins heureuses du Focke-Wulf 190. La VVS a bientôt ses propres « as » (dont des femmes), mais continue de perdre plus d'avions que la Luftwaffe, même à l'époque de l'opération Bagration. On sort de cette histoire complexe avec le sentiment que le rôle exact des forces aériennes soviétiques dans la victoire sur le front de l'Est est impossible à déter-

Le capitaine « Johnnie » Walker, commandant du 2e groupe d'escorte sur le *HMS Woodpecker*, en février 1944. Formidable chasseur de U-boote, son groupe revendique la destruction de 20 unités lors de la bataille de l'Atlantique. © IWM (A21988)

Les hommes du HMS *Starling*, l'un des six sloops composant le 2e groupe d'escorte, largent leurs charges anti-sous-marines. Déployés en lignes, les navires lancent leurs charges simultanément, à la manière d'un barrage roulant d'artillerie. © IWM (A21992)

Le premier atout technique dans la bataille des convois : le magnétron à cavité. Inventé par le professeur Mark Oliphant, cet appareil de quelques centimètres peut détecter de petits objets métalliques, comme le kiosque d'un sous-marin. © IWM (COM707)

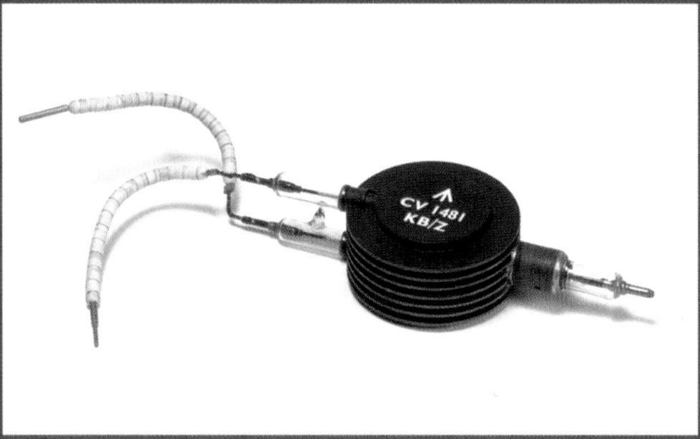

Le mortier « hérisson » du HMS *Westcott*. Né du rêve d'un officier excentrique, le lieutenant-colonel Stewart Blacker, et développé par l'étonnant DMWD de l'Amirauté, le « hérisson » sera utilisé par les escorteurs Alliés pour détruire les sous-marins avec une redoutable efficacité. © IWM (A31000)

8 février 1940 : des avions à rayon d'action moyen Wellington de la RAF. De nuit, lorsque son radar lui permet de se rapprocher suffisamment d'un U-boot en surface, ses projecteurs Leigh s'allument et donnent le signal du carnage.

Un projecteur Leigh monté sur un Liberator de la RAF. Inventé par le *Squadron Leader* Humphrey de Verde Leigh, ce projecteur lumineux débusqua des dizaines sinon des centaines de U-boote en surface dans le golfe de Gascogne, les obligeant à plonger en catastrophe pour éviter les bombes. © IWM (CH 13997)

Un Wellington et son équipage, le 4 novembre 1941.
Conçu à l'origine pour bombarder l'ouest de l'Allemagne, ils équipent à partir de 1943 les forces du Coastal Command. © IWM (CH3943)

Une usine de montage du P-51 Mustang, à Inglewood, en Californie, vers 1942. Le Mustang, avion américain, sera équipé du moteur anglais Merlin et deviendra le meilleur chasseur à long rayon d'action de la Seconde Guerre mondiale. © Mead Maddick Lownds/Corbis

Des P-51 au-dessus de l'Angleterre. © Bettmann/Corbis

Le raid de Dieppe, en 1942, ou l'échec d'un débarquement : la RAF perd 119 appareils, les bombes et les obus allemands coulent un destroyer et 33 navires de débarquement. Les Canadiens subissent des pertes terribles : sur les 6 100 hommes débarqués, plus d'un millier sont tués et 2 300 sont capturés. © IWM (HU1904)

Malgré les sanglants affrontements de la bataille de Guadalcanal, qui fait rage d'août 1942 à janvier 1943, le débarquement est un succès : les Américains parviennent à débarquer 11 000 des 19 000 Marines engagés en une seule journée. © Preston/Corbis

Des commandos démantelant les obstacles des plages de Normandie, en juin 1944. © adoc-photos

Percy Hobart, inventeur génial, père, entre autres, des blindés capables de traverser les plages couvertes de mines et de barbelés. Officier britannique, il est le créateur de ce que ses hommes appelleront les *Hobart's funnies* (les « gadgets de Hobart »). © IWM (H20697)

Un nettoyeur de mines, inventé par Hobart. L'instrument de base est le char Sherman, alors converti en une multitude de variantes : chars flottants (les *Duplex Drive*), chars-fléaux (*Crabs*), chars pourvus de lames de bulldozer, de lance-flammes (*Crocodiles*)... © Corbis

L'un des ports Mulberry, en juin 1944, sur Omaha Beach. © Rue des Archives / AGIP

Vue aérienne des deux ports Mulberry installés en face d'Arromanches le 9 juin 1944. Près de 1,5 million de tonnes d'acier et de béton sont ainsi déployées permettant le débarquement, dix jours après le Jour J, de 326 000 hommes et de 54 000 véhicules © IWM (C4626)

L'amiral américain Ben Moreell. Fin décembre 1941, il recommande à Roosevelt l'établissement de bataillons de construction de la marine. Ces *Construction Battalions* seront surnommés « CBs » puis *Seabees*, littéralement les « Abeilles de mer ». © Dimitri Kessel/Time & Life pictures/ Getty images

Les *Seabees* en action sur les plages du Pacifique. Au total, 325 000 hommes vont s'engager dans les *Seabees* durant la guerre, construisant l'équivalent de plus de 10 milliards de dollars d'infrastructures dans le monde. © J.R. Eyreman / Time & Life pictures / Getty images

Raser la jungle pour construire une piste d'atterrissage, tel est l'un des nombreux exploits des *Seabees* pour venir à bout de la tyrannie de la distance. Dans le Pacifique, ces artisans de la victoire ont bâti 111 aérodromes majeurs. © J.R. Eyreman / Time & Life pictures / Getty images

Expression du triomphe soviétique, des soldats allemands, prisonniers de guerre, défilent à Moscou (1944).

Berlin 1945 : Joukov et Montgomery, les artisans de l'enrayement de la *Blitzkrieg*, lors de la parade de la victoire des Alliés devant la porte de Brandebourg.

miner. Il demeure malgré tout évident qu'il est de très loin inférieur à celui que ses premiers propagandistes ont tenté d'accréditer.

Le début de la fin : de Bagration à Berlin

Le 22 juin 1944, alors que les Alliés de l'Ouest commencent à s'éloigner des côtes de Normandie et que les troupes américaines bataillent sur Saipan, l'Armée rouge lance l'opération Bagration, une offensive massive contre le centre du front allemand qui implique plusieurs fois le nombre combiné des troupes combattant en France et dans les îles Mariannes. Sur le front de l'Est, tout est démesuré, mais la taille des effectifs engagés par les Soviétiques, au sol et dans les airs, pour l'opération Bagration dépasse tout ce qui a été engagé jusqu'alors, à Moscou, Stalingrad ou Koursk. L'opération a été baptisée par Staline du nom du plus grand général de l'histoire russe, Piotr Bagration, mort des blessures reçues lors du coup d'arrêt qu'il infligea aux armées de Napoléon à la grande bataille de la Moskova, en 1812. Bagration, comme Staline, est natif de Géorgie, et l'opération est lancée trois ans jour pour jour après l'invasion de l'Union soviétique, ce qui n'est certainement pas un hasard. Le signal est clair : la Russie passe à l'attaque[71].

Le nombre de soldats, de chars et de canons participant à cette gigantesque offensive soviétique lancée depuis l'Ukraine en direction de la Pologne paraît ahurissant au vu des effectifs engagés dans les opérations d'après guerre et apparaît même difficile à établir avec précision. Faut-il englober toutes les troupes soviétiques du front ou seulement celles qui livrent l'assaut initial de l'opération ? Cela ne fait sans doute guère de différence, car les chiffres qui varient et sont parfois contradictoires laissent pantois. Selon un récit, « au début de l'offensive, la Stavka déploie environ 1 700 000 hommes en première ligne et, en soutien, approximativement 24 000 pièces d'artillerie, 4 080 chars et canons d'assaut et 6 334 avions. Les Allemands disposent, au départ, d'environ 800 000 hommes, 9 500 pièces d'artillerie, mais seulement 553 chars et 839 avions[72] ». Lors de la deuxième bataille d'El-Alamein, Rommel ne disposait que de 27 000 hommes ; les troupes britanniques, avoisinant le total formidable de 230 000 hommes, sont inférieures en nombre à chacun des cinq groupes d'armées soviétiques qui passent à l'offensive en juin 1944.

Mais l'opération Bagration n'est pas une simple démonstration de force brute. L'Armée rouge a atteint son plein potentiel. Elle a grandement souffert durant ses premières batailles contre les Allemands, subissant des pertes disproportionnées. L'armée, dans son ensemble, a commis de nombreuses erreurs et a mis beaucoup de temps à tirer les leçons de ses humiliations comme de ses coûteuses victoires. Mais le haut commandement est parvenu à assembler toutes les pièces du puzzle pour obtenir le plus imposant triomphe de toute la guerre. A ce moment du conflit, Staline accepte même de confier à deux membres de la Stavka, Joukov et Vassilevski, la coordination des parties centrales des cinq fronts gigantesques qui s'étirent de la Baltique à l'Ukraine – à condition, naturellement, que Joukov tienne quotidiennement informé son maître suspicieux des progrès de la bataille.

Dans cette bataille gigantesque, l'Armée rouge doit faire face au problème inversé du « torrent en crue » cher à Liddell Hart* : les lignes du défenseur se contractent et sont de plus en plus concentrées. En juin 1944, la longueur du front de l'Est est encore énorme et le poids des effectifs de l'Armée rouge est écrasant. Ironiquement, plus la Wehrmacht recule, malgré les contre-ordres furieux d'Hitler, plus l'*Ostfeldzug* se met à ressembler au front de l'Ouest en 1914-1918. Mais, cette fois-ci, l'attaquant a une supériorité numérique de trois à quatre contre un. En certains endroits, elle avoisine dix contre un.

Chacune des pièces de la machinerie élaborée pour la réussite d'une offensive terrestre d'envergure doit travailler de concert avec les autres au sein de l'Armée rouge. Si l'OKW anticipe une nouvelle grande offensive soviétique durant les mois d'été, il ignore tout du lieu de cette attaque – il penche pour le Sud ou pour le front de la Baltique. L'OKW sous-estime grandement les effectifs déployés devant

---

* C'est dans son manuel pour l'infanterie, rédigé en 1920, que Liddell Hart élabore cette métaphore : l'offensive, comme un ruisseau, doit contourner les obstacles et suivre la forte pente, noyant ainsi toute la résistance de l'ennemi (*NdT*).

Minsk. Le char T-34/85, produit à présent en grand nombre et dont la plupart des défauts ont été corrigés, est quasiment irrésistible. En combat singulier et frontal, le Tigre et le Panther lui sont encore supérieurs, mais les tactiques soviétiques sont bien plus élaborées et les T-34/85, plus rapides, contournent les chars nazis plus lents ou les attirent dans des embuscades. Les bataillons de pontonniers ont atteint un sommet d'efficacité et peuvent s'appuyer sur les renseignements fournis par les partisans pour franchir en sécurité le Dniepr et la Berezina.

Surtout, grâce à une meilleure dotation en camions et à une logistique renforcée, les tactiques de pénétration en profondeur et d'exploitation de l'Armée rouge sont enfin réalisables (de telles tactiques avaient été envisagées dès 1935, mais avaient été abandonnées par suite des purges). Ironie suprême, enfin débarrassées du contrôle trop rigide exercé par Staline, les armées russes sont plus flexibles, tandis que les Allemands abandonnent leur *Bewegungskrieg* (guerre fluide) traditionnelle et optent pour une politique insensée de conservation à tout prix de chaque point d'appui – le Führer a interdit toute retraite – qui facilite encore les encerclements soviétiques[73]. Les escadrilles d'attaque au sol des Soviétiques bénéficient également de la suprématie aérienne au-dessus du champ de bataille. Enfin, les soldats russes sont des hommes rompus au combat, maison par maison, rue par rue, haie par haie. Tandis que l'Armée rouge dispose de toujours plus de divisions expérimentées, les Allemands en alignent de moins en moins.

La Stavka ordonne des coups de sonde réguliers sur l'ensemble du front de ses cinq groupes d'armées (baptisés « Fronts ») pour entretenir l'incertitude. Puis elle ordonne une suite d'attaques qui s'étire dans le temps (offensive sur Polotsk le 1er juillet, sur Vilnius le 7 juillet, etc.), l'offensive principale ayant lieu au centre afin de s'emparer de Minsk et de marcher vers l'Ouest et la frontière polonaise. Ces combats sont les plus féroces depuis Stalingrad et le résultat est identique – une armée allemande capturée et une autre très malmenée. En douze jours, entre le 22 juin et le 4 juillet 1944, le groupe d'armées Centre allemand perd 25 divisions et 300 000 hommes, dans ce que Steven Zaloga appelle la « défaite la plus calamiteuse de l'armée allemande de toute la Seconde Guerre mondiale ». Au total, les Allemands perdent la somme colossale de 670 000 hommes, tués, blessés ou capturés, mais les pertes russes sont supérieures (178 000 tués et 587 000 blessés). La route de Berlin est sanglante. Mais l'Union soviétique peut encore mobiliser des millions d'hommes, et pour une seule campagne. Elle ne combat pas seule, les armées anglo-américano-canadiennes sont enfin à pied d'œuvre. Au mois d'août 1944, alors que la campagne de Normandie touche à sa fin, la Wehrmacht a perdu 450 000 hommes de plus. Les divisions de pointe des Alliés mentionnent que la plupart des soldats capturés durant la dernière année de la guerre sont des vieillards ou des membres des Hitlerjugend, recrutés en désespoir de cause pour combler les pertes des bataillons réguliers.

L'étau se resserre. Au déclenchement de Bagration, les Soviétiques se trouvent à 1 200 kilomètres de Berlin et les armées de Patton, en Normandie, à un peu plus de 1 000 kilomètres de la capitale du Reich. Deux mois plus tard, Paris est libéré et les unités de l'Armée rouge, qui ont couvert une plus grande distance, sont devant Varsovie et ont franchi la Vistule. Les armées alliées d'Italie butent sur la ligne Gothique, au nord de Rome. Toutes ces armées sont fatiguées, avancent au ralenti et peinent à recevoir l'approvisionnement nécessaire en hommes et en matériel. Mais chacun se console en se souvenant qu'au mois de juin 1944 le Troisième Reich a subi des défaites colossales. Comme un historien anglo-saxon le résume par le titre d'un récent ouvrage : « La *Blitzkrieg* n'est plus[74]. » Cela faisait déjà quelque temps que cette guerre n'était plus vraiment éclair ; elle est passée de vie à trépas.

Lorsque l'opération Bagration cesse, en août 1944, malgré l'épuisement des troupes, le manque de carburant, de munitions et de pièces détachées qui ont eu du mal à suivre l'avancée des combattants, l'issue de la campagne ne fait désormais plus de doute. Les Finlandais se défont prestement de la mainmise des nazis et signent un traité de paix séparé avec les Soviétiques en septembre. Dans le Sud, la Roumanie et la Bulgarie faussent également compagnie au Reich de mille ans. C'est bientôt le tour de Berlin où la résistance allemande est acharnée, malgré un rapport de forces écrasant en faveur des Russes[75]. Cette résistance est naturellement sans espoir, comme à l'Ouest, mais elle est nourrie par une passion idéologique qui imprègne autant les soldats de la Wehrmacht que ceux de la Waffen-SS et par la crainte, pathologique, qu'une capitulation signifierait une agonie ressemblant à s'y méprendre à celle infligée par les Allemands à leurs ennemis vaincus sur le front de l'Est durant les années précédentes. Elle est également alimentée par la constante augmentation des atrocités commises à l'égard des populations civiles d'un Reich condamné[76].

L'importance de cette campagne titanesque est claire. Si l'Allemagne ne pouvait être défaite en Russie, affaiblie en Afrique du Nord, en Italie et en France, la guerre ne pouvait être gagnée. Les victoires sur mer et dans les airs, pour nécessaires et critiques qu'elles soient, ne suffisent pas. Les premières permettent de protéger les lignes transatlantiques. Les secondes offrent une couverture aérienne aux principales bases de départ de la reconquête, en Grande-Bretagne et en Afrique du Nord, et permettent à des milliers de bombardiers alliés de détruire l'infrastructure industrielle du Troisième Reich. Mais, Hitler refusant de se rendre, il faut bien qu'une armée écrase la formidable machine allemande et marche jusqu'au bunker du Führer pour mettre un terme à la guerre. Pour l'essentiel, c'est l'Armée rouge qui s'en charge. Quatre-vingt-cinq pour cent des pertes de la Wehrmacht sont subies sur le front de l'Est.

Les Allemands n'ont clairement pas anticipé l'endurance des soldats soviétiques ni la capacité des ingénieurs et des concepteurs à fournir à ces soldats un armement de plus en plus efficace. A de rares exceptions, ils ont également ignoré la folie que constituait une telle opération d'un point de vue géographique. Halder fait partie de ces exceptions. Avant d'être renvoyé de son poste de chef d'état-major de l'armée, il s'élève constamment contre l'hyper-extension du front. Dans son journal, en date du 11 août 1941, après s'être, comme nous l'avons déjà vu, lamenté du fait que l'armée allemande avait déjà identifié 360 divisions russes alors qu'elle en estimait le nombre à 200, il poursuit : « Le temps [...] joue en leur faveur, car ils sont proches de leurs sources d'approvisionnement tandis que nous nous éloignons de plus en plus des nôtres. Nos troupes, éparpillées sur un front immense, sans profondeur, sont sujettes aux attaques constantes de l'ennemi. Parfois, ce dernier l'emporte, tant les espaces sont nombreux sur ce front si étendu. » Il faut pourtant attendre le mois de septembre 1942 pour que Halder soit renvoyé. Rundstedt l'a déjà été pour avoir suggéré un repli avant l'hiver. Les offensives fatales en direction du Caucase et de Stalingrad se poursuivent. En 1943 et 1944, de nombreux généraux comprennent qu'ils défendent un espace trop étendu, mais la moindre critique ou le moindre repli entraînent leur renvoi. C'est le général Kurt Zeitzler qui remplace, de 1942 à 1944, le général Halder à la tête de l'état-major. Bien après la fin de la guerre, Zeitzler se lancera dans la rédaction d'un essai surprenant, fondé sur des observations géographiques et intitulé « Les hommes et l'espace dans la guerre ». Selon ses calculs, au déclenchement de l'opération Barbarossa, le front de l'Est mesure approximativement 700 kilomètres de long. Fin 1941, la Wehrmacht a progressé de plus d'un millier de kilomètres et le front mesure désormais 1 800 kilomètres. Il en mesure plus de 2 000 à l'été 1942, à une époque où Zeitzler demande vainement à Hitler d'effectuer des replis. Fin 1942, le front mesure approximativement 2 400 kilomètres alors qu'au même moment les troupes allemandes doivent garnir le mur de l'Atlantique, soit 1 800 kilomètres de long, et les côtes de Norvège et du Danemark (2 000 kilomètres), sans compter l'Afrique du Nord, les Balkans, la Crète, Rhodes et d'autres îles. Zeitzler, homme énergique, doit abandonner son poste en juillet 1944 suite à une grande dépression nerveuse ; il ne se penchera sur ces questions que bien après la fin de la guerre.

Théoriquement, tous les fronts de l'empire nazi sont défendables, à la condition que l'Allemagne dispose de la supériorité tactique et technologique dont avait pu bénéficier, des siècles durant, l'Empire romain soumis aux incursions barbares. Mais l'Allemagne ne possède pas une telle supériorité. Pire encore : à partir de 1943, la supériorité logistique et opérationnelle, sur terre, tourne clairement à l'avantage des Alliés[77].

Considérations finales

Aussi étrange que cela puisse paraître, la guerre sur le front de l'Est n'est pas sans ressembler à une autre campagne épique de la Seconde Guerre mondiale : celle de l'Atlantique. Ces deux batailles se déroulent peu ou prou aux mêmes latitudes, l'une à la pointe orientale de l'Allemagne, l'autre très au-delà de ses frontières occidentales. Les deux adversaires d'Hitler, la Grande-Bretagne et l'Union soviétique – et leurs chefs de guerre respectifs, Churchill et Staline –, considèrent cette lutte comme existentielle. Continuant la lutte malgré les premiers désastres, chacun parvient à assécher les ressources allemandes (armement, acier, roulements à billes, personnel qualifié, équipement de détection, couverture aérienne) d'est en ouest. Le bombardement des usines et des villes allemandes par la RAF exacerbe encore les problèmes de ressources des Allemands, avant même l'entrée en guerre des Etats-Unis. Les efforts terrestres des Russes sont sans cesse connectés, de manière lointaine mais claire, aux actions navales et aériennes entreprises par la Grande-Bretagne, car les deux adversaires contraignent en permanence Berlin à faire le choix de l'affectation de ses ressources.

La bataille de l'Atlantique et la guerre à l'Est sont des batailles d'usure, qui s'écoulent des années durant, avec de nombreux retournements, et qui voient chacun des camps engager toujours plus de renforts, d'armes nouvelles, s'appuyer sur les dernières méthodes du renseignement et s'affronter aux périphéries du champ de bataille, sans jamais perdre de vue que la bataille se gagnera au centre. En 1941 et en 1942, ces deux grands conflits provoquent des pertes importantes, sans jamais parvenir à contraindre un des participants à cesser le combat, comme la Pologne, la France, la Norvège et d'autres pays l'ont déjà fait. Les grandes puissances disposent d'immenses ressources, qui leur permettent de livrer des guerres plus longues. Ce n'est qu'entre le milieu et la fin de l'année 1943 que l'issue devient évidente. Les U-boote de Dönitz ne peuvent l'emporter dans l'Atlantique, pas plus que les Panzers de Manstein en Russie. Les forces allemandes vaincues, terrestres, aériennes et navales, continuent d'être dangereuses et combattent toujours fort bien ; mais leurs beaux jours sont derrières elles. Il n'est par ailleurs plus même question d'une éventuelle paix de compromis, comme en 1918. La « capitulation sans conditions » exigée à Casablanca n'est pas une suite de vains mots.

Deuxièmement, sur le front de l'Est comme dans l'Atlantique, aucune arme miracle ne change, à elle seule, le cours de la campagne. La bataille de l'Atlantique n'a pas été *tout particulièrement* gagnée grâce à Enigma ou au hérisson, aux torpilles acoustiques ou au radar miniature, pas plus que par les avions à long rayon d'action et les porte-avions d'escorte, les groupes d'escorteurs, les projecteurs Leigh ou le bombardement des chantiers navals et des bases de sous-marins. C'est la conjugaison de tous ces facteurs qui, au milieu de l'année 1943, change la donne. Tout historien qui désignerait un seul de ces éléments comme la clé de la victoire déformerait la réalité. De la même manière, la Grande Guerre patriotique n'est pas gagnée, *pour l'essentiel*, par les services de renseignements de l'Armée rouge, par une suprématie aérienne croissante ou par les T-34/85, pas plus que par les pièces antichars, les mines et les bataillons de pontonniers, par un meilleur soutien logistique ou un meilleur moral des combattants. Pour l'emporter, il fallait disposer de tous ces éléments, mais également les organiser. Il faut du temps pour rassembler ces différentes pièces, tout comme il faut du temps pour que les musiciens d'un même orchestre parviennent à jouer tous ensemble.

En 1943, l'Amirauté britannique, et tout particulièrement le Western Approaches Command, a atteint un excellent degré d'orchestration. A peu près au même moment, peut-être un peu plus tard, la Stavka et les principaux groupes d'armées commandés par Joukov et Vassilevski sont parvenus au même résultat. Au vu du nombre d'armées, de divisions, de régiments, de groupes aériens et de partisans, de bataillons du génie, de bataillons de pontonniers et du génie ferroviaire, de responsables logistiques, de directeurs de production et de responsables d'usines, l'exploit accompli par l'Etat russe alors en pleine tourmente est tout simplement stupéfiant et souvent mal apprécié en Occident, encore de nos jours. A l'inverse, sur le front de l'Est, pourtant mus par les théories raciales hitlériennes et bien qu'ayant produit certaines des meilleures armes déployées durant cette campagne, le Troisième Reich n'est jamais parvenu à orchestrer ses efforts. Ces « méprisables Slaves », « enjuivés », « bolchevisés », « attardés et ruraux », ces « abjects serfs d'un régime communiste inepte » l'emportent grâce à une organisation supérieure à celle mise en place par les méticuleux Prussiens et les *Übermenschen* nazis fanatiques.

Un dernier point. Il faudra sans doute attendre des années avant que les historiens ne puissent accéder aux archives qui mettront en lumière la véritable histoire de ces hommes et de ces organisations intermédiaires qui contribuèrent au tournant de la Grande Guerre patriotique. Nous savons comment se sont déroulées les grandes batailles du front de l'Est et disposons d'une biographie assez complète des personnages célèbres, comme Joukov. Nous avons également une meilleure connaissance de la manière dont Staline et la Stavka ont mené les opérations. Mais qu'en est-il de ces contributeurs inconnus à la victoire de l'Union soviétique ? Qui sont les équivalents de tous ces personnages britanniques et américains dont nous n'ignorons presque rien[78] ? Ils ont naturellement existé et leur contribution durant les trois années qui séparent Barbarossa de Bagration est immense : en assurant la liaison entre le sommet et la base de la machine de guerre soviétique et malgré de nombreux revers, ils fournissent à l'Armée rouge les instruments de sa victoire éclatante. Leurs succès sont manifestes, mais leur histoire personnelle est bien trop méconnue.

4

Comment débarquer sur un rivage tenu par l'ennemi

« Sans faiblir le vent qui, vers la France
Gonfle nos voiles qui s'avancent
Nous offre à saisir notre chance
Qui bien longtemps nous survivra. »

Michael Drayton (1563-1631), *Azincourt*.

« Le comte de Chatham, l'épée tirée
Attendait sir Richard Strachan ;
Sir Richard, impatient d'en découdre,
Guettait le comte de Chatham. »

Vers de mirliton sur la désastreuse expédition britannique de Walcheren, en 1809

La principale caractéristique des amphibiens est qu'ils peuvent vivre dans deux mondes distincts, sur terre et dans la mer. Ils sont généralement plus à l'aise et plus en sécurité dans l'eau ; les tortues ou les phoques sont de plus en plus vulnérables au fur et à mesure qu'ils se rapprochent du rivage, ce qui est un peu moins vrai des crocodiles du Nil. Gagner la terre ferme depuis la mer est une opération risquée – à moins, naturellement, qu'elle se déroule sans opposition et dans de bonnes conditions géographiques et météorologiques. En temps de guerre, ces trois conditions sont rarement réunies.

Ce chapitre examine le déroulement des opérations amphibies du début de la Seconde Guerre mondiale jusqu'au débarquement de Normandie en juin 1944. Il ne traite pas de ces débarquements pacifiques qui consistent à débarquer, sans opposition, des hommes sur un rivage. Nous nous intéressons ici aux opérations militaires menées contre les côtes tenues par un ennemi bien décidé à empêcher ou à gêner une invasion. Tout en mentionnant certains fiascos, nous entendons évoquer avant tout la manière dont certains organismes et individus ont trouvé des solutions à l'un des plus grands défis posés à une armée : débarquer sur un rivage tenu par l'ennemi en faisant face aux contre-attaques de ce dernier.

Comme les autres chapitres du livre, celui-ci s'organise autour de cette question centrale : *comment* obtenir un avantage sur l'ennemi et permettre ainsi de gagner la guerre ? Cette histoire est intimement liée à trois des quatre autres chapitres du livre. La guerre du Pacifique se livre sur un théâtre d'opérations où les débarquements sur des rivages éloignés et souvent hostiles sont la véritable clé du succès ou de l'échec stratégiques. Si ce chapitre traite pour l'essentiel des débarquements amphibies en Europe, les faits évoqués ne peuvent être totalement séparés des campagnes qui se déroulent, presque simultanément, à Guadalcanal ou dans les îles Gilbert et Mariannes, tant les similitudes abondent. Mais ce chapitre ne peut pas davantage être déconnecté des deux premiers. Pour mettre un terme à l'hégémonie des nazis sur l'Europe, trois éléments devaient être réunis, s'assemblant comme les trois côtés d'un triangle : le premier était le contrôle des voies de navigation sur l'Atlantique, assuré par la marine alliée avec le soutien massif de l'aviation ; le deuxième était l'obtention de la maîtrise des airs, les escadrilles alliées déployées au Royaume-Uni et en Afrique du Nord dépendant pour une large part de l'acheminement, par bateaux, de munitions, de carburant et de pièces détachées ; le troisième était le débarquement de troupes sur des rivages tenus par l'ennemi, sous la protection de la marine et des forces aériennes alliées. La colossale opération de Normandie constitue donc la fusion parfaite des puissances aériennes, navales et terrestres, l'apothéose de la guerre combinée.

Une histoire du débarquement

L'histoire de la guerre amphibie est bien plus ancienne que le terme qui la désigne. Des débarquements massifs des Perses dans la plaine de Marathon à l'expédition désastreuse des Athéniens en Sicile en 415 avant J.-C., de l'invasion de la Grande-Bretagne par Jules César aux nombreux débarquements des croisés en Terre sainte, la liste est longue[1]. L'étude de certaines de ces opérations permet d'en déterminer les invariants historiques. Il convient pourtant d'écarter des expéditions comme celles de Francis Drake contre Cadix et d'autres ports espagnols durant les années 1580. Les assaillants venaient bien de la mer, mais n'avaient nulle intention d'établir une tête de pont et de s'enfoncer dans les terres. Une expédition comme celle de Cadix poursuit un autre but, plus réduit, consistant à semer la panique chez l'ennemi (l'attaque de Drake a pour objet premier de gêner les préparatifs de l'Invincible Armada) ou à mettre à mal ses capacités offensives (comme le raid d'avril 1918 contre Zeebrugge, destiné à empêcher les U-boote de sortir de ce port occupé par les Allemands), quand il ne s'agit pas tout simplement d'opérations répétées visant à fatiguer l'ennemi et, pourquoi pas, à le contraindre à capituler. Les commandos britanniques effectuent de nombreuses opérations de ce genre durant toute la Seconde Guerre mondiale, ce qui contraint Hitler à stationner un grand nombre de troupes de la Wehrmacht tout le long des côtes occidentales de l'Europe, de la Norvège à la frontière franco-espagnole. Fin décembre 1941, un raid de commandos parvient à détruire la centrale électrique, des usines et d'autres installations à Vaagso, au milieu de la côte norvégienne ; en février 1942, un autre raid permet aux commandos de s'emparer du matériel de la station radar de Bruneval, près du Havre.

Mais il ne s'agit pas d'invasions ; à Bruneval, les commandos sont d'ailleurs parachutés avant de s'emparer du matériel et de s'enfuir par la mer[2]. Certaines de ces opérations ont un but spécifique, comme l'acquisition du matériel radar de Bruneval ou les raids des sous-marins de poche effectués dans l'estuaire de la Gironde pour y couler des navires marchands ennemis. Parfois, le principal mérite de l'opération est psychologique ; c'est sans doute vrai aux yeux de Churchill qui dès la capitulation de la France ordonne que ses chefs d'état-major lui proposent « des mesures visant à établir une offensive vigoureuse, audacieuse et incessante contre les secteurs côtiers tenus par les forces d'occupation allemandes[3] ». Le plus petit de ces raids, qu'il s'agisse d'un succès comme à Vaagso ou d'un échec comme à Guernesey (juillet 1940), est une source d'enseignements sur l'entraînement, le commandement et le contrôle, les communications entre les troupes au sol et les navires, l'armement et les navires adéquats, ou la nécessité de disposer de renseignements précis.

Mais les leçons des opérations amphibies de plus grande envergure et aux objectifs plus élargis doivent retenir davantage notre attention. La première leçon est qu'il est indispensable de posséder des troupes spéciales et du matériel spécifique pour débarquer avec succès sur des côtes tenues par l'ennemi. Une unité rassemblée à la hâte peut, par surprise, obtenir un miracle opérationnel – un fait bien représenté par les histoires, réelles ou inventées, de Lawrence d'Arabie, des *Canons de Navarone* ou des *Douze Salopards*. Mais, quand une telle attaque est lancée contre un adversaire qui s'est préparé à votre arrivée, elle porte en elle les germes du désastre. Il faut se préparer bien en amont. Voilà pourquoi certains spécialistes insistent sur deux innovations dues à l'armée de Philippe II d'Espagne, qui se trouve à la pointe de la « révolution militaire » des XVIe et XVIIe siècles. La première est la création, par Madrid, d'unités d'infanterie de marine, destinées à servir sur les navires des diverses armadas espagnoles et capables de débarquer et de combattre à terre. Cette infanterie royale de marine fait son apparition durant les années 1560, lors de la reconquête de Malte, et d'autres nations l'imitent bientôt. La deuxième est la création d'embarcations spécifiques pour le débarquement et l'introduction de tactiques adaptées à leur bonne utilisation. C'est ainsi qu'en mai 1583, durant l'opération de reconquête des Açores alors sous le contrôle d'une garnison franco-anglo-portugaise, « des barges spéciales sont construites pour pouvoir débarquer des chevaux et 700 pièces d'artillerie sur la plage ; certaines barques sont équipées de petits canons pour appuyer les barges de débarquement ; tout un arsenal spécifiquement conçu est également prêt à être débarqué pour soutenir les 11 000 hommes qui débarquent[4] ». Les attaquants recourent également à la ruse, car un petit groupe débarque sur une plage distante et distrait la garnison tandis que deux vagues d'infanterie de marine débarquent sur le lieu principal.

La troisième grande leçon est que les responsables politiques de telles opérations, qu'il s'agisse du roi d'Espagne à la fin du XVIe siècle, de Churchill, de Roosevelt ou des responsables du Comité des chefs d'état-major, doivent impérativement faire taire toutes les dissensions entre les différents services et établir un commandement unifié. Les rivalités entre alliés sont une chose (Wellington ne disait-il pas qu'avoir des ennemis n'était pas aussi ennuyeux que d'avoir des alliés ?), mais les rivalités internes sont souvent plus gênantes. Dans de nombreux cas, les échecs opérationnels sont dus au manque d'appréciation par une des branches de ce que peut ou ne peut pas faire une autre, voire à sa vision des choses. Les vers de mirliton qui ouvrent ce chapitre et évoquent le comte de Chatham et sir Richard Strachan n'ont pas pour seul but de rendre hommage à une forme d'humour suranné. L'expédition de Walcheren, en 1809, est un désastre. Le lieu est mal choisi, l'île est infestée par la malaria ; les préparatifs sont quasi inexistants (on manquait d'outils, de barges et de renseignements) pour permettre une invasion des Pays-Bas ; Chatham demeure l'arme au pied avec ses 44 000 hommes tandis que Strachan se tient à bonne distance de la côte avec ses navires. Il n'existe aucune structure de commandement intégré. C'est un véritable gâchis, mais qui n'est ni le premier ni le dernier du genre.

La dernière leçon est de loin la plus ancienne : quel que soit le degré de sophistication et d'organisation des forces armées impliquées dans une opération amphibie, elles sont toujours assujetties aux contraintes de la distance, de la topographie et des conditions météorologiques du moment. Le moteur à combustion interne a certes considérablement réduit le temps et l'espace. Mais, face à une tempête, sa puissance se trouve grandement diminuée, comme Churchill en fait l'expérience lorsqu'il se rend à Casablanca. Les marées ayant lieu chaque jour – avec parfois un fort coefficient de marnage – et les tempêtes pouvant survenir brusquement, le risque n'est pas mince de voir des troupes débarquer sur une plage totalement découverte ou battue par les vents.

Voilà pourquoi les responsables de telles opérations, pensant aux troupes de soutien et au matériel qui doit suivre, souhaitent obtenir un accès rapide à un port opérationnel dans lequel leurs navires puissent débarquer des renforts en toute sécurité. Le problème, bien sûr, est que tout port digne de ce nom est fortement défendu, par de l'artillerie, des bastions, des jetées, des ouvrages fortifiés, parfois des mines et des obstacles cachés, tandis que les troupes d'invasion et les navires qui les transportent et se tiennent devant le rivage sont en proie au mal de mer et gênées par la marée en attendant d'effectuer un assaut qui promet d'être sanglant. L'histoire de la guerre amphibie déborde d'attaques de ce genre et qui se soldent par des échecs – en 1741, les Britanniques déploient 24 000 hommes, 2 000 canons et 186 navires pour s'emparer de Carthagène (en Colombie) et sont contraints de se replier face à une minuscule garnison espagnole bien retranchée dans sa forteresse. Toute tentative de capture d'un port engendre généralement une réaction brutale et massive des défenseurs, la plupart du temps mortelle ; débarquer sur une plage, qu'elle soit distante ou rapprochée, expose les envahisseurs aux éléments et les contraint à déployer d'énormes quantités de matériel (pontons, matériel de réparation et pièces détachées) avant de pouvoir utiliser les routes de l'ennemi ; pourtant, se cantonner à des opérations terrestres, comme les Alliés en Italie de 1943 à 1945 (Anzio excepté), prive l'attaquant des opportunités offertes par la flexibilité maritime et le contraint parfois à des combats frontaux très durs. Une des deux options peut permettre de remporter la victoire, mais bien malin qui peut deviner laquelle.

Pour résumer, une attaque amphibie est un pari risqué (seules les opérations aéroportées le sont davantage). Il ne s'agit pas seulement de débarquer des soldats et du matériel depuis des navires et de rebrousser chemin ; il s'agit d'une opération combinée et complexe, effectuée sous le feu de l'ennemi et souvent dans des conditions extrêmement délicates. Elle nécessite également l'établissement d'une sorte de chimère, un état-major intégré fonctionnant sans anicroche sous les ordres d'un seul homme, au sein duquel chacun connaît sa place et son rôle grâce à une formation intensive effectuée en amont ; elle doit s'appuyer sur un système de communication excellent pour faire face aux efforts entrepris par l'ennemi pour la faire échouer ; et elle nécessite un armement adéquat. Et, lorsque tous ces éléments sont réunis, elle demeure seulement *faisable*.

Ces leçons historiques étant connues (certaines opérations de ce genre sont étudiées par les écoles de guerre au XIXe siècle), on pourrait croire que toutes les armées d'avant 1914 sont particulièrement bien préparées pour effectuer des opérations amphibies méticuleusement organisées lorsque la guerre éclate, et tout particulièrement en Grande-Bretagne[5]. Mais la plupart des hommes politiques et des militaires britanniques ont prêté moins d'attention aux leçons de la guerre de Crimée (mal engagée, elle avait pourtant contraint la Russie à négocier) qu'à celles des offensives éclairs de l'armée prussienne contre le Danemark, l'Autriche et la France dans les années 1860 et 1870. Si l'issue des guerres européennes peut être décidée en quelques mois de campagne, quel intérêt peuvent présenter des opérations périphériques ? Cette question, les partisans des opérations amphibies ont bien du mal à y répondre.

Une autre raison explique le nombre réduit d'opérations amphibies exécutées durant la Première Guerre mondiale : la situation stratégique globale. Cette guerre est, pour l'essentiel, une guerre qui se déroule sur le sol européen. Les armées massives des puissances centrales affrontent les massives armées françaises, britanniques et (plus tard) américaines à l'Ouest, russes à l'Est et italiennes dans le Sud. Les armées anglo-américaines n'ont pas besoin d'effectuer un débarquement sur les côtes de France. Les mines, les torpilles et l'artillerie côtière interdisent toute offensive alliée dans la Baltique ; les opérations qui s'y déroulent se limitent à des raids allemands ou russes sur un théâtre d'opérations secondaire. Toutes les grandes nations de Méditerranée sont alliées (la France, l'Italie et leurs colonies, ainsi que l'Egypte) ou neutres (comme l'Espagne ou la Grèce), ce qui ne laisse plus guère comme objectif que la Turquie ou le Levant. Les alliés japonais de la Grande-Bretagne contrôlent l'Extrême-Orient et s'emparent aisément des possessions allemandes de la région.

Si, avant 1914, l'amiral Jacky Fisher peut décrire l'armée britannique comme un « projectile » lancé sur le rivage par la Royal Navy, on ne voit guère où ce projectile pourrait être lancé, quand bien même les généraux britanniques en accepteraient le principe (ce qui n'est pas le cas, une fois le gros de leurs troupes déployé en France). La capture des colonies allemandes en Afrique et dans le Pacifique se déroule sans de réelles difficultés, à l'exception notable de la désastreuse expédition anglo-indienne contre le port de Tanga, au Tanganyika, qui démontre, de manière fort salutaire, comment des insuffisances dans la formation, la communication, l'équipement et le commandement peuvent transformer une attaque audacieuse en véritable fiasco[6]. Mais les leçons ne sont salutaires qu'à la condition d'être assimilées.

Tel n'est malheureusement pas le cas des leçons de Tanga, comme le démontre amplement l'exemple le plus frappant d'échec d'une opération amphibie du XXe siècle : l'opération des Dardanelles, dite de Gallipoli. Il s'agit, en un certain sens, de la redite moderne de l'invasion de la Sicile par les Athéniens, et qui se révèle aussi désastreuse. Encore aujourd'hui, Gallipoli frappe les esprits, moins par sa résonance historique particulière (comme en témoignent les cérémonies de l'Anzac Day en Australie et en Nouvelle-Zélande ou la célébration, en Turquie, de la figure de Mustafa Kemal, futur Atatürk), que par l'écart spectaculaire entre son objectif stratégique et son exécution calamiteuse. Il n'existe sans doute pas beaucoup d'opérations qui fournissent autant d'enseignements sur ce qu'il ne faut *pas* faire dans une opération amphibie et sur les effets stratégiques d'une bourde tactique[7]. En forçant le détroit des Dardanelles, comme le soutenaient les partisans de l'opération, dont Churchill, on restaurerait les communications maritimes de la Russie, qui pourrait ainsi continuer le combat ; la Turquie, que l'on tenait alors pour une puissance fragile et qui s'était rangée du côté de l'Allemagne en novembre 1914, pourrait s'effondrer face à tel coup ; différents Etats des Balkans, comme la Grèce, la Bulgarie et la Roumanie, pourraient également se trouver tentés de rompre leur neutralité. Bref, il s'agissait, potentiellement, d'un véritable coup de maître sur le plan stratégique.

Mais, du début à la fin, l'opération est une catastrophe. Elle débute avec une tentative purement navale, en mars 1915, de forcer les détroits ; lorsque la flotte alliée parvient à s'extirper des champs de mines turcs, trois cuirassés britanniques et un cuirassé français ont été coulés, trois autres sont gravement endommagés (soit des pertes supérieures à celles enregistrées par la Royal Navy au Jutland). Par suite de cet échec, des unités d'infanterie sont rassemblées – régiments français présents en Méditerranée, unités britanniques en provenance d'Egypte, d'Inde et de métropole, nouvelles divisions d'Australiens et de Néo-Zélandais en route pour le front de l'Ouest. Fin avril 1915, après avoir laissé aux Turcs le temps de déployer des renforts, les Alliés commencent à débarquer au pied des ravines et des défilés rocailleux de la presqu'île de Gallipoli. Malgré tous leurs efforts, les soldats ne parviennent pas à s'emparer des hauteurs et subissent des pertes affreuses. Chaque camp engage de plus en plus de divisions sans que la situation ne change. Fin décembre et début janvier, par une manœuvre rapide qui prend les Turcs par surprise, les Alliés évacuent les plages, reconnaissent leur défaite et regagnent leurs bases. Ils ont perdu 44 000 hommes et déplorent 97 000 blessés (plus que toutes les pertes américaines durant la guerre de Corée). Les pertes des Turcs sont encore supérieures. Mais ils ont gagné[8].

Les nations occidentales ont fait montre d'une bien meilleure capacité à évacuer les troupes des plages des Dardanelles qu'à les y débarquer. Avec le recul, les raisons de l'échec apparaissent clairement. La météo est, dans les détroits, extrêmement capricieuse, de la chaleur intense des mois d'été (sans un approvisionnement adéquat en eau, l'armée se déshydrate et le nombre de malades augmente) aux tempêtes et même au blizzard qui s'abattent sur le Bosphore à l'approche de l'hiver ; la topographie est singulièrement inhospitalière, avec ses ravines, ses pentes escarpées et ses nombreux buissons d'épineux ; les zones de débarquement, particulièrement celles des Australiens et des Néo-Zélandais, sont inadaptées et il est presque impossible de les quitter ; les services de renseignements alliés escomptent une faible résistance et se trompent ; les troupes engagées n'ont reçu aucune formation particulière ; le soutien d'artillerie des navires d'escorte est très incomplet, tant en raison de la difficulté à repérer les positions des Turcs que de la présence de mines et de sous-marins ennemis qui entravent leurs mouvements (trois autres cuirassés sont perdus durant les mois qui suivent) ; les barges de débarquement qui transportent les hommes sur le rivage ne sont pas, à de rares prototypes prêts, des barges de débarquement à proprement parler ; l'armement et la tactique employés par les troupes peu aguerries lancées à l'assaut de ce terrain accidenté sont tout simplement inadéquats. Pour couronner ce fiasco, la structure de commandement et de contrôle, partagée entre la marine et l'armée britanniques, rappelle l'histoire de sir Richard Strachan et du comte de Chatham. Mais, cette fois, les pertes et l'ampleur de l'échec sont bien plus importantes. La route vers la Russie demeure fermée, la Turquie continue le combat, la Bulgarie rejoint les puissances centrales et les autres Etats des Balkans demeurent neutres. Un peu plus d'un an plus tard, la Russie impériale commence à s'effondrer.

Après Gallipoli, l'intérêt des Britanniques pour les opérations amphibies tend, on s'en doute, à décliner sérieusement. De plus en plus de ressources sont affectées aux batailles gigantesques du front de l'Ouest et les débarquements dans des secteurs plus exotiques sont considérés avec circonspection. A la demande des Français, un corps expéditionnaire a débarqué à Salonique fin 1915, mais ne progresse guère durant les trois années qui suivent ; les bataillons qui y sont déployés reçoivent même le surnom de « Jardiniers de Salonique ». Au printemps suivant, les Français s'accrochent avec l'énergie du désespoir à leur ligne de front sur la Meuse et en Champagne et s'opposent donc à toute nouvelle aventure orientale. Si les Britanniques continuent d'envisager des offensives contre l'Empire ottoman, il s'agit d'assauts terrestres, lancés depuis l'Egypte ou l'Irak. Le commandement de l'armée montre un enthousiasme modéré pour le débarquement de divisions sur des rivages hostiles ; la Royal Navy se soucie d'empêcher la Hochseeflotte allemande de prendre la mer et livre bataille aux U-boote pour protéger les lignes transatlantiques. Le raid de Zeebrugge, en 1918, pour brillamment exécuté qu'il soit, n'est qu'un simple raid, rien de plus. L'entrée en guerre des Américains ne change rien ; des millions de *Doughboys* débarquent en toute sécurité au Havre et gagnent ensuite le front. A partir de 1917, le corps des Marines américains est stationné à l'intérieur des terres, sur l'Aisne et la Meuse.

Pour résumer, la Première Guerre mondiale a discrédité la notion même de guerre amphibie. Lorsque le voile retombe et que la nouvelle donne stratégique apparaît, vers

1923, ce type d'opérations n'a plus beaucoup de partisans. En Allemagne, vaincue et très diminuée, en France et en Italie, victorieuses mais tout aussi diminuées, comme en Union soviétique naissante, on pense beaucoup à la guerre ; mais personne ne pense à la projection de troupes au-delà des océans. Le Japon connaît une période libérale et l'armée n'a pas commencé son ascension vers le pouvoir – l'attaque en Mandchourie de 1931 est une opération terrestre qui n'implique pas la capture de ports ou l'attaque de plages. A la fin des années 1930, les choses changent ; d'imposants navires de transport japonais embarquent des barges et des véhicules lors de l'offensive sur le cours inférieur du Yangzi Jiang. Mais, durant cette période, seules deux des sept grandes puissances s'intéressent sérieusement à la guerre amphibie.

L'une d'elles est la Grande-Bretagne, bien que la crise économique et le désastre de Gallipoli (évoqué dans de nombreux Mémoires) aient tendance à repousser les opérations combinées dans un coin sombre et poussiéreux de la pensée stratégique ; il n'en résulte qu'un bref exercice à petite échelle, un manuel théorique et trois prototypes de barges de débarquement. Ce n'est qu'avec l'invasion de la Chine par les Japonais en 1937 et la crise tchécoslovaque de 1938 que l'on se met à se pencher un peu plus sérieusement sur la question. Sur le papier, les choses prennent forme. Le Centre interservices d'entraînement et de développement (ISTCD) voit le jour. Des barges de débarquement sont conçues, ainsi que les navires qui doivent les transporter, et le manuel d'assaut amphibie est remis à jour. Mais tout ceci n'est que de la théorie. Les officiers subalternes travaillent ensemble et ont globalement d'excellentes idées, mais ils manquent cruellement d'outils. Un grand exercice au large de Slapton Sands, dans le Devon, en juillet 1938, se solde par un fiasco en raison de la tempête qui s'est levée. Tout ceci pousse l'ISTCD à revoir beaucoup plus sérieusement ses plans, ce qui lui permet, chose remarquable, d'anticiper presque toutes les difficultés pratiques que va rencontrer ce type d'opération durant toute la Seconde Guerre mondiale. Pourtant, au début du conflit, ce service interarmes est démantelé. L'armée est déployée en France, la RAF bombarde l'Allemagne et la Navy attend de pied ferme la Kriegsmarine dans l'Atlantique – où diable pourrait-on effectuer une opération combinée ? Et qui s'y intéresse ?

Personne, à part des anciens officiers de l'ISTCD qui rejoignent leurs unités d'origine en septembre 1939[9].

L'autre nation qui s'intéresse aux opérations amphibies est naturellement les Etats-Unis – en raison de sa géographie, de la longueur de ses côtes, de ses nombreux ports et de ses grandes plages ; en raison du souvenir de la guerre de 1812 (qui avait vu de nombreuses opérations amphibies) ; et en raison de la création, dès les premiers temps de la République, d'un corps de Marines avec ses traditions bien ancrées (« Des palais de Montezuma aux côtes de Tripoli », dit la première strophe de leur chant). L'histoire particulière du corps des Marines avant et durant la Seconde Guerre mondiale étant examinée en détail dans le chapitre 5, dans lequel nous ne manquons pas de pointer les similitudes et les différences d'approche de la guerre amphibie entre le Pacifique et l'Europe, le présent chapitre ne traite que du théâtre européen.

Les opérations amphibies de 1940 à 1942

Durant les trois premières années de la guerre, les principales opérations amphibies ne sont pas la conséquence de la mise en pratique des plans de l'entre-deux-guerres des Alliés, mais des succès extraordinaires remportés par l'Axe sur toute la surface du globe – parfois par suite d'opérations amphibies[10]. D'un strict point de vue technique et physique, la conquête en quelques mois, en 1940, de la Norvège par l'Allemagne, face à une opposition franco-britannique bien plus importante, demeure une des plus grandes attaques surprises de l'Histoire. Il suffit de se pencher sur une carte et d'y voir les ports et les aérodromes qui, depuis des décennies, parsèment la côte Est de l'Ecosse, de Rosyth à Scapa Flow, afin d'empêcher toute sortie allemande vers le nord, pour être stupéfait de l'échec des Alliés face à l'attaque hitlérienne lancée contre cette possession si stratégiquement critique. Il est vrai que, lors des batailles livrées devant le rivage et dans le fjord de Narvik, la flotte de l'amiral Raeder reçoit une correction dont elle ne s'est sans doute jamais remise. Mais la Royal Navy est impuissante face aux attaques de la Luftwaffe plus au sud, et les unités franco-britanniques débarquées font généralement face à des troupes alpines allemandes mieux équipées et mieux entraînées.

Surtout, les soldats venus de la mer font pour la première fois face à l'aviation ennemie. Tout ceci n'est pas forcément bien compris par Churchill qui, fort de ses expériences historiques, n'a de cesse d'exiger davantage d'actions en Norvège sans saisir la confusion qui règne au sol et les effets intimidants des bombardiers moyens et des bombardiers en piqué allemands[11]. Le seul effet positif du fiasco norvégien est qu'il provoque la chute du gouvernement Chamberlain et le remplacement du Premier ministre par Winston Churchill en ces terribles journées de mai 1940. Si le nouveau et bouillant chef de l'Empire britannique peut constater, quelques mois plus tard, que l'incapacité des Allemands à obtenir la suprématie aérienne au-dessus de la Manche rend leur opération amphibie totalement irréalisable, il n'a pas encore compris qu'il en va de même pour la Royal Navy. Sans couverture aérienne, même les plus gros navires ne peuvent opérer en sécurité au large d'une côte tenue par l'ennemi. Ce que les mines turques ont fait au large de Gallipoli, les bombardiers en piqué allemands peuvent le faire tout le long des côtes européennes.

Cette leçon est progressivement intégrée entre 1941 et 1942, années qui voient l'Empire subir défaite après défaite. Les tentatives britanniques de voler au secours de la Grèce puis de se maintenir en Crète tournent au fiasco. Il est probable qu'aucune armée au monde n'aurait pu arrêter les hordes de divisions mécanisées et blindées qu'Hitler engage dans les Balkans en avril-mai 1941 et qui écrasent la Yougoslavie avant d'atteindre le sud de la Grèce avec une rapidité remarquable. Mais les Britanniques, qui ont infligé de sérieux revers à la flotte italienne, disposent de la maîtrise des mers et la Crète est une île. Sans appui aérien, cela n'a guère d'importance. Le largage de 3 000 parachutistes allemands autour de Maleme, le 20 mai 1941, surprend les défenseurs et la Luftwaffe inflige des pertes cuisantes à la Royal Navy qui tente de renforcer la garnison de l'île puis, quelques semaines plus tard, de l'évacuer. Les Spitfire et les Hurricane ne sont cette fois pas présents, comme ils l'avaient été dans le ciel de Dunkerque. Aucune des exhortations de Churchill ne peut empêcher une bombe de 125 kg de traverser le pont du destroyer HMS *Kashmir* et de l'envoyer par le fond en moins de deux minutes (5 autres destroyers et 3 croiseurs subissent le même sort). La Royal Navy ne dispose pas de bâtiments antiaériens. Moins de six mois plus tard, le 9 décembre 1941, des bombardiers de la 22e flottille aérienne de l'aéronavale japonaise coulent le nouveau cuirassé britannique HMS *Prince of Wales* et le croiseur HMS *Repulse* au large de la Malaisie en moins de trois heures. Le *Prince of Wales* avait été conçu en tenant compte de l'avis de Billy Mitchell et de ses adeptes, qui affirmaient que des avions pouvaient couler des cuirassés, et possédait la bagatelle de 110 pièces antiaériennes pouvant tirer un total de 60 000 obus par minute[12]. Cet arsenal se révèle inefficace contre des attaques aériennes bien exécutées.

La seule parade est la maîtrise des airs au-dessus de la côte et au large. Durant la Seconde Guerre mondiale, la suprématie aérienne décide du vainqueur. Lors de l'opération de Norvège, la Luftwaffe déploie 800 avions de combat et 250 avions de transport, tandis que les Britanniques en déploient bien moins et les Français aucun. Pour l'invasion de la Crète, la Luftwaffe déploie 500 transporteurs et 100 planeurs, 280 bombardiers, 150 bombardiers en piqué, 180 chasseurs et 40 avions de reconnaissance. Tous ces avions provoquent un véritable « cauchemar logistique » sur les aérodromes surchargés du sud de la Grèce où ils stationnent, mais voilà un problème que les Britanniques auraient aimé avoir[13]. Pour attaquer le *Prince of Wales* et le *Repulse*, les Japonais déploient 34 bombardiers moyens et 51 torpilleurs ; les escadrilles de la RAF basées à terre sont hors de portée et le porte-avions que la Royal Navy comptait adjoindre à ses deux navires, le HMS *Indomitable*, a été endommagé lors de ses essais. Au moment même où ces deux navires sont coulés, d'autres avions japonais basés à Formose anéantissent au sol la quasi-intégralité des avions américains à Luçon, ce qui leur permet ensuite de débarquer sans encombre dans les Philippines et ailleurs.

Au début de 1942, une chose est certaine pour les hommes en charge de la contre-attaque des Alliés à l'Ouest : aucun assaut sur les côtes ne pourra s'effectuer sans une maîtrise des airs, et pas uniquement au-dessus des plages. La suprématie aérienne doit être également obtenue sur le trajet d'approche contre tout adversaire aérien, de surface ou sous-marin, et contre toute attaque terrestre ou aérienne à l'encontre de la tête de pont.

Mais, même en disposant de la maîtrise des airs, et quand bien même ils ne tomberaient pas sur des unités de vétérans, les assaillants doivent trouver le moyen de débarquer sur le rivage. A strictement parler (les troupes du Commonwealth ayant débarqué en Grèce sans rencontrer la moindre opposition) la première opération amphibie des Alliés contre un territoire tenu par l'ennemi est la mal nommée opération « Menace », en septembre 1941, entreprise par la Royal Navy et les Royal Marines pour aider les forces du général de Gaulle à s'emparer de la colonie vichyste du Sénégal et de la base navale de Dakar. Les résultats sont très mauvais, à plus d'un titre, et au bout de quelques jours les forces franco-anglaises doivent abandonner l'opération sans avoir débarqué. Le système de commandement démontre ses limites. Le général Irwin, commandant britannique de l'opération, a installé son QG sur le croiseur HMS *Devonshire*, qui doit un moment faire route au nord afin de repousser des destroyers vichystes ; il est ensuite transféré, avec son état-major, sur un transporteur, avant de rejoindre le HMS *Barham*, un cuirassé, qui entame un duel avec les batteries de la forteresse de Dakar et les pièces du terrible et récent cuirassé français *Richelieu*. Les navires britanniques connaissent de nombreux déboires ; le seul sous-marin vichyste du secteur parvient à endommager gravement le second cuirassé britannique, le HMS *Resolution*. Les attaques aériennes limitées depuis le porte-avions HMS *Ark Royal* ne font guère de dégâts. Il est sans doute préférable que les troupes n'aient finalement pas été débarquées, comme elles le font pourtant dans le roman satirique d'Evelyn Waugh, paru en 1948, intitulé *Hommes en armes*.

Il est sans doute difficile pour Irwin, particulièrement frustré par cette expérience, de maîtriser son langage lorsqu'il rédige son rapport durant le trajet retour vers Gibraltar. Malgré cela, il insiste sur deux points fondamentaux : une telle opération ne peut réussir sans un navire conçu ou destiné à accueillir l'état-major combiné de l'opération ; les navires ne peuvent pas l'emporter contre des batteries côtières – une vérité que Churchill continue de contester[14]. Nelson, qui fut l'un des amiraux les plus audacieux de l'Histoire, affirmait pourtant qu'attaquer un port bien défendu avec une flotte était une erreur. La chose demeure vraie un siècle et demi plus tard.

Les Britanniques font un nouvel essai en avril-mai 1942, contre l'île vichyste de Madagascar et surtout contre son port stratégique de Diégo-Suarez, au nord de l'île, afin d'empêcher sa capture par les Japonais. Les choses, cette fois, se déroulent mieux. La résistance des Français à Diégo-Suarez et dans ses environs est faible, la garnison acceptant de se rendre peu après le débarquement des premières unités – les garnisons du Sud tiennent dans la jungle un peu plus longtemps. On a, pour effectuer cette invasion, détourné de son objectif premier l'intégralité d'une division britannique en route vers la Birmanie. La défense aérienne française est minime, tandis que les envahisseurs sont bien protégés par les escadrilles de chasseurs de deux porte-avions. La flotte compte dans ses rangs un navire d'état-major, ancien paquebot, qui se tient séparé du groupe de bombardement (qui ne tire que durant cinq à dix minutes), des troupes d'assaut et de la flotte orientale, qui assure la couverture de l'opération[15]. Cette entreprise est donc bien plus facile à réaliser que celle devant Dakar et l'humeur, au sein du Comité des chefs d'état-major, est enfin aux réjouissances.

Un autre point positif de l'opération Ironclad mérite d'être mentionné : les troupes de débarquement sont parties de Glasgow et de ses environs, ce qui signifie que les Britanniques sont en mesure de projeter leurs forces à plus de 14 000 kilomètres, sur la pointe nord de Madagascar. Il est vrai qu'à cette époque l'armée britannique, en pleine expansion, envoie régulièrement des convois de troupes, sous la protection de nombreux navires de guerre, depuis l'estuaire de la Clyde, autour du Cap et jusqu'au Moyen-Orient et en Inde, ce qui facilite sans doute la tâche des planificateurs de l'Amirauté ; il suffisait donc d'utiliser une de ces divisions en transit (la 5e division d'infanterie, en l'occurrence) pour fournir un important soutien aux commandos et d'ajouter un nombre important de navires de guerre issus de la Force H (basée à Gibraltar) et de la Home Fleet pour en assurer la couverture. Malgré cela, la préparation de cette opération nécessite la coordination de différents groupes de navires de transport et de transporteurs de troupes naviguant à des vitesses variées et issus de ports différents, pour une destination très lointaine ; c'est donc un remarquable exploit logistique. La simple préparation des repas pris en mer par 40 000 hommes est une prouesse à part entière.

Le Commandement des opérations combinées (COC) a été créé à la demande de Churchill en juin 1940 pour effectuer des raids sur les rives de l'Europe occupée. Il fallait peut-être aux Britanniques que la France s'effondre pour qu'ils songent enfin à des opérations combinées ! Le Premier ministre pousse au choix de cibles de plus en plus ambitieuses et les chefs d'état-major, plus réservés, doivent modérer les ardeurs du COC. Dakar est le premier test du COC, avec les résultats évoqués et dont certains esprits critiques estiment qu'ils renforcent leurs préventions. Mais, face aux admonestations de Churchill, peu connu pour sa patience, qui sait que son nouvel allié américain souhaitera effectuer des opérations amphibies sur les rives de l'Europe le plus vite possible, et avec la nomination, à la tête du COC, du vice-amiral lord Mountbatten, personnage énergique, haut en couleur et qui siège désormais à leurs côtés, les chefs d'état-major britanniques doivent accepter l'attribution croissante de ressources aux opérations amphibies.

Ce changement d'orientation dans la production impose des demandes énormes à des chantiers navals britanniques déjà au bout de leurs capacités. Des navires de croisière sont convertis en navires de débarquement pour l'infanterie (*Landing Ships for Infantry* – LS-I), plusieurs ferries hollandais sont transformés en transports de troupes et des centaines d'embarcations plus petites sont produites, essentiellement aux Etats-Unis. Les embarcations les plus critiques (les LCT – barges de débarquement pour les blindés) effectuent leurs premiers essais. De plus en plus de personnel – naval et militaire – est recruté. Les opérations combinées ne sont plus une impasse pour une carrière d'officier ; comment ne pas rêver d'être *beachmaster* sur une plage tenue par l'ennemi et d'y coordonner le débarquement des troupes, des camions et des chars, leur déplacement à l'intérieur des terres et la résolution des éventuels embouteillages ? Durant les années qui suivent, le nombre de camps d'entraînement et de plages d'exercice s'accroît sans cesse, pour la plupart le long de la côte écossaise, loin des avions de reconnaissance de la Luftwaffe (plages qui offrent par ailleurs une occasion de se familiariser avec des mers agitées). Les premiers navires destinés aux états-majors combinés (air-terre-mer) sortent bientôt des chantiers[16]. La fièvre de Mountbatten est contagieuse et encore renforcée par le succès de Madagascar[17].

Il est donc d'autant plus décevant que ces premiers progrès aboutissent à une opération une nouvelle fois calamiteuse, celle de Dieppe. Fort heureusement, elle est suivie, trois mois plus tard, par la plus grande opération amphibie menée par les Alliés depuis le début de la guerre et qui, cette fois, est couronnée de succès.

Dieppe et l'Afrique du Nord : avertissement et encouragement

Pourquoi prêter attention, dans cette histoire, à un raid limité sur un port français qui ne dura qu'une journée (19 août 1942) avant que les assaillants ne soient rejetés à la mer ? Tant par son échelle que par ses intentions, le raid de Dieppe n'a pas l'importance de Walcheren, de Gallipoli ou de la Crète dans l'histoire de la guerre amphibie ; quand bien même il eût été couronné de succès, il n'aurait débouché sur rien de tangible. Mais, malgré son échec, il livre aux Britanniques une leçon qu'il leur fallait intégrer. Cette opération, mal préparée, provoque des pertes nombreuses, essentiellement canadiennes. Son échec même lui donne toute sa signification ; il a la même utilité perverse que les terribles pertes des convois HX-229 et SC-122 en mars 1943 et des bombardiers américains participant au raid d'octobre 1943 sur les usines de Schweinfurt et Ratisbonne. Ces trois importants revers infligés par les Allemands à un niveau tactique opérationnel – escorte de convois, bombardement stratégique, opération amphibie – contraignent les Alliés à reconsidérer leurs hypothèses et à se mettre en quête de nouvelles armes, de nouvelles tactiques, de nouvelles méthodes et de nouvelles organisations.

Mais Dieppe a un caractère spécifique, comparé aux convois et aux raids de bombardiers, qui avaient une portée stratégique. Dieppe est, dès le départ, conçu comme un test, une tentative contre le mur de l'Atlantique que les Allemands commencent à bâtir dès l'abandon de l'opération Otarie fin

1940. Cette opération a pour but d'engranger des leçons qui pourront servir pour préparer d'autres opérations de plus grande envergure. De nombreux historiens ont utilisé l'argument utilitaire des « leçons de Dieppe » pour la justifier. Les Canadiens, quant à eux, demeurent choqués par l'idée d'avoir été traités comme des cobayes lors du premier engagement de leurs troupes sur le théâtre européen et que l'opération ait été à ce point mal conçue[18].

La préparation et l'exécution du raid sont conduites sous l'égide du COC de Mountbatten. Les troupes ont pour mission de s'emparer, pour un temps limité, d'un important port défendu par l'ennemi, d'y récolter des informations et de mesurer les éventuelles réactions des Allemands. D'un point de vue militaire, une telle opération fait sens ; elle reflète également des réalités plus politiques : Staline et Roosevelt n'ont de cesse de promouvoir l'ouverture d'un second front en France, la population britannique s'inquiète des revers subis en Afrique du Nord et en Asie et les Canadiens se demandent si leurs troupes vont participer à la guerre. L'opération initiale (Rutter) est prévue pour le début du mois de juillet, mais elle est empêchée par un raid de nuit de la Luftwaffe sur les navires de débarquement rassemblés dans leur port de départ. Rebaptisée « Jubilee », elle débute finalement cinq semaines plus tard, le 19 août 1942. Plus de 6 000 hommes y participent ; le gros des troupes est formé de deux brigades canadiennes. Tous les éléments d'une authentique opération amphibie sont réunis : couverture aérienne, bombardement naval, deux attaques sur les flancs de l'assaut principal, barges de débarquement transportant des chars. Le convoi, fort de 250 navires, est précédé de dragueurs de mines et escorté par des destroyers. Des troupes spéciales (commandos britanniques, mais également 50 Rangers, premiers soldats américains engagés et tués sur le sol européen) sont déployées et le gros des troupes doit débarquer sur les plages peu avant l'aube. Sur le papier, tout semble parfait. *Sans faiblir, le vent, vers la France, gonfle nos voiles*.

Au milieu de la nuit, le groupe d'escorte Nord se heurte à un petit convoi allemand qui circule le long de la côte et se trouve impliqué dans un combat avec des torpilleurs ennemis ; les défenseurs allemands sont alertés. Seul un petit contingent du commando n° 3 parvient à débarquer, à monter à l'assaut des falaises et à neutraliser, un temps, les batteries côtières. Au sud, le commando n° 2 rencontre moins de difficultés et peut effectuer ses démolitions. Au centre, le débarquement effectué, les troupes se trouvent clouées sur la plage, qui se révèle être un obstacle aussi infranchissable qu'un mur en acier et en béton ; les chars ne parviennent pas à progresser sur les galets.

Les destroyers déployés au large n'ont guère d'effet sur les défenses allemandes et ne peuvent communiquer avec les troupes débarquées. Les nombreuses escadrilles de Spitfire engagées sont à la limite de leur rayon d'action – à l'opposé des conditions de la bataille d'Angleterre. Un des objectifs du plan est d'infliger des dégâts à la Luftwaffe, mais c'est l'inverse qui se produit : la RAF perd 119 appareils et la Luftwaffe seulement 46 avions. Les bombes et les obus allemands coulent un destroyer et 33 navires de débarquement. Les Canadiens subissent des pertes terribles en tentant de rembarquer. Sur les 6 100 hommes débarqués, plus d'un millier sont tués et 2 300 sont capturés ; de nombreux survivants sont grièvement blessés. Plus d'un millier de soldats n'ont même pas l'occasion de débarquer. Au milieu de la matinée, tout est terminé.

La littérature sur le raid de Dieppe est séparée en deux grandes catégories, comme nous l'avons déjà évoqué. La première est l'expression de l'indignation des Canadiens – à travers des livres, mais aussi des films, des chansons et des poèmes – devant l'incompétence des Britanniques ; elle n'est pas sans rappeler les critiques de l'Anzac après Gallipoli, même si les pertes à Dieppe sont bien moindres. La seconde met en avant les bénéfices des analyses tactiques et opérationnelles des défauts du plan et de l'intérêt, sur le long terme, d'avoir conduit le raid. Dans ses Mémoires d'après guerre, Churchill le justifie. Bernard Fergusson, l'infatigable baroudeur des Black Watch et des Chindits, termine son récit de l'opération par ces mots : « Des flammes, de la fumée et du carnage des plages de Dieppe émergèrent des principes qui permirent de sauver de nombreuses vies et de remporter la victoire[19]. » On peut observer que, même sans Dieppe, d'autres opérations amphibies concourent à aider les planificateurs du Jour J – les débarquements d'Afrique du Nord se déroulent trois mois plus tard.

Malgré cela, de nombreuses leçons sont tirées de la débâcle de Dieppe. Le renseignement s'est révélé totalement inadéquat ; Mountbatten et son état-major ont monté l'opération sans en tenir informé le Comité conjoint de renseignement. Comment est-il possible que les responsables de l'opération aient ignoré la présence d'un convoi allemand dans le secteur cette nuit-là, ou que les troupes côtières allemandes avaient été placées en état d'alerte et les défenses renforcées à Dieppe (ce qui poussera par la suite à d'intenses spéculations sur l'éventuelle connaissance de l'opération par la Wehrmacht) ? Les défenses allemandes n'ont pas été convenablement évaluées, ni la nature du terrain – comment faire gravir une pente de galets à un char Churchill ? Et quand bien même il parviendrait à quitter la plage, comment lui faire franchir les barrières antichars sans équipement ? Le débarquement des troupes lui-même est mal exécuté et rares sont les officiers canadiens à posséder une expérience de ce type d'opération. Les débarquements sont effectués avec retard, parfois au mauvais endroit. Le soutien diurne est inadéquat, car la RAF n'a pas la maîtrise des airs. Le Bomber Command n'a pas effectué de bombardements dignes de ce nom pour préparer le débarquement et rien n'a été prévu pour effectuer des frappes tactiques. La puissance du bombardement naval est totalement insuffisante ; si des navires équipés de pièces de 380 mm n'ont eu presque aucun impact à Gallipoli, comment espérer que des destroyers équipés de pièces de 105 mm en aient un à Dieppe ? Demeure la plus lourde des erreurs : attaquer un port fortement défendu plutôt qu'une partie moins protégée du rivage. Si les stratèges alliés souhaitaient tester la possibilité de s'emparer d'un port défendu, après Dieppe ils sont fixés.

Un autre aspect de l'expérience de Dieppe est plus nuancé, plus psychologique. Le second front doit être ouvert sur les rives atlantiques de la France et son ouverture devra se faire face à des troupes allemandes bien entraînées. De nombreux défis doivent donc être relevés. Si le raid confirme les craintes d'Alanbrooke – et lui offre, ainsi qu'à Churchill, quelques munitions pour repousser Overlord à 1943 puis 1944 –, il permet également à ceux chargés de le préparer de hausser leur niveau d'exigence. Ils l'ont compris : quand ils débarqueront des troupes en France pour libérer le continent, être bon ne suffira pas. Il faudra être excellent.

Et ce, pour une autre raison, plus effrayante encore. Bien déployée, la garnison allemande de Dieppe et des environs est néanmoins très réduite en effectifs. La 571e division d'infanterie allemande n'aligne que 1 500 hommes dans le secteur, dont 150 seulement devant les plages ; ces maigres effectifs et les ouvrages défensifs ont donc suffi (comme à Carthagène en 1741). Les effectifs du mur de l'Atlantique sont constamment renforcés et, durant les deux années qui suivent, de plus en plus de divisions y sont déployées, derrière un nombre croissant d'obstacles, de bunkers et de champs de mines. En résumé, chaque camp a bénéficié des enseignements de ce raid limité. Une telle expression ne convient pas vraiment à l'opération Torch qui voit les Alliés débarquer sur les côtes d'Afrique du Nord en novembre 1942, bien que la proximité chronologique des deux opérations nous permette de distinguer plus facilement leurs différences. L'opération Torch est un assaut amphibie, non un raid ; c'est une opération massive. Si les premiers plans des Alliés ont prévu plus large encore, les troupes qui débarquent avec pour mission de s'emparer de Casablanca, d'Oran et d'Alger totalisent près de 75 000 hommes pour la première vague, avec un plus grand nombre encore à attendre. Il s'agit également d'une expédition anglo-américaine, la première de ce genre depuis le début de la guerre. Elle est donc combinée, car les trois armes sont représentées, mais également « commune » aux deux alliés occidentaux. Deux cultures militaires différentes peuvent-elles, dans le chaos de la bataille, éviter les frictions pourtant inévitables entre les questions politiques et différents systèmes d'organisation, de doctrine et d'armement ? Tel est l'un des enjeux de l'opération.

Si les frictions sont effectivement évitées, c'est que Churchill, Roosevelt et le Comité des chefs d'état-major ont jeté les fondations des principes des opérations communes dès la rencontre d'Argentia Bay (au large de Terre-Neuve) en août 1941 et la visite éclair de Churchill auprès de Roosevelt fin décembre de la même année. Certains généraux et amiraux acceptent plus facilement que d'autres le lissage des différences et le partage des rôles – Eisenhower et Tedder excellent dans ce domaine, chacun sachant faire preuve d'une patience héroïque –, mais la nécessité mutuelle accélère le processus. Les deux partenaires voient bien que, pour effectuer des campagnes conjointes (en Asie du Sud-Est, en Méditerranée ou en Europe), ils doivent accepter l'idée que le commandant en chef d'un théâtre d'opérations doit être d'une nationalité et son premier adjoint d'une autre. Le gros des troupes participant à l'opération Torch étant américain (parce que l'armée britannique est déjà en train de livrer bataille à El-Alamein, à l'autre extrémité de l'Afrique du Nord, mais également en raison de l'antagonisme des forces vichystes du secteur, notamment depuis l'affaire de Mers el-Kébir*), la direction des opérations est confiée à Eisenhower, l'amiral Cunningham étant nommé adjoint et commandant des forces navales alliées pour l'opération. La combinaison des forces navales et aériennes est une formalité, les unités américaines débarquant sur les côtes de l'Atlantique et les Britanniques sur celles de Méditerranée. Le quartier général d'Eisenhower est établi à Gibraltar, point d'accueil de ce genre de structures depuis plus de deux cents ans[20].

Une autre grande différence avec Dieppe est la distance que les forces d'invasion doivent parcourir. Les troupes de débarquement américaines quittent la côte Est des Etats-Unis en direction du Maroc et traversent donc l'Atlantique. Les troupes britanniques à destination d'Oran et d'Alger partent, une nouvelle fois, de l'embouchure de la Clyde. Les puissantes escadres de la Force H, dont la mission est de repousser les attaques éventuelles des flottes françaises et italiennes, ont quitté Scapa Flow. Escadres lentes et rapides, escadres de ravitaillement, navires marchands, navires de débarquement, remorqueurs, charbonniers, sous-marins patrouilleurs doivent se trouver au bon endroit et au bon moment. Eisenhower est naturellement très nerveux.

Car la logistique d'une telle opération dépasse en complexité l'assemblage de 500 navires. Ces armées d'invasion nécessitent naturellement un soutien naval, militaire et de transport pour effectuer leurs débarquements, mais également d'un flux constant et croissant de matériel et de renforts au fur et à mesure du développement de la campagne.

* Le 3 juillet 1940, la flotte française présente dans la rade de Mers el-Kébir est attaquée par la flotte britannique. Churchill craignait que ces navires ne tombent aux mains de l'Axe. Cette décision, que Churchill a décrite comme l'une des plus difficiles de sa carrière, s'explique parfaitement d'un point de vue stratégique, mais elle est naturellement exploitée par le régime de Vichy (*NdT*).

Au vu de la crise de tonnage à laquelle les Alliés doivent faire face à la fin de 1942 et au début de 1943, les progrès des Alliés en Afrique du Nord – et la résistance croissante des Allemands commandés par Rommel et von Arnim – nécessitent l'envoi de toujours plus de navires marchands vers la Méditerranée, au détriment des îles Britanniques, ce qui ralentit considérablement le rassemblement des troupes en vue de l'invasion de l'Europe, sans parler de la crise éventuelle de subsistance qui peut en découler pour les populations[21]. Au milieu du conflit, le manque de navires de transport et de débarquement influe de manière décisive sur le rythme des opérations amphibies.

En raison de l'importance de l'opération Torch, les Alliés prennent la question du bombardement naval et de la maîtrise des airs très au sérieux. Il existe une infime possibilité que l'imposante flotte italienne prenne la mer et une possibilité plus grande que la flotte française quitte Toulon pour livrer bataille. Voilà pourquoi la Force H patrouille à distance des plages de débarquement. Les troupes américaines qui font route vers les rives du Maroc sont appuyées par 3 cuirassés, un porte-avions et 3 porte-avions d'escorte, 7 croiseurs et 38 destroyers. La Royal Navy déploie encore davantage d'unités en Méditerranée. Les sous-marins britanniques servent de guides pour les navires de transport à l'approche des plages et de protection à travers toute la Méditerranée. Au total, 5 porte-avions d'escorte et 4 porte-avions lourds sont présents, ce qui permet aux Alliés de disposer de la maîtrise des airs avant de s'emparer de plusieurs aérodromes, sur lesquels des Spitfire et des Hurricane stationnés à Gibraltar viennent se poser.

Les débarquements eux-mêmes peuvent être assez rapidement évoqués. Tout le long de la côte Atlantique du Maroc, malgré un important ressac, une certaine confusion sur les plages et la résistance de certains soldats français, les accès à Casablanca puis la ville elle-même sont aux mains des Alliés dès le 12 novembre 1942. La plus grande menace provient des destroyers français qui attaquent la flotte de débarquement, mais qui sont rapidement neutralisés par les croiseurs américains, tandis que les cuirassés réduisent les batteries côtières au silence. Les attaques contre Oran et Alger se déroulent moins facilement, en raison d'une plus grande résistance terrestre, navale et aérienne, mais aussi parce que les Britanniques tentent de forcer l'entrée des ports avec leurs navires de guerre en espérant provoquer la reddition des Français ; mais ces navires, deux dans chaque port, sont rapidement mis hors de combat. Les débarquements sur les plages d'Alger, connues pour leurs vagues imposantes, se déroulent dans la plus grande confusion, certaines unités débarquant au même endroit et d'autres à une grande distance de leurs objectifs. De telles erreurs, observe Barnett, « auraient été payées au prix fort face à des défenseurs allemands[22] ». Tout ceci perturbe certainement Eisenhower. Les destroyers français qui se risquent à intervenir sont pilonnés par les pièces de 152 mm à tir rapide des croiseurs britanniques. Les batteries côtières livrent bataille au HMS *Rodney* et les chasseurs français Dewoitine détruisent plusieurs Spitfire qui s'étaient posés sur des aérodromes fraîchement capturés. Mais, tandis que les combats se déroulent, en coulisses les négociations vont bon train et un armistice est bientôt signé. En trois jours, Torch a atteint ses objectifs.

Certaines leçons de cette opération sont purement tactiques : le pilonnage, à distance, des imposantes pièces des cuirassés se montre assez inefficace ; les bordées délivrées à courte portée contre les batteries côtières ont des effets dévastateurs ; la capture rapide d'un aérodrome constitue un gain énorme. L'absolue nécessité d'un navire de commandement est confirmée. L'opération d'Oran est magnifiquement supervisée, depuis la passerelle du navire de commandement *Largs*, par un commodore britannique (Troubridge), le chef des forces armées américaines (Fredendall) et le commandant des forces aériennes combinées, le bouillant Jimmy Doolittle (USAAF). Au large d'Alger, à bord du *Bulolo*, le contre-amiral Burrough (Royal Navy), le général Ryder (armée américaine) et l'*Air Commodore* Evelegh (RAF) supervisent leurs forces respectives. A bord de ces deux navires se déroule donc, avec succès, une coopération interalliée et interarmes à un niveau directement inférieur à celui du Comité des chefs d'état-major. Tel n'est pas le cas au large du Maroc. Aucun navire de ce genre n'est utilisé pour coordonner les efforts des Américains, ce qui conduit le général Patton et son état-major à s'éloigner des zones de débarquement car le croiseur USS *Aurora*, à bord duquel ils se trouvent, doit faire face à une attaque des destroyers français.

Plusieurs leçons stratégiques sont également tirées. La première est la confirmation que toute tentative d'assaut d'un port, à l'époque des canons à tir rapide, des mines et des torpilles, est une folie. La seconde est que les débarquements sur les plages sont des opérations délicates qui doivent compter avec des marées importantes, des vents violents, une visibilité réduite et de nombreux obstacles, comme des bancs de sable. Ports imprenables ou plages impraticables ? S'il est difficile de débarquer à Oran, comment débarquer en sécurité et en plus grand nombre sur les côtes du nord-ouest de la France, où la houle déferle depuis le sud de l'Atlantique sur près de 4 500 kilomètres avant de s'engouffrer dans l'étroit boyau de la Manche ?

Mais ce qui continue d'inquiéter les stratèges alliés est qu'ils n'ont toujours pas affronté des troupes allemandes. Certaines unités vichystes se sont battues bravement, mais la majorité a été soulagée d'apprendre que l'amiral Darlan avait ordonné un cessez-le-feu suivi d'une capitulation. En réponse à cette défection, Hitler envahit immédiatement le sud de la France et débarque des divisions allemandes (et italiennes) en Tunisie, où Rommel et ses subordonnés vont, de novembre 1942 à mai 1943, tenir tête à des armées alliées très supérieures en nombre et qui les encerclent. Malgré cette résistance allemande et les nombreuses contre-attaques de l'Axe, l'opération Torch constitue, pour les Alliés, un succès relativement aisé et un grand motif de soulagement.

Après Torch

Le petit raid de Dieppe et l'invasion à grande échelle de l'Afrique du Nord posent, à bien des égards, des questions pratiques identiques : quelle doit être la largeur des zones de débarquement et à quelle distance doivent-elles être les unes des autres ? Quelle doit être l'intensité du bombardement naval et sur quels points ? Comment débarquer correctement sur une plage ou dans un port ? Comment se préparer aux obstacles naturels et à ceux déployés par l'ennemi ? A quel moment le commandement naval doit-il laisser la main au commandement terrestre ? Comment et quand procéder à l'envoi de renforts, à l'évacuation des blessés et des véhicules manquant de carburant ? Comment neutraliser les contre-attaques aériennes de l'ennemi ? La liste est presque infinie, mais chaque question est sérieuse et doit être traitée.

Les expériences de ces deux opérations sont également les plus récentes dont disposent les stratèges et responsables alliés sur le théâtre européen et méditerranéen lorsque Churchill et Roosevelt se rencontrent à Casablanca et demandent que des opérations amphibies aient lieu en 1943. Un officier perspicace aurait fort bien pu résumer de la sorte la situation aux deux grands hommes ainsi qu'à leurs chefs d'état-major : « Messieurs, nous avons quelques idées des problèmes qui nous attendent après avoir constaté que le raid que nous venons d'effectuer sur les côtes françaises a été aisément repoussé par les défenseurs allemands. Notre invasion de l'Afrique du Nord nous a montré toute la difficulté de débarquer des armées imposantes sur un rivage, en devant tenir compte de la distance, des marées, des tempêtes et des nombreux problèmes de logistique et de communication. Nous ignorons ce qui se passera si nous combinons deux choses : débarquer des masses de troupes sur des rives hostiles, quelle que soit la météo et si ces rivages sont occupés et renforcés par un grand nombre de divisions d'élite de soldats allemands. Ni italiens ni vichystes : allemands. Les meilleurs soldats du monde dans le domaine de la défense. Nous n'avons aucun moyen de déterminer ce qu'il pourrait se passer. »

Nous ne possédons nulle trace d'une telle communication. Mais elle n'aurait pas eu d'effet sur les responsables politiques ni sur les directives de Casablanca. Un tel discours n'aurait certainement pas perturbé Roosevelt, parfois en proie au doute sur les questions de méthode, mais terriblement confiant dans la capacité des Etats-Unis à l'emporter dans n'importe quel conflit ; il lui arrivait de se poser des questions de procédure, de délais, de choix géographiques, de choix de production industrielle américaine ; mais il semble n'avoir jamais douté de la victoire. Si la Grande-Bretagne occupe une situation stratégique délicate, avec des périls que Roosevelt ne semble pas apprécier à leur juste valeur (comme la menace des U-boote), et tout en craignant pour la pérennité de son cher empire, Churchill considère également que des débarquements seront la clé de la défaite finale de l'Axe. A ses yeux, le tournant de la guerre est arrivé et il déborde d'idées pour la suite des opérations.

Le déroulement des offensives alliées, durant les seize mois qui suivent, tend à confirmer les prévisions de ce stratège imaginaire. Après Dieppe, plus aucune opération significative ne se déroule sur les côtes de France ni en Europe de l'Ouest. Quel pourrait en être l'intérêt ? Tant que les Alliés n'ont ni la maîtrise des mers ni celle des airs, tant que le nombre de divisions américaines et de barges de débarquement déployées en Angleterre est insuffisant, le second front ne peut être ouvert, malgré les admonestations de Staline et de Roosevelt. La seule possibilité offerte aux Américains pour tromper leur ennui, sauf à concentrer tous leurs efforts, humains et matériels, sur le théâtre du Pacifique (ce que l'amiral King verrait d'un bon œil), consiste à accentuer la pression contre l'Axe en Méditerranée, comme Churchill et l'état-major britannique n'ont cessé de le réclamer ; les Alliés disposent désormais d'importantes quantités de troupes navales, terrestres et aériennes en Afrique du Nord, qui ne vont certainement pas demeurer l'arme au pied pendant un an. Eisenhower, lui aussi – et son avis compte –, est favorable à de nouvelles opérations, contre la Sardaigne ou l'Italie. Nous n'avons pas ici le temps de débattre de la pertinence de la stratégie des Alliés en Méditerranée[23], ni de tenter de percer les raisons profondes qui poussent Churchill à promouvoir sans relâche ce théâtre d'opérations. Il nous suffit de dire que des opérations d'envergure s'y déroulent et prennent la forme de trois « sauts de puce » successifs – d'Afrique du Nord en Sicile (juillet 1943), avec le franchissement du détroit de Messine et les débarquements de Salerne et de Tarente (septembre 1943), puis le dernier effort pour hâter la chute de Rome avec le débarquement d'Anzio (janvier 1944).

La grande question est de savoir si ces trois grandes opérations de débarquement amphibies, qui se déroulent entre juillet 1943 et janvier 1944, servent à la préparation de la grande invasion – l'opération Overlord. Chacun sait alors, même Churchill et Alanbrooke, malgré leur prudence, qu'une vaste opération doit être entreprise au début de 1944 en Europe occidentale. Mais il convient pour cela que les états-majors et les forces armées soient au point sur le plan tactique et opérationnel, afin d'éviter l'humiliation de se voir rejetés à la mer. C'est en cela que les opérations de Méditerranée revêtent une certaine importance, car pour la première fois les Alliés doivent débarquer sur des rives tenues par des troupes allemandes.

Les opérations Husky (Sicile), Avalanche (Salerne) et Shingle (Anzio) sont toutes trois couronnées de succès, mais aucune d'entre elles ne se déroule sans accroc, loin s'en faut – l'opposition est si sérieuse à Salerne et à Anzio que le rembarquement des troupes est momentanément envisagé. Mais chacune de ces opérations donne aux états-majors alliés matière à réflexion, à réorganisation, à modifications techniques et tactiques, et pousse à innover en matière d'armement. On a souvent décrit l'opération Overlord comme l'opération navale et terrestre la plus vaste et la mieux organisée de l'Histoire. Si tel est le cas, il faut aussi dire que jamais, dans l'Histoire, une telle entreprise n'a été autant répétée par les opérations précédentes.

L'invasion anglo-américano-canadienne de la Sicile (juillet-août 1943) est le premier pas des Alliés en Europe, plus de trois ans après l'héroïque évacuation de Dunkerque, plus de deux ans après la calamiteuse défaite des Britanniques en Grèce et en Crète et après l'invasion de l'URSS par Hitler. Il s'agit d'un coup majeur porté à l'Axe, qui provoque la chute de Mussolini et la capitulation de l'Italie. De nombreuses divisions fraîches, notamment américaines, y connaissent leur baptême du feu et l'opération constitue un nouvel exercice de conduite d'une opération combinée et amphibie à large échelle[24].

Même avec le repli des dernières troupes italo-allemandes vers la péninsule italienne, à travers le détroit de Messine, le 17 août 1943, on ne peut pas véritablement dire que la campagne de Sicile se solde par un succès brillant ou décisif. La préparation de cette invasion a été retardée par la résistance incroyablement acharnée de l'Axe en Tunisie jusqu'à la moitié du mois de mai. La garnison de la Sicile est naturellement réduite : huit divisions allemandes ont été capturées en Afrique du Nord et bien d'autres sont déployées, conformément aux ordres d'Hitler, pour prévenir toute invasion alliée de la Grèce, de la Sardaigne ou du sud de la France. Les décryptages d'Ultra indiquent aux Alliés que les

Allemands disposent, en Sicile, de deux divisions allemandes en cours de reformation et de quatre divisions italiennes, sans compter quelques unités de défense côtière mal équipées. Les Alliés prévoient de débarquer huit divisions – soit davantage que le nombre de troupes déployées initialement en Normandie, dans les îles Mariannes et même dans les Philippines, à Iwo Jima et à Okinawa. Près de 150 000 hommes sont débarqués le premier jour, le total finissant par atteindre 478 000 hommes, sur deux étendues de 60 kilomètres de côtes chacune. Sur les plages elles-mêmes, les envahisseurs progressent presque sans opposition ; les premières unités américaines subissent des tirs sporadiques des troupes italiennes. Les 4 000 appareils alliés engagés ne parviennent pas à s'assurer de la maîtrise totale des airs et la Luftwaffe inflige quelques pertes. D'immenses flottes de barges de débarquement et de navires de guerre se tiennent au large des côtes et subissent parfois les attaques des troupes ennemies au sol ou depuis les airs ; le soutien naval est massif.

Il ne s'agit donc pas d'un véritable test. L'opération de Sicile offre probablement deux leçons aux envahisseurs. La première, négative, est que dès l'entrée en lice des deux divisions allemandes, renforcées par des parachutistes puis par d'autres troupes terrestres, les offensives alliées marquent nettement le pas, malgré des renforts dépêchés depuis la Tunisie. Si les troupes allemandes se replient devant Patton à l'ouest, elles s'accrochent facilement à la partie orientale, accidentée, de l'île, alors qu'elles ne livrent plus qu'un combat d'arrière-garde pour permettre l'évacuation, par le détroit de Messine, de leurs camions, de leurs chars et de leur matériel – ce qu'elles parviennent à faire sans être pour ainsi dire interrompues. Le rapport du maréchal Alexander à Churchill, qui indique que le 17 août 1943 « le dernier soldat allemand a été chassé de Sicile », donne sans doute une fausse impression aux stratèges de Londres[25].

La seconde leçon, plus encourageante, est que, malgré une mer mauvaise et des vents violents qui ont dispersé les troupes aéroportées américaines et britanniques sur tout le sud de l'île, les deux commandements amphibies ont eu l'occasion de reconnaître, étape par étape, les problèmes constitués par les obstacles côtiers, le débarquement des troupes et du matériel et leur extraction rapide vers l'intérieur des terres, la coordination avec le soutien aérien et naval et les communications avec les navires de QG et les amiraux en charge de l'opération. Ces deux derniers vont d'ailleurs se révéler comme les deux meilleurs amiraux du théâtre européen pour les opérations amphibies : sir Bertram Ramsay (Royal Navy) et H. Kent Hewitt (US Navy).

L'étape suivante est celle de l'invasion de l'Italie elle-même. Cette nouvelle avance provoque un important conflit entre les états-majors américain et britannique, mais les inquiétudes américaines sur l'éventuel retard d'Overlord sont apaisées par le souhait manifeste du gouvernement italien de cesser le combat et de se placer sous la protection des Américains. Ce débat au sommet finit par aboutir à un accord sur l'invasion de l'Italie, retardée au 3 septembre, qui voit la 8e armée de Montgomery traverser le détroit de Messine, suivie, le 9 septembre, par une autre attaque de revers sur Tarente, tandis que les Anglo-Américains débarquent massivement à Salerne, plus au nord, sous le commandement de Mark Clark, en charge du front italien. Les débarquements de Tarente se déroulent sans opposition ; il n'y a ni mines ni barbelés et les 3 000 soldats italiens déployés dans le secteur ne se rendent que pour prêter main-forte aux soldats alliés qui débarquent leur matériel – afin de prendre leurs distances avec les Allemands. (Un des rapports d'état-major affirme que la seule résistance rencontrée est celle d'un puma échappé du zoo de Reggio !) Les forces britanniques et canadiennes s'aventurent prudemment à l'intérieur des terres et ne sont ralenties que par les démolitions effectuées par les Allemands. Cette prudence se manifeste de manière encore plus importante lors de l'« assaut » donné contre Tarente, une action organisée à la hâte et effectuée, une fois encore sans opposition, par des hommes de la 1re division de parachutistes britanniques, sans avions de transport et même sans véhicules quand ils débarquent sur le rivage. En moins de deux semaines, les ports de Bari et de Brindisi tombent, eux aussi, sans opposer de résistance. Le 5e corps britannique attend donc de nouveaux ordres. Coïncidence heureuse : la campagne de Tarente avait reçu pour nom de code opération Slapstick (« Comédie bouffonne »).

Les débarquements de Salerne sont une toute autre histoire. L'attaque est apparemment connue de chaque garçon coiffeur de Malte à Tripoli et certainement des Allemands, qui placent leurs troupes en alerte plusieurs heures avant les débarquements (et malgré quoi Clark, à la consternation de Hewitt, en charge de la protection des plages, interdit tout tir de couverture de la flotte, au moins pour les divisions américaines placées sous ses ordres). Moins importante que l'invasion de la Sicile, l'opération Avalanche est une affaire importante, qui implique quatre divisions et des unités de commandos et de Rangers – 55 000 hommes de troupe au départ, suivis de 115 000 autres – transportées et soutenues par environ 700 navires de guerre et barges de débarquement. En raison de son ampleur et de la décision de charger les barges de débarquement à plus de 12 kilomètres du rivage, vers 3 heures du matin le 9 septembre, la confusion règne et les congestions sont légion ; le débarquement des Américains près de Paestum est empêché par l'artillerie allemande, avant que des destroyers ne soient autorisés à se rapprocher de la côte et à les réduire au silence.

On ne manque pas de remarquer que la 16e division de Panzers, isolée et qui ne représente qu'à peine la moitié d'une division blindée alliée avec 80 chars environ (dans ses Mémoires, Clark évalue le nombre de chars qui lui font face à 600 !), parvient à contenir les Britanniques avant de traverser la Sele pour arrêter les Américains et de se redéployer face aux Britanniques. Le lendemain, la 45e division américaine progresse de plus de 15 kilomètres à l'intérieur des terres avant d'être repoussée par la contre-attaque d'un unique bataillon d'infanterie motorisée accompagné de huit blindés. L'aviation embarquée ne peut empêcher les attaques répétées de la Luftwaffe contre les têtes de pont encombrées. A la fin du troisième jour, alors que les Alliés espéraient avoir atteint Naples, ils ne sont pas parvenus à quitter leurs deux étroites têtes de pont, tandis que des renforts arrivent côté allemand.

Aujourd'hui encore, il demeure difficile de déterminer si les Alliés ont bel et bien frôlé un nouveau Gallipoli au quatrième et au cinquième jour de l'opération. Les Allemands ferment toutes les passes dans les montagnes environnantes et déploient une force d'élite (la 29e division de Panzergrenadiers) entre les deux têtes de pont. Ils reprennent Battipaglia aux Britanniques et Persano aux Américains, acculant ces derniers à la mer. A un moment donné, les Allemands ne se trouvent plus qu'à 500 mètres du rivage et, dans la soirée du 13 septembre, Clark envisage de rembarquer le QG de sa 5e armée et d'évacuer le 6e corps US sur la tête de pont britannique.

Mais le chaos qu'un tel mouvement provoquerait terrifie les adjoints navals et terrestres de Clark, et Eisenhower comme Alexander réfutent cette possibilité. Pour endiguer l'échec, ils limogent plusieurs généraux ayant fait preuve de mollesse et rameutent toutes les forces disponibles dans le secteur : un grand nombre de cuirassés, de croiseurs et de destroyers pilonnent les positions allemandes – grâce à des avions d'observation, les obus de 380 mm du HMS *Warspite* frappent des cibles parfois situées à plus de 15 kilomètres à l'intérieur des terres. Tous les avions du théâtre méditerranéen, chasseurs ou bombardiers, sont mis à disposition ; un convoi de barges de débarquement de chars (LST) à destination de l'Inde est détourné vers Salerne ; la 82e division aéroportée américaine du général Ridgway décolle de Tunisie sans son matériel lourd pour être parachutée dans le secteur américain tandis que la 7e division blindée britannique (les célèbres « Rats du désert ») est déployée sur la tête de pont Nord. Lentement, les unités de la 8e armée de Montgomery débarquées autour de Tarente remontent vers le nord et distraient l'attention des Allemands, sans participer directement aux combats[26].

La dernière attaque allemande, le 16 septembre, est arrêtée par le bombardement massif, naval et aérien, des Alliés, mais aussi par le grand nombre de chars déployés. Kesselring replie ses quatre divisions d'infanterie, très diminuées, sur une nouvelle ligne défensive au sud de Naples. Et, comme cadeau d'adieu, des bombes volantes téléguidées endommagent gravement le HMS *Warspite* et coulent le cuirassé italien *Roma* qui venait d'appareiller pour se rendre aux Alliés. Des croiseurs lourds britanniques et américains endommagés regagnent Malte par leurs propres moyens ou y sont remorqués. Il est bien difficile de décrire l'opération Avalanche comme un succès, les meilleures performances étant enregistrées du côté des Allemands. En ce même mois de septembre 1943, à l'est, la Wehrmacht se replie sur des centaines de kilomètres sous les coups des armées de Koniev, Vatoutine et Rokossovski. Le contraste est gênant et fait peser davantage de pression sur les Alliés pour qu'ils lancent l'invasion de la France, régulièrement repoussée, même si Alanbrooke et d'autres experts chevronnés doutent de son issue.

Douze mois après Casablanca, on peut difficilement dire que les performances amphibies des Américains et des Britanniques sont remarquables ; pour être honnête, elles sont plutôt lamentables. Mais la pire humiliation est à venir, sur les plages d'Anzio, en janvier 1944. A bien des égards, cette campagne des Alliés qui vise à déloger les Allemands du centre de l'Italie est sans doute une des pires qu'ils aient menées durant la guerre. Le rapport général des forces – en termes de divisions, de nombre de blindés, de maîtrise de l'air, de forces spéciales, de soutien naval – semble offrir la perspective d'une grande invasion des Alliés à proximité de Rome, qui mettrait un terme à la résistance de Kesselring sur la ligne Gustav, plus au sud. Malheureusement, et encore une fois, les Britanniques et les Américains tombent sur un os : des divisions allemandes aguerries. La plupart des unités alliées les plus expérimentées – et les meilleurs généraux – ont été redéployées au Royaume-Uni pour préparer Overlord. Malgré cela, les Alliés disposent de suffisamment de troupes pour effectuer cette opération de contournement amphibie qui doit accélérer leur marche laborieuse le long de la péninsule italienne. Mais il leur manque l'imagination suffisante pour anticiper puis contrer la contre-attaque des Allemands. Dans ce cas précis, la prudence coutumière des Britanniques à l'égard de toute offensive rapide contre les Allemands se conjugue avec l'attitude négative du commandant américain de l'opération, le général John Lucas, qui se contente de consolider sa tête de pont[27]. Churchill, furieux, le résumera plus tard d'une formule lapidaire : « Nous espérions un chat sauvage, nous n'eûmes qu'une baleine échouée. »

La rapidité de la réaction de Kesselring au débarquement d'Anzio (il se prépare depuis longtemps à une invasion des Alliés au nord de Rome) laisse pantois. En moins d'une semaine, encouragé par Hitler, il réorganise l'intégralité du système de commandement de l'armée allemande en Italie centrale, déplace des troupes du nord au sud vers la zone menacée et déploie des éléments de huit divisions de vétérans autour d'Anzio, sous le commandement de Mackensen, un général expérimenté. Lorsque Lucas ordonne enfin la première offensive, plus d'une semaine après les débarquements qui se sont déroulés sans opposition dans la nuit du 24 au 25 janvier, la Wehrmacht est en place. Mark Clark ordonne alors des attaques sur le front de la ligne Gustav afin de soulager les troupes débarquées – soit le scénario inverse de celui espéré. Ces gesticulations du commandement allié aboutissent au stupide et criminel bombardement du plus grand monastère bénédictin d'Europe, au Mont Cassin, qui n'abritait que des moines et des réfugiés. Pendant ce temps, l'artillerie allemande pilonne la tête de pont d'Anzio, la Luftwaffe bombarde les navires au large et Kesselring attaque sur tous les fronts. Du milieu à la fin du mois de février, le risque est grand de voir les troupes alliées rejetées à la mer, comme à Dieppe. Mais c'est le scénario de Salerne qui se répète. Renforcées par de nouvelles unités, avec de nouveaux généraux, les divisions britanniques et américaines tiennent bon ; et, lorsque la couverture nuageuse hivernale commence à se lever, les bombardiers et chasseurs bombardiers alliés contraignent Mackensen à cesser son offensive au début du mois de mars. Mais, avec les cinq divisions dont il dispose, il peut encore empêcher les Alliés de progresser, tandis que le reste de ses troupes demeure en réserve.

On voit donc que les probabilités de succès d'une éventuelle invasion de la France en 1943-1944, qu'Hitler comme le commandement de la Wehrmacht considèrent comme bien plus dangereuse qu'une offensive en direction de Rome, apparaissent très incertaines ; les marées et des conditions météorologiques sont plus mauvaises dans l'Atlantique et l'opposition risque d'être bien plus importante. Si Kesselring peut dépêcher huit divisions devant Anzio en moins d'une semaine, combien Rommel pourra-t-il en déployer en Normandie ou dans le Pas-de-Calais dans les mêmes délais ?

L'idée même que l'invasion de la France, qui débute un an et demi après la conférence de Casablanca, aurait pu se solder par un désastre va à l'encontre du caractère fortement « inévitabiliste » de toute la littérature de la Seconde Guerre mondiale. Les titres des différents volumes des Mémoires de Churchill en sont un bon exemple : *La Grande Alliance* (vol. III), *Le Tournant du destin* (vol. IV), *L'Etau se referme* (vol. V), *Triomphe et Tragédie* (vol. VI)[28]. Mais il faudrait se souvenir que quelques heures après avoir donné le feu vert à l'opération, le 5 juin, Eisenhower s'assied, seul, à son bureau, et rédige un des communiqués les plus ahurissants jamais écrits par un général en chef. Anticipant un possible désastre, il y évoque l'échec de l'invasion, le rembarquement des troupes et déclare en assumer l'entière responsabilité[29]. Ce communiqué demeure naturellement secret – on n'ose imaginer l'effet qu'il aurait pu produire si les troupes se préparant à l'invasion en avaient eu vent. Mais il nous montre – et de quelle manière ! – le caractère d'Ike, sa générosité d'esprit, sa pleine conscience du caractère incertain de l'existence et sa compréhension instinctive de l'avertissement de Clausewitz qui écrivait qu'une fois la bataille engagée, tous les efforts entrepris sont aux mains de Dieu seul.

Voilà qui devrait nous rappeler, et par le biais d'une source digne de respect, que la lutte entre l'Axe et les Alliés n'était pas censée être terminée un an plus tard. Les précédents débarquements – Afrique du Nord, Sicile, Salerne, Anzio – ont révélé (ou pas) des chefs militaires de plus en plus expérimentés. Ces débarquements leur ont fourni des millions de leçons sur les reconnaissances et le soutien aériens, le bombardement, les barges de débarquement, le matériel de nettoyage des plages, les navires de commandement, les flux logistiques, les coopérations interarmes. Tout cela doit fonctionner correctement et de manière coordonnée. Le 5 juin 1944, les stratèges alliés savent beaucoup de choses, mais une grande incertitude demeure et va demeurer jusqu'au lendemain soir : la formidable armée allemande, qui s'appuie sur un excellent réseau de défenses côtières et dispose d'effectifs bien plus importants que ceux affrontés jusqu'ici, peut-elle rejeter les Alliés à la mer ?

Des plages de Normandie à la percée – juin 1944

Les dragueurs de mines sont naturellement les premiers à pied d'œuvre. La veille au soir, des dizaines d'entre eux quittent Spithead et le Solent afin de tracer des chenaux dans le réseau des mines marines de Rommel. Derrière eux, 2 700 navires suivent (sans compter les 1 900 barges embarquées à bord de leurs navires de transport) qui convoient et accompagnent une première vague de 130 000 hommes, deux milliers de chars et 12 000 autres véhicules. Comme à l'accoutumée, les sous-marins de la Royal Navy sont utilisés pour marquer les axes de vol de l'aviation et pour guider les premiers navires d'assaut sur les plages. Cette gigantesque armada surgit donc presque sans opposition à l'aube du 6 juin 1944, pour se lancer à la reconquête de l'Europe de l'Ouest. La Royal Navy, consciente de son héritage, a donné à cette partie du plan le nom de code « Neptune »[30].

Quatre des cinq débarquements prévus se déroulent convenablement ; le cinquième, à Omaha, connaît un bref mais retentissant échec. A la fin de cette journée historique, tous les soldats de la force d'invasion, ainsi que les parachutistes largués de part et d'autre de la tête de pont, ont débarqué, et des renforts nombreux sont en route. Ils n'ont pas été rejetés à la mer ni même contenus bien longtemps sur les plages. Comme l'eau s'écoulant d'un barrage brisé, les armées alliées se répandent à l'intérieur des terres, rencontrant ici ou là des poches de résistance bientôt contournées et réduites. Couverts par l'aviation, les chars, l'artillerie automotrice et l'infanterie motorisée se déplacent à travers les interstices et les points faibles des défenses. A la fin du mois de juin, les unités britanniques et américaines se trouvent à plus de 30 kilomètres à l'intérieur des terres et l'intégralité de la péninsule du Cotentin est libérée. Un mois plus tard, les troupes américaines se rapprochent de la vallée de la Loire et pivotent rapidement vers l'Est. Le 25 août 1944, les Forces françaises libres et des troupes américaines libèrent Paris.

Comment tout cela s'est-il produit ? Une des clés de la victoire des Alliés en Normandie est certainement le commandement et le contrôle. Sans lui, les plus brillantes réussites tactiques ne peuvent aboutir à rien. L'orchestration de l'invasion complexe et massive par les troupes anglo-américano-canadiennes de l'ouest de la France nécessite un système de contrôle ayant à sa tête les meilleurs chefs de guerre. Fort heureusement pour les envahisseurs, le Commandement des opérations combinées de l'amiral Bertram Ramsay possède, grâce à des expériences anciennes, un degré remarquable de coordination. Cela n'est pas tout à fait un hasard si les généraux et amiraux ayant fait montre des meilleures capacités de coopération et de coordination interarmes sur le théâtre méditerranéen (Eisenhower, Tedder, Ramsay) sont renvoyés à Londres fin 1943 pour prendre le commandement des opérations, et si les généraux de terrain les plus capables, comme Montgomery, Dempsey, Bradley et Patton, suivent le même chemin. A leur arrivée en Grande-Bretagne, ils sont abondamment pourvus de plans d'invasion susceptibles d'être modifiés ou améliorés ; c'est ainsi que la décision est finalement prise de débarquer sur cinq plages au lieu des trois initialement prévues. Ils trouvent également les premiers projets de plans logistiques, extrêmement détaillés et qui nécessitent tous d'être étudiés en profondeur et affinés[31]. Chaque commandant de bord, chaque général de division possède son livret d'instructions. Rien n'est laissé au hasard[32].

Le génie chargé de concevoir ce plan brillant est un modeste officier de marine britannique, Bertram Ramsay (1883-1945). Entré au sein de la Royal Navy à l'âge de 15 ans, il a servi sur les patrouilleurs basés à Douvres durant la Première Guerre mondiale et, après avoir poursuivi sa carrière durant l'entre-deux-guerres, a pris sa retraite en 1938. Un an plus tard, Churchill lui intime l'ordre de reprendre immédiatement l'uniforme[33]. Les états de service de Ramsay durant la guerre sont extraordinaires. Nommé commandant en chef du Dover Command, la plus ancienne unité de la Royal Navy, il dirige avec maestria le rembarquement des troupes de Dunkerque en juin 1940. Il exerce ensuite son commandement sur la Manche avant d'être nommé coordinateur en chef des débarquements d'Afrique du Nord et de Sicile. Il est ensuite rappelé en Grande-Bretagne et élevé au grade d'amiral avant d'être nommé commandant en chef naval de la Force expéditionnaire navale alliée pour le débarquement de Normandie. Ce qui suit est, pour l'essentiel, son histoire[34]. En janvier 1945, il meurt tragiquement dans un accident d'avion, alors qu'il se rendait à une conférence avec Montgomery sur la poursuite de la guerre. Son œuvre était malgré tout, et à bien des égards, achevée.

Pour la réussite d'Overlord, trois prérequis sont essentiels : maîtrise des airs, maîtrise des mers et conduite d'une opération d'intoxication et de renseignement efficace. Deux facteurs peuvent avoir un effet négatif et potentiellement ruiner l'entreprise : le climat dans la Manche et la nature de la réplique militaire allemande.

La maîtrise des airs au-dessus de l'Europe permet plusieurs choses. La première est d'interdire en France, et particulièrement à l'ouest de Paris, le type de contre-offensives si brillamment orchestrées par Mackensen et Kesselring en Italie ; la capacité de la Wehrmacht à se ressaisir et à répliquer doit être désamorcée. La deuxième est la couverture aérienne complète des Alliés au-dessus des plages et des eaux environnantes afin que chaque soldat sache que tout avion qui le survole est un avion allié. La troisième est un appui aérien tactique, tant contre les défenses côtières allemandes que, par la suite (et si tout va bien), contre les points de résistance à l'intérieur des terres.

Le plan de destruction des voies de communication allemandes menant jusqu'aux rives de l'Atlantique (la partie occidentale du « Plan Transports ») se déroule à merveille. Ce plan n'a pas été sans provoquer de nombreux remous au sein du commandement allié (voir chapitre 2), mais il est finalement mis à exécution. Une gigantesque armada de bombardiers lourds et moyens, momentanément détournés de leurs missions de bombardement stratégique contre l'Allemagne, pilonne les lignes de chemin de fer, les ponts, les routes et les gares de triage, paralysant presque tout le réseau routier. Les bombardiers lourds effectuent l'essentiel de leurs attaques à l'est, attaquant les gares et les dépôts de munitions, les appareils de plus petite taille se montrent tout aussi efficaces pour les actions ciblées. Le 7 mai, huit P-47 Thunderbolt détruisent l'important pont de Vernon, sur la Seine, et d'autres ponts subissent le même sort[35]. Les commandants des divisions de Panzers, habitués à une certaine liberté de mouvement dans les sables d'Afrique du Nord ou dans les grandes plaines de Russie, doivent à présent se frotter à la géographie de l'Europe de l'Ouest qui, avec ses nombreux cours d'eau et ses ponts vulnérables, réduit considérablement la mobilité de leurs chars (tel n'était pas le cas en 1940 : l'aviation alliée était pour ainsi dire absente). Et, comme ils vont bientôt le constater, une colonne de blindés immobilisée en attendant de traverser une rivière ou un fleuve risque rapidement de se trouver à la merci des Typhoon de la RAF, équipés de rockets antichars.

Le 6 juin, la Luftwaffe est dans l'incapacité de répéter les attaques mortelles qu'elle avait pu effectuer au large de la Norvège, de la Crète, de Dieppe et même de Salerne. Le rapport de forces lui est incroyablement défavorable. Le 6 juin seulement, près de 12 000 avions alliés prennent l'air, certains bien avant l'aube et d'autres bien après le crépuscule. La Luftflotte III allemande, chargée de la protection de l'Europe de l'Ouest, ne dispose ce même jour que de 170 avions opérationnels. Il est naturellement impossible pour eux de gagner les plages de la Manche, protégées par 5 600 chasseurs alliés. Les attaques à basse ou moyenne altitude sont anticipées par le plan de défense antiaérien[36]. Un expert aérien spécialiste de l'opération note : « La couverture des plages était constituée de plusieurs patrouilles de Spitfire à basse altitude, dominées par quatre escadrilles de P-47 à moyenne altitude, à quoi s'ajoutait une escadrille de P-38 Lightning chargée de couvrir les navires déployés au large des quatre plages. »

A la maîtrise des airs s'ajoute celle des mers. Les forces déployées par les Alliées sont écrasantes. L'invasion est soutenue par 7 cuirassés, 23 croiseurs, plus de 100 destroyers et plus d'un millier d'autres navires de combat. Les cuirassés britanniques et américains sont des modèles datant de la Première Guerre mondiale ou du traité de Washington de 1922 (l'USS *Nevada* ou le HMS *Rodney*). Jugés incapables de tenir leur rang en mer aux côtés des nouveaux modèles de cuirassés, comme l'USS *Iowa* ou le HMS *King George V*, ils sont éminemment appropriés – et parfaitement adaptés – pour les missions de bombardement côtier. Le HMS *Warspite* (dont une des tourelles et une des chaudières ne fonctionnent plus, suite à l'attaque subie à Salerne), qui a déjà donné du canon devant le Havre, Cherbourg et Walcheren, participe ici à la dernière campagne d'une carrière qui lui aura valu plus de distinctions que tout autre navire de la Royal Navy. Les vieux cuirassés équipés de pièces de 381 mm sont d'une efficacité redoutable pour détruire les fortifications. Plus près de la côte, 57 destroyers se tiennent directement derrière les premières vagues d'assaut et tirent sur les défenseurs allemands jusqu'à la dernière minute. La chorégraphie de ce bombardement, coordonné avec les débarquements nombreux et complexes, est à couper le souffle.

Tenant compte des nombreuses difficultés que présente tout assaut amphibie, les Alliés espèrent réduire le poids de la contre-offensive allemande en convainquant leurs adversaires que l'invasion va se dérouler ailleurs ou, tout du moins, en embrouillant le tableau à tel point que les armées allemandes vont demeurer dans l'incertitude et éparpillées sur un trop large front. Aux yeux des Britanniques, tout particulièrement, l'« intoxication stratégique » des puissantes divisions allemandes est d'une grande importance. Ne souhaitant ni ne pouvant livrer une nouvelle bataille de la Somme, les Britanniques comptent beaucoup sur des méthodes s'appuyant sur les diversions, la confusion, les attaques indirectes, la formation des partisans, l'usage de la puissance aérienne, les manœuvres d'intoxication et la recherche du point faible dans les défenses de l'ennemi. Cette position est logique pour une petite nation insulaire et son bien-fondé est confirmé – malgré quelques échecs – en Afrique du Nord, en Sicile ou sur le reste du théâtre méditerranéen. Les militaires américains, pourtant plus enclins à des actions frontales contre la Wehrmacht, acceptent de jouer le jeu. Voilà comment naissent Fortitude Nord et Fortitude Sud.

Fortitude Nord est le reflet d'un rêve de Churchill et d'une hantise d'Hitler – l'idée que les Alliés pourraient attaquer l'Allemagne depuis le Nord, avec une invasion de la Norvège suivie d'une poussée vers le Danemark permettant de tendre la main aux Soviétiques. Sur le papier, les perspectives sont alléchantes. Mais, d'un point de vue logistique, l'affaire est particulièrement complexe, comme les généraux britanniques ne manquent pas de le faire remarquer à Churchill. Aux yeux des Américains, un tel mouvement s'apparente à une nouvelle version de l'« approche indirecte », à ranger dans la même catégorie que les projets d'invasion de la Grèce. Mais cette possibilité n'est pas écartée et les attaques des bombardiers de la RAF et des commandos britanniques sur les avant-postes et les aérodromes allemands tout le long de la côte de Norvège continuent d'entretenir le doute. De nombreuses troupes allemandes sont contraintes d'y stationner (12 divisions en Norvège, 6 au Danemark) qui pourraient être employées ailleurs ; les Alliés créent donc une fausse armée d'invasion stationnée dans le nord-est de l'Ecosse. Alors que la date du Jour J se rapproche, les renseignements alliés indiquent que le haut commandement de la Wehrmacht doute de plus en plus d'une attaque en Scandinavie, quelle que soit son ampleur. Fortitude Sud est donc renforcé.

L'histoire des tentatives, très complexes, des Alliés destinées à persuader Hitler et le haut commandement allemand que le débarquement aura lieu dans le Pas-de-Calais est nimbée de mythe et mélange allègrement la réalité et les énoncés fantaisistes. Malgré cela, Fortitude Sud est un plan particulièrement astucieux et multiforme. Les quelques agents allemands présents en Grande-Bretagne et qui sont retournés (les « agents doubles ») fournissent des informations appropriées à Berlin. Des raids de bombardement, les activités de la Résistance, les équipes de reconnaissance des plages, les messages de la BBC et toute une panoplie d'astuces concourent au succès de l'ensemble. Les décorateurs de théâtre, britanniques et américains, des imitateurs, des sosies et des metteurs en scène interviennent dans cet effort de guerre. Des dizaines de milliers de chars et de camions gonflables sont déployés en rang près des ports du Kent, tandis qu'un *black-out* total est imposé dans les comtés du Hampshire, du Dorset, du Devon et plus à l'ouest, où se trouve déployée la véritable armée d'invasion. Les reconnaissances aériennes allemandes des ports de l'Ouest sont totalement interdites. Patton, furieux de cette nomination, est un temps placé à la tête de cette armée fantôme qui utilise son indicatif radio. Les Alliés désirant sans cesse savoir où se trouve Rommel, ils imaginent que les Allemands souhaitent savoir où se trouve le général Patton, connu pour son hyperagressivité.

Mais quelle fut l'importance de toutes ces mesures d'intoxication dans la victoire du Jour J, comparé aux autres facteurs évoqués dans cet ouvrage ? Elle fut considérable. Surestimant le nombre de divisions alliées stationnées dans le Kent, le groupe d'armées Ouest déploie la bagatelle de 19 divisions dans le Pas-de-Calais (dont 4 autour de Dunkerque) ; seules 18 divisions sont déployées entre les estuaires de la Seine et de la Loire. Plusieurs jours après le débarquement de Normandie, von Rundstedt et de nombreux autres généraux expérimentés continuent de penser que ces troupes d'invasion, pourtant quotidiennement renforcées, sont un leurre – le fait même que les débarquements aient eu lieu à l'ouest de Caen constitue à leurs yeux une preuve supplémentaire que la véritable invasion aura lieu dans le Pas-de-Calais. Tout en autorisant certaines divisions à rejoindre les plages, le haut commandement de l'armée allemande continue d'en maintenir davantage en réserve ; le 10 juin, les messages envoyés par les agents doubles, qui continuent de présenter le débarquement de Normandie comme une feinte, poussent Hitler et von Rundstedt à revenir sur un ordre précédent et à renvoyer d'où elles venaient deux divisions détachées du Pas-de-Calais. Avant, pendant et après les débarquements de Normandie, des Lancaster de la RAF traversent régulièrement la Manche entre Douvres et Calais, larguant continuellement des bandes *windows*, tandis qu'une flottille de navires de guerre patrouille sur zone ; cela ne présage rien de bon.

L'intoxication continue. Le 3 juillet, le chef de l'OKW, Alfred Jodl, informe l'attaché naval japonais à Berlin que le « groupe d'armées Patton » va très prochainement traverser la Manche avec 18 divisions d'infanterie, 6 divisions blindées et 5 divisions aéroportées ; le fait est, selon les propres mots de Jodl, « évident », ce qui montre l'étendue de son erreur d'interprétation. Lorsque le haut commandement allemand réalise enfin (aux alentours de la mi-juillet pour certains généraux) que le débarquement du Pas-de-Calais n'aura pas lieu, il devient impossible de dépêcher les divisions qui y stationnent vers le sud : certaines de ces divisions sont statiques, mais, surtout, les bombardements tactiques des Alliés sur les routes, les voies ferrées et les ponts paralysent tout mouvement[37].

Mais l'histoire du renseignement est rarement simple. Il ne faudrait pas s'imaginer que l'histoire du Jour J est l'histoire d'un défenseur aveugle qui affronte un envahisseur omniscient. La Wehrmacht connaît dans le détail les méthodes amphibies des Alliés, le rôle des unités de nettoyage des plages, le poids des troupes aéroportées, le déplacement de certaines escadrilles de la RAF et de l'USAAF, le déplacement de nombreuses unités des quais de la Clyde en direction des rives de la Manche. Après avoir étudié méticuleusement les bombardements et les choix des plages de débarquement lors des opérations de Méditerranée, Rommel et son état-major s'assurent que la majorité des bunkers et des points d'appui sont construits obliquement par rapport au rivage, ce qui leur permet de se protéger d'éventuels coups au but lors du bombardement naval et d'arroser une bonne partie du terrain lorsque les troupes de l'ennemi surgiront de l'eau. La seule pièce qui manque aux Allemands est la plus importante : où et quand les Alliés vont-ils débarquer ? Ils ont appris que des barges de débarquement étaient rassemblées dans les ports de l'Essex, mais également dans le Devon ; ils ont repéré de nouvelles divisions américaines qui campent derrière Portsmouth et savent que d'autres stationnent (aux côtes d'unités fantômes) à proximité de Folkestone. Si les principaux officiers du renseignement allemand tendent à exagérer les effectifs des Alliés, il est difficile de ne pas ressentir une forme d'empathie à leur égard quand on les sait sans cesse pressés par la même question – Normandie ou Pas-de-Calais ? –, un point sur lequel, par ailleurs, ils savent que Rommel et von Rundstedt ont un avis contraire.

Les renseignements dont disposent les Alliés sur les Allemands sont à l'image des renseignements dont les Allemands disposent sur leur compte. Londres désire naturellement connaître en détail le dispositif défensif de la Wehrmacht. Grâce à la supériorité absolue qui est la leur en matière de reconnaissance aérienne par beau temps (un avantage dont l'Abwehr et la Luftwaffe ne cessent de se plaindre), mais aussi grâce aux flots d'informations fournies par la Résistance et par le décryptage quasi intégral des communications de la Wehrmacht et de la Kriegsmarine par le biais d'Ultra, il est relativement facile aux Alliés d'obtenir des renseignements sur les défenses allemandes, la localisation des unités, les obstacles particuliers, le nombre de chars, etc. ; il est également possible de suivre le redéploiement éventuel des grandes unités. Grâce au décryptage des codes diplomatiques, militaires et navals japonais et des messages circulant entre Berlin et Tokyo, il est également possible de se faire une idée de la stratégie allemande. Pourtant, comme les Alliés vont bientôt le découvrir, les Allemands peuvent construire de faux bunkers, mouvoir des batteries d'artillerie d'une falaise à une autre ou déplacer rapidement, à la faveur de la nuit, quantité de blindés et de camions. Surtout, un décompte précis des effectifs ne donne aucune indication sur la détermination éventuelle des défenseurs, même en grande infériorité numérique.

Les services de renseignements alliés disposent d'un autre avantage de taille : leur capacité à intercepter et décrypter rapidement les messages radio entre les commandants allemands sur le terrain et leurs quartiers généraux. Tout comme les équipes de Bletchley Park ont tiré parti des messages échangés par Dönitz et ses capitaines de U-boote quand la roue a tourné dans l'Atlantique, les casseurs de code glanent des informations précieuses dans le flot de communications de la Wehrmacht qui suit le débarquement ; qui rapporte à qui, quels ordres sont donnés, quelles informations sont transmises sur les effectifs et la localisation des unités alliées au groupe d'armées Ouest, quelles techniques d'intoxication ont fonctionné. Le décryptage d'un simple quart de ces informations fait une grande différence. L'utilisation massive des communications radio d'urgence par la Wehrmacht joue donc un rôle déterminant[38].

Les réseaux de résistance sont un atout supplémentaire pour les stratèges alliés. La Résistance constitue bien sûr une source de première importance sur les forces allemandes, mais les nombreuses actions de sabotage obligent les Allemands à affecter des centaines de milliers de soldats à des tâches secondaires, garder des voies de chemin de fer ou fouiller des maisons. Les différents réseaux de résistance recevant de nombreux messages par les ondes de la BBC, les Alliés peuvent continuer de brouiller les cartes en abreuvant d'instructions les groupes de résistance du Pas-de-Calais. Lorsque le débarquement a finalement lieu, de petites unités de résistants, équipées et formées par le Special Operations Executive, effectuent des attaques contre les ponts, les routes et les réseaux téléphoniques et télégraphiques, contraignant les Allemands à faire encore davantage usage de la radio[39]. Les Allemands ne peuvent naturellement pas rendre la pareille aux Britanniques.

Tous ces points bénéficient donc aux envahisseurs. Mais les adjoints et subordonnés de Ramsay n'ont pas la main sur deux éléments qui, au final, vont les servir. Le premier est celui du climat, le second, celui de la réaction des Allemands.

La météo est la grande inconnue. Les grandes marées, les tempêtes de l'Atlantique et les moments de répit n'ont eu de cesse d'influencer les tentatives de débarquement de part et d'autre de la Manche, de Jules César à Guillaume le Conquérant, d'Henri V à l'Invincible Armada et jusqu'à Guillaume d'Orange. Rien n'a changé : faire traverser la

Manche, cette mer hautement imprévisible, à un grand nombre d'hommes et de matériels a toujours été une entreprise périlleuse.

Elle l'est encore en juin 1944. Le mois de mai a connu de belles journées mais, les 3 et 4 juin, une importante dépression parcourt l'Atlantique. Les météorologues prévoient un plafond nuageux très bas – ce qui priverait les Alliés de leur supériorité aérienne – et une mer déchaînée, qui provoquerait un véritable chaos sur les plages. Le 5 juin, comme par miracle, la tempête s'apaise, la pluie cesse et Eisenhower finit, non sans inquiétude, par donner le signal du départ (avant de se retirer pour rédiger le communiqué dont nous avons parlé). La nuit même, l'armada se met en route vers la France. Il est aussi heureux que compréhensible qu'un tel climat ait poussé les Allemands à conclure qu'une invasion ne risquait pas d'avoir lieu très prochainement ; Rommel quitte la France pour assister à l'anniversaire de sa femme en Allemagne (le 6 juin) et le quartier général de von Rundstedt à Paris ne prête aucune attention aux messages de la BBC adressés à la Résistance cette nuit-là[40]. Les six divisions du groupe d'armées B, situées directement derrière les zones de débarquement, ne reçoivent pas le moindre message d'alerte.

Ce climat toujours changeant donne aux troupes d'Eisenhower une grande fenêtre d'opportunité : le 9 juin, les ports artificiels sont en place et des quantités énormes de troupes, de blindés et de camions commencent à débarquer. Huit jours plus tard (au matin du 19 juin, alors que le jour précédent avait été particulièrement calme), toute la zone de la Manche est frappée par une des pires tempêtes du XXe siècle, qui interrompt le trafic, paralyse les activités aériennes, provoque l'échouage de 800 embarcations et détruit le port artificiel américain déployé devant la plage de Saint-Laurent. Pour les Alliés, cette tempête est une catastrophe, qui donne à Rommel la possibilité de contre-attaquer avec vigueur tant que dure la tempête. Mais la tempête se calme, la surveillance aérienne des Alliés reprend et le trafic trans-Manche peut reprendre. Il s'en est fallu de peu. Si cette tempête s'était produite le 10 juin, l'opération Neptune se serait soldée par un véritable désastre et les troupes débarquées se seraient trouvées immensément vulnérables.

Le climat est par essence incontrôlable, par les défenseurs comme par les assaillants. Mais le second facteur incontrôlable par les Alliés et qui concourt au succès d'Overlord est l'indécision des défenseurs. L'incapacité des Allemands à rejeter les Alliés à la mer n'est pas uniquement due aux manœuvres d'intoxication de ces derniers ni à l'appui aérien tactique dont ils bénéficient, qui jouent pourtant un rôle de premier ordre. Elle est due pour une très large part à l'indécision assez inhabituelle dont fait preuve le haut commandement de la Wehrmacht sur l'attitude à adopter face à l'ouverture, par les Alliés, d'un second front. Une bonne partie des meilleurs généraux allemands sont divisés – même ceux qui ont déjà fait face à des assauts amphibies des Alliés – et chaque camp avance d'excellentes raisons. Un autre facteur ajoute encore à la confusion : la capacité d'Hitler à interférer dans les prises de décisions stratégiques, en raison de son refus hystérique de toute retraite tactique et, de plus en plus, de sa consommation quotidienne de médicaments divers. Blumentritt, qui observe, avec amertume, que l'Allemagne est en train de perdre la guerre « *weil der Führer schläft* » (« pendant que le Führer dort ») – personne n'ose en effet réveiller le Führer pour lui demander d'engager les réserves de Panzers – n'est qu'un élément parmi d'autres[41]. La Wehrmacht n'a toujours pas décidé de la meilleure manière de répliquer à un assaut amphibie des Alliés sur les côtes de France, où qu'il ait lieu.

Au printemps 1944, la Wehrmacht dispose, en France, en Belgique et en Hollande, de 58 divisions, un chiffre bien plus important que l'année précédente. Mais la majorité de ces divisions sont « statiques » (*bodenstandig*) : déployées dans des secteurs qu'elles sont à même de défendre efficacement, elles manquent des camions et même des chevaux nécessaires pour être rapidement déplacées en cas de besoin. Le seul élément de réplique est donc la dizaine de divisions de Panzers ou de Panzergrenadiers qui disposent de la puissance et de l'expérience nécessaires pour anéantir n'importe quelle unité équivalente dans le camp d'en face. Mais où les déployer ? Rommel, nommé par Hitler en janvier 1944 à la tête de ce front, est partisan d'un déploiement rapproché. Tout en consacrant son énergie à l'amélioration des imposantes fortifications du mur de l'Atlantique, il souhaite que ses divisions blindées interviennent le plus rapidement possible pour écraser les envahisseurs dès qu'ils tenteront de quitter les plages. A ses yeux, les trois premiers jours de l'invasion seront cruciaux. Il considère qu'il serait trop risqué d'effectuer une contre-offensive plus tardive, craignant que la suprématie aérienne des Alliés interdise tout mouvement stratégique d'ampleur. Si l'affaire se limite à un affrontement terrestre, il est certain de l'emporter ; si l'écrasante puissance aérienne des Alliés se fait sentir, la défaite est, à ses yeux, assurée.

La majorité du haut commandement allemand est opposée au souhait de Rommel d'écraser l'invasion sur les plages, y compris de nombreux officiers qui, par un étrange retournement de l'histoire, le considéraient jusqu'alors comme un officier imprudent et le jugent à présent trop circonspect. Ces hommes – au premier rang desquels se trouvent von Rundstedt, Guderian et Geyr von Schweppenburg – préfèrent s'en tenir aux méthodes traditionnelles de la Wehrmacht : lancer des contre-attaques massives et dévastatrices lorsque le rythme de progression de l'ennemi commencera à faiblir ; on peut imaginer qu'ils ont en tête le scénario d'Anzio. Ils ne sont pas davantage partisans de l'émiettement des divisions de Panzers le long de la côte, craignant de les voir pilonnées par les obus de 381 mm des navires de guerre et par les bombes de 250 kg des bombardiers moyens et légers des Alliés. Mieux vaut donc, selon eux, attendre que les Alliés se répandent avant de les rejeter à la mer. Ces deux points de vue s'appuient pourtant sur une évaluation correcte de la puissance de feu des Alliés – vaut-il mieux subir les attaques des navires de guerre sur la côte ou celles des bombardiers à l'intérieur des terres ?

Le compromis choisi par Hitler est sans aucun doute le pire : quelques divisions mobiles sont déployées individuellement le long de la côte, quatre sont maintenues en réserve (qui ne peuvent être activées que sur ordre exprès de l'OKW – c'est-à-dire par lui) et quatre autres sont envoyées dans le sud de la France. Faible partout, fort nulle part – à l'opposé de ce que le héros d'Hitler, Frédéric le Grand, a toujours défendu. Si les quatre divisions blindées de Geyr von Schweppenburg avaient été déployées à proximité de Saint-Lô le 6 juin, juste au sud des plages de débarquement, elles auraient sans nul doute pu rejeter les envahisseurs américains, britanniques et canadiens à la mer en profitant de la couverture nuageuse.

Les envahisseurs ont donc beaucoup de chance ; ils ont également mis toutes les chances de leur côté. Leur organisation est exemplaire, ils disposent de la maîtrise des mers et des airs, sont passés maîtres dans l'art du renseignement et de l'intoxication et peuvent par surcroît compter sur la météo et sur l'indécision de leur adversaire. Mais ils doivent aussi se montrer compétents sur le plan opérationnel, bien plus que lors des débarquements précédents. C'est sur les côtes de Normandie qu'ils doivent relever un nouveau défi : débarquer un million d'hommes et 100 000 véhicules avant de marcher sur Berlin.

La masse critique des troupes nécessaires pour une telle entreprise explique le choix de la Normandie par les stratèges alliés. La Bretagne est trop à l'ouest et les côtes de Belgique et de Hollande bien plus menacées par une contre-attaque allemande. Le choix se limite donc au Pas-de-Calais et à la Normandie, qui peuvent bénéficier d'une intense couverture aérienne depuis l'Angleterre. Si les états-majors allemands sont partagés entre ces deux destinations possibles, un débarquement en Normandie a rapidement la faveur des Alliés, et pour plusieurs raisons : la Normandie se trouve à équidistance quasi parfaite des principaux ports du sud de l'Angleterre et du pays de Galles, alors qu'un débarquement près de Calais impliquerait des vagues successives de navires de débarquement ; la Normandie seule permet de débarquer sur cinq plages (Montgomery a insisté pour ce chiffre) au lieu des trois initialement prévues ; la marge de manœuvre en mer y est plus importante que devant le Pas-de-Calais ; un débarquement en Normandie offre la possibilité rapide d'isoler la péninsule du Cotentin et de s'emparer du grand port de Cherbourg par lequel pourraient ensuite débarquer des millions d'hommes et d'importantes quantités de matériel arrivant directement des Etats-Unis. Voilà qui est plus facile à dire qu'à faire.

L'orchestration de l'approche des plages et l'organisation des premiers débarquements défient encore l'imagination de l'historien. Il faudrait le reste de cet ouvrage et bien plus encore pour les décrire dans le détail[42]. Les 171 escadrilles de chasseurs alliés qui participent à l'opération ont chacune leur zone de patrouille ; initialement dirigées par le Fighter

Command de la RAF, elles sont ensuite coordonnées depuis les navires de commandement par des équipes de contrôleurs aériens spécialement formées. Le bombardement des unités allemandes de seconde ligne se déroule entre 2 heures et 4 heures du matin, avant que les défenses côtières ne soient à leur tour pilonnées et que les bombardiers lourds ne repassent à l'attaque des routes qui mènent vers les plages. Tandis que les navires de transport se déploient devant le rivage, les passagers assistent au pilonnage intense des positions allemandes, dont se chargent les cuirassés et les croiseurs alliés. Ramsay fait, comme prévu, bombarder avec des pièces lourdes les plages anglo-canadiennes durant deux heures avant de laisser la place aux destroyers et aux navires lance-fusées qui continuent de tirer tandis que les premières barges de débarquement, emportant à leur bord des blindés, des fantassins et les équipements spéciaux, se rapprochent de la rive. Les équipes de démolition, composées de braves parmi les braves, sont déjà à pied d'œuvre et détruisent les obstacles et les réseaux de barbelés qui obstruent les plages. D'autres spécialistes ont débarqué en même temps qu'eux : les observateurs d'artillerie, chargés de diriger le tir des navires de guerre.

Alors que les troupes et les chars amphibies gagnent le rivage (certains coulent à pic), un *beachmaster* les attend, qui joue un rôle aussi nécessaire que fondamental. Les expériences de Sicile et de Salerne ont montré son utilité : un capitaine de la Royal Navy, présent sur une plage, en est le commandant suprême. Il coordonne les mouvements des troupes, fait déplacer les véhicules immobilisés et organise le ballet des barges de débarquement qu'il renvoie chercher des renforts dès qu'elles ont débarqué leurs troupes. Son rôle s'apparente pour ainsi dire à celui du policier en charge de la circulation à un carrefour encombré, dont la mission est de mettre de l'ordre dans le chaos et d'éviter un éventuel embouteillage. Le redoutable capitaine William Tennant a dirigé le rembarquement de 340 000 Britanniques et Français à Dunkerque en 1940 ; quatre ans plus tard, il coordonne le débarquement de bien plus de troupes sur les rives de Normandie.

Quelques heures avant le débarquement des *beachmasters* et des équipes de démolition, les premières unités aéroportées alliées ont été déployées à quelques kilomètres à l'intérieur des terres. L'utilisation de troupes aéroportées sur une large échelle – et non pour un raid ciblé – est une opération aussi risquée que neuve, car rien (ni l'aviation, ni l'artillerie, ni les pièces de marine) ne peut assurer leur protection tandis qu'elles se rapprochent du sol ; les parachutistes d'élite de l'armée allemande en ont fait la cruelle expérience en Crète en 1941. Malgré les risques encourus, les adjoints d'Eisenhower considèrent qu'une telle opération, si elle réussit, peut avoir des conséquences énormes : en s'emparant de plusieurs villes situées à quelques kilomètres du rivage, les 82e et 101e divisions aéroportées américaines vont semer le chaos sur les arrières des Allemands ; il est par ailleurs vital pour l'opération que les hommes de la 6e division aéroportée britannique s'emparent des ponts sur l'Orne à l'est de Caen.

Derrière les forces de débarquement, dans des espaces spécialement dédiés, se trouvent les cinq escadres de bombardement des Alliés. Conformément au plan prévu, elles ont ouvert le feu sur les fortifications côtières allemandes avant même que la première barge ne touche le rivage et ont ensuite allongé leur tir sur des cibles à l'intérieur des terres. D'une zone à une autre, malgré tout, la tactique varie énormément. Hewitt a choisi un bombardement relativement bref (30 à 40 minutes) alors que Ramsay a opté pour un pilonnage de deux heures. Dans les deux cas, les résultats sont mitigés. Les bunkers allemands, très solides et déployés obliquement, ne sont pas faciles à détruire, même lorsque les observateurs d'artillerie dirigent les tirs sur leurs toits. Les témoignages des prisonniers allemands ayant subi ce pilonnage indiquent que l'effet principal du bombardement fut son bruit assourdissant, ainsi que les nuages de poussière et le choc provoqués par les impacts des plus gros obus. Plus tard, un convoi de camions allemands, circulant à 15 kilomètres à l'intérieur des terres, a la désagréable surprise d'être pris sous les salves de navires de guerre. Il faut un certain temps aux officiers de la Wehrmacht pour comprendre à quoi servent les petits avions d'observation non armés qui les survolent constamment.

Au-dessus des plages, lorsque le jour se lève, les premières escadrilles de chasseurs alliés font leur apparition. Voilà bientôt quatre ans, presque jour pour jour, les escadrilles de Hurricane et de Fairey Battle de la RAF assuraient la couverture du repli des troupes françaises et britanniques qui quittaient Dunkerque dans de petites embarcations, soumises aux attaques de la Luftwaffe, à 200 kilomètres plus au nord. Le rapport de forces est totalement inversé. Si l'on excepte le baroud d'honneur de « Pips » Priller et de son ailier Heinz Wodarczyk vers 10 heures du matin à bord de leurs Fw-190, la Luftwaffe est incapable de réagir. Les bombardiers alliés continuent de pilonner le réseau de communications de la Rhénanie à la France en passant par la Belgique et la Hollande, tandis que les nombreuses escadrilles du Coastal Command patrouillent au-dessus de la Manche, à l'ouest des îles Britanniques et jusque dans le golfe de Gascogne. Le seul problème auquel les Alliés sont confrontés dans le domaine aérien est celui d'un éventuel défaut d'identification (à une certaine distance, le Fw-190 et le Mustang se ressemblent), avec le risque de tirs fratricides qui en découle ; voilà pourquoi les avions alliés participant à l'opération sont décorés de bandes de peinture noires et blanches, les « bandes d'invasion ». Aucun officier d'aviation ne bénéficiera jamais d'une telle profusion de moyens.

L'arme défensive la plus efficace de l'arsenal allemand est, assez curieusement, la nouvelle mine MLB (dont l'explosion est déclenchée par les vagues produites par un navire en approche, qui influent sur la pression de l'eau), larguée en grandes quantités par des avions volant à basse altitude et des petites embarcations. Malgré les efforts constants des dizaines de dragueurs de mines alliés, elles coulent de nombreux navires de guerre et de transport et en endommagent de nombreux autres, dont le HMS *Scylla*, navire amiral de l'amiral Vian, commandant l'Eastern Task Force. Plusieurs navires doivent être remorqués jusqu'à Portsmouth. Les vedettes lance-torpilles allemandes effectuent quelques sorties s'apparentant pour l'essentiel à des actions kamikazes : elles sont immédiatement attaquées par des Beaufighter et des Wellington et repoussées par les nombreux destroyers canadiens, polonais, français et britanniques. Leurs bases sont anéanties par les Lancaster de la RAF. Le bilan des bombardements nocturnes du Bomber Command sur Berlin est peut-être mitigé, mais les nouvelles bombes Tallboy de 6 tonnes réduisent en miettes les ports tenus par les Allemands, ainsi que les ponts et les voies de chemin de fer : attaqués par un raid de 325 Lancaster le 14 juin, les toits en béton de la base navale du Havre s'effondrent sur les 14 vedettes qu'elle abrite. Les Beaufighter, volant à basse altitude, sèment la terreur dans tous les ports tenus par les Allemands, de la Manche au Danemark. La nuit, des escadrilles de Mosquito prennent le relai[43].

Les derniers destroyers allemands prennent eux aussi la mer. La courageuse attaque effectuée par les quatre navires de la 8e flottille de destroyers, dans la nuit du 8 au 9 juin, détectée grâce aux décryptages et tuée dans l'œuf par une escadre de destroyers polonais, canadiens et britanniques deux fois plus nombreux, est la dernière sortie de la Kriegsmarine contre les marines occidentales. Cinq ans auparavant, au déclenchement du conflit, l'amiral Raeder avait fait sombrement savoir que sa petite marine saurait, au moins, « mourir avec courage ». C'est ce qu'elle fait.

Les attaques des flottilles de U-boote lancées contre les zones de débarquement sont (comme nous l'avons vu au chapitre 1) purement suicidaires. Ultra fonctionne parfaitement et à peine les sous-marins allemands ont-ils atteint les eaux de la Manche qu'une colossale armada aérienne et navale les attend de pied ferme, débordant d'équipements de détection sophistiqués et d'un arsenal redoutablement efficace. Le ciel est empli d'avions alliés et l'horizon de frégates. Les sous-marins équipés du schnorkel, qui coulent une demi-douzaine de navires d'escorte lors de leurs premières attaques, n'ont pas la moindre chance de s'en sortir. Après avoir subi de lourdes pertes, les U-boote reçoivent tous l'ordre de quitter la zone[44].

Les Alliés bénéficiant d'une prépondérance totale dans les airs et quasi totale sur mer, la dernière question à trancher – comme chacun des camps le sait depuis longtemps – demeure celle de la prépondérance terrestre : sur les plages, puis en France et jusqu'en Allemagne. Un observateur avisé aura déjà conclu qu'avec de tels atouts en main (puissance aérienne, maritime, logistique, appui de la Résistance, etc.) le rapport de forces est très favorable aux Alliés. Tel est en effet le cas. Mais c'est pourtant le défi représenté par le débarquement suivi d'une offensive qui inquiète le plus Eisenhower et ses principaux subordonnés. Le seul espoir des Allemands, leur dernière ressource, leur unique stratégie réside précisément dans la destruction des armées alliées. Et les événements du 6 juin et des jours suivants démontrent que les deux camps ont parfaitement saisi les enjeux, et Rommel plus que tout autre, en considérant que les trois premiers jours décideraient de l'issue de la campagne.

L'histoire du débarquement des Alliés en Normandie est une histoire triple. Du point de vue des Alliés, celle qui se déroule sur la plage la plus occidentale de la zone, à Utah Beach, où débarque la 4e division d'infanterie américaine, est la plus réussie. Ils frôlent pourtant la catastrophe. Les nuages obscurcissent la côte avant même que le bombardement naval ne produise son écran de fumée. Les navires guides sont invisibles. Si les Américains disposent d'officiers chargés de coordonner les troupes au sol (contrairement aux Britanniques, ils ne disposent pas de *beachmasters* attitrés), ils sont dans le brouillard. Les premières barges de débarquement sont déportées par le courant et touchent terre à plus d'un kilomètre au sud de leur objectif ; fort heureusement, ce secteur est moins défendu que le secteur prévu. Les débarquements se déroulent donc sans anicroches : les navires lance-fusées tirent sur leurs cibles, les chars amphibies atteignent le rivage et, après avoir longtemps pataugé avec de l'eau à hauteur de la taille, les fantassins gagnent la terre ferme sans rencontrer de véritable opposition. Les bombardiers B-26 peuvent voler sous la couverture nuageuse pour effectuer leurs attaques. La 4e division balaie l'opposition locale, pénètre en profondeur à l'intérieur des terres et, après avoir progressé dans des terrains marécageux, contrôle une tête de pont d'environ 8 kilomètres de profondeur à la fin de la journée. Près de 21 000 hommes et 1 800 véhicules sont déjà sur le rivage et leur nombre même interdit qu'ils soient délogés facilement de leur position. Les 8e et 27e régiments d'infanterie perdent 12 hommes au total. Utah reste comme l'opération amphibie alliée la plus réussie de la guerre.

Derrière les plages d'Utah, les 82e et 101e divisions aéroportées ont été larguées aux premières heures du 6 juin avec pour mission de s'emparer de plusieurs villes à l'intérieur des terres, comme Sainte-Mère-Eglise, avant d'être rejointes par le gros des forces débarquées. Tout a déjà été dit sur le vent qui disperse les parachutistes, les fait tomber dans les marécages, fait couler à pic leur équipement lourd et les empêche ensuite de préparer l'atterrissage des planeurs qui les suivent et dont les pertes sont élevées. Les soldats de la

82e sont à ce point dispersés de part et d'autre des marécages qui longent le Merderet que les deux tiers d'entre eux sont toujours manquants deux jours plus tard. Mais « manquants » ne signifie pas « inefficaces ». En fait, l'étendue et le caractère sporadique des largages provoquent une immense confusion chez les Allemands déployés derrière Utah Beach et les empêchent de porter secours aux défenseurs – le chaos devient alors un avantage inattendu. Au cours de ces combats souvent localisés, un petit groupe de parachutistes tend une embuscade à une voiture de commandement allemande et tue – sans le savoir à ce moment-là – le commandant de la 91e division allemande, principale division de réserve de la péninsule du Cotentin. A la fin de la journée, des éléments de la 82e division aéroportée tiennent plusieurs nœuds routiers dont celui de Pont-l'Abbé. Cette bataille est gagnée.

Ce qui a une importance cruciale, car le plan de Ramsay a prévu que la 4e division US allait, sitôt après avoir pris pied sur le rivage, pousser à l'intérieur des terres afin de libérer les plages pour les suivants. La 90e division arrive et doit débarquer entre le 6 et le 9 juin ; la 9e division doit débarquer entre le 10 et le 13 juin ; la 79e division doit avoir fini de débarquer le 30 juin (et les autres plages ont un calendrier du même ordre). Avec quatre divisions débarquées et deux divisions aéroportées en pointe, le 7e corps US du général Collins peut assez aisément conquérir l'ouest de la Normandie. Si ses unités avaient été clouées sur les plages, les effectifs des troupes d'invasion auraient fini par provoquer un immense chaos ; tel n'est pas le cas.

La deuxième partie de l'histoire d'Overlord est celle des trois débarquements britanniques et canadiens sur les plages Gold, Juno et Sword. Les premiers adjectifs qui viennent à l'esprit pour les qualifier sont sans doute : méthodiques, prudents, minutieux et bien orchestrés – si l'on excepte l'opération aéroportée, qui demeure peu audacieuse et montre le respect dont les Britanniques font preuve à l'égard de leur vieil ennemi. Cette bataille, Montgomery doit la gagner. Si la campagne de juin 1944 en Normandie se solde par un désastre, les Américains ont les moyens de revenir ; quatre millions de soldats américains attendent de pouvoir traverser l'Atlantique. Les Britanniques, eux, ne peuvent se permettre un nouveau Dunkerque, une nouvelle Crète, un nouveau Dieppe. Les ressources en hommes sont presque épuisées ; cette bataille est la dernière qu'ils puissent livrer. Voilà qui explique leur véritable obsession du détail : intoxication, renseignement, commandement et contrôle, communications, *beachmasters*, nettoyage des mines, « *funnies* » de Hobart, bref, tout ce qui peut permettre à leurs troupes de ne pas se trouver clouées sur les plages et de ne pas subir des pertes intolérables.

Voilà pourquoi les Britanniques portent une attention tout particulière aux unités blindées spécialisées et à tous ces véhicules particuliers qui peuvent permettre de percer le système défensif complexe mis en place par Rommel sur les plages. A la pointe de ce combat, se trouve un visionnaire acerbe et déterminé, le général Percy Hobart, créateur de la 7e brigade blindée (les futurs « Rats du désert ») à la fin des années 1930, puis rétrogradé et mis à la retraite avant d'être tiré de l'oubli par Churchill[45] pour être placé à la tête de la 79e division blindée expérimentale et de se voir octroyer les ressources matérielles nécessaires pour créer ce que ses hommes appelleront les « *Hobart's funnies* » (les « gadgets de Hobart ») afin de détruire les obstacles sur les plages et ailleurs, un besoin qui s'était particulièrement fait sentir après Dieppe[46]. L'instrument de base est, pour Hobart, le char Sherman, robuste et fiable, ainsi que la dernière version du char britannique Churchill. Les chars sont alors convertis en une multitude de variantes : chars flottants (les *Duplex Drive*), chars-fléaux (*Crabs*) dont les énormes chaînes de métal fouettent le sable et font sauter les mines, chars pourvus de lames de bulldozer, chars pourvus de lance-flammes (*Crocodiles*) comme d'autres chars dans le Pacifique, chars équipés d'un immense fagot de bois destiné à combler les fossés (*Fascines*), chars destinés à devenir des rampes pour d'autres chars (*Arcs*), et ainsi de suite. Hobart était un génie et l'histoire des blindés s'en trouve révolutionnée. Un peu plus tard, frustré par la lenteur du mouvement des soldats de Bradley dans le bocage normand, un sergent américain du nom de Curtis Cullins invente le « Rhino », un Sherman équipé de lames métalliques sur le bas de caisse qui permettent d'arracher la base des haies et de les traverser.

Les *funnies* de Hobart subissent leur baptême du feu sur les plages canadiennes. Ils ne donnent naturellement pas entière satisfaction en toute circonstance ; comment le pourraient-ils ? Toutes les répétitions effectuées sur les plages écossaises ou devant Bristol ne sont rien face à la réalité meurtrière d'un débarquement sur une plage couverte d'obstacles et sous un feu nourri venant de toutes les directions. Tout le long de la côte, les improbables chars *Duplex Drive* (avec leurs jupes gonflables) sont ralentis par une forte marée et sont souvent doublés par les barges qui embarquent des troupes et d'autres chars vers le rivage. Les Britanniques et les Français libres qui débarquent sur Sword Beach s'en tirent bien, car la 6e division aéroportée s'est emparée de l'imposante batterie de Merville, tandis que les pièces de 155 mm du Havre (qui auraient sans nul doute décimé les barges de débarquement et les destroyers déployés près des côtes) passent une partie de la matinée à tirer sur le HMS *Warspite*. Après que les hommes-grenouilles des Royal Marines ont démantelé les obstacles sur les plages, les créations de Hobart peuvent faire montre de leur efficacité. Comme un commandant britannique stupéfait, débarqué sur Sword, le raconte, « une pièce antichar allemande les prend pour cible. Un Sherman (équipé d'un pont) fonce sur elle et déploie son pont sur l'emplacement de la pièce, la mettant hors de combat. Les chars *Crabs* nettoient des chenaux dans les champs de mines. "Ils sortent de la plage en continuant de fouetter le sol, rapporte Ferguson. Ils gagnent les dunes, puis pivotent sur la droite et regagnent la rive." D'autres chars utilisent des explosifs (les "*Bangalore*" ou "*Snake*") pour percer les réseaux de barbelés. D'autres *funnies* de Hobart déploient leurs ponts sur le front de mer, suivis par des bulldozers et des chars équipés de fascines qui comblent les fossés antichars. Leur mission terminée, les chars-fléaux franchissent la principale route côtière, à 100 mètres environ à l'intérieur des terres, et commencent à nettoyer le terrain de part et d'autre de la route[47] »...

Ces engins étonnants, qui vont ensuite appuyer la poussée des Britanniques et des Canadiens en Belgique, aux Pays-Bas et dans le nord de l'Allemagne, contribuent activement au bon débarquement des troupes sur les plages et à leur progression à travers les rues des villages qui bordent les plages de Gold, Juno et Sword. A de rares exceptions près, comme au Hamel, l'opposition cesse rapidement. Les divisions « statiques » sont composées de Russes anticommunistes, de Lituaniens, de Polonais, de vétérans de la Grande Guerre et de garçons de 16 ans. Après quelques coups de feu, ces hommes ont tout intérêt à se rendre le plus vite possible. Les bunkers en béton ne sont plus des abris sûrs, car les groupes de commandos lancent des grenades dans les embrasures alors que le bombardement naval continue – le HMS *Ajax* réussit ce jour-là un des plus beaux coups au but de l'histoire en tirant un obus de 155 mm qui pénètre dans l'embrasure d'un imposant point d'appui et fait sauter ses réserves de munitions. Le rempart de Rommel s'effondre ici très rapidement. A la fin de la journée, les Britanniques ont débarqué 29 000 hommes sur Sword, en ne perdant que 690 hommes, et fait des milliers de prisonniers. A Gold, ils ont débarqué 25 000 hommes pour la perte de 400 hommes. Ces pertes sont très inférieures à celles anticipées.

Sur Juno, les Canadiens et Britanniques progressent plus difficilement. Les objectifs sont plus lointains, le feu défensif plus nourri, les obstacles sur les plages plus nombreux et le soutien naval moindre. Malgré cela, 21 000 hommes débarquent sur les plages, pour 1 200 hommes mis hors de combat. C'est sur cette plage que sont déployés les chars flottants, qui provoquent la stupéfaction des Canadiens comme des Allemands, qui les voient prendre pied sur le rivage, abaisser leurs jupes et commencer à tirer. Le front de mer est surélevé à Juno, mais les chars parviennent à le percer, coupant les barbelés et faisant sauter les mines. Fort naturellement, passé ce premier effort, la plupart des unités ralentissent leur progression, bivouaquent, font du thé ou s'endorment. Montgomery a prévu un mouvement rapide en direction de Caen et de la vallée de l'Orne, mais rien ne se déroule comme prévu. La 6e division aéroportée britannique a capturé les ponts sur l'Orne, les trois têtes de pont sont fermement ancrées et de nouvelles troupes arrivent. Mais l'opposition des Allemands se renforce et l'exploitation rapide, qui avait eu lieu en Afrique du Nord comme en Sicile, ne se répète pas. Dieppe non plus ne se répète pas, à la grande satisfaction de l'armée canadienne dont les effectifs ont considérablement augmenté.

La troisième histoire du Jour J est la plus malheureuse pour les Alliés : c'est celle du terrible massacre des fantassins américains qui débarquent (ou tentent de débarquer) sur

Omaha Beach. L'assaut amphibie échoue, les chars, les camions et de nombreux hommes surchargés coulent à pic. Les chiffres parlent d'eux-mêmes : seuls 5 des 32 chars amphibies atteignent le rivage ; 32 des 50 obusiers coulent avec les barges qui les transportaient. La plupart des soldats atteignent le rivage avec leur arme pour seul bagage et doivent avancer car il est impossible de faire machine arrière et de se retrouver dans l'eau. Ils réalisent bien vite que la plupart des obstacles des plages sont intacts et que les tirs provenant des points d'appui et des ravines les massacrent. Sans chars, sans canons ni mortiers, privés des groupes de sapeurs qui ont, pour beaucoup, coulé avec leur équipement, les fantassins et les soldats des Rangers continuent d'avancer. Les rares chars qui parviennent à débarquer sont mis hors de combat en quelques minutes, mais des bulldozers arrivent malgré tout à creuser quelques trous dans les défenses. Les destroyers américains se rapprochent alors de la côte, risquant de s'échouer ou de heurter des champs de mines, afin de tirer avec davantage de précision sur les défenseurs allemands.

La marée commence alors à réduire encore la profondeur de la plage. Les véhicules fraîchement débarqués entrent en collision avec les épaves déjà présentes. La situation est à ce point désespérée que lorsque Montgomery en est averti il envisage un temps – comme Clark à Anzio – de redéployer les renforts américains sur les plages anglo-canadiennes ; Bradley pense la même chose et se demande s'il ne vaudrait pas mieux déployer les renforts sur Utah Beach. On peut imaginer le chaos qu'aurait entraîné la mise en application d'une telle décision, mais le nombre même des assaillants (34 000 hommes et 3 300 véhicules doivent débarquer sur Omaha le 6 juin), le bombardement continuel des navires de guerre et des bombardiers et l'esprit d'initiative de quelques officiers finissent par venir à bout du rideau défensif allemand. Les troupes quittent les plages sanglantes, gagnent les hauteurs et occupent bientôt une tête de pont profonde de 1,5 kilomètre. Les Panzers de Rommel n'attaquant pas (ils n'ont pas reçu la permission de le faire), les 1re et 29e divisions américaines finissent par remplir leur mission, au prix de lourdes pertes. Ils n'ont pas été rejetés à la mer. Lorsque Ramsay et Eisenhower visitent la plage le lendemain, ils sont malgré tout frappés de constater que tout cela s'est joué à fort peu de chose.

A Omaha, l'armée américaine perd 4 500 hommes, tués, blessés et disparus. Ce chiffre effrayant n'est rien par rapport aux pertes enregistrées lors des batailles de la guerre de Sécession, du premier jour de l'offensive sur la Somme en 1916, ou même au bilan des batailles qui se déroulent au même moment sur le front de l'Est. Mais Omaha demeure le plus coûteux des débarquements du Jour J, provoque la consternation au sein du commandement allié et n'a cessé, depuis, de faire l'objet de controverses.

D'un certain point de vue, on peut aisément expliquer pourquoi Omaha fut, de toutes les plages, la plus difficile à prendre et à tenir. Les hauteurs surplombant les plages sont bien plus élevées qu'ailleurs et ne peuvent être rejointes qu'en empruntant de petites ravines qui mènent aux villages à l'intérieur des terres. Les Allemands ont bâti de nombreux points d'appui et nids de mitrailleuses près de la sortie de ces ravines, qui peuvent tirer de manière oblique et couvrir ainsi les plages à droite et à gauche en évitant d'être exposés aux tirs des navires de guerre qui croisent au large. Ces points d'appui sont également très difficiles à repérer depuis les airs, par les avions de reconnaissance comme par les bombardiers. Le relief escarpé rend la progression des véhicules, chenillés ou non, très difficile. Même avec une mer calme et une météo favorable, la position est intrinsèquement forte. La simple prudence aurait pu conseiller d'éviter tout bonnement ce secteur ; mais, les Alliés jugeant d'une importance égale la prise des grandes plages de Normandie *et* de la péninsule du Cotentin afin de s'emparer de Cherbourg, ils ne pouvaient se permettre de laisser un espace trop important entre leurs deux têtes de pont, ce que les Allemands auraient pu exploiter et qui avait failli provoquer une catastrophe pour les Alliés à Anzio. L'assaut devait donc avoir lieu à Omaha.

Mais il est difficile d'admettre que les terribles pertes subies par les Américains à Omaha sont le seul fait de fortes marées, d'une topographie hostile et d'un système défensif astucieux mis en place par les Allemands. La direction des opérations laisse à désirer, combinée à un optimisme inopportun face aux soldats de la Wehrmacht. Le bombardement naval est trop court et trop léger, surtout au vu de l'emplacement des bunkers. L'état-major de l'amiral Hewitt espère profiter de l'effet de surprise d'un bombardement bref, ce qui ne peut qu'étonner : dans la nuit, un millier de bombardiers lourds de la RAF ont pilonné les batteries côtières sur tout le secteur de la Normandie et, vers 1 h 30 du matin, les parachutistes des 82e et 101e divisions aéroportées sont déjà à pied d'œuvre ; le bombardement américain débute, par ailleurs, vingt minutes après celui des Britanniques, dont le vacarme est audible sur toute la côte, alors que les débarquements des Anglo-Canadiens se déroulent une heure après celui des Américains. Le manque de chance fait le reste. La couverture nuageuse empêche les B-17 de repérer leurs cibles. « Pas une bombe n'est tombée sur les falaises », affirme Stephen Ambrose[48] ; ce sont des étables et des fermes, situées 5 kilomètres dans les terres, qui sont bombardées. Les fusées tirées depuis les barges s'abattent dans la mer et la houle semble plus forte à Omaha que sur toutes les autres plages.

Le vent et la houle balaient la côte ; c'est donc une véritable folie que de lancer les chars *Duplex Drive*, les Sherman amphibies et les barges transportant les obusiers à plus de 5 000 mètres de la côte. Les *Amtrac*, dont nous reparlerons, sont tous déployés dans le Pacifique. Les Sherman qui finissent par atteindre la rive combattent du mieux qu'ils peuvent, mais aucun n'est équipé de fléau pour nettoyer les champs de mines, ni d'appareillage pour percer les barbelés ou combler les fossés. Les équipages des chars et les fantassins qui échappent à la noyade sont cloués sur les plages par les vétérans de la 352e division d'infanterie allemande, déployée depuis peu dans ce secteur sans que le renseignement allié en soit informé. Il n'est pas certain que le manque de chars spéciaux ait joué un rôle ; les soldats américains parviennent à gagner le contrôle des plages en escaladant les hauteurs et en contraignant leurs défenseurs à décamper. Mais l'absence de ce type de matériel s'ajoute à la longue liste des choses qui auraient pu être déployées ou entreprises.

Le jour le plus long donne, au final, un résultat extraordinairement satisfaisant pour les Alliés, et récompense les efforts immenses de préparation, d'entraînement, de mobilisation et d'exécution. A la fin de cette journée, Ramsay, tout en s'inquiétant de la situation d'Omaha, note dans son journal : « Dans l'ensemble nous pouvons rendre grâces à Dieu pour cette journée. » Les sources varient, mais on estime qu'entre 132 000 et 175 000 Américains, Canadiens, Britanniques, Polonais et Français ont pris pied sur le rivage le 6 juin, pour une perte d'environ 4 900 hommes. Le front s'étire sur près de 75 kilomètres, avec, certes, quelques espaces, que les Allemands ne sont pas en mesure de combler[49]. Leur résistance a été bien moindre qu'anticipé, la plupart des meilleures troupes n'étant pas déployées pour défendre les plages. Les unités de commandos et les Canadiens se trouvent bientôt en face d'hommes âgés, de Hitlerjugend et de conscrits d'Europe de l'Est. Ceci ne présage pourtant pas de la suite, particulièrement pour les Canadiens, qui vont bientôt devoir s'attaquer aux défenseurs très déterminés qui leur barrent la route de Caen, jour après jour, semaine après semaine, avec des progrès microscopiques. Mais tout ceci est une autre histoire. En cet instant, comme l'écrit Churchill, les Alliés « ont mis le pied sur le continent européen ».

Pourtant, l'établissement d'une tête de pont de près de 8 kilomètres de profondeur ne suffit pas. Une invasion, pour réussir, nécessite toujours plus d'hommes, d'armes et de matériel pour les armées qui progressent. Comme nous l'avons vu, à l'exception de Cherbourg, à l'ouest, et du Havre et de Dieppe, très à l'est, la Normandie ne dispose pas d'un port majeur. Overlord comprend donc une composante qui n'a jamais été utilisée dans toute l'histoire des opérations amphibies : des ports artificiels. A la demande de Churchill, des équipes d'ingénieurs américains et britanniques ont été chargées de concevoir ces ports et de penser également aux moyens leur permettant de rester opérationnels malgré les fortes marées.

Ces « Mulberries » sont des constructions gigantesques, composées de caissons bétonnés pesant plusieurs tonnes et disposant de ballasts qui permettent de leur faire traverser la Manche, traînées par ces héros inconnus du débarquement : les remorqueurs de la marine. Elles sont ensuite assemblées comme des pièces de dominos afin de former un brise-lames (pourvu d'une route à son sommet). Et ensuite coulées et posées sur le fond de l'océan. L'ensemble compte également des brise-lames flottants et des quais, également flottants, qui permettent de débarquer du matériel sur les plages et tiennent compte de l'important marnage du secteur, qui peut atteindre 7 mètres. N'étant pas fixés sur le fond de la mer, ils sont naturellement sujets aux tempêtes et sont donc protégés, encore une fois, par des dizaines de navires marchands et de vieux navires de guerre (les *Gooseberries*), qui sont coulés en ligne afin de servir de barrière. Malgré une houle importante, les marins et ingénieurs alliés parviennent à ancrer les deux ports Mulberry le 9 juin ; le lendemain, les *Gooseberries* sont coulés. Près de 1,5 million de tonnes d'acier et de béton sont ainsi déployées[50].

Bien sûr, tout ne se déroule pas sans encombre, mais le chaos est bien moindre que celui qu'aurait provoqué la présence de milliers d'embarcations légères échouées sur des plages. Ces deux ports artificiels offrent un spectacle rassurant : le ballet des camions américains qui circulent sur leurs quais est plus rassurant encore. Marins et soldats peuvent constater, de leurs yeux, que tout à été prévu. Dix jours après le Jour J, près de 326 000 hommes et 54 000 véhicules ont traversé la Manche.

Le 19 juin, une immense tempête endommage fortement les deux ports et ralentit considérablement le flux quotidien de troupes, de véhicules et de matériel à destination de la Normandie. Cela n'est pas suffisant pour changer le cours de la campagne. Trois jours plus tard, le trafic reprend et l'absence de couverture nuageuse permet à l'USAAF et à la RAF ainsi qu'aux navires de guerre de reprendre leur pilonnage des unités allemandes qui commencent, enfin, à arriver dans le secteur. A ce moment précis, les Britanniques et les Canadiens redoublent d'efforts pour s'emparer de Caen et attirer un grand nombre d'unités allemandes, tandis que les unités américaines plus mobiles de Bradley et, un peu plus tard, de Patton poussent vers le sud. Les divisions de Collins ont déjà pivoté vers l'ouest pour s'emparer de Cherbourg, atout logistique considérable pour les Alliés, une fois réparées les destructions opérées par les Allemands ; les troupes et le matériel en provenance d'Amérique peuvent désormais débarquer directement sur le théâtre d'opérations au lieu de gagner les ports de Glasgow, Liverpool ou Southampton.

En juin et en juillet, les Allemands parviennent à tenir Caen malgré les attaques répétées des Britanniques et des Canadiens, ce qui montre une fois de plus leurs grandes capacités défensives ; mais, ce faisant, ils épuisent leurs troupes dans une sorte de redite de Verdun, dont ils ne peuvent sortir vainqueurs. Les Américains se préparent, pendant ce temps, à frapper vers le sud avec la 3e armée de Patton, ce qui est chose faite à la fin du mois de juillet. Rommel est grièvement blessé le 17 juillet – par un chasseur qui mitraille sa voiture – et son remplaçant, von Kluge, se donne la mort après la tentative d'assassinat d'Hitler du 20 juillet. La 21e armée de Montgomery attaque vers la Seine et la Somme. La bataille de Normandie est terminée. Le 25 août, les éléments de pointe de la 2e DB du général Leclerc entrent dans Paris dans un déferlement d'allégresse. Deux jours plus tard, le commandant suprême des forces alliées, le général Eisenhower, pénètre à son tour dans la capitale française, qu'il avait quittée seize ans plus tôt alors qu'il travaillait sur le manuscrit du général Pershing intitulé *Guide des champs de bataille américains en Europe*[51].

Mais, pour les troupes d'Eisenhower, le chemin est encore long qui mène à Berlin. Malgré le renfort de trois millions d'hommes, malgré la suprématie aérienne des Alliés, les défaites infligées à la Wehrmacht et la destruction des lignes de communication du Troisième Reich, malgré la dévastation des villes et de l'industrie allemandes, la Wehrmacht continue de se battre avec détermination, parfois en rendant coup pour coup (comme lors de la contre-attaque de décembre 1944 dans les Ardennes), et toujours avec une remarquable efficacité tactique. Mais la guerre amphibie est terminée. Il s'agit à présent d'une guerre terrestre et aérienne, une redite de la poussée des Alliés durant les derniers mois de la Grande Guerre. Il n'est plus besoin de déployer des navires de guerre au large des côtes, les ports artificiels peuvent être laissés à l'abandon et les barges de débarquement envoyées vers le Pacifique.

Après la double offensive de Normandie et des Mariannes, en juin 1944, les opérations amphibies connaissent des développements diamétralement opposés ; si elles cessent peu ou prou en Europe, elles sont plus nombreuses dans le Pacifique. Le 15 août 1944, après bien des reports, les Alliés envahissent le sud de la France avec, pour l'essentiel, des troupes américaines et françaises. La Wehrmacht est alors en train d'évacuer la France et cette attaque, conçue comme une grande diversion à laquelle les Allemands résistent brièvement, permet le déploiement de nombreuses troupes qui menacent le sud-ouest de l'Allemagne et accentuent encore l'intense pression qui pèse déjà sur le Troisième Reich durant les huit derniers mois de la guerre. Elle n'a pourtant pas la signification stratégique des campagnes menées au Nord et à l'Est. En septembre 1944, l'Armée rouge accentue elle aussi sa poussée en Pologne et oblige le commandement allemand à évacuer la Crète et la Grèce. Le mois suivant, les Britanniques se déploient, sans guère rencontrer d'opposition, sur des champs de bataille qu'ils avaient dû abandonner en 1941. Mais il ne s'agit plus d'opérations amphibies, la Royal Navy pouvant accoster sans difficulté sur les quais du Pirée, en naviguant sur des eaux qui avaient pourtant vu disparaître bon nombre de ses navires.

L'opposition se fait bien plus forte, au Nord, lorsqu'un assemblage hétéroclite d'Anglais, Canadiens, Ecossais, Français, Norvégiens et Polonais débarque, le 1er novembre 1944, sur l'île de Walcheren – encore elle. La prise de cette île (réduite à un champs de ruines par les bombardiers de la RAF) permet de tourner l'Escaut et d'accéder au grand port d'Anvers. L'absence de contrôle d'un grand port dans ce secteur de la mer du Nord commence en effet à gêner l'approvisionnement des armées alliées. La prise de Walcheren a donc une importance stratégique plus grande qu'en 1809. La mission est remplie à la fin du mois, après des bombardements massifs et des pertes nombreuses au sein des bataillons de commandos[52]. La garnison de l'île, pourtant composée de soldats malades ou convalescents, donne plus de fil à retordre que prévu. La prise de Walcheren, comme l'opération Dragoon et la reprise de la Crète et de la Grèce, est un épisode. Mais l'attaque sur l'estuaire de l'Escaut rappelle à quel point ce genre d'opération demeure délicate, malgré l'emploi massif de la force face à un adversaire proche de la défaite.

Réflexions

La Seconde Guerre mondiale voit une intensification et un développement des combats dans des dimensions si variées – de la guerre blindée au bombardement stratégique en passant par les opérations spéciales – qu'il serait ridicule d'affirmer que les opérations amphibies résument à elles seules les opérations militaires de ce grand conflit. Elles furent, néanmoins, les plus complexes à réaliser. La bataille de l'Atlantique combinait les puissances maritimes et aériennes. La campagne aérienne stratégique contre l'Allemagne ne vit s'affronter que des forces aériennes. La lutte contre la *Blitzkrieg* allemande fut, pour l'essentiel, livrée sur terre, avec une contribution grandissante de l'aviation. Seule la guerre amphibie, qu'elle fût menée dans le Pacifique ou en Europe, impliqua des opérations terrestres, aériennes et maritimes en harmonie – ou en manque d'harmonie. Certains historiens décrivent la campagne de Normandie comme une opération « triphibie », mot horrible mais qui sonne pourtant juste[53]. Le débarquement de troupes sur un rivage hostile n'est pas seulement un problème opérationnel et tactique en lui-même ; il doit impérativement s'appuyer sur la maîtrise de la mer et le contrôle des airs. Tous les historiens qui n'étudient que l'une de ces branches doivent garder à l'esprit le caractère multidimensionnel de la Seconde Guerre mondiale.

Il est bien difficile de pointer un développement particulier qui aurait permis aux Alliés de débarquer des troupes avec succès. Les circonstances varient : la surprise joue un rôle décisif dans la stratégie des sauts de puce de MacArthur comme l'intoxication avant le Jour J, mais à Saipan, Guam, Iwo Jima et Okinawa les garnisons japonaises attendent patiemment l'assaut de l'ennemi car, à l'inverse des troupes de Rommel et de Kesselring, les défenseurs n'ont aucun espace de manœuvre. Un bombardement de sept jours sur les côtes de Normandie, comme il se produisit à Okinawa, aurait certainement eu des conséquences désastreuses pour les Alliés, car il aurait rameuté une vingtaine de divisions allemandes, qui auraient pu les rejeter à la mer. L'orchestration des débarquements, minute par minute, joue un rôle fondamental dans les opérations de Normandie. Son rôle est moindre en Sicile en raison de la faiblesse de l'opposition sur les plages. La couverture nuageuse ou son absence ont des conséquences variées sur l'utilité de l'appui aérien. La marée, trop faible, manque de provoquer un désastre à Tarawa ; une houle trop importante décale les troupes qui devaient débarquer à Utah sur un point de la côte moins bien défendu. Il n'existe donc pas de recette parfaite pour un assaut amphibie réussi, quel que soit le degré de préparation.

Il faut peut-être alors examiner les différents aspects de la guerre amphibie afin de distinguer les facteurs fondamentaux des facteurs annexes. Si les bombardements navals sont impressionnants et, en deux occasions au moins (à Anzio et à Omaha), permettent de repousser les contre-attaques contre une tête de pont précaire, il est rare qu'ils viennent à bout de la capacité de résistance de défenseurs bien retranchés dans des bunkers bétonnés. La maîtrise des airs est, à l'inverse, un facteur clé et, à la fin de 1943 et en 1944, les Alliés en bénéficient grandement, au moins en Europe. Les avions utilisés pour offrir un appui aérien tactique sur les plages (Marauder, Typhoon, Thunderbolt) sont également équipés pour détruire les troupes de l'ennemi lors des opérations de percée qui suivent.

L'amélioration des systèmes d'armement (des *funnies* de Hobart aux chars équipés de lance-flammes dans le Pacifique) constitue-t-elle une explication première de la facilité grandissante avec laquelle les Alliés prennent pied sur des rives tenues par l'ennemi ? Probablement. L'emploi de plus en plus courant et massif de troupes très spécialisées, comme les parachutistes, les commandos et les Rangers, joue-t-il un rôle ? Bien sûr, et dans certains cas (comme la capture des ponts sur l'Orne, la dispersion des parachutistes des 82ᵉ et 101ᵉ aéroportées US, qui sèment la pagaille sur les arrières des Allemands) il est même déterminant. Il ne fait également pas de doute que la production en masse de véhicules de débarquement de tous types, des *Amtracks* aux DUKW en passant par les barges lance-fusées et celles qui transportent les chars, ainsi que des navires qui les accueillent et les transportent au-delà des mers, est également primordiale. Sans ces embarcations, les opérations amphibies d'envergure n'auraient tout simplement jamais pu avoir lieu[54].

D'autres aspects de la guerre amphibie doivent être considérés, qui n'existaient pas au déclenchement du conflit. L'existence de navires de commandement, séparés des navires de guerre et des forces terrestres, réduit considérablement les erreurs de transmissions. Confier la direction des opérations sur une plage à un seul homme (le *beachmaster*) et améliorer les liaisons radio vers le navire de commandement afin de pouvoir demander un appui-feu tactique est une autre avancée. L'existence de groupes de démolition sous-marins, d'équipes de nettoyage des plages est vitale (que faire du barbelé quand on l'a percé ?). Le soin méticuleux apporté aux solutions logistiques permet enfin de fluidifier, sans jamais les résorber complètement, les frictions inévitables résultant du déploiement de telles quantités d'hommes, d'armes et de matériels au milieu d'une bataille.

Mais, pour chapeauter le tout, il ne faut pas oublier la présence d'une organisation interarmes et combinée (celle de Ramsay en Europe et de Nimitz, pour l'essentiel, dans le Pacifique) qui, après bien des revers, finit par trouver les bonnes doctrines d'emploi. Si l'on devait distinguer un point dans l'évolution des méthodes amphibies des Alliés, c'est sans doute celui-ci : leur supériorité dans ce qu'il faut bien appeler l'« orchestration » des différents éléments impliqués. Cet orchestre aux multiples facettes, en charge d'opérations complexes, doit impérativement disposer d'un bon chef – ni Churchill, ni Roosevelt, ni l'état-major, ni mêmes les chefs des différentes armes ne peuvent assumer un tel rôle. Il doit revenir à l'un des ces hommes intermédiaires qui sont au cœur de notre étude.

Il est fascinant de constater que les stratèges américains et britanniques, qui gardent en mémoire la triste expérience de Gallipoli et n'ignorent pas les restrictions budgétaires auxquelles ils sont soumis, ont compris, dès le début, l'importance des opérations amphibies. Les premiers concepts émergent avec Pete Ellis et les autres membres de l'état-major des Marines dans les années 1920 et, un peu plus tard, au sein du Centre de développement et d'entraînement interarmes britannique, repris en main par Mountbatten pour devenir le Commandement des opérations combinées, ainsi que dans les travaux du corps des Marines américains. Les expériences de Madagascar, de Guadalcanal, de Dieppe, des îles Gilbert s'agrègent pour atteindre leur apothéose en juin 1944 avec les offensives de Normandie et des îles Mariannes. Dans leur ouvrage de 1951, *The US Marines and the Amphibious War*, Isley et Crowl remarquent que « les premières difficultés rencontrées n'étaient pas dues à un défaut de doctrine, mais plutôt au manque de moyens disponibles pour les appliquer efficacement[55] ».

Tout était donc simple, pour peu que l'on ait assimilé les principes opérationnels de base. La guerre amphibie est un genre de guerre particulier qui nécessite plusieurs ingrédients spéciaux : des structures interarmes d'un nouveau type, une panoplie d'armes nouvelles et parfois étranges, un système logistique complexe et rodé, un très haut degré d'entraînement des troupes, un appui aérien tactique efficace et un moyen de coordonner les mouvements des troupes sur les plages et au-delà. Si tout cela est réuni, les chances de réussite sont élevées. Ignorer un seul de ces points, c'est courir le risque de le payer au prix fort. Le hasard, enfin, peut jouer un rôle.

Si ces visionnaires avaient pu assister aux débarquements de juin 1944 et à leurs suites immédiates, ils auraient sans doute été effarés par l'ampleur et l'immense complexité du spectacle s'étalant devant leurs yeux. Mais il est difficile de trouver un seul élément sur lequel ils n'avaient pas un tant soit peu réfléchi, bien des années avant que leur vision devienne réalité. Comme d'autres penseurs stratégiques qui s'étaient appliqués à tenter de résoudre les défis posés par la guerre moderne, ils étaient des prophètes avant l'heure.

5

Abolir la tyrannie de la distance dans le Pacifique

« Le plan d'attaque des Japonais et sa mise en action tirent grandement profit de l'avantage stratégique offert par la position géographique du Japon [...]. Leurs conquêtes rapides eurent pour effet de les doter d'un périmètre défensif qui agissait comme un obstacle formidable aux mouvements de contre-offensive des Alliés contre le Japon. »

Liddell Hart, *Histoire de la Seconde Guerre mondiale*[1].

« L'amiral Koga avait intention de livrer bataille n'importe où sur la nouvelle ligne de défense. Ne pouvant s'appuyer sur l'initiative et ignorant tout du calendrier des opérations, le Plan Z était aussi bien conçu que possible, mais sa faiblesse la plus criante [...] était que les porte-avions américains pouvaient frapper n'importe quel endroit de la ligne et l'enfoncer avant qu'il puisse être soutenu efficacement. »

H. P. Willmott, *The Great Crusade*[2].

Bien plus rapidement que toutes les autres campagnes éclairs de l'histoire militaire, les extraordinaires offensives japonaises de 1941-1942 sont enrayées par ce qu'un historien a appelé la « tyrannie de la distance[3] » ; les stratèges nippons n'ayant pas su déterminer les limites imposées aux entreprises humaines par la géographie, ils sont allés trop loin. Ce jugement est naturellement porté avec le bénéfice considérable du recul. Au printemps 1942, il aurait sans doute été bien difficile de convaincre les habitants inquiets de Darwin et de Brisbane (ou ceux de San Francisco et de Bombay) d'un tel fait géopolitique, alors que les Japonais, concurrents affirmés de l'hégémonie anglo-américaine dans le Pacifique durant les années 1930, se lançaient dans une conquête tous azimuts qui menaçait leurs côtes.

C'était pourtant le cas ; le Japon, qui n'avait jamais été vaincu militairement durant toute son histoire, était allé trop loin. Mais, comme ce chapitre entend le montrer, il ne s'agit pas là d'un effet mécanique, comme le flux et le reflux de la marée sur la plage. Le vaste Empire japonais fut, au contraire, vaincu par des facteurs exogènes et essentiellement par l'impressionnant déploiement de matériel, de personnels et d'armements venus d'Amérique. Les deux combattants ne livrèrent pas bataille sur un espace délimité, comme des boxeurs sur un ring, mais à travers une immense étendue géographique au sein de laquelle l'exploitation de la distance, du temps et des opportunités par les généraux et les stratèges des deux camps joua un rôle aussi déterminant que le moral des combattants et la qualité de leur armement. Le camp qui avait le mieux compris et s'était le mieux préparé à affronter les problèmes posés par l'étendue même du Pacifique disposait d'un avantage certain. A cet égard, les Américains, depuis longtemps préoccupés de leur puissance navale, disposaient d'un avantage manifeste sur l'établissement militaire japonais, qui s'intéressait surtout à ses campagnes terrestres en Chine.

Quand en 1868, à l'issue de la révolution Meiji mettant un terme à des siècles d'isolationnisme, le Japon entreprend sa modernisation (mais pas sa libéralisation), il envisage tout naturellement d'étendre géographiquement son empire ; à ce titre, il ne fait qu'imiter les autres puissances coloniales, particulièrement les puissances européennes[4]. L'industrialisation massive et une croissance fondée sur l'exportation augmentent ses capacités productives de manière considérable et lui permettent d'être bientôt la seule puissance d'Asie et d'Afrique à posséder, dans les années 1920, une armée, une marine et une aviation modernes, qui font partie des meilleures du monde. Tout ceci entraîne naturellement une dépendance accrue des matières premières et des biens de consommation étrangers, ce qui pousse les nationalistes japonais à exiger l'acquisition de davantage de ressources, à l'instar de l'Empire britannique, des Etats-Unis et de l'URSS.

L'unique puissance pouvant être comparée au Japon est la Grande-Bretagne, seule autre nation insulaire à être sortie de ses frontières naturelles pour régner sur un ensemble plus large et qui s'est dotée d'une armée et d'une marine pour assurer le contrôle de son approvisionnement en ressources éloignées. Pour Tokyo, il est essentiel d'obtenir des métaux, du caoutchouc, du bois et (surtout) du pétrole, et la seule question qui se pose est de savoir si ces ressources peuvent être obtenues avec l'accord des autres puissances ou contre leur volonté, ce qui augmente évidemment le risque d'une guerre. Au sein des élites politiques et militaires japonaises, le débat ne porte donc pas sur la question de savoir si le pays *peut* devenir un nouvel acteur mondial, à l'instar de la Grande-Bretagne ou de l'Allemagne, mais sur la manière d'atteindre cet objectif tenu pour naturel. Le prince Yamagata Aritomo, artisan de la transformation du Japon, né en 1838, est sans doute émerveillé, peu avant sa disparition en 1922, par les progrès de son pays durant les cinq décennies écoulées, notamment sur le plan international ; émerveillé de voir que des cités médiévales comme Yokohama ressemblent de plus en plus à Southampton ou Baltimore, mais également de voir les progrès territoriaux d'un pays qui s'était volontairement coupé du monde pendant plus de trois siècles. Ni lui ni aucune autre personne au pouvoir ne contestent le droit du Japon à s'étendre[5].

Cette transformation est remarquable. La guerre de 1894-1895 avec la Chine voit l'écrasement des forces armées désorganisées de cet empire décrépit et le Japon mettre la main sur l'île stratégiquement vitale de Taïwan. En 1904-1905, le Japon étonne le monde en écrasant la Russie tsariste sur mer (à Tsushima) et sur terre (Port-Arthur, Moukden), ce qui lui permet de s'emparer du sud de la Mandchourie et de toute la Corée. La victoire la plus remarquable est assurément celle de la marine japonaise contre les Russes à Tsushima, en mai 1905, car le succès de l'amiral Tojo va servir d'inspiration à la marine japonaise pour les décennies suivantes. Neuf ans plus tard, invoquant d'une manière assez large son alliance avec la Grande-Bretagne, Tokyo tire parti du déclenchement de la Première Guerre mondiale en Europe pour s'emparer des possessions allemandes en Extrême-Orient, les concessions de Shandong et de Tsingtao, ainsi que des archipels du Pacifique central, Carolines, Mariannes et Marshall (alors totalement inconnus, mais qui vont se révéler vitaux trente ans plus tard)[6]. A ce stade, la position géopolitique du Japon est on ne peut plus forte. Les grandes puissances sont engluées dans la Grande Guerre et le président américain Woodrow Wilson fait tout ce qu'il peut pour rester en dehors des affaires mondiales. Tokyo a les mains libres dans la région.

Mais Aritomo et les autres nobles ont un tempérament assez proche de celui de leurs homologues britanniques ou de Bismarck après 1871 : ils savent quand s'arrêter, quand faire preuve de modération et, dans le cas du Japon, quand faire des compromis avec les grandes puissances qui sont encore, en termes militaires et industriels, plus fortes qu'eux. En 1915, le ministère des Affaires étrangères japonais rend publiques ses « 21 demandes » à l'égard de la Chine (qui auraient abouti à une véritable suzeraineté japonaise), mais fait rapidement machine arrière devant les vigoureuses protestations diplomatiques américaines. Il est alors bien plus important pour le Japon que soit internationalement reconnue la capture des colonies allemandes, ce qui est chose faite à Versailles. Il y a un certain prestige, pour une nation asiatique, à siéger au sein des cinq grands lors des négociations de paix à Versailles, comme de faire partie des membres influents de la nouvelle Société des Nations.

Les vieilles élites japonaises sont donc tout aussi enclines que les autres à trouver des solutions de compromis lors de la signature des traités de Washington de 1921-1922 : tous les participants acceptent de reconnaître le *statu quo* territorial dans la région du Pacifique et de l'Asie, la non-fortification des bases et, surtout, la limitation très stricte du nombre, de la taille et du tonnage des principaux navires de guerre du monde. Mais on atteint là, sans doute, les limites de la patience japonaise. Le refus des Occidentaux d'inclure, dans le traité de Versailles, une clause stipulant l'égalité raciale de toutes les nations y siégeant, l'abandon, par les Britanniques, de l'alliance anglo-japonaise en 1922, la disparition progressive des *Genro* (les aristocrates traditionnels, équivalents des monarchistes constitutionnels), la montée en puissance d'idées nationalistes portant sur la culture spécifique du pays et sa place dans le monde, la radicalisation des jeunes officiers de l'armée et la faiblesse inhérente du système politique à son sommet[7] transforment le Japon : de puissance de *statu quo*, il devient une puissance révisionniste. Il est en avance de quelques années sur l'Allemagne et l'Italie.

Ces mouvements révisionnistes se précipitent : coup d'Etat de l'armée du Guandong en Mandchourie à partir de 1931, conquête d'immenses territoires, décision de défier l'opinion publique mondiale et de quitter la Société des Nations en 1933-1934, la même année que l'Allemagne, déclaration, en 1935, que le Japon se considère délié des contraintes des traités de limitation de la puissance navale de Washington et de Londres, adhésion au pacte anti-Komintern, offensive à grande échelle en Chine en 1937 et efforts divers (dont des bombardements « accidentels » de leurs navires de guerre) pour chasser les Occidentaux d'Asie. En 1940-1941, les Japonais frappent un nouveau coup en s'emparant de l'Indochine française, face à un régime de Vichy impuissant, ce qui menace non seulement les nationalistes chinois sur un nouveau front, mais donne également au Japon le contrôle naval et aérien du sud de la mer de Chine et au-delà. Jusqu'à cette date, tout va bien pour le Japon[8].

C'est alors qu'en juillet 1941 Roosevelt, soutenu par les Britanniques et les Hollandais, décide de geler les avoirs japonais aux Etats-Unis afin de priver le Japon de ses importations de pétrole (dont il est dépendant à 88 %). L'empire du Soleil levant doit donc se serrer la ceinture ou frapper plus fort pour recouvrer un accès aux biens énergétiques et aux matériaux dont il a besoin pour mener la guerre. S'il ne frappe pas, son économie risque de s'effondrer et sa campagne en Chine va devoir cesser. Ses avions ne pourront plus décoller de leurs aérodromes et ses navires devront rester à quai. S'il ne résiste pas à cette pression exercée contre lui, le Japon court le risque réel de se retrouver dans sa situation médiévale d'avant l'ère Meiji.

Devenir une nation de second ordre est tout bonnement inacceptable pour la nouvelle génération d'officiers de la marine et de l'armée. Presque tous – l'amiral Nagumo (qui dirige l'opération contre Pearl Harbor), le général Tojo, qui milite activement en faveur de la guerre, le brillant amiral Yamamoto, qui commande la flotte en 1941 – ont servi comme jeunes officiers durant la Première Guerre mondiale ; ils ont été les témoins des progrès du Japon, l'ont vu siéger au rang des grandes puissances aux négociations de Versailles. Ils ne peuvent qu'aller de l'avant afin de remplir la destinée nationale et mettre un terme à la domination des Occidentaux en Asie. La logique militaire découle de ces réflexions politiques et économiques. La nécessité commerciale de s'emparer du pétrole, du caoutchouc et du fer de Sumatra et de Malaisie entraîne la décision stratégique d'attaquer Hong Kong, les Philippines, Bornéo, Java et Singapour, afin d'éliminer les forces américaines, britanniques et hollandaises et de s'emparer de leurs bases. La nécessité stratégique de défendre tous ces territoires nouvellement acquis donne naissance à un « périmètre de sécurité » renforcé, qui s'étend des îles Aléoutiennes à la frontière entre l'Inde et la Birmanie.

Aujourd'hui encore, rares sont les lecteurs occidentaux qui comprennent la logique de la pensée militaire des Japonais et leur sens des priorités. L'acte décisif n'est certainement pas l'attaque de Hong Kong, de Pearl Harbor et des Philippines les 7 et 8 décembre 1941. L'élément déclencheur a lieu à l'été de 1937, lorsque l'armée japonaise décide d'envahir la Chine. Tout ce qui suit est, d'une certaine manière, une simple conséquence opérationnelle ou diplomatique : le renforcement des liens avec l'Allemagne nazie, le maintien de la neutralité à l'égard de l'Union soviétique (malgré de sérieux incidents frontaliers dans le nord de la Mandchourie), la capture, en 1941, de la partie sud de l'Indochine française, la décision de s'emparer des champs pétrolifères des Indes orientales néerlandaises, la nécessité de chasser les Américains et les Britanniques de leurs bases de Hong Kong, Singapour et des Philippines et – comme dernière mesure de sécurité – de détruire la flotte américaine à Pearl Harbor pour l'empêcher d'entraver la poussée japonaise vers le sud. Mais, aux yeux des militaires japonais, la question centrale demeure la Chine.

Aussi, l'attaque allemande de juin 1941 contre l'URSS et l'attaque japonaise contre Pearl Harbor six mois plus tard, souvent liées dans notre esprit et dans notre compréhension de la Seconde Guerre mondiale, diffèrent radicalement en termes de ressources militaires utilisées. Pour monter l'opération Barbarossa, Hitler engage les trois quarts des divi-

LE THÉÂTRE DU PACIFIQUE, 1943-1945

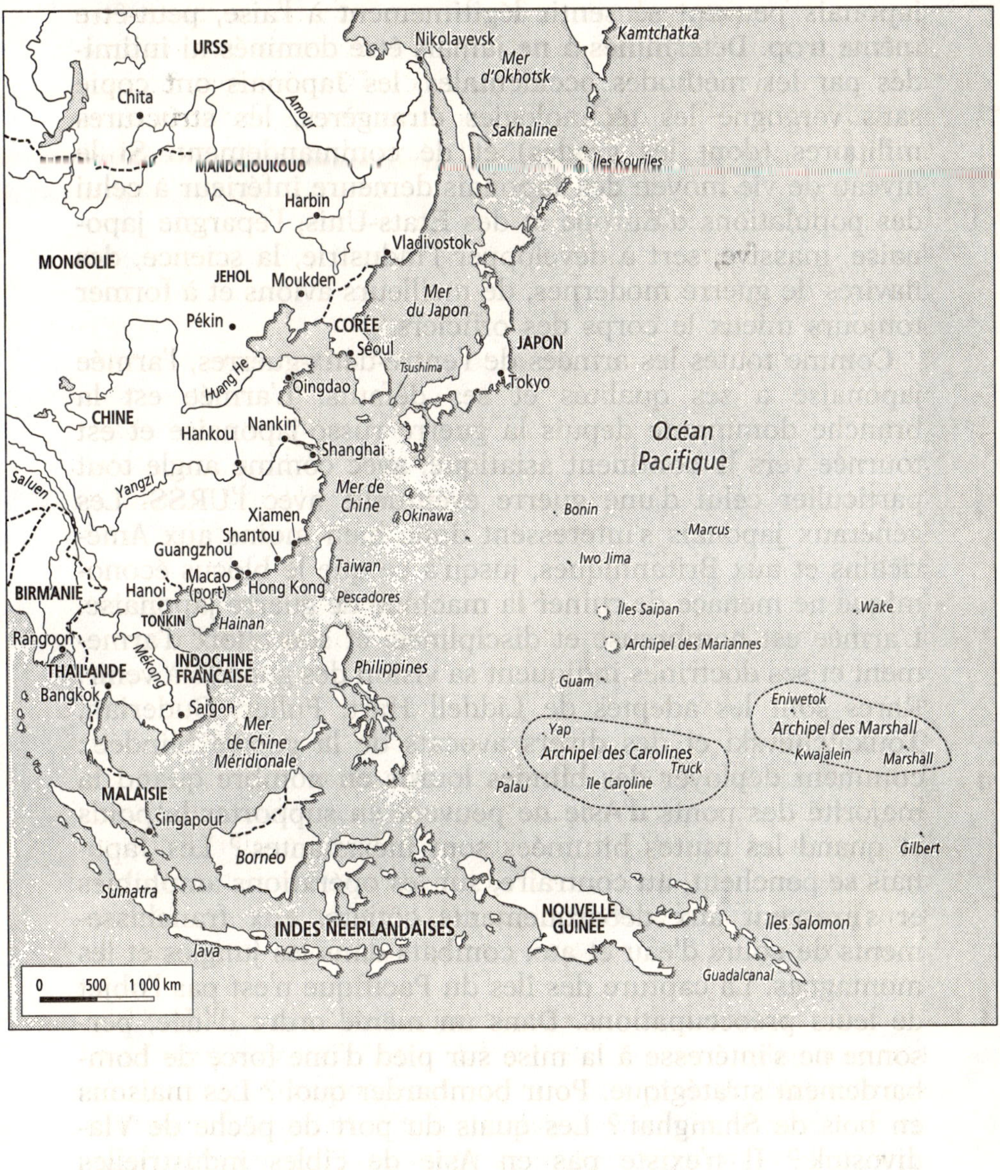

sions dont dispose l'Axe. Pour sa guerre dans le Pacifique et le Sud-Est asiatique, le quartier général impérial engage moins d'un quart de son million et demi de soldats. Ces chiffres bruts expliquent pour beaucoup la suite des événements qui se déroulent entre 1941 et 1945 dans cet immense secteur géographique.

En termes d'efficacité militaire comparée, les généraux japonais peuvent se sentir légitimement à l'aise, peut-être même trop. Déterminés à ne jamais être dominés ni intimidés par les méthodes occidentales, les Japonais ont copié sans vergogne les technologies étrangères, les structures militaires (dont les grades) et de commandement. Si le niveau de vie moyen des Japonais demeure inférieur à celui des populations d'Europe et des Etats-Unis, l'épargne japonaise, massive, sert à développer l'industrie, la science, des navires de guerre modernes, de meilleurs avions et à former toujours mieux le corps des officiers.

Comme toutes les armées de l'entre-deux-guerres, l'armée japonaise a ses qualités et ses défauts. L'armée est la branche dominante depuis la guerre russo-japonaise et est tournée vers le continent asiatique, avec comme angle tout particulier celui d'une guerre éventuelle avec l'URSS. Les généraux japonais s'intéressent donc bien moins aux Américains et aux Britanniques, jusqu'à ce que le blocus économique ne menace de ruiner la machine de guerre japonaise. L'armée est nombreuse et disciplinée, et son choix d'armement et ses doctrines indiquent sa vision des guerres à venir. Rares sont les adeptes de Liddell Hart, Fuller, Guderian, Toukatchevski et des divers avocats de la guerre blindée : comment déployer des blindés lourds en nombre quand la majorité des ponts d'Asie ne peuvent en supporter le poids et quand les routes bitumées sont inexistantes ? Les Japonais se penchent, au contraire, sur les opérations amphibies et s'exercent aux débarquements côtiers, aux franchissements de cours d'eau et aux combats dans les jungles et les montagnes. La capture des îles du Pacifique n'est pas l'objet de leurs préoccupations. Dans un même ordre d'idée, personne ne s'intéresse à la mise sur pied d'une force de bombardement stratégique. Pour bombarder quoi ? Les maisons en bois de Shanghai ? Les quais du port de pêche de Vladivostok ? Il n'existe pas en Asie de cibles industrielles modernes.

Les relations entre l'armée et la marine japonaises sont difficiles, et pas uniquement en raison des conflits qui voient partout les différentes armes s'affronter pour obtenir davantage de crédits. La querelle est profonde et porte sur les buts stratégiques de la nation. La marine considère qu'une trop grande implication sur le continent asiatique est une folie et, très imprégnée des théories d'Alfred Thayer Mahan, demande au contraire que l'on se concentre sur la menace que font peser les flottes occidentales. L'armée est, quant à elle, influencée par la tradition militaire prussienne et particulièrement impressionnée par les victoires terrestres rapide de Moltke l'Ancien (1864, 1866, 1870-1871) qui ont permis l'unification de l'Allemagne. Aucun des deux camps n'acceptant le point de vue de l'autre, les deux armes tendent à se développer séparément. Une telle attitude menace toute politique militaire, au sens large, d'incohérence, mais elle sert la marine au premier chef. Elle lui permet, par-dessus tout, de développer sa propre branche aérienne, une flotte de porte-avions et d'appareils embarqués. La marine étant plus à la pointe de la technologie récente que l'armée, et donc davantage informée sur ses homologues états-uniennes, britanniques et allemandes, de nombreux chefs de la marine (et surtout l'amiral Yamamoto, ancien attaché naval à Washington) s'inquiètent de la fragilité économique du Japon. Malgré cela, lorsque la guerre éclate en 1941, la marine et l'armée se sentent prêtes[9].

Durant six mois, de décembre 1941 à mai-juin 1942, le Japon vole de conquête en conquête. A l'été 1942, la 15e armée japonaise a atteint la frontière séparant la Birmanie de l'Assam, en Inde britannique ; elle n'ira pas plus loin. Les porte-avions de la flotte impériale japonaise ont attaqué Ceylan et infligé des pertes sévères aux petites forces navales britanniques de l'océan Indien au début d'avril 1942, et sont en position de poursuivre vers l'ouest, en direction d'Aden et de Suez ; ils sont pourtant détournés de cette perspective (qui n'a jamais eu les faveurs de l'armée) par d'autres opérations[10]. La petite poussée de la marine en direction de l'Australasie connaît un coup d'arrêt durant la bataille de la mer de Corail (au sud-est de la Nouvelle-Guinée) les 7 et 8 mai 1942 – aucun des deux camps ne l'emporte, mais les Japonais doivent se replier vers le nord. L'armée japonaise quitte les côtes du nord de la Nouvelle-Guinée en direction de Port-Moresby au sud, mais son mouvement est arrêté, dans les jungles montagneuses, par des divisions australiennes et américaines rassemblées à la hâte par le général Douglas MacArthur. Surtout, la perspective d'une poussée japonaise dans le centre du Pacifique, qui leur aurait permis de s'emparer d'Hawaï et de menacer la côte Ouest des Etats-Unis, est anéantie lors de l'épique bataille aéronavale de Midway, le 4 juin 1942. L'affront de Pearl Harbor est en quelque sorte vengé à quelques centaines de kilomètres à l'ouest d'Hawaï.

Ces revers ne sont pas considérés comme désastreux par le quartier général impérial de Tokyo et ne sont sans doute pas même pris au sérieux. En fait, tandis que les chefs de la marine se languissent de couler ce qui reste des flottes alliées (majoritairement américaines), l'armée observe le déroulement de ses opérations en Asie du Sud-Est et dans le Pacifique avec une certaine sérénité. Les forces armées japonaises ont fait ce que l'on attendait d'elles. Elles ont chassé les Américains, les Britanniques et les Hollandais de la future sphère japonaise de coprospérité asiatique. Elles se sont emparées des importants champs pétrolifères de Java, Sumatra et du nord de Bornéo, ce qui implique que la mission stratégique de Tokyo doit être poursuivie avec plus de vigueur que jamais : la sujétion de la Chine et l'obtention d'une suprématie incontestée sur l'Asie continentale. L'armée japonaise n'a déployé que 11 de ses 51 divisions pour s'emparer de toutes les terres qui lui appartiennent désormais dans le Pacifique et en Asie. Il ne reste plus désormais qu'à fortifier le périmètre des conquêtes par une série de points d'appui sur des îles afin de repousser toute tentative intempestive des Alliés de reconquérir le terrain perdu. Lorsque le nez des Américains et des Britanniques aura bien saigné, pensent ainsi les Japonais, leurs démocraties décadentes ne pourront que reconnaître ce fait accompli stratégique et négocieront la paix au bout d'un an ou deux.

Il convient d'évoquer un dernier point spatial et géopolitique à propos de l'énorme expansion territoriale du Japon entre 1941 et 1942 – sans doute le plus bel et le plus frappant exemple de ce que Liddell Hart avait baptisé le « torrent en crue ». Mais l'idée de Liddell Hart s'appliquait, à ses yeux, à une offensive blindée sur le sol d'Europe de l'Ouest, permettant de briser les lignes de défense ennemies et de progresser de 150 à 300 kilomètres[11]. Dans le Pacifique, les distances se comptent en milliers de kilomètres ; on est bien loin des chars de Rommel et de Guderian. Lorsque les corps expéditionnaires japonais font route vers l'Alaska, Midway, Hong Kong, les Philippines, les îles Gilbert, les îles Salomon, la Nouvelle-Guinée, la Thaïlande, la Malaisie, Singapour, le nord de Bornéo, les Indes orientales néerlandaises et même au-delà, vers la Birmanie ou le nord de l'Australie, les rares divisions dont le Japon dispose doivent être dispersées sur de vastes étendues, comme la plupart des divisions de l'armée qui poussent dans le centre et le sud de la Chine.

Fort logiquement, au fur et à mesure de l'avancée des unités japonaises dans le Pacifique et à travers l'Asie du Sud-Est, la densité des troupes occupantes va en se réduisant. Comme nous l'avons déjà vu, ce dilemme n'est pas sans rappeler celui auquel la Wehrmacht est confrontée au même moment. Hitler a insisté pour que le « torrent » nazi déborde au nord (Leningrad), au centre (Moscou) et au sud (Stalingrad) des vastes plaines de Russie, en plus de sa mainmise sur les Balkans, du contrôle exercé sur toute l'Europe de l'Ouest et de la présence de ses troupes en Afrique du Nord. Mais les distances au sein de la Russie occidentale n'ont rien de commun avec celles qui séparent les Aléoutiennes de la Birmanie ; et Hitler possède bien plus de ressources militaires et industrielles.

A l'été et à l'automne 1942, le quartier général impérial de Tokyo est allé au-delà de ses limites, mais il n'en a pas conscience. Il a obtenu des gains territoriaux énormes, le Japon est intact et le butin des conquêtes afflue vers l'archipel nippon. Si les Alliés sont parvenus à résister aux Japonais sur plusieurs fronts, ils n'ont obtenu aucun succès décisif ; pas encore[12]. Au yeux du quartier général impérial, les choses se déroulent donc plutôt bien. Les revers de la mer de Corail et de la jungle de Nouvelle-Guinée, contre les troupes de MacArthur, sont perturbantes et la perte de quatre porte-avions à la bataille de Midway est regrettable. Mais le Japon dispose des ressources nécessaires à de nouvelles avancées, sans doute moins spectaculaires, peut-être sur la frontière de l'Assam ou le long de l'archipel des Salomon, afin de solidifier un peu le périmètre. Les progrès, lents, de MacArthur en Papouasie et les batailles qui se déroulent autour de Guadalcanal paraissent obscurs, lointains et sans grande importance. Pour résumer, fin 1942, les sonnettes d'alarme n'ont pas encore retenti ; et, si elles sonnent, leur bruit est presque étouffé avant d'arriver aux oreilles des officiers de l'armée japonaise, élevés dans la tradition prussienne qui veut que le contrôle de la Terre centrale soit l'essence même de toute grande stratégie digne de ce nom[13].

Les options stratégiques des Alliés contre le Japon

Le Japon ayant peu ou prou obtenu ce qu'il désirait et le commandement du quartier général impérial ne souhaitant pas particulièrement aller au-delà de ses conquêtes, la balle est à présent dans le camp des Alliés ; c'est à eux que doit revenir la tâche de passer à l'offensive et de provoquer la défaite du Japon. Voilà, en résumé, l'essence de la stratégie de toute la guerre du Pacifique à partir de l'été 1942, confirmée par les décisions prises à Casablanca six mois plus tard. Mais comment, où et avec quels moyens venir à bout de l'Empire japonais ?

Passer de la défense à l'attaque est toujours un défi complexe sur le plan stratégique, même pour les organisations les plus efficaces et les plus imaginatives ; dans ce cas précis, la géographie complique considérablement la tâche des Alliés. Un simple coup d'œil à la carte permet de constater que l'archipel nippon se trouve très loin de tout point de départ potentiel d'une offensive, à l'exception de la Sibérie et de la Mandchourie. Or Staline, qui lutte pour sa survie, n'a évidemment pas l'intention d'ouvrir un second front alors que la Wehrmacht s'est enfoncée sur plus d'un millier de kilomètres dans son territoire. Le tournant, dans le Pacifique, diffère donc grandement de celui qui se produit en Europe. Si la traversée de la Manche, afin d'écraser l'Allemagne nazie, est une mission compliquée en termes militaires et opérationnels, elle est logique et réalisable. Elle a même été répétée grâce aux débarquements en Afrique du Nord, en Sicile et en Italie. A l'inverse, dans le Pacifique, la défaite du Japon ne peut être planifiée avant que les chefs d'état-major ne se soient accordés sur le ou les points de départ de la reconquête.

La solution sibérienne/mandchoue écartée, les Alliés peuvent choisir entre quatre grands axes d'attaque depuis le périmètre de défense jusqu'à l'archipel, tant l'expansionnisme japonais a étendu son empire[14].

La première possibilité consiste à lancer la contre-offensive depuis la Chine, le théâtre d'opérations le plus proche du Japon et le plus en proie aux combats. La deuxième implique la reconquête de l'Asie du Sud-Est, Birmanie, Thaïlande, Malaisie (Singapour), Indochine française, Bornéo et Indes orientales néerlandaises. La troisième consiste à se baser sur la structure de commandement américano-australienne du Sud-Ouest Pacifique (SOPAC), commandée par MacArthur, et de pousser vers le nord depuis l'Australie vers la Nouvelle-Guinée, les Salomon et les îles Bismarck, les Célèbes et les Philippines, avant de fondre sur Formose. Arrivés là, les Alliés peuvent tendre la main aux troupes de Tchang Kaï-chek en Chine ou attaquer directement le Japon depuis le Sud. Dans ce scénario, Luçon et Formose joueraient peu ou prou le rôle de rampes de lancement, comme la Grande-Bretagne pour la reconquête de l'Europe de l'Ouest. La quatrième et dernière option est celle d'une offensive à travers les vastes étendues du Pacifique, visant à s'emparer des archipels conquis par les Japonais en 1942 (les Gilbert), à conquérir les autres archipels sur lesquels le Japon exerçait déjà son mandat (Carolines, Marshall, Mariannes), et à s'en servir comme marchepieds vers Iwo Jima, Okinawa et le Japon lui-même. Une telle stratégie est essentiellement maritime et doit être menée, avant tout, par la marine et l'aviation – pas par l'armée, du moins pas avant que le Japon lui-même ne soit envahi.

Mais rien n'est si simple. Les décideurs politiques qui se rencontrent à Casablanca sont soumis à d'intenses pressions concernant l'affectation des bombardiers, des escortes de destroyers, des *Liberty Ships*, des munitions, des équipements radar, des chasseurs à long rayon d'action et, surtout, des barges de débarquement. Chaque théâtre d'opérations a désespérément besoin de renforts et la tension ne se limite donc pas à un affrontement entre les partisans de l'« Europe d'abord » et du « Pacifique d'abord ». Face au Japon, les quatre options stratégiques sont valables, comme nous allons le voir. Surtout, il eût été totalement stupide pour les Alliés, sur le plan militaire, de s'en tenir à un seul axe d'attaque sur le théâtre de l'Asie et du Pacifique, cela permettant aux Japonais de concentrer leurs défenses. En exerçant une pression sur chacun des axes, les Alliés pouvaient disperser les ressources de l'ennemi tout en s'offrant la possibilité, grâce à une plus grande mobilité, d'exploiter un éventuel point faible en redéployant des troupes.

Au final, un de ces axes se révèle décisif, mais il est bon d'examiner les trois autres options, non pour comprendre pour quelles raisons elles furent moins vitales, mais parce qu'elles éclairent de manière pertinente le défi que constituait la défaite du Japon. Ces trois autres axes ont immobilisé de grands volumes de troupes et d'avions japonais (et, dans le sud-ouest du Pacifique, de nombreux navires de guerre) qui, sans cela, auraient pu être déployés face à l'axe principal d'attaque des Américains.

Une offensive depuis la Chine fait grand sens à première vue. Si le gros de l'armée japonaise s'y trouve engagé, les Américains peuvent y déployer une aviation nombreuse et qui sera difficile à atteindre depuis les porte-avions japonais. Il est important, pour l'Amérique, de prêter main-forte aux armées nationalistes chinoises car leur seule existence mobilise de nombreuses divisions japonaises. Des facteurs sentimentaux jouent également un rôle. Le président Roosevelt est un fervent partisan des relations sino-américaines. Le général américain « Vinegar Joe » Stilwell est le principal conseiller militaire de Tchang Kaï-chek. Les « Tigres volants » du général Claire Chennault y sont également déployés*. De nombreux missionnaires, professeurs et commerçants américains y vivent également. Les stratèges de l'USAAF savent, depuis que l'escadrille de Doolittle s'est posée en Chine après son raid audacieux sur Tokyo en avril 1942, que bon nombre d'aérodromes chinois sont suffisamment proches du Japon pour être utilisés dans une campagne de bombardement stratégique des industries et des villes. Surtout, les bombardiers déployés en Chine peuvent attaquer les navires japonais qui font route vers le Sud-Est asiatique en traversant la mer de Chine.

* Cette escadrille de volontaires américains combat aux côtés des Chinois nationalistes contre les Japonais depuis 1940 (*NdT*).

Pourquoi l'option chinoise est-elle donc délaissée, ou n'est-elle explorée qu'un temps et avec des ressources inadéquates ? La réponse tient encore une fois, pour l'essentiel, à la géographie. La Chine est tout simplement trop éloignée des lieux de production américains et donc trop difficile à approvisionner en quantités suffisantes. Les eaux de l'ouest du Pacifique et de l'archipel indonésien sont dominées par la marine japonaise et la seule assistance matérielle occidentale ne peut venir que de l'Inde, en traversant la chaîne de l'Himalaya, pour un coût logistique démesuré – le seul acheminement du carburant nécessaire aux bombardiers américains opérant en Chine est beaucoup trop coûteux. Il en irait de même pour le déploiement de troupes au sol. Les besoins matériels d'une division américaine, sans même parler d'un corps d'armée, sont beaucoup plus élevés que ceux des autres forces armées et il est impossible de déployer des unités aussi grosses dans le sud de la Chine et de les ravitailler par les airs.

Surtout, au vu de l'obsession du haut commandement japonais pour la victoire à tout prix, celui-ci risque fort d'engager de nouvelles divisions contre les forces américaines et chinoises nationalistes, et tout particulièrement pour attaquer les aérodromes où les B-17 puis les B-29 seraient déployés, au sud et à l'ouest du pays, avec l'avantage de lignes de ravitaillement plus courtes et plus aisées. Avec le recul, et quand on pense au danger que lui pose l'offensive des Américains dans le Pacifique central, il est bien difficile de comprendre l'intérêt, pour le Japon, de ces offensives continentales massives en 1943 et 1944, qui repoussent les forces chinoises nationalistes vers le sud et immobilisent tant de troupes japonaises. Tout ceci donne un avantage aux Américains qui, tout en ne pouvant déployer massivement des troupes sur le continent asiatique, peuvent faire en sorte d'y distraire le gros de l'armée japonaise. En soutenant le gouvernement nationaliste de Tchang Kaï-chek, par l'envoi de munitions et de matériel médical, par la présence de Stilwell et d'autres « conseillers techniques » et la présence plus tardive d'escadrilles de B-29, les Etats-Unis appuient la résistance chinoise et permettent d'immobiliser des millions de soldats japonais sur le continent. En 1944, ces forces sont de plus en plus coupées de leurs lignes de ravitaillement par les sous-marins et l'aviation des Américains[15].

La route de l'Asie du Sud-Est est une autre possibilité, qui a ses avocats, particulièrement à Londres et à Delhi. C'est un théâtre important et pas seulement pour des raisons émotionnelles et symboliques, comme le désir (celui de Churchill, en particulier) de reprendre Singapour. Cette région est d'une grande importance pour la guerre dans son ensemble et une attaque dans cette direction permettrait à la Grande-Bretagne de participer à la guerre contre le Japon au lieu de la laisser aux mains des Américains et des Chinois (avec une contribution australienne). Cela permettrait également de distraire de nombreux soldats et avions du théâtre du Pacifique et de reprendre le minerai et le caoutchouc de Malaisie ainsi que le pétrole de Sumatra, Java et Bornéo, ce qui paralyserait totalement la machine de guerre japonaise. Surtout, et pour des raisons logistiques déjà décrites, il serait impossible d'entreprendre une quelconque action significative sur le théâtre chinois avant que les aérodromes de l'Assam et du nord de la Birmanie ne soient agrandis et convenablement protégés.

Mais les campagnes menées dans cette région par le Southeast Asia Command de Mountbatten comme de ses prédécesseurs souffrent de désavantages majeurs. Le premier est que les points de départ de cette campagne, Imphal et Kohima, lieux inaccessibles le long de la frontière entre la Birmanie et l'Assam, sont très éloignés de la baie de Tokyo et que les obstacles topographiques, logistiques et sanitaires d'une telle campagne demeurent très élevés, quand bien même davantage de ressources seraient allouées par la conférence de Casablanca et les suivantes. La nature de ce terrain mangé par la jungle exclut certaines formes de guerre couramment pratiquées ailleurs. Il n'existe guère de cibles industrielles pour des bombardements stratégiques (à moins de vouloir réduire Rangoon et Singapour en cendres) et même les escadrilles d'appui tactique, de plus en plus efficaces – et qui ont des cibles –, sont toujours les dernières à recevoir du matériel et des avions modernes. On ne trouve pas une plaine assez large pour que la présence de 250 Sherman puisse faire la différence ; les routes goudronnées sont rarissimes dans ces forêts détrempées par les pluies et les ponts en bois ne peuvent supporter le poids des chars – il faut parfois utiliser des treuils et des cordes pour traverser un cours d'eau avec une simple pièce d'artillerie de campagne. Les divisions aéroportées sont affectées en Europe. Les forces spéciales déployées dans les jungles birmanes, comme les légendaires « Chindits » de Wingate et les Merill's Marauders américains, jouent leur rôle de forces de distraction, mais ne peuvent influencer l'issue générale de la campagne. Même lorsque les troupes régulières de Mountbatten sont renforcées fin 1944, la jungle continue de faire obstacle à son avantage matériel. Les moussons sont un cauchemar qui ralentit les armées des deux camps. Même William Slim, sans doute le plus brillant général britannique de la guerre, ne peut trouver de solution rapide aux cours d'eau en crue, aux jungles impénétrables et aux maladies tropicales ; en comparaison, lutter contre l'armée japonaise est presque une partie de plaisir[16].

La 14e armée du général Slim, surnommée fort à propos l'« armée oubliée », est privée des ressources nécessaires pour délivrer un coup décisif contre le Japon. Après quelques opérations peu concluantes, ses troupes écrasent les garnisons japonaises de Birmanie et poussent vers le sud jusqu'à Irrawaddy en 1945. L'offensive aurait été bien plus rapide si les Britanniques avaient effectué une série de « sauts de puce » amphibies le long de la côte, à l'instar de la tactique utilisée par MacArthur pour rejoindre les Philippines depuis les Salomon en 1944. Les débarquements d'Anzio, de Normandie, des Mariannes, du golfe de Leyte et d'Iwo Jima conservant la priorité en barges de débarquement, ces opérations sont régulièrement reportées en Asie du Sud-Est, quand elles ne sont pas tout bonnement annulées. Les batailles dans la jungle sont donc la seule méthode disponible et, comme les Américains et les Australiens ont déjà pu s'en rendre compte en Nouvelle-Guinée, elles sont affreusement lentes. Il faut attendre avril-mai 1944 pour que la 14e armée remporte sa première victoire à Imphal-Kohima, du côté *indien* de la frontière. Les Britanniques ne s'emparent de Mandalay qu'en mars 1945 et de Rangoon au début du mois de mai. Ils peuvent alors espérer des mouvements amphibies vers la Malaisie et Singapour. Mais les Japonais ont déjà redéployé leurs dernières réserves navales et aériennes dans le Pacifique, Okinawa est tombée et les Américains se préparent à attaquer l'archipel. Le grand romancier John Masters, dans ses mémoires de guerre intitulés *The Road Past Mandalay*, évoque avec nostalgie la

« vieille armée des Indes » marchant sur la route bitumée (enfin !) qui mène aux faubourgs nord de Rangoon à la fin du printemps 1945 ; mais aux yeux des Japonais – et des Américains – elle marche dans la mauvaise direction. La guerre du Pacifique est en train d'être gagnée ailleurs[17].

Les facteurs critiques de la distance, de la logistique, de la topographie indiquent que la route du Sud-Ouest offre de bien meilleures perspectives que les options chinoise ou birmane. La campagne de reconquête peut, ici, débuter à une faible distance des ports et des aérodromes de l'Australie, le flot de troupes et de matériels américains peut y être acheminé facilement depuis Hawaï, les Samoa, les Fidji, les ports du nord de l'Australie et Port-Moresby en Nouvelle-Guinée. Durant la première année de la guerre, cette région est par ailleurs le point central de l'attention des Alliés car c'est bien là – Papouasie, mer de Corail, îles Salomon – que les Japonais semblent décidés à couper les communications entre l'Australie et les Etats-Unis. Tandis que chaque camp y engage toujours plus de troupes, d'avions et de navires de guerre, à Guadalcanal comme en Nouvelle-Guinée à la fin de 1942 et au début de 1943, l'urgence d'une victoire dans ce secteur devient cruciale et nécessite l'envoi de ressources supplémentaires. Une dernière donnée joue, celle de la figure imposante de Douglas MacArthur lui-même qui (avec le soutien des médias et l'attention d'une bonne partie du Congrès) ne cesse d'affirmer que le sort de la guerre contre le Japon dépend de ses troupes[18].

On pourrait dire que la campagne de Nouvelle-Guinée et celle de Méditerranée ont un profil stratégique équivalent : aucune d'elles ne frappe l'ennemi au cœur, mais leur importance opérationnelle et politique est indéniable et irrésistible. Fort heureusement pour les Alliés, les ressources dont ils disposent sont si importantes qu'à partir de la fin 1943 ils peuvent se permettre, en Europe comme dans le Pacifique, d'effectuer des attaques directes vers la France comme vers Honshu, et des campagnes indirectes, très coûteuses.

D'autres avantages stratégiques et opérationnels découlent de l'engagement des Américains sur le théâtre du Sud-Ouest Pacifique. Avant que les îles du Pacifique central ne soient reconquises et transformées en bases avancées, cette région sert la force de production américaine. Les Etats-Unis peuvent y envoyer un flot ininterrompu de matériel à travers les océans et en ligne directe de leurs usines de la côte Ouest. Si les îles Salomon sont très éloignées de San Diego, elles le sont tout autant de Yokohama. Deuxième avantage : les batailles qui s'y déroulent sont de petite taille, comparées à celles de la Somme ou de Koursk, et cette campagne n'attire donc guère l'attention qu'elle mérite de la part du quartier général impérial, qui continue de n'envoyer que des renforts limités dans ce secteur, insuffisants pour ralentir les Alliés. Ce théâtre finit par attirer de plus en plus de troupes japonaises, mais toujours en effectifs réduits ; il sert également à aguerrir les troupes américaines en leur donnant une expérience de la guerre dans la jungle et des opérations amphibies. La 1re division de Marines US qui débarque à Guadalcanal en 1942 est à la pointe, trois ans plus tard, des terribles combats d'Okinawa et a livré de nombreuses autres batailles dans l'intervalle. Un général de l'armée comme Bob Eichelberger, que MacArthur a envoyé prendre Buna (en Nouvelle-Guinée) avec comme ordre de s'en emparer ou de ne pas en revenir vivant, combat à travers la Papouasie puis aux Philippines et se prépare à mener la grande invasion amphibie du Japon lorsque les deux bombes atomiques explosent[19].

Mais, au vu du rythme accéléré de la progression de l'amiral Nimitz depuis Pearl Harbor vers le Pacifique central, de la rapidité et de l'ampleur de ses succès dès la fin de 1943, il est manifeste que les campagnes de MacArthur le long des côtes de Nouvelle-Guinée en 1943-1944 jouent un rôle secondaire, même lorsque les divisions américaines et australiennes accélèrent le rythme de leur progression, contournant les points de résistance des Japonais et les isolant. Lorsque les troupes de MacArthur finissent par s'emparer de l'île de Biak (août 1944), au large des côtes nord de la Nouvelle-Guinée, les Mariannes sont déjà tombées et la pénétration du dernier périmètre défensif japonais, avec la prise d'Iwo Jima et d'Okinawa et les bombardements stratégiques, est en phase de préparation avancée. On peut même dire que les Philippines ne sont plus un objectif et que le Southwest Pacific Command aurait pu rejoindre plus rapidement le mouvement opéré vers le Japon. Il en va tout autrement. Comme Liddell Hart le remarque : « Des considérations politiques et le désir naturel de MacArthur d'effectuer un retour triomphal aux Philippines prévalent contre tout argument de contournement de ces grandes îles[20]. »

La principale raison opérationnelle du soutien des chefs d'état-major à l'offensive du Sud-Ouest Pacifique n'est sans doute pas l'accomplissement de la promesse de MacArthur, mais plutôt le fait que les deux offensives conjointes déséquilibrent en permanence les forces armées nippones : le gros de la flotte japonaise est, à titre d'exemple, contraint d'aller et venir sur des centaines de kilomètres entre Biak et les Mariannes en juin 1944, les mouvements des Américains semblant tour à tour suggérer une offensive majeure dans une des deux directions, ce qui perturbe le commandement japonais[21]. La marine japonaise commence à manquer de carburant et ses avions sont détruits près de Rabaul et au-dessus de la mer des Philippines par les forces du Southwest Pacific Command : on peut donc difficilement dire que les forces de MacArthur jouent un rôle insignifiant ; mais leur fonction première est tout de même de détourner l'attention du commandement japonais, d'attirer de nombreuses troupes et de donner au Central Pacific Command de Nimitz de meilleures chances de marcher droit sur le Japon.

Les trois théâtres d'opérations alternatifs que nous venons d'examiner ont donc énormément contribué à la défaite finale du Japon. Le total des pertes japonaises est explicite : 169 000 hommes en Inde et Birmanie et 772 000 dans le Sud-Ouest Pacifique pour 296 000 dans le Pacifique central[22]. A la fin de la guerre, d'importantes garnisons japonaises sont éparpillées à travers l'Asie du Sud-Est, les Indes néerlandaises, diverses îles du Pacifique, au sud des Philippines, en Mandchourie et surtout en Chine : des millions d'hommes qui gardent les mauvaises routes d'approche et affaiblissent les défenses centrales du Japon.

L'application du Plan Orange

Le Japon ne pouvant être mis à genoux en menant campagne contre lui en Chine ou dans le Sud-Est asiatique, la route qui mène de Guadalcanal et de Port-Moresby à Manille étant si tortueuse, le lecteur pourrait croire que la dernière option stratégique était en quelque sorte inévitable :

une offensive dans le Pacifique central, d'est en ouest, au nord de l'équateur. De nombreux auteurs insistent sur ce point, à commencer par Allen, historien de la Seconde Guerre mondiale en Asie, qui affirme : « Au final, une seule campagne compta : l'offensive navale de Nimitz à travers le Pacifique... Toutes les autres campagnes, quelle qu'ait été leur âpreté, n'étaient que des diversions ou des attaques secondaires[23]. »

D'autres considérations géopolitiques tendent à confirmer cette hypothèse. En 1941-1942, seuls les Etats-Unis peuvent espérer mettre un terme à la domination japonaise qui s'étend sur cette vaste région ; la Grande-Bretagne, comme l'URSS, toutes deux engagées dans une lutte colossale contre le Troisième Reich, ne peuvent distraire les ressources nécessaires pour combattre le Japon. Surtout, les principales industries américaines de production de munitions sont le long de la côte Ouest des Etats-Unis, entre le 30e et le 50e degré nord, à la latitude exacte du Japon. Il n'existe aucune terre émergée entre San Francisco et Tokyo et les Aléoutiennes sont impraticables car soumises à trop d'aléas climatiques ; il est donc logique de longer le sud du tropique du Cancer, de Hawaï vers les Gilbert et les Marshall, puis vers les Carolines et les Mariannes, avant de pivoter au nord vers l'archipel du Japon.

Mais cette route empruntée par le Central Command de Nimitz ne l'est pas que pour des raisons purement logiques. Le facteur des « fortunes de guerre » joue, conséquence de deux batailles : celles de Pearl Harbor et de Midway. Pour les Etats-Unis, ces deux événements ont un point commun : ils ne privent pas les Américains de leur base d'Hawaï, avec ses aérodromes, ses docks et ses cales sèches, qui leur offre une capacité stratégique inestimable pour contrôler le Pacifique central, servant à la foi de brise-lames à toute nouvelle expansion japonaise vers l'est et comme gigantesque rampe de lancement d'une éventuelle reconquête. Si le Japon s'était emparé d'Hawaï, et quand bien même il n'avait pas l'intention d'avancer davantage vers la côte Ouest des Etats-Unis, la possession des bases d'Oahu (la plus grande île de l'archipel) aurait pu empêcher toute contre-offensive américaine durant des années et rendu les liaisons avec l'Australie bien plus difficiles. Aux mains des Américains, Hawaï est le point de départ de l'occupation des Gilbert et des Marshall et de tout ce qui s'ensuit.

D'une manière tout à fait pratique, les pertes et les gains enregistrés à Pearl Harbor et à Midway poussent également les Américains vers cette stratégie micronésienne. La destruction de nombreux cuirassés datant de la Première Guerre mondiale dans la rade de Pearl Harbor oblige l'US Navy, un peu contre sa volonté initiale, à prendre une orientation aéronavale, et les batailles de la mer de Corail et de Midway confirment rapidement la pertinence de ce choix. La leçon que les amiraux de l'Aéronavale comme Marc Mitscher et « Bull » Halsey tirent de la catastrophe de Pearl Harbor est qu'il est toujours préférable pour la flotte d'être en mer plutôt que prisonnière au mouillage ; à une époque où l'aviation peut frapper soudainement, un port « protégé » offre, dans les faits, très peu de protection et constitue, au contraire, une véritable invitation à l'attaque. Si les porte-avions américains et les croiseurs et destroyers qui les escortent veulent demeurer durant de longues périodes en haute mer, il convient que la flotte se dote d'un « train flottant » mobile et sophistiqué permettant de ravitailler les navires où qu'ils se trouvent. Au XIXe siècle, la Royal Navy avait résolu ce problème en s'appuyant sur un vaste réseau de bases navales et de points de charbonnage, de Gibraltar à Portsmouth et de Hong Kong à Sidney. La marine américaine du XXe siècle poursuit un objectif logistique différent, et qui rend pour la première fois possibles des opérations d'une vaste ampleur dans le Pacifique central. Mais l'existence de ce train de ravitaillement ne permet à l'US Navy que d'effectuer des trajets plus longs et non de créer des bases pour les bombardements stratégiques ou des forces d'invasion massives ; pour cela, il faut s'emparer d'îles et d'îlots stratégiques, pour disposer d'aérodromes et de ports ; il faut donc prendre ces quelques îles situées à l'ouest et au sud-ouest d'Hawaï.

La dernière raison expliquant le choix, par la marine américaine, d'une poussée opérationnelle en Micronésie est que le commandant d'une telle opération ne peut être qu'un amiral (Nimitz) et pas un général incontrôlable et pressant comme MacArthur. Cette question est centrale aux yeux d'Ernest King, l'amiral de la Flotte, déterminé à ce que l'US Navy demeure une branche indépendante et qui ne soit pas réduite au rôle d'entreprise de transport pour les offensives de MacArthur, de la Nouvelle-Guinée vers les Philippines, et qu'elle ne joue pas les troisièmes violons de l'orchestre de la Royal Navy, de celui de l'USAAF ou un simple rôle de soutien des offensives d'Eisenhower et Marshall dans l'Atlantique, en Méditerranée, en Normandie et en Allemagne. Voilà pourquoi ce secteur reçoit toute l'attention de l'amiral King et la raison pour laquelle il est le premier doté des nouveaux porte-avions et cuirassés rapides qui forment bientôt le gros de la flotte américaine. Il reçoit également une bonne partie de ces barges de débarquement tant désirées sur tous les théâtres d'opérations. Fin 1943, l'US Navy dispose de tous les outils nécessaires pour se lancer dans ce grand mouvement de reconquête à travers le Pacifique central baptisé « Plan Orange[24] ».

Quels sont donc ces outils et ces systèmes d'armement ? Quatre d'entre eux sont intimement liés, l'un d'eux est séparé (l'arme anti-sous-marine), mais tous se combinent pour lancer l'offensive depuis Hawaï, mais aussi depuis le nord de l'Australie vers les côtes du Japon, à travers des milliers de kilomètres d'océan. Tous s'appuient sur l'inventivité humaine pour abolir la géographie. Ces cinq « solutions » militaires américaines à la tyrannie géographique imposée par le Pacifique sont développées en parallèle et, même dans le cas de la solution « séparée », chacune d'elles à des effets sur les autres. Il est plus qu'improbable que les organisateurs de ces cinq solutions aient eu conscience de leur profonde interdépendance.

La première, chronologiquement, est la décision du corps des Marines de s'emparer de bases en Micronésie – les Carolines, Marshall et Mariannes – que le Japon avait arrachées à l'Allemagne impériale durant la Première Guerre mondiale. Tout état-major compétent confronté au cauchemar géostratégique constitué par un voyage de 9 000 kilomètres à travers le Pacifique aurait certainement recommandé une progression par étapes, à l'instar du déplacement de pions sur un grand échiquier. Les officiers d'état-major à Newport et Quantico[25] y ont pensé bien avant Pearl Harbor. Par surcroît, de nombreux officiers subalternes ont déjà travaillé et réfléchi aux tactiques et aux armes qui permettraient de transformer cette offensive amphibie théorique, visant à s'emparer d'épineux atolls coralliens, en une opération viable et donc en atout stratégique.

Le deuxième facteur est celui de l'évolution des groupes de porte-avions rapides. L'US Navy a vite compris les implications stratégiques et opérationnelles des premières expérimentations aéronavales des Britanniques, qui ont bricolé un porte-avions en bâtissant un ponton sur la coque d'un navire de guerre. Ils sont allés plus loin qu'eux durant les années 1930 en construisant quelques grands porte-avions d'attaque, dont les seuls concurrents sérieux sont leurs équivalents japonais. Les partisans des porte-avions sont, durant cette période, constamment arrêtés ou ralentis, au sein de la marine, par le lobby plus puissant des partisans des cuirassés mais, des forces aériennes indépendantes n'existant pas à l'époque, elles ne subissent pas le même sort que la branche aérienne britannique, prisonnière de l'affrontement entre la Royal Navy et la Royal Air Force pour rafler les crédits durant l'entre-deux-guerres. Quand la guerre éclate, l'US Navy dispose de porte-avions fiables, avec des avions convenables, ce qui lui confère de bonnes chances face aux Japonais, dotés d'excellents porte-avions et d'excellents appareils embarqués. L'attaque spectaculaire contre Pearl Harbor ouvre les yeux de tout le monde sur la capacité de projection de la puissance destructrice de l'aviation embarquée. Les types de navires qui ont servi aux Japonais pour attaquer Hawaï peuvent, en retour, être utilisés par les Américains dans leur contre-offensive vers l'ouest.

Le troisième facteur est l'introduction des bombardiers B-29 Superfortress à très grand rayon d'action, qui volent à des altitudes inaccessibles. La reconquête américaine de l'ouest du Pacifique aurait pu cheminer à petits pas et de manière indirecte, depuis la Nouvelle-Guinée, vers les Célèbes, le nord des Philippines et peut-être même les côtes de la Chine puis Okinawa, avec la construction d'aérodromes permettant aux B-17 Forteresses volantes et aux B-24 Liberator d'effectuer des attaques contre le Japon. Mais ces nouveaux bombardiers, au rayon d'action et à la capacité de destruction accrus, déployés depuis l'archipel stratégiquement bien placé des Mariannes, permettent de raccourcir considérablement la durée d'une guerre que les stratèges américains voyaient se prolonger jusqu'en 1946 ou 1947 et qui aurait nécessairement compris une invasion massive de l'archipel du Japon. Le largage des deux bombes atomiques met un terme à ces projets d'invasion, mais sans les B-29, sans la prise des Mariannes, ces bombes n'auraient pas pu être larguées à cette date – et depuis quel aérodrome ? Le B-29 est un excellent exemple de ce qu'Hitler appelait les « armes miracles » et, entre 1943 et 1945, seuls les Etats-Unis ont les moyens de construire un tel monstre aérien. Le câblage électrique et l'aluminium nécessaires à la construction d'un seul de ces avions équivalent aux quantités nécessaires pour construire une escadrille de Messerschmitt.

Les unités chargées de construire les bases, les installations, les points d'assemblage et les routes qui permettent à l'offensive de se dérouler – les bataillons de construction de l'US Navy, les « Seabees » – sont le quatrième facteur. Nées des exigences particulières de ce conflit, ces unités sont chargées de missions somme toute intemporelles : il est difficile d'imaginer une victoire militaire sans unités du génie, alors que de très nombreux historiens spécialistes de stratégie tendent à oublier leur œuvre et semblent considérer que les troupes, les flottes et les escadrilles sont déplacées d'un simple trait de plume sur les cartes d'état-major[26]. Mais pour les troupes au sol, quel que soit leur degré d'équipement, les montagnes, les rivières, les marécages, les déserts et les jungles déterminent la nature même des combats à livrer. Et rien n'est plus vrai dans les vastes étendues du Pacifique. Pour le traverser, il faut que se combinent la doctrine amphibie des Marines, les groupes de porte-avions rapides, les B-29 et les Seabees. L'assemblage complexe de ces quatre facteurs, couplé à celui, quelque peu séparé, de la guerre sous-marine, est l'objet de ce chapitre.

Débarquer sur les plages

L'histoire de l'évolution de la doctrine amphibie du corps des Marines US peut, à bien des égards, être comparée à celle des expériences des Alliés sur le théâtre européen, avec des différences significatives dues aux structures de commandement, à l'organisation des forces et, surtout, à la géographie. Ce chapitre se concentre sur les campagnes du Pacifique, comme l'a fait le corps des Marines. Heureusement, cette histoire est fort bien documentée et analysée.

Les Marines mènent une série presque ininterrompue de combats, des débarquements à Guadalcanal en août 1942 jusqu'à la fin de la résistance de la garnison d'Okinawa en juin 1945. Ils doivent se former sur le tas, à la dure, livrer bataille à la jungle, au climat et aux maladies, comme les Britanniques en Birmanie et MacArthur en Papouasie-Nouvelle-Guinée, face à un adversaire qui ne se rend jamais. Comme le général Slim le fit remarquer avec une once de respect mêlé de crainte, tout le monde parle de « combattre jusqu'au dernier homme », mais seuls les Japonais l'ont fait. En juillet 1945, les responsables des principaux théâtres d'opérations dans le Pacifique s'irritent encore des lents progrès enregistrés dans la conquête d'Okinawa ; mais comment progresser rapidement face à un adversaire si bien fortifié ? Après avoir livré des combats incroyablement laborieux durant deux années, MacArthur et son Southwest Pacific Command finissent par comprendre que la guerre peut être gagnée plus facilement en effectuant des « sauts de puce » pour s'emparer de positions que l'ennemi ne tient pas. Mais il reste des endroits – îles Salomon, Gilbert, Mariannes, Iwo Jima, Okinawa – dont il convient malgré tout de s'emparer, quel que soit le nombre de leurs défenseurs. C'est là le rôle des Marines[27].

Pourquoi et comment le corps des Marines se retrouve-t-il chargé de cette mission spéciale et aujourd'hui légendaire ? Une réponse simple consiste à rappeler que les Marines sont, dans l'Amérique de l'après-Première Guerre mondiale, les seuls à s'intéresser de manière active et novatrice aux opérations amphibies. A bien des égards, nécessité est mère d'invention en la matière. Tout comme la RAF et l'US Air Corps ont lutté pour promouvoir la valeur du bombardement stratégique afin de justifier leur existence comme branche indépendante, le corps des Marines doit également justifier son existence alors que les budgets militaires américains sont considérablement réduits après 1919 et plus encore après le krach de 1929. Il en résulte la combinaison d'une nouvelle doctrine convaincante, de créations logistiques et technologiques et d'unités spéciales bien entraînées qui permettent au corps des Marines d'effectuer des assauts amphibies de grande ampleur. Bien appliquée, cette nouvelle forme de guerre est garante de victoire et non de défaite. Le premier ouvrage complet consacré au corps des

Marines et à la guerre amphibie débute par une dissertation comparative très éclairante et intitulée : « Succès à Okinawa – Echec à Gallipoli[28]. »

Rétrospectivement, il paraît pourtant extraordinaire que le concept même d'opération amphibie ait survécu. La branche dont l'USMC* dépend, la marine, demeure avant tout obsédée par les guerres navales du futur, entre flottes de bataille, et ne s'imagine pas jouer un rôle subordonné aux opérations amphibies. Lorsque les traités de Washington de 1921-1922 provoquent de nouvelles coupes au sein de la flotte, le corps des Marines est perçu comme une charge inutile et son budget limité, quand bien même les plans de guerre contre le Japon prévoient l'existence de forces expéditionnaires pour s'emparer de bases dans le Pacifique. L'armée, quant à elle, sort de la Première Guerre mondiale avec un fort ressentiment à l'endroit des Marines, dont l'engagement sur le front de l'Ouest a été largement médiatisé, et le sentiment amer que son monopole en matière d'opérations terrestres est sérieusement contesté. Surtout, de nombreux hauts gradés du corps des Marines souhaitent conserver leur rôle de troupes de première ligne et craignent de regagner les limbes dans lesquels le corps vivotait avant 1917, cantonné qu'il était à des missions mineures outre-mer. Les coupes budgétaires drastiques réduisent finalement les effectifs du corps à 15 000 hommes et officiers, un chiffre à peine suffisant pour remplir ses missions subalternes : la garde des navires et des ambassades et celle des bases américaines dans les Caraïbes. En 1921, des Marines sont même déployés pour décourager les attaques de bandits contre les bureaux de poste. On est bien loin des « palais de Montezuma ».

La survivance de cette doctrine de guerre amphibie durant l'entre-deux-guerres et sa transformation lente en possibilité opérationnelle sont dues à deux facteurs, l'un stratégique et l'autre plus personnel et fortuit. La raison stratégique est, tout simplement, la perspective d'une guerre contre le Japon. Les stratèges américains travaillent au scénario d'un expansionnisme japonais en Extrême-Orient et dans le Pacifique Ouest depuis le début du siècle. L'élimination de la marine allemande en 1919 et le fait qu'une guerre avec la Grande-

* USMC : United States Marine Corps (*NdT*).

Bretagne soit très improbable ne laissent plus guère que le Japon comme grande puissance potentiellement ennemie. Ses énormes gains territoriaux dans le Pacifique central (Marshall, Carolines, Mariannes), l'opiniâtreté dont il fait preuve lors des négociations sur le nombre de navires de guerre et de bases navales lors des conférences de Washington et sa « pénétration pacifique » continue en Chine contribuent à renforcer les suspicions américaines. Surtout, la marine japonaise, moderne, est la seule rivale à justifier la taille et les dépenses de l'US Navy. Voilà pourquoi, dès janvier 1920, le chef des opérations navales avertit le commandant du corps des Marines que le Plan Orange va désormais constituer la pierre angulaire des plans de guerre et des programmes de construction de la marine, et que les Marines doivent en conséquence se préparer à de possibles opérations amphibies dans le Pacifique[29]. Si les réductions de personnel l'interdisent en pratique, l'intention stratégique est claire et ne sera pas modifiée tant que les desseins du Japon ne seront pas percés à jour. Le souhait des Marines d'être considérés comme une unité de combat et non comme une gendarmerie de second ordre repose donc sur la menace japonaise.

Cette désignation du futur adversaire provoque des réflexions au sein d'un petit groupe de stratèges et d'officiers subalternes : comment, de manière tout à fait pratique, porter le fer chez un adversaire qui se trouve à plus de 8 000 kilomètres, de l'autre côté du Pacifique ? S'il n'est pas le seul Américain à plancher sur cet épineux problème, le commandant « Pete » [Earl H.] Ellis de l'USMC commence à y réfléchir et à produire une série de mémorandums documentés sur le sujet entre 1919 et 1922. Il convient de développer une force spécialisée – l'armée, plus importante, ne peut s'en charger et risque fort de ne pas s'y intéresser. Cette charge revient à l'USMC : les opérations amphibies s'effectuent généralement sous commandement naval et l'USMC constitue le bras terrestre de la marine. Comme Ellis l'exprime dans son mémorandum de juillet 1921 portant sur les bases avancées en Micronésie, cette force doit remplir des missions spécifiques : « Réduire et occuper les îles tenues par les Japonais » et « y établir les bases nécessaires[30] ».

De la même manière, l'USMC, officiellement chargé de cette mission en 1927 par un accord entre la marine et l'armée, doit travailler aux méthodes d'approche de rives tenues par l'ennemi et d'établissement de têtes de pont solides. Les stratèges de l'USMC ont bien compris que des unités spécialement entraînées pour des opérations amphibies doivent disposer d'embarcations et d'armes spécifiques (après tout, 340 ans se sont écoulés depuis l'attaque de l'infanterie de marine espagnole contre les Açores). Le mémorandum d'Ellis préconise la création de barges pourvues d'une pièce d'artillerie sur la proue, d'équipes de transmissions spécialisées, d'experts en démolition pour neutraliser les obstacles et les champs de mines sur les plages, et le mitraillage de ces mêmes plages par l'aviation des Marines. D'autres idées vont se révéler moins pertinentes – des canots motorisés pour remorquer les barges, par exemple – mais Ellis est un vrai génie et sa mort mystérieuse, dans les Carolines, en 1923, rend le personnage plus intrigant et romantique encore[31].

Mais l'organisation ne se limite par à Ellis et d'autres officiers novateurs du corps des Marines travaillent également à la résolution technique des problèmes posés. La chose n'est pas aisée. Les exercices annuels effectués le long de la côte sud des Etats-Unis, à Panama (Culebra) et dans les Caraïbes, décisifs sur le long terme mais qui démontrent initialement d'énormes lacunes, confirment l'étendue de l'écart entre la théorie et la réalité de débarquements sur des plages étroites et des zones maritimes marécageuses. L'histoire officielle de l'USMC, rédigée par Millett, contient un commentaire acerbe sur le « fiasco » des exercices hivernaux de 1923-1924 au large de Culebra : « Les pilotes de la marine débarquèrent leurs navires au mauvais moment sur les mauvaises plages ; le déchargement du matériel fut chaotique, le bombardement naval, inadéquat, et les embarcations de débarquement se révélèrent inadaptées tant pour les troupes que pour le matériel. Mais l'exercice eut cependant le mérite d'identifier assez de lacunes pour donner du grain à moudre au corps des Marines durant les quinze années suivantes[32]. »

La nécessité de disposer d'un meilleur équipement provoque une recherche constante de nouvelles idées et techniques. Dès le milieu des années 1920, les curieux qui se baladent le long des rives du Potomac ou de l'Hudson peuvent apercevoir des chars amphibies traverser ces cours d'eau – une nouvelle invention du prolifique Walter J. Christie, qui allait, comme nous l'avons vu, grandement influer sur le cours de la Seconde Guerre mondiale en inventant le châssis du futur char soviétique T-34. Ce nouvel engin, conçu pour traverser les cours d'eau, coule à pic dans des eaux moins calmes (face aux plages), mais l'idée d'un véhicule amphibie, motorisé et pourvu d'un armement frontal, est née et va réapparaître un peu plus d'une décennie plus tard, au grand bénéfice des Alliés, sous la forme du LVT (*Landing Vehicle Tracked* – véhicule chenillé de débarquement). De la même manière, les lacunes des premiers prototypes de barges de débarquement motorisées poussent des officiers plus novateurs à travailler sur de nouveaux modèles, dont les barges à fond plat, produit de l'imagination d'Andrew Higgins, conçues au départ pour circuler dans les bayous des Everglades en Floride. Leur version améliorée, le *Landing Craft Personnel*, va débarquer des centaines de milliers de soldats et de Marines sur les plages à partir de 1942.

Deux faits contradictoires émergent de cette évolution. Le premier est qu'elle ne suit pas une trajectoire rectiligne et naturelle et s'apparente davantage à la mise en œuvre, régulièrement entravée et souvent suspendue, d'une doctrine en avance sur son temps. Ce n'est pas que l'argent manque pour développer cette forme de guerre, ni que des obstructions massives apparaissent, tant dans l'armée, la marine, qu'au sein du corps des Marines ; c'est que cette pénurie, qui s'ajoute aux autres exigences du service et à la politique américaine d'isolement sur le plan international, place régulièrement ce domaine de recherche au second plan – les opérations en Chine et au Nicaragua privent le corps des Marines de l'essentiel de ses unités d'active durant une longue période. Durant presque toutes les années 1930, le manuel doctrinal de base est fort justement intitulé « Manuel *provisoire* des opérations amphibies ». En 1939, lorsqu'il demande de nouveaux crédits au Congrès, le commandant de l'USMC accepte de mettre l'accent sur le rôle défensif des Marines, la création de forces expéditionnaires pouvant être considérée comme « interventionniste[33] ». L'aspect positif de cette affaire est qu'ayant établi une doctrine de guerre amphibie et étant parvenu à faire reconnaître, par l'état-major combiné, le rôle spécial que devait jouer l'USMC dans sa mise en pratique, la survie du corps est assurée, quand bien même les outils font défaut. Il ne manque plus que de nouvelles agressions de l'Axe et une montée des craintes de l'opinion publique américaine pour en disposer – et cela va se produire. Toutes les organisations militaires tirent bénéfice de l'existence d'ennemis, réels ou perçus. Et le corps des Marines ne déroge pas à cette règle.

Mais il existe pourtant une deuxième armée amphibie dans le Pacifique : l'armée américaine elle-même. Cela s'explique par le fait qu'elle est déjà massivement présente dans la région, aux Philippines comme à Hawaï, lorsque les Japonais passent à l'attaque en décembre 1941. La présence de MacArthur, le fait qu'il insiste pour diriger la contre-offensive des Alliés contre le Japon avec la foi d'un missionnaire et le fait, tout aussi important, que l'état-major combiné américain n'est que trop heureux de le voir demeurer dans ce secteur ont pour conséquence l'envoi de nombreuses divisions américaines dans le Pacifique. Il faut aussi dire que le corps des Marines, malgré une croissance rapide, est d'une taille bien trop réduite pour y livrer tous les combats terrestres. La marine comme l'armée ne souhaitant pas voir l'autre branche disposer du commandement suprême sur cet immense théâtre d'opérations, elles aboutissent à ce compromis : MacArthur dirigera le tout nouveau Southwest Pacific Command, entreprise sous le contrôle de l'armée mais avec une importante composante aérienne et navale ; Nimitz est quant à lui placé à la tête du Central Pacific Command, sous contrôle de l'US Navy, mais avec une participation substantielle de l'armée. Ce compromis est bancal – à Casablanca, Churchill demande si ces deux composantes ne risquent pas de passer plus de temps à se battre pour obtenir des renforts qu'à affronter le Japon – mais il va fonctionner.

Pour l'armée, les choses sont difficiles. Toute une génération d'officiers et de sous-officiers qui n'a pensé et n'a été formée qu'à un conflit de style européen doit désormais se demander comment utiliser des barges de débarquement plutôt que des bataillons de chars lourds. Certains ont commencé à travailler aux méthodes de la guerre amphibie à la fin des années 1930 (au franchissement de cours d'eau, pour l'essentiel) ; mais il est compliqué pour un officier de l'armée américaine d'admettre qu'il doit apprendre des

Marines, leur emprunter de l'équipement, voire, en certaines occasions, se trouver sous le commandement d'un général de l'USMC. L'explosion des effectifs de l'armée après décembre 1941 est si énorme et si rapide qu'elle doit se résoudre à déployer des divisions de jeunes recrues aux côtés de divisions de Marines plus expérimentées, comme la 1re ou la 2e division de ce corps. Mais l'armée apprend vite grâce aux rudes combats livrés sur des atolls coralliens. L'apothéose est atteinte le 1er avril 1945 : deux divisions de Marines et deux divisions de l'armée débarquent ensemble près du village d'Haguchi, sur la grande île d'Okinawa, sous la couverture d'une quarantaine de porte-avions de différents types. Pour les défenseurs japonais, l'identité des bataillons qui débarquent des mêmes barges de débarquement ne fait guère de différence ; ils ont de toute façon choisi de ne pas livrer bataille sur les plages mêmes[34].

Contrôler les océans et les cieux qui les dominent

Toutes sortes d'avions ont contribué au contrôle croissant des cieux du Pacifique Ouest à partir de 1943 et il serait erroné de ne pas reconnaître le rôle des escadrilles de P-38 Lightning, P-47 Thunderbolt, B-25 Mitchell et B-24 Liberator, pour ne citer que celles-là. Mais la suprématie aérienne sur les espaces qui séparent Hawaï de la Nouvelle-Guinée et jusqu'au Japon – soit une distance bien plus grande que celle qui sépare l'Irlande de l'Ukraine – est essentiellement obtenue grâce à un certain type de porte-avions et à un modèle particulier d'intercepteurs, conçu pour opérer depuis ces navires : les porte-avions de la classe *Essex* et les chasseurs F6F Hellcat. Ils jouent un rôle décisif en entrant en service au milieu de 1943, au moment où la contre-offensive américaine est en plein essor, car ils sont tout à fait complémentaires, les Hellcat servant de projectiles aux porte-avions, qu'ils sont par ailleurs parfaitement capables de défendre.

L'histoire des porte-avions rapides remonte au début des années 1920. Comme nous l'avons déjà vu, les Américains ont été très impressionnés par la conversion en porte-avions de croiseurs de bataille en cours de construction : ces navires de la Royal Navy, débarrassés de leurs superstructures, deviennent des pistes d'atterrissage et de décollage pour des chasseurs, des bombardiers d'altitude, des torpilleurs et des bombardiers en piqué, qui peuvent parcourir plusieurs centaines de kilomètres pour frapper les navires de l'ennemi avant de regagner leur navire d'origine. L'amiral Sims, considéré comme le père des porte-avions américains, déclare devant une commission du Congrès en 1925 : « Une flotte pourvue de porte-avions, qui lui donnent la maîtrise des airs au-dessus de la flotte ennemie, peut aisément vaincre cette dernière [...] le porte-avions rapide est le navire de guerre du futur[35]. »

Si la flotte de porte-avions britannique est reléguée à un rôle de second ordre durant l'entre-deux-guerres, au Japon comme aux Etats-Unis – qui ne disposent pas d'une branche aérienne séparée – l'arme aéronavale progresse, malgré les réticences des grands amiraux, favorables aux cuirassés. Les milliers de kilomètres qui s'étendent au-delà de leurs côtes alimentent ce besoin de porte-avions et d'avions en haute mer, afin d'offrir une protection étendue de leurs territoires respectifs. Craignant une attaque surprise, certains officiers de la marine japonaise se montrent favorables, au début des années 1930, à une interdiction des porte-avions, par peur que ces navires ne soient davantage capables d'infliger des dégâts au Japon que le Japon ne le serait à l'égard des autres nations – une prévision qui va se révéler exacte. Cette idée a été rejetée lors des conférences des années 1920 sur le désarmement naval et le Japon se résout donc à construire davantage de porte-avions et de meilleurs avions embarqués.

L'arme aérienne japonaise est d'une grande qualité et la capacité de ses concepteurs à copier les modèles occidentaux en les améliorant tout à fait remarquable. Au cours des années 1930, les chantiers navals japonais produisent l'*Akagi* (embarquant 60 avions) et le *Kaga* (72 avions), tous deux très rapides ; ils sont sans équivalents en Occident, mais l'US Navy comble son retard. A la fin de cette décennie, ces deux navires anciens, mais toujours efficaces, sont rejoints par le *Soryu*, le *Hiryu*, le *Shokaku* et le *Zuikaku*, bientôt suivis par d'autres modèles. L'excellent chef du bureau aéronautique de la marine impériale, l'amiral Isoroku Yamamoto, et le très dynamique commandant de sa branche aérienne, le commandant Minoru Genda (qui dirigera plus tard l'attaque contre Pearl Harbor), insistent pour que les porte-avions soient déchargés de leur mission première et statique de défense de l'archipel pour jouer un rôle plus agressif et libre. Yamamoto milite également pour une augmentation de la production de nouveaux avions, en particulier de l'excellent chasseur Zéro, produit par Mitsubishi. Début décembre 1941, lorsque ses six grands porte-avions frappent Pearl Harbor, la marine japonaise possède la plus importante puissance aéronavale mondiale[36].

Mais la guerre ne fait que commencer et les Américains vont contre-attaquer avec un nombre de porte-avions défiant l'imagination. L'US Navy, comme les marines britannique et japonaise, s'intéresse au plus important problème technique, logistique et matériel : les avions, dont la puissance, la rapidité et la taille ne cessent de croître durant les années 1920 et 1930, nécessitent que les ponts d'envol des porte-avions soient de plus en plus grands, avec des hangars de plus en plus vastes et des réserves de kérosène suffisantes pour ravitailler 80 avions ou plus, avec des protections antiaériennes améliorées, des espaces plus grands pour leurs équipages eux aussi en constante augmentation, et ainsi de suite. En d'autres termes, la révolution aéronautique de l'entre-deux-guerres favorise le développement des porte-avions. Le navire doit mesurer au moins 250 mètres de long, avec un système de propulsion assez puissant pour le déplacer à une vitesse de 30 nœuds ou plus durant des jours, voire des semaines. Les concepteurs doivent mettre au point un pont et une coque lui offrant une stabilité quel que soit l'état de la mer, et qui permette d'embarquer plus de 5 000 tonnes d'avions et de carburant. Les pertes sévères subies par l'Amirauté britannique face aux attaques de la Luftwaffe durant les campagnes de Crète et de Norvège constituent un signal pour tous les ingénieurs navals à travers le globe : il convient de doubler, voire de tripler, le nombre de pièces antiaériennes sur les navires. Les porte-avions sont donc des machines de guerre très complexes.

La marine américaine demande au président des Etats-Unis et au Congrès d'injecter massivement des fonds afin d'augmenter sa puissance de frappe terrestre, navale et aérienne. A la fin des années 1930, la puissance publique commence à y répondre, lentement mais sûrement, tandis que les nuages de la guerre se profilent à l'horizon. Il est alors aisé pour la marine de promouvoir l'idée que des forces de porte-avions rapides, indépendantes des flottes de bataille, peuvent plus facilement maintenir à distance les flottes de l'ennemi ; même les isolationnistes font campagne en ce sens. Avec tout l'argent dépensé pour produire des avions et des navires, la capacité de production des Etats-Unis, grandement entamée par la crise de 1929, commence à renaître de ses cendres et le peut, fort heureusement, grâce à une abondance de matières premières, d'argent et, surtout, de travailleurs qualifiés. C'est ainsi qu'une nouvelle classe de porte-avions voit le jour et fait une entrée tardive dans la guerre – mais pas trop tard.

Deux des sept porte-avions de la flotte américaine sont stationnés dans l'Atlantique, avant et après l'attaque contre Pearl Harbor ; le *Wasp*, brièvement prêté aux Britanniques en 1942, les aide à soutenir Gibraltar et à permettre le déploiement de Spitfire à Malte. Les autres sont déployés dans le Pacifique. Quand ils ne mouillent pas dans un des grands ports de la côte Ouest, ils opèrent généralement depuis Pearl Harbor et sont fort heureusement absents de la rade le 7 décembre 1941. Cinq cuirassés y sont coulés à l'ancre et bien d'autres navires sont endommagés. Les flottes de bataille sont alors redéployées en Californie. Les premiers affrontement dans le Pacifique sont donc menés par ces porte-avions américains mythiques : le *Lexington*, le *Saratoga*, le *Yorktown*, l'*Enterprise* et le *Hornet*.

Ils portent un coup d'arrêt à l'expansion japonaise, au prix de pertes terribles. Le *Lexington* est coulé après avoir subi d'importants dégâts lors de la bataille de la mer de Corail et le *Yorktown* (fortement endommagé à cette même bataille) est finalement coulé peu après la grande bataille aéronavale de Midway, en juin 1942. A la fin de l'année, le *Wasp* est torpillé alors qu'il escortait des navires participant à la campagne de Guadalcanal, le *Hornet* est taillé en pièces par les bombardiers japonais durant la bataille de Santa Cruz et l'*Enterprise* est à ce point abîmé par les combats et ses allers-retours incessants qu'il doit être renvoyé aux Etats-Unis pour être remis en état. Au début de 1943, l'US Navy ne dispose donc plus que d'un seul porte-avions opérationnel dans le Pacifique, l'USS *Saratoga*, avant qu'il ne soit rejoint par un porte-avions britannique de nouvelle génération, le HMS *Victorious*, en compensation de l'octroi du *Wasp* aux

Britanniques pour protéger leurs convois en Méditerranée. Les deux navires coopèrent à merveille, leurs avions pouvant se poser et décoller de l'un ou l'autre des ponts[37].

Mais les choses sont en train de changer. Aux yeux des divers historiens, la guerre du Pacifique ne manque pas de « tournants », de Midway à Guadalcanal en passant par la bataille du golfe de Leyte, mais la date du 30 mai 1943 est un concurrent sérieux à ces événements : c'est ce jour-là que l'USS *Essex* fait son entrée dans la rade de Pearl Harbor. Ce navire est le premier de la classe qui va porter son nom : des portes-avions ultramodernes, résistants, puissants et sophistiqués qui vont marquer de leur empreinte la guerre dans ces vastes étendues océanes. Le nouveau *Yorktown* (qui suit la tradition de la marine américaine de donner à un nouveau navire le nom d'un bâtiment récemment coulé) arrive à la fin du mois du juin, accompagné de nouveaux porte-avions légers. Ce sont les porte-avions de la classe *Essex* qui vont cependant faire la différence[38]. Si l'on garde à l'esprit qu'il s'agit là du premier navire d'une série révolutionnaire (contrôle de tir et système de détection par radar, hangars blindés, élévateurs latéraux pour gagner de l'espace, énormes turbines pour permettre au navire de déplacer entre 90 et 100 avions à plus de 30 nœuds), les concepteurs et les constructeurs navals ont fait des miracles. Sa quille est posée en avril 1941 ; l'*Essex* est lancé en juillet 1942 et entre en service en décembre ; 31 autres navires de cette classe, dont certains modèles améliorés pour les derniers de la série, sont déjà commandés et 24 gigantesques chantiers navals américains sont mobilisés pour fournir une nouvelle marine à l'Amérique[39]. Ces renforts arrivent à point nommé. Le nouveau *Yorktown* arrive à Pearl Harbor moins de quatre mois avant le début de l'offensive des Gilbert.

Les porte-avions sont attribués au Central Pacific Command de Nimitz et pas au Southwest Pacific Command, à la grande fureur de MacArthur et au grand désespoir de l'amiral Halsey qui dispose d'une importante flotte de bataille mais manque cruellement de porte-avions alors qu'il tente de soutenir l'offensive conjointe de la marine et de l'armée dans les îles Bismarck et en Nouvelle-Guinée. Mais la décision de livrer la bataille principale dans le Pacifique central donne aux amiraux américains et aux stratèges d'Hawaï le temps nécessaire aux expérimentations de différentes doctrines d'emploi des porte-avions. Contestant la règle voulant que les porte-avions américains doivent opérer séparément (mais avec escorte) pour éviter que plusieurs d'entre eux soient coulés d'un coup d'un seul (ce qui arrive aux Japonais à Midway), les plus audacieux des officiers de l'Aéronavale pensent au contraire que c'est en réunissant ces navires qu'ils disposeront d'un « punch » démultiplié : des centaines d'avions décollant de plusieurs porte-avions peuvent infliger un coup bien plus grave à un bastion ou à une flotte ennemis qu'un seul porte-avions ; et chacun des porte-avions peut soutenir les autres pour repousser toute attaque aérienne des Japonais.

Ce changement de doctrine est pour la première fois expérimenté lors de petits raids sur des cibles secondaires, plutôt que contre des flottes importantes ou des bases navales comme celle de Rabaul, dans les îles Bismarck, au nord-ouest des îles Salomon. Brillante approche : les porte-avions et la plupart des membres de leurs équipages sont de nouveaux arrivants dans la guerre, comme les Hellcat et leurs pilotes. Comme Wellington, qui commence prudemment sa campagne de reconquête de l'Espagne en 1808, Nimitz entend s'avancer précautionneusement dans le Pacifique et profiter de l'espace pour pouvoir se replier. Le 31 août 1943, la Task Force 15 (TF 15), autour des porte-avions *Essex*, *Yorktown* et *Independence* (un porte-avions d'escorte), protégée par un cuirassé moderne, deux croiseurs et dix destroyers, inflige des pertes sévères aux installations et à l'aérodrome japonais de l'île de Marcus, une base plus proche du Japon que d'Hawaï. Les attaques cessent après les premiers raids de la matinée et le commandant de la Task Force se replie aussi vite que possible vers Hawaï – c'était bien le but de la manœuvre. Le 1er septembre, un autre groupe de combat, bâti autour de deux porte-avions légers, attaque Baker Island, à l'est des îles Gilbert. Les attaques aériennes sont cette fois suivies d'un débarquement, d'une occupation et de la construction d'une base aérienne américaine. Ces deux porte-avions (le *Princeton* et le *Belleau Wood*) rejoignent ensuite le *Lexington* pour former une nouvelle TF 15 qui frappe à Tarawa, dans les Gilbert, le 18 septembre.

Cette dernière attaque n'est pas couronnée de succès : le camouflage de l'ennemi sur Tarawa gêne considérablement les bombardements et permet au quartier général impérial japonais de comprendre qu'il fait face à un problème plus épineux que celui posé par l'attaque de MacArthur contre la grande base de Rabaul. La garnison des Gilbert a reçu ordre de combattre jusqu'à la mort, ce qui est de mauvais augure pour les Marines, les photographies aériennes n'ayant pas permis de déceler les récifs entourant Tarawa, pas plus que les nombreux points d'appui construits par les Japonais. Ces raids à petite échelle se révèlent globalement bénéfiques pour les troupes, les officiers et les stratèges américains et confirment pour une large part que le choix d'une offensive double est le bon. La dernière tentative, une attaque aérienne lancée depuis six porte-avions contre l'île de Wake, le 5 octobre 1943, conçue pour contraindre les Zéros présents dans le secteur à sortir pour que les nouveaux chasseurs Hellcat les abattent, permet au commandant de la TF 14 de tester un déploiement en masse de ses porte-avions ainsi que le fractionnement de ces derniers en plusieurs sous-groupes[40].

Ces batailles, dans les îles Gilbert, de Tarawa et de la petite île de Makin en novembre 1943, sont entrées dans la légende comme des réalisations des Marines, mais les *leathernecks* auraient eu davantage maille à partir sans le soutien des groupes de porte-avions qui couvraient leurs débarquements amphibies. La puissance aérienne basée au sol, qui sert admirablement l'offensive de MacArthur et de Halsey au large des côtes du nord de la Nouvelle-Guinée, ne peut être aussi efficace en Micronésie, car rares sont les îles qui peuvent être converties en bases pour les bombardiers et les distances entre elles sont bien trop grandes. Les groupes de porte-avions rapides doivent donc assumer l'essentiel de la couverture aérienne, pas seulement lors de l'offensive des Gilbert, mais également contre les Marshall, les Carolines et les Mariannes ; les porte-avions forment, selon les mots de plusieurs historiens, la « pierre angulaire » des opérations[41]. A cette époque, une demi-douzaine de porte-avions de la classe *Essex* sont déployés dans le Pacifique. Quel retournement de situation ! En janvier 1943, les Américains ne disposaient que d'un seul porte-avions dans le Pacifique ; en novembre, ils en possèdent une armada.

Les plus grandes batailles livrées pour la maîtrise des airs n'ont pas lieu au-dessus des îles Gilbert mais un peu plus au sud-ouest : la TF 38 de Halsey, avec le vieux *Saratoga* et le nouveau *Princeton*, bientôt renforcés par la TF 50.3 de Nimitz (trois porte-avions), détruit un grand nombre de croiseurs et de destroyers japonais dans la grande base de Rabaul et anéantit au sol, par la même occasion, près de la moitié des appareils japonais de l'Aéronavale qui y avaient été envoyés pour renforcer l'aviation terrestre en Nouvelle-Bretagne. Les 120 avions japonais basés à terre qui fondent sur la Task Force 50.3 sont anéantis en moins d'une heure. Les escadrilles de Hellcat, déployées en couverture, et les obus antiaériens de 127 mm à fusée de proximité permettent de repousser cette attaque aérienne massive, sans même la protection de l'artillerie antiaérienne des cuirassés ou des croiseurs[42].

Ainsi, tandis que les Marines combattent dans les atolls coralliens des îles Gilbert au mois de novembre 1943, un gigantesque parapluie aéronaval est en train de s'ouvrir. Les chiffres valent d'être mentionnés, car ils sont le reflet de la coopération interarmes au sein du Central Pacific Command et parce qu'ils annoncent la couleur des opérations à suivre. Les forces de débarquement de Tarawa sont accompagnées par 3 cuirassés, 3 croiseurs lourds, 5 porte-avions d'escorte (pour l'appui au sol) et 21 destroyers ; celles de Makin par 4 cuirassés, 4 croiseurs lourds, 4 porte-avions d'escorte et 13 destroyers. Surtout, un groupe de 4 Task Forces aéronavales (13 porte-avions en tout) protège l'ensemble en croisant au large et en attaquant d'autres bases japonaises, tout en soutenant les débarquements. Si les combats terrestres sont affreusement disputés, les Américains disposent du contrôle des océans.

La maîtrise des airs au-dessus des Gilbert est assurée par la présence massive des Américains, mais aussi en raison de ce qui s'est produit dans le Sud. L'offensive de MacArthur contre Rabaul et les batailles longues et terribles qui se livrent dans ce secteur détournent l'attention des amiraux et des stratèges japonais en plus de réduire considérablement le nombre d'avions (et surtout de pilotes expérimentés) disponibles. La flotte japonaise demeure gigantesque, presque intacte et prête à combattre mais, sans puissance aérienne, les imposants cuirassés et croiseurs qui la composent ne peuvent effectuer d'attaques décisives. Comment le pourraient-ils quand l'aviation terrestre décline à vue d'œil et quand la majorité des porte-avions restants disposent d'aviateurs inexpérimentés ?

Le partenaire du porte-avions de la classe *Essex* est le Grumman F6F Hellcat, un chasseur monomoteur d'une grande robustesse, rapide et bien conçu. Un porte-avions classique déploie normalement 36 chasseurs (des Hellcat), qui soutiennent 36 bombardiers en piqué (SB2C Helldiver) et 18 torpilleurs (TBF Avenger), tout en offrant également une protection aux navires de guerre en cas d'attaque de l'aviation japonaise.

Les bombardiers en piqué et les torpilleurs jouent un rôle particulièrement important dans le Pacifique entre 1943 et 1945, mais le F6F joue un rôle critique. Il est conçu par les ingénieurs de Grumman pour remplacer le F4F Wildcat, chasseur robuste et fiable, capable d'absorber d'importants dégâts et de pouvoir regagner sa base. A partir de 1941, presque toutes les forces aériennes augmentent la rapidité, la puissance et l'armement de leurs avions – les nouveaux Spitfire, Mosquito, Fw-190, Thunderbolt, Typhoon – et il est logique que Grumman fasse de même. Les combats aériens entre les Wildcat et les Zéros durant la première année de la guerre fournissent une bonne expérience aux Américains, les avions japonais disposant d'une meilleure maniabilité et d'une vitesse ascensionnelle supérieure. Mais Grumman et l'US Navy ont déjà travaillé au F6F avant le début de la guerre ; le contrat original est signé en juin 1941 et le moteur Wright d'origine est remplacé par un moteur Pratt & Whitney Double Wasp. Le premier prototype effectue son vol d'essai le 30 juillet 1942[43].

Le Hellcat emprunte et améliore le blindage du Wildcat : le cockpit, la verrière, le moteur et les réservoirs de carburant sont tous bien protégés – c'est un avion difficile à abattre : après avoir livré bataille dans le ciel de Rabaul, un Hellcat regagne ainsi son porte-avions avec 200 impacts de projectiles. Surtout, le Hellcat grimpe plus vite, pique plus vite et tourne plus serré que tous les autres avions japonais, même le Zéro qui commence à se montrer obsolète en termes de puissance et d'armement.

Les premiers Hellcat sont déployés sur l'USS *Essex* en février 1943 et tirent parti de la relative accalmie dans le

Pacifique central pour débuter un programme intensif d'entraînement et de formation à l'utilisation de nouvelles fonctionnalités. Les 23 et 24 novembre, alors que l'opération contre les Gilbert est en cours, des Hellcat embarqués revendiquent la destruction de 30 Zéros pour une seule perte. Cela n'a rien d'un hasard : la plupart des avions japonais détruits durant la bataille de la mer des Philippines seront également victimes de la supériorité aérienne du Hellcat, comme ceux qui sont abattus au-dessus de Rabaul, des Philippines, d'Iwo Jima et d'Okinawa. A cette époque, les forces aériennes japonaises, comme la Luftwaffe, ne disposent certes plus d'assez de pilotes expérimentés, mais le différentiel de pertes demeure étonnant. Fin 1944, les prévisionnistes alliés commencent même à se demander s'ils ne sont pas en train de former *trop* d'équipages et de pilotes expérimentés.

Les F6F Hellcat effectuent 66 000 sorties durant la guerre, la plupart depuis des ponts de porte-avions, et détruisent 5 163 avions ennemis pour la perte de 270 appareils. Aucun autre avion de la guerre n'a enregistré un tel résultat. Selon un statisticien, le Hellcat est responsable de 75 % des victoires aériennes de l'US Navy dans le Pacifique. Ce chasseur robuste et polyvalent – produit à 12 275 exemplaires – a donc parfaitement trouvé sa place dans l'arsenal déployé pour vaincre l'Empire japonais[44].

Voilà donc le cadre opérationnel et stratégique des opérations intermédiaires de 1944 – autour et au sein des îles Marshall et Carolines – avant l'attaque décisive des Mariannes[45]. Plus les Américains progressent dans ces atolls de Micronésie, moins ils sont gênés par l'aviation japonaise, contrairement à ce qui se passe encore dans les eaux du sud-ouest du Pacifique. Aucun des avions japonais basés à terre ne peut s'aventurer très loin dans les vastes étendues du Pacifique central et les attaques de l'aviation embarquée japonaise contre les opérations amphibies des Américains sont risquées, car elles font face aux attaques des sous-marins américains et aux contre-attaques massives de l'aviation américaine opérant depuis des dizaines de porte-avions.

L'apothéose de l'arme aéronavale américaine est atteinte le 19 juin 1944, lors de l'affrontement entre les flottes américaine et japonaise à l'ouest de Saipan, au-dessus des plages où débarquent les troupes américaines avant de pousser à l'intérieur des terres. Cet affrontement est officiellement connu sous le nom de bataille de la mer des Philippines, mais elle est entrée dans l'histoire sous le nom de « grand tir aux pigeons des Mariannes[46] ». Livrée à distance entre deux grandes flottes aéronavales, elle est une redite de Midway et une réaffirmation du bien-fondé stratégique de l'US Navy de progresser dans le Pacifique central avec des porte-avions et des troupes amphibies. L'amiral Spruance est très critiqué pour sa trop grande prudence – tel « Jellicoe au Jutland », comme l'écrit un de ses critiques – car il ordonne à ses flottes de faire route vers l'ouest des Mariannes dans la journée avant de les rapatrier vers l'archipel durant la nuit[47]. Cette critique paraît injuste, car la protection des forces américaines qui débarquent à Saipan (où Spruance a débarqué en catastrophe sa division de réserve quand son renseignement l'a averti que les flottes japonaises avaient appareillé) est sa priorité ; couler deux ou trois cuirassés et croiseurs japonais peut encore attendre.

Durant les grandes batailles aériennes qui suivent, les navires de surface de la marine japonaise sont à nouveau malmenés par les quatre Task Forces de porte-avions commandées par l'amiral Mitscher. Le Japon perd un total de 480 avions, soit les trois quarts des appareils déployés. Le déséquilibre des forces est à présent criant : les Japonais ont subi dix fois plus de pertes que la Task Force 58. La perte de pilotes expérimentés, qui s'ajoute aux pertes autour de Rabaul, ne peut être comblée ; la grande flotte de surface japonaise ne ressemble plus qu'à une anomalie. Le rêve de Yamamoto est bien mort[48]. Les extraordinaires pilotes de l'Aéronavale, qui ont ravagé Pearl Harbor et envoyé le *Prince of Wales* et le *Repulse* par le fond, ont été à leur tour anéantis.

On pourrait même dire que cette bataille aéronavale du mois de juin 1944 est d'une plus grande importance stratégique que celle du golfe de Leyte (octobre 1944), car si les effectifs engagés dans cette dernière bataille sont plus nombreux, sa signification est moindre. Ce livre n'a pas pour objet de s'intéresser aux événements survenus après la prise des Mariannes, mais le plan japonais visant à interdire l'invasion des Philippines (le Plan SHO-I) repose sur l'utilisation du groupe de porte-avions de l'amiral Ozawa comme appât, afin d'attirer les porte-avions américains au nord et de permettre aux navires de surface japonais d'attaquer par surprise les troupes amphibies américaines en train de débarquer sur Leyte et de les y détruire. Il convient cependant d'insister sur le fait que la force d'Ozawa n'est en effet qu'un simple appât, car en octobre 1944 elle ne dispose plus que d'une centaine d'avions et de presque aucun pilote expérimenté. Les amiraux de la flotte de surface japonaise ne se soucient peut-être pas d'envoyer les navires d'Ozawa à l'abattoir : si leur plan fonctionne, ils vont remporter une grande victoire. Au final, si les Américains (dont Halsey) commencent par tomber dans le panneau, ils disposent de suffisamment de réserves pour frapper la marine japonaise sur les trois fronts : les 4 porte-avions d'Ozawa sont envoyés par le fond, ainsi que 3 cuirassés et 9 croiseurs.

Les héros ignorés de cette campagne sont les navires et les équipages des escadres de soutien des porte-avions américains. Tout comme César avait besoin de son cuisinier pour conquérir la Gaule, les vastes escadres qui quittent Pearl Harbor doivent naviguer avec leurs équivalents modernes, ce « train de la flotte » composé de navires de ravitaillement, dont les pétroliers rapides et spécialement conçus sans lesquels Spruance, Halsey, Mitscher et les autres auraient vu leur rayon d'action considérablement limité. Des petits convois de pétroliers, lourdement escortés par des destroyers, naviguent sans relâche à une distance relativement courte du gros des flottes. Les historiens s'intéressent rarement à eux, mais ces pétroliers, comme d'autres éléments de ce gigantesque puzzle, ont contribué à abolir la tyrannie de la distance. En 1944 et 1945, la Royal Navy réalise avec embarras que ses nouveaux cuirassés et porte-avions dépêchés en Extrême-Orient ne disposent pas d'un tel rayon d'action. Ses raids contre les installations japonaises en Birmanie et dans les Indes néerlandaises se déroulent bien, mais son manque de capacité de ravitaillement en mer (qui ne peut être comblé qu'avec l'aide des Américains) pour de plus amples opérations dans le Pacifique permet à l'amiral King (très anglophobe) de s'opposer à leur participation aux opérations dans ce secteur jusqu'à tard dans la guerre. L'Amirauté britannique a conçu ses navires pour combattre au large des côtes de Norvège et en Méditerranée, tandis que les Américains ont planifié une guerre livrée sur de vastes étendues océanes – et s'en sont donné les moyens[49].

Attaquer l'archipel japonais

La capture des Mariannes n'aurait jamais eu l'importance stratégique qui est la sienne dans la campagne du Pacifique sans le développement d'un autre élément de la panoplie américaine : le bombardier stratégique américain à long rayon d'action B-29 Superfortress. Cet avion extraordinaire est l'apothéose de l'idée véhiculée par Trenchard et Mitchell : « Les bombardiers passeront toujours. » Ce n'est pas tant que le B-29 puisse en effet passer, grâce à une escorte, les chasseurs ennemis pour attaquer des cibles choisies comme en Europe, mais qu'il vole plus haut et plus vite que n'importe quel avion japonais. Pesant près de deux fois plus lourd qu'un B-17 ou qu'un Lancaster, il peut, grâce à ses cabines pressurisées, voler à une altitude comprise entre 35 000 et 40 000 pieds à une vitesse de 560 km/h (pour le rejoindre à cette altitude, un chasseur japonais doit vider l'intégralité de son réservoir) avant de larguer son terrible chargement de bombes explosives ou incendiaires sur les populations sans défense. Cette bataille n'est pas équilibrée, comme a pu l'être celle d'Angleterre ; elle se résume à une dévastation aérienne brutale. Les « exploits » les plus célèbres des B-29 sont le largage des bombes atomiques sur Hiroshima et Nagasaki, qui contraignent le Japon à capituler. Mais leur mission la plus destructrice est le bombardement incendiaire à basse altitude de la ville de Tokyo en mars 1945, qui provoque la mort de 130 000 personnes, peu après le bombardement anglo-américain sur Dresde qui a entraîné des pertes équivalentes. Entre 1940 et 1942, vivant et travaillant régulièrement au milieu des ruines fumantes de quartiers de l'Est londonien, Churchill a régulièrement averti les puissances de l'Axe que leur tour viendrait. Malgré son imagination débordante, il ne pouvait cependant pas se figurer l'ampleur des dévastations à venir.

D'où vient donc le B-29[50] ? Les spécifications de ce mastodonte ont été fixées en 1938 – comme une bonne partie du matériel qui apparaît au milieu de la guerre : bombardiers Lancaster, Typhoon, chars Sherman, barges de débarquement,

T-34, qui nécessitent tous un temps de développement avant de pouvoir être déployés en nombre. Mais le développement du B-29 est particulièrement long. Durant la Seconde Guerre mondiale, les bombardiers lourds remplacent de plus en plus les cuirassés et les croiseurs pour maintenir une pression économique sur l'ennemi, mais il faut autant de temps pour les concevoir et les construire. L'histoire du B-29 Superfortress est un exemple de cette loi aussi naturelle que désespérante : plus un instrument est sophistiqué, plus il connaît de problèmes de développement.

L'énorme envergure du B-29 (43 mètres) et son poids au décollage (54 000 kg) ont, comme pour les géants des airs actuels, des conséquences sur la construction, la largeur et la longueur des pistes des aérodromes. La plupart de ces derniers, dont ceux d'Europe, ne sont pas assez longs pour pouvoir l'accueillir. Mais les problèmes liés à la construction d'un tarmac adapté ne sont rien comparés à ceux qu'implique la fabrication d'un tel mastodonte. Pour parvenir à faire décoller un avion d'un tel poids et lui faire atteindre une hauteur de 35 000 pieds (plus de 10 kilomètres), il convient de mettre au point toute une série d'instruments, qui défient pour certains l'ingéniosité pourtant débordante des équipes d'ingénieurs de Boeing. (Il n'y a pas sur ce projet une seule équipe, mais des dizaines d'équipes.) Comment construire, par exemple, une cabine pressurisée pour un avion d'une telle taille, dont l'équipage est réparti de la tête à la queue et qui dispose d'une énorme soute à bombes qui ne peut être pressurisée ou qui devrait l'être juste avant le largage des bombes ? Il faut un certain temps avant que la solution n'émerge : construire un tube pressurisé passant au-dessus de la soute afin de permettre à un membre d'équipage de circuler dans l'habitacle durant les vols en haute altitude. Un système de contrôle de tir central (CFCS), révolutionnaire, est également développé qui, grâce à un ordinateur analogique, prend en compte le vent, la gravité et la vitesse : mais comment s'assurer qu'il fonctionne convenablement[51] ?

Le principal problème auquel les ingénieurs et les contractants de Boeing sont confrontés est celui des moteurs Wright R-3350. Les premiers modèles sont inadéquats et peu fiables. Le contraste avec le Mustang à moteur Merlin et le Hellcat à moteur Pratt & Whitney est frappant. Dans ces deux cas, un excellent moteur de remplacement permet de résoudre le problème de propulsion d'un avion disposant déjà d'un fort potentiel. Dans le cas du B-29, terrible outil de guerre, les ingénieurs doivent à la fois relever le défi mentionné, mais également affronter un problème plus grave : en plus d'être sous-propulsé, l'appareil a des performances médiocres. Le capot du B-29, conçu pour abriter le moteur Wright, est inadapté : le moteur chauffe et s'embrase. Le deuxième prototype prend d'ailleurs feu lors des vols d'essai et s'écrase sur une conserverie, provoquant de nombreux morts, dont l'équipage. Plus la pression s'exerce pour que l'avion soit perfectionné, plus les problèmes s'accroissent. Les ingénieurs de la grande usine de Wichita, à qui il est ordonné de modifier et de rendre opérationnels quatre groupes de bombardiers déjà terminés, donnent à leur mission le nom de « bataille de Wichita ». Ils n'ont pas tort. On envisage même sérieusement d'annuler le programme avant que le général Hap Arnold, désespéré par les insuffisances du bombardement stratégique en Europe et qui souhaite faire feu de tout bois, ordonne que les travaux continuent. La période de décembre 1943 à janvier 1944 est le pivot de l'histoire du bombardement stratégique des Alliés.

Les travaux se poursuivent donc et les avions continuent d'être produits, avec de nombreux ajustements. Les pilotes, particulièrement effrayés, décrivent les vingt premières secondes après le décollage comme « une lutte désespérée pour gagner de la vitesse », durant laquelle l'équipage prie pour que l'appareil prenne de l'altitude[52]. Parfois, leurs prières sont vaines ; plusieurs B-29 s'écrasent au décollage à Saipan, par suite de défaillance d'un moteur au moment où l'avion, lourdement chargé, met les gaz pour prendre de l'altitude. Il faut attendre bien après 1945 pour qu'un moteur Pratt & Whitney (encore) résolve ce problème. Même le fameux *Enola Gay*, qui décolle de Tinian avec, à son bord, la première bombe atomique larguée sur Hiroshima le 5 août 1945, manque de peu de s'écraser en bout de piste avant de parvenir à gagner suffisamment d'altitude et de disparaître dans la nuit. Voilà qui fait froid dans le dos.

Mais, lorsqu'il a gagné son altitude désirée, le B-29 est théoriquement intouchable et virtuellement invulnérable. En raison de leurs spécificités technologiques hypersophistiquées, la plupart des B-29 perdus le sont par suite d'incidents mécaniques davantage que du fait de l'ennemi. Dès que trois ou quatre groupes de Superfortress sont lancés et bientôt inaccessibles aux chasseurs de l'ennemi, le massacre du Japon peut commencer.

La grande question que les planificateurs doivent résoudre est celle de la localisation des aérodromes pour ces avions géants. Les instructions originales de Roosevelt, baptisées « opération Matterhorn », proposaient de les faire décoller depuis la Chine et de les approvisionner depuis l'Inde. Cette stratégie, comme nous l'avons déjà vu, ne pouvait fonctionner que comme une diversion et certainement pas avec des B-29, très consommateurs de carburant et qui devraient donc quitter Seattle pour Hawaï avant de rejoindre l'Australie, l'Assam et passer la chaîne de l'Himalaya pour rejoindre la province chinoise du Chengdu afin de bombarder le Japon. Mais il aurait également fallu faire parvenir, dans cette même province du Chengdu, les bombes, le carburant et les munitions, les bataillons de construction, le ciment, les baraques métalliques et le câblage électrique. Autant ravitailler les troupes alliées en Italie en passant de la Floride à Bahia, de Bahia à Freetown, de Freetown au Cap, du Cap à Aden, d'Aden au Caire et du Caire à la Calabre. Il convient donc de déployer les B-29 ailleurs.

En juin 1944, les stratèges américains décident pourtant de tenter l'option chinoise. Bien que les problèmes de production divisent par deux le nombre de groupes de bombardiers B-29 déployés en Chine, le projet est mené à terme. Le 5 juin 1944, 98 B-29 décollent d'Inde pour attaquer un atelier de réparation ferroviaire à Bangkok ; la surprise est sans doute extraordinaire tant pour les Thaïlandais que pour la garnison japonaise. Le 15 juin 1944, 49 Superfortress traversent l'Himalaya et ravitaillent au Chengdu avant d'aller bombarder les usines sidérurgiques de Yawata, soit la première attaque contre l'archipel nippon depuis le raid de Doolittle sur Tokyo, deux ans auparavant. (Doolittle se trouve d'ailleurs alors en Europe et dirige le bombardement stratégique de l'Allemagne par la 8e Air Force.)

Mais en juin 1944, alors que les Marines, l'armée et les Seabees s'emparent des Mariannes, quel est l'intérêt de maintenir la campagne de bombardement du Japon depuis la Chine, si coûteuse et si compliquée logistiquement ? Les bombardements du Japon depuis la province du Chengdu ne cessent pas tout de suite ; ils continuent pendant près de six mois, le temps que les aérodromes des Mariannes soient prêts et, ce faisant, fournissent d'importantes leçons opérationnelles.

Ils se poursuivent donc au rythme de deux raids par mois environ, de juillet à décembre 1944. Le 21 novembre, par exemple, 61 B-29 décollent pour attaquer des cibles au Japon ; trois jours plus tard, 111 B-29 attaquent Tokyo depuis les Mariannes. La dernière attaque aérienne effectuée depuis le sol chinois a lieu le 6 janvier 1945 ; les escadrilles sont ensuite redéployées dans le Pacifique[53]. Les équipages se sont vu confier une des missions aériennes les plus périlleuses de la guerre ; leur seule présence a obligé le quartier général impérial à dépêcher toujours plus de troupes dans le centre de la Chine, en les prélevant sur des secteurs du Pacifique plus stratégiques, attaqués par les Américains. L'intention originale des Américains, en déployant des bombardiers dans ces zones lointaines, était de soutenir le régime vacillant de Tchang Kaï-chek et de détruire les bases industrielles et les villes japonaises. Mais le plus grand bénéfice de l'opération Matterhorn est sans doute d'avoir encore encouragé les tendances « continentalistes » de l'armée japonaise qui, en 1944-1945, déploie près d'un million d'hommes au mauvais endroit et au mauvais moment.

La suite des bombardements des B-29 sort du cadre temporel de notre étude, mais un bref examen des campagnes menées depuis les Mariannes et après ne fait que confirmer notre démonstration. La première mission contre Tokyo, le 24 novembre 1944, se produit alors que les Américains sont en train de célébrer Thanksgiving. Les autorités japonaises sont au même moment contraintes de décréter le rationnement de l'eau et de la nourriture et de former des groupes de vigilance antiaérienne dans les quartiers des grandes villes. A partir du début de 1945, les attaques aériennes s'intensifient. Le général Curtis LeMay, l'implacable commandant des B-29, considère que le bombardement en haute altitude n'inflige pas suffisamment de dégâts et qu'il est inutile de voler aussi haut, car la défense antiaérienne du Japon est très inférieure à celle rencontrée en Europe. Sans même consulter Washington, il ordonne donc que les avions soient délestés de la plupart de leur armement lourd et de leurs appareils de visée sophistiqués pour embarquer davantage de carburant et un nouveau type de bombes incendiaires, spécialement conçues pour mettre le feu aux villes japonaises, majoritairement en bois.

Dans la nuit du 9 au 10 mars 1945, 333 bombardiers quittent les Mariannes, survolent Iwo Jima où les combats font rage et provoquent, à leur arrivée au-dessus de Tokyo, le plus grand incendie de la guerre. Durant les jours suivants, Nagoya, Osaka et Kobé subissent le même sort. LeMay anéantit systématiquement les capacités industrielles du Japon ; en quelques semaines, selon les calculs de John Toland, « 120 kilomètres carrés de zones industrielles ont été réduits en cendres ». Deux millions de bâtiments ont été rasés et treize millions de civils japonais ont perdu leurs maisons. Le bombardement stratégique fonctionne[54]. Le problème moral, équivalent à celui posé par le bombardement des villes allemandes au même moment, est que la destruction de l'industrie de guerre de l'ennemi provoque également la mort de centaines de milliers de civils, essentiellement des femmes, des enfants et des vieillards. Mais, à ce stade du conflit, rares sont ceux qui se posent, dans le camp des vainqueurs, les questions de saint Augustin sur la proportionnalité de la guerre. Dans une large mesure, les dévastations d'Hiroshima et de Nagasaki par des bombes atomiques ne sont que l'épitaphe de ces premières dévastations aériennes.

Les Seabees et la construction des bases dans le Pacifique

L'histoire des Seabees est avant tout l'histoire d'un homme, chargé de mettre en place une équipe qui, à son tour, va donner naissance à une organisation gigantesque permettant la projection de la puissance militaro-industrielle américaine – ciment, tarmac, poutres métalliques, câblage électrique, caoutchouc, verre, bulldozers et matériel d'éclairage – à travers les 11 000 kilomètres qui séparent la côte ouest de l'Amérique des îles les plus proches du Japon. Cette histoire n'est pas sans rappeler celle des *funnies* de Hobart ou celle de Harker et Freeman sauvant le P-51 Mustang d'une mort certaine ; elle rappelle également celle de Barnes

Wallis et du Wellington, des bombes briseuses de barrage, et des bombes Tallboy et Blockbuster. Ben Moreell fait partie de ces hommes intermédiaires qui ont donné à la stratégie des Alliés les moyens de ses ambitions.

Moreell est un ingénieur dans le civil qui, une fois entré dans la marine, deviendra le seul officier non combattant de l'US Navy à atteindre le grade d'amiral[55]. Après avoir obtenu son diplôme d'ingénieur à l'université de Washington, il rejoint l'US Navy durant la Première Guerre mondiale et y fait montre de son talent extraordinaire pour la construction et le développement de bases militaires, attirant l'attention du jeune Roosevelt, alors assistant du secrétaire à la Marine. Au début des années 1930, Moreell est envoyé poursuivre ses études au sein de l'Ecole nationale des Ponts et Chaussées de Paris, la meilleure école de génie civil en Europe. En décembre 1937, Roosevelt le nomme à la tête du Bureau des chantiers navals et en fait également le chef du génie civil de la marine, une double nomination qui en dit long sur l'estime qu'on lui porte. Dès sa nomination, Moreell ordonne la construction immédiate de deux cales sèches à Pearl Harbor. Les cuirassés et autres navires américains endommagés en ce triste matin du 7 décembre 1941 peuvent ainsi être partiellement réparés sur place ; ils seront ensuite remorqués jusqu'à San Diego. Les navires gravement endommagés dans les Salomon, les Gilbert et les Mariannes peuvent également regagner Pearl Harbor. Voilà les effets de l'idée de génie d'un homme en avance sur son temps.

Si Moreell a planifié des constructions défensives, il a également réfléchi aux moyens nécessaires pour porter le fer chez l'ennemi. Dans ce domaine, il semble pouvoir siéger aux côtés de Vauban et de Brunel au panthéon des grands bâtisseurs. Fin décembre 1941, il recommande à Roosevelt l'établissement de bataillons de construction de la marine, qui recruteraient au sein des métiers du bâtiment, et dont les officiers pourraient exercer leur autorité sur tous les officiers subordonnés et soldats qui seraient également assignés à ces unités. L'idée de placer des officiers du corps du génie civil au-dessus de leurs homologues de la marine et de l'armée provoque un grand remous à Washington au début de 1942, mais Moreell obtient gain de cause. C'est ainsi que le 5 mars 1942 naissent ces *Construction Battalions*

– surnommés « CBs » puis *Seabees*, littéralement les « Abeilles de mer ». Moreell a déjà trouvé leur devise : *Construimus, batuimus* (« Nous construisons et nous nous battons »), car il s'est assuré que les personnels affectés à ces unités auraient un statut de combattant, afin qu'ils ne soient pas exécutés comme civils en armes s'ils venaient à tomber aux mains de l'ennemi.

Parvenir à enrôler des artisans et ouvriers du bâtiment qualifiés au sein des Seabees au début de 1942, alors que les autres services de l'armée réclament toujours plus de personnel, n'est pas un mince exploit. Selon le récit officiel du Centre historique de l'US Navy, « les premières recrues étaient des hommes qui avaient participé à la construction du barrage de Boulder, des autoroutes et des gratte-ciel de New York, qui avaient travaillé dans les mines et les carrières et creusé les tunnels du métro ; qui avaient travaillé sur les chantiers navals et construit des docks, des quais, des paquebots et même des porte-avions [...] au total, plus de soixante corps de métiers différents étaient représentés ». Leur âge moyen est de 37 ans[56]. Par la suite, Moreell ne sera plus autorisé à ponctionner de la sorte les forces vives de l'Amérique, mais à ce stade lui et son équipe disposent déjà d'un réseau incroyablement sophistiqué de centres d'entraînement et de dépôts avancés à travers lesquels toutes les recrues transitent avant de rejoindre leur unité en première ligne.

Au total, 325 000 hommes vont s'engager dans les Seabees durant la guerre, construisant l'équivalent de plus de 10 milliards de dollars d'infrastructures, de Trinidad[57] à Londonderry et de Halifax à Anzio. Ils conçoivent et pilotent les pontons métalliques qui permettent aux troupes alliées et à leur matériel de débarquer sur les côtes de Sicile, de Salerne et du sud de la France. Dix-mille Seabees du 25e régiment de construction débarquent sur les plages de Normandie aux côtés de leurs homologues du génie de l'armée pour démolir les obstacles en béton et en métal déployés par Rommel – des sapeurs allemands ont bâti le prétendu « mur de l'Atlantique » et des sapeurs américains le démolissent. Les Seabees conduisent de nombreuses barges de débarquement lors des premières vagues de troupes et de blindés puis assemblent des milliers de pontons. A Milford Haven, ils assemblent les ports Mulberry qui vont protéger les têtes de pont alliées. En Europe, ils relèvent leur plus grand défi en remettant en état les ports de Cherbourg et du Havre, méthodiquement détruits par les Allemands – les premiers navires américains peuvent débarquer des troupes et du matériel dans le port de Cherbourg *onze jours* seulement après la prise de la ville. A côté de cet exploit, la construction des pontons sur le Rhin est une partie de plaisir. Moreell, quant à lui, multiplie les actions aux Etats-Unis. Il est même envoyé pour négocier avec les ouvriers de l'industrie pétrolière en grève en 1943 ; un an plus tard, il demande à administrer l'industrie du charbon bitumineux quand elle passe sous contrôle fédéral. On se demande s'il lui arrivait de dormir.

Mais les plus grands exploits des Seabees sont accomplis dans le Pacifique et en Asie, où 80 % des forces de construction de la marine sont déployés. Les chiffres donnent le tournis : dans le Pacifique seulement, ces artisans de la victoire ont bâti 111 aérodromes majeurs, 441 embarcadères, des réservoirs permettant de stocker 100 millions de litres d'essence, des baraquements pour 1,5 million de soldats et des hôpitaux permettant d'accueillir 70 000 patients. Le récit de leurs exploits est encore plus parlant. Le premier bataillon envoyé dans le Pacifique Sud – sur l'île de Bora Bora, nid de dysenterie et d'autres maladies – a tout juste le temps de construire les réservoirs de carburant qui seront utilisés par les navires et les avions américains durant la bataille de la mer de Corail. Les Seabees débarquent avec les Marines à Guadalcanal et passent des jours et des nuits à réparer les cratères sur l'aérodrome Henderson tout en participant à la destruction des fortifications japonaises. Ils accompagnent MacArthur, de la Papouasie-Nouvelle-Guinée aux Salomon en passant par la Nouvelle-Bretagne, les îles de l'Amirauté, Hollandia, les Célèbes puis les Philippines centrales.

Lorsque MacArthur tient enfin sa promesse de revenir aux Philippines et débarque à Luçon sous les yeux des photographes convoqués pour immortaliser l'événement en octobre 1944, il attire naturellement l'attention de tous les rédacteurs en chef. Mais cette opération de communication n'est possible que grâce aux Seabees qui ont construit et servi sur les barges et les pontons qui permettent de débarquer l'armée américaine – et les photographes. Très rapidement, 37 000 hommes de la force de construction de la marine sont déployés à travers les Philippines et y construisent des bases pour la marine, des bases pour les sous-marins, des aérodromes, des ateliers de réparation, des routes, des baraques et des hôpitaux pour le nombre croissant d'hommes qui y débarquent avant le prochain mouvement au nord, vers le Japon lui-même[58].

Mais ce dernier saut de puce n'aura pas lieu. Au grand soulagement de millions de soldats américains et de leurs familles, mais peut-être pas de MacArthur, les bombardements d'Hiroshima et de Nagasaki provoquent la fin de la guerre, bien plus vite que les stratèges américains ne l'avaient pensé. L'instrument de la victoire est le B-29 Superfortress transportant la première bombe atomique et qui décolle le 5 août 1945 depuis l'un des aérodromes de l'île de Tinian, récemment construit par les Seabees après que les Marines se sont emparés de l'île, sous la protection des porte-avions américains.

Les Seabees ne se contentent pas de construire ; ils livrent également de nombreuses batailles et subissent régulièrement des pertes. Lors du terrible assaut contre Tarawa, ces soldats du génie doivent imaginer, sous le feu de l'ennemi, comment traverser le récif corallien avec des barges de débarquement et des chars*. Les Seabees subissent de lourdes pertes car ils doivent se trouver dans la deuxième vague qui débarque sur les plages de Guadalcanal, de Sicile, d'Anzio, de Saipan, de Normandie et d'ailleurs. Ce qui ne fait que confirmer l'idée originale de Moreell : ces hommes doivent être des bâtisseurs et des soldats. Avant de pouvoir faire sauter un point d'appui bétonné et un réseau de fil de fer barbelé, il convient de tuer les soldats qui s'abritent dedans ou derrière. Dans le Pacifique, les soldats des Seabees obtiennent plus de 2 000 Purple Heart, la médaille octroyée aux hommes blessés au combat. Ils perdent environ 200 hommes au combat et plus encore lors des travaux de construction, souvent très dangereux. Leur capacité de travail est remarquable : quinze heures après l'anéantissement de la garnison japonaise de Tarawa par les Marines, l'aéro-

* L'atoll de Tarawa est en effet protégé par de nombreux récifs dont la présence n'avait pas été décelée par le renseignement ni les photographies aériennes effectuées par les Américains (*NdT*).

drome de l'île, couvert de cratères, est à nouveau opérationnel. Certains des hommes qui se sont engagés dans ces unités de construction ont plus de 60 ans.

L'armée, les Marines et les Seabees traversent le Pacifique la main dans la main ; ils n'ont pas le choix. Lorsque les Marshall sont conquises en février 1944, l'atoll de Majuro est transformé en base de la flotte, avec toutes les installations (dont un club pour les officiers de marine), tandis que l'île voisine de Kwajalein est transformée en un gigantesque aérodrome et centre de réparation, avec moins d'installations de confort. Les Carolines sont logiquement l'étape suivante, car elles constituent un formidable atout logistique pour la future invasion des Philippines. En septembre 1944, les Seabees y construisent également des installations, notamment sur l'île de Peleliu, qui a vu de si violents combats, ainsi que sur Morotai, qui sert à MacArthur de relais principal entre le nord-ouest de la Nouvelle-Guinée et le sud des Philippines.

Les Mariannes, joyaux du Pacifique occidental, sont tombées quelques mois plus tôt. A Guam, Saipan et Taipan, en juin et juillet 1944, les Seabees jouent sans doute leur plus grand rôle de toute la guerre. Guam est une île importante sur le plan symbolique – il s'agit du premier territoire américain repris à l'ennemi – et Saipan doit être transformée en une gigantesque base navale et aérienne pour la flotte américaine du Pacifique. Mais Tinian est de loin la plus belle prise. Cette île, malgré sa petite superficie, est relativement plate, sans beaucoup de reliefs et ressemble davantage à une plaine du Suffolk qu'aux crêtes escarpées de Nouvelle-Guinée ou de l'île voisine de Saipan. Elle dispose déjà d'aérodromes et il est possible d'en construire d'autres.

Le principal problème de Tinian – du point de vue des envahisseurs – est sa difficulté d'accès. On ne peut y débarquer que face à Tinian Town, là où les défenses japonaises sont les plus fortes ; ou bien au nord, sur des plages étroites et dont les accès sont protégés par de petites falaises de corail. On ne peut, à titre d'exemple, pas y débarquer plus de 8 Amtraks à la fois, comparés aux 96 Amtraks qui débarquent à Saipan ; les probabilités de se trouver coincé sur le corail (comme à Tarawa) ou anéanti dans l'étroit corridor que constitue la plage sont donc importantes. Pourtant, l'invasion, qui débute le 24 juillet 1944, se déroule facilement, avec moins de pertes qu'à Guam et Saipan. Les Américains débarquent 15 000 hommes sur les plages du nord ce jour-là ; presque au même moment, l'Armée rouge atteint la Vistule, Bradley perce en Normandie et l'armée de Clark quitte Rome et pousse vers le Nord. Les défenses de l'Axe s'effondrent simultanément ; les empires sont à bout de souffle, une sorte de fatigue mécanique (comme l'aurait sûrement écrit Moreell) les frappe de manière collective.

Tinian est encore un exemple réussi d'opération amphibie. Les forces américaines effectuent une fausse tentative de débarquement devant l'objectif prévisible que constitue Tinian Town, accompagnée d'un intense bombardement naval. Comme en Normandie, la ruse est payante. Les Japonais, comme Hitler et Jodl, s'intéressent au mauvais endroit. Les Marines débarquent, une compagnie après l'autre, sur les plages étroite du nord ; trois heures plus tard, un régiment entier a pris pied sur le rivage, avec un effet de surprise complet. Mais tout ceci n'a été possible que grâce aux Seabees, qui ont conçu et ensuite piloté des rampes amovibles permettant aux troupes et à leur matériel de franchir facilement la barrière de corail[59].

Ce n'est qu'un début. Leur principale mission est de construire les aérodromes qui vont permettre la destruction systématique des capacités de production du Japon. Quelques semaines après la prise des Mariannes, les aérodromes – c'est-à-dire des tarmacs bâtis sur du corail, le câblage électrique, les tours de contrôle, les baraquements, les barrières, les ateliers du génie et les stations radars – sont opérationnels. Les Seabees construisent cinq grands aérodromes dans les Mariannes : un sur Guam, un sur Saipan et trois sur Tinian. Chacun de ces aérodromes peut accueillir quatre groupes de B-29 ; Tinian peut donc accueillir douze groupes de bombardement. Les Superfortress commencent à arriver entre le milieu et la fin du mois d'octobre 1944, alors que les Seabees continuent d'étendre les installations de la base. Le 24 novembre 1944, lors du raid contre Tokyo déjà mentionné, 111 B-29 décollent des Mariannes. A partir de cette date, les B-29 ne cessent de s'envoler vers le nord pour bombarder l'ennemi.

L'arme sous-marine

La cinquième pièce de la panoplie américaine dans le Pacifique est l'arme sous-marine, surnommée « *Silent Service* ». Son histoire est bien moins connue que celle des B-29 et des Marines, car les sous-marins sont, par définition, moins visibles. Les sous-marins américains de la guerre du Pacifique sont pour la plupart des acteurs indépendants. Par nature, les sous-marins sont silencieux, destructeurs, cachés dans les profondeurs et ne font surface pour reprendre de l'air que sous des cieux vides. A cet égard, les meutes de U-boote allemands dans l'Atlantique constituent une exception. Vers la fin de la guerre, pourtant, grâce à la capacité grandissante des cryptographes américains à déchiffrer les codes navals japonais, le commandant des sous-marins du Pacifique, basé à Pearl Harbor, peut ordonner à trois ou quatre bâtiments de converger vers un groupe de navires ennemis. Mais, la plupart du temps, les sous-marins sont des chasseurs solitaires, qui ne communiquent que rarement avec leur QG, et qui préfèrent agir de la sorte[60]. Voilà pourquoi l'arme sous-marine américaine n'est pas aussi intimement liée à l'histoire opérationnelle et technique développée depuis le début de ce chapitre, constituée par le quartet des Marines, des porte-avions, des B-29 et des Seabees, qui se combinent et coopèrent pour progresser dans le Pacifique central.

Mais les sous-marins américains jouent un grand rôle dans l'effondrement du Japon, tantôt comme chasseurs isolés, tantôt en participant à des actions plus larges qui concourent aux offensives menées dans les vastes étendues du Pacifique[61]. Les avions de reconnaissance ayant un rayon d'action limité, les sous-marins sont les « yeux » de l'US Navy, signalant les navires de guerre japonais qui sortent du détroit de San Bernardino, aux Philippines, ou d'autres qui font route vers Rabaul. Ce rôle de sentinelle ne plaît guère aux capitaines les plus agressifs, à moins qu'ils ne soient également autorisés à attaquer, mais sa valeur est incalculable pour Nimitz à Hawaï et Halsey au sein de la flotte du Sud-Ouest Pacifique. Fin mai 1944, l'USS *Harder* est envoyé en patrouille de repérage au large du port de Tawi Tawi, tâche dont le navire s'acquitte avec soin ; il en profite également pour couler cinq destroyers en quatre jours, poussant la flotte japonaise à appareiller plus tôt pour ce qui va devenir la bataille de la mer des Philippines[62]. Au cours des multiples batailles du golfe de Leyte, quelques mois plus tard, d'autres sous-marins repèrent la principale escadre de cuirassés et croiseurs japonais qui file à travers le passage de Palawan et alertent Halsey, coulant au passage deux croiseurs lourds et en endommageant un autre avant de se replier. A la fin de la guerre, c'est une paire de sous-marins américains qui détecte le cuirassé géant *Yamato* chargé d'une mission suicide à Okinawa.

Tandis que l'effort américain dans le Pacifique s'intensifie, les sous-marins américains se mettent à jouer des rôles plus statiques mais extrêmement importants. Ils servent parfois de balises ou de correcteurs de trajectoire pour les escadrilles de bombardiers qui filent vers les villes japonaises dans des conditions climatiques exécrables. Ils transportent des agents et du matériel à destination des mouvements de résistance aux Philippines et en reviennent avec des renseignements sur les troupes de l'ennemi. Ils servent parfois de phares pour des troupes amphibies en approche des plages durant les heures qui précèdent l'aube, une technique déjà utilisée par une escadre spécialement formée par la Royal Navy pour les débarquements d'Afrique du Nord et de Sicile.

Enfin, ces navires polyvalents sont utilisés pour secourir des aviateurs américains contraints d'amerrir. Ce type de mission est déjà mis en place en novembre 1943, au moment de la prise des îles Gilbert, et à la fin de l'année suivante les sous-marins américains ont déjà récupéré 224 aviateurs. Lorsque les B-29 de Curtis LeMay commencent leurs missions depuis leurs bases des Mariannes, trois sous-marins sont placés en mission de sauvetage avant chaque décollage ; 380 aviateurs sont sauvés en 1945, permettant à ces hommes expérimentés de regagner leurs unités et de regonfler considérablement le moral des équipages[63].

Mais la plus grande contribution des sous-marins américains à la guerre du Pacifique est la décimation des navires de guerre de la marine impériale japonaise et, plus encore, de sa marine marchande[64]. La branche sous-marine de l'US Navy ayant pris conscience qu'elle devrait, comme toutes les autres armes impliquées dans une future campagne dans le Pacifique, affronter la tyrannie de la distance, a fait construire une imposante flotte de submersibles, déplaçant généralement 1 500 tonnes – certains atteignent 2 700 tonnes –, avec d'amples réserves de nourriture et de carburant, parfois des réfrigérateurs, qui donnent à ces navires un rayon d'action de plus de 16 000 kilomètres. Les sous-marins américains n'ont pas grand-chose à voir avec les petits sous-marins européens qui croisent dans les eaux méditerranéennes ou de Norvège. Même les sous-marins tardifs de Dönitz sont bien plus petits.

Mais, au début de la guerre, les sous-marins américains sont équipés des pires torpilles qui soient. La torpille Mark-14, engin de destruction impressionnant de prime abord, n'a été que peu testée, en raison de son coût unitaire (10 000 dollars) qui semble davantage soucier le Bureau de recherche des torpilles de Newport que sa fiabilité. Lorsque la guerre éclate, les capitaines de sous-marins se voient même recommander de les utiliser avec parcimonie. Plusieurs bases avancées de sous-marins sont déployées aux Philippines (et bientôt déplacées au nord de l'Australie) et à Pearl Harbor, et la stratégie navale américaine compte bien qu'ils infligent des dégâts significatifs aux Japonais, mais il faut un certain temps avant que l'on réalise qu'ils sont équipés d'une arme totalement inadéquate.

Les torpilles américaines n'ont pas un, mais trois défauts. Le premier est que le percuteur situé à l'extrémité de la torpille et censé provoquer, à l'impact, l'explosion de la charge de TNT embarquée est défectueux et plie, casse ou ne percute pas entièrement la charge quand il est actionné. On peut imaginer la frustration du capitaine de sous-marin qui a passé des heures à manœuvrer précautionneusement pour se placer dans une position idéale, lance une salve de torpilles et entend le bruit sourd de l'impact de ses projectiles contre la coque d'un navire japonais sans provoquer d'explosion – mais la nature de ce défaut n'est pas connue durant un certain temps. Le deuxième défaut est sans doute le plus difficile à expliquer. La branche sous-marine de l'US Navy s'est dotée de torpilles pourvues d'un mécanisme magnétique extrêmement sophistiqué qui leur permet d'exploser à proximité des navires ennemis, une telle explosion pouvant avoir des effets plus grands qu'un coup au but. Mais le Bureau du matériel et la branche de développement de l'armement de Newport, jaloux de leurs prérogatives, n'ont jamais testé leurs torpilles avec une charge d'explosif, pas plus qu'ils n'ont envisagé que les champs magnétiques émis par une cible naviguant dans les îles Marshall pourraient différer de ceux produits par le même navire au large de Rhode Island, où les torpilles ont été testées (ce qui est, hélas, le cas). Troisièmement, les torpilles Mark-14 ont tendance à filer sous la coque de leurs cibles, car le système de réglage de profondeur des torpilles est lui aussi défectueux*. Bien souvent, les torpilles manquent donc totalement leurs cibles, ou le détonateur ne fonctionne pas. Dans les deux cas, le coup est manqué[65].

Mais comment un capitaine de sous-marins croisant dans des eaux lointaines peut-il savoir tout cela, quand les experts sont convaincus que tout va pour le mieux ? Il faut en fait attendre l'été et l'automne de 1943 pour que les scientifiques de Newport résolvent enfin le problème. Durant presque deux années, les capitaines qui se plaignaient de leurs torpilles défectueuses ou qui les ont vues passer très au large de leur objectif se sont entendu simplement répondre qu'ils n'avaient qu'à se rapprocher de leurs cibles. Il faut que des capitaines expérimentés, comme Morton, Benson et Scott, informent le contre-amiral Lockwood, commandant des sous-marins dans le Pacifique (COMSUBPAC), souvent en termes fleuris, pour que les choses commencent à changer. La meilleure façon de procéder consiste à tirer des torpilles contre des falaises proches d'Hawaï et de repêcher celles n'ayant pas explosé afin de comprendre pourquoi. Nimitz ordonne l'abandon du système magnétique au mois de juin 1943 et le système de contrôle de profondeur est amélioré en septembre, le détonateur étant remplacé par un autre plus fiable**. Il a donc fallu vingt et un mois pour que l'US Navy produise une torpille fiable, un résultat obtenu, pour l'essentiel, grâce à la pression de capitaines de sous-marins

* Le système de réglage a été mis au point avant que la charge de TNT n'augmente en volume, et les essais ont été effectués avec un bloc de béton en lieu et place de la charge explosive. Cette dernière étant plus lourde, les torpilles ont tendance à circuler à 3 mètres *en dessous* de la profondeur réglée (*NdT*).

** Ironie de l'histoire, le métal utilisé pour fabriquer ces nouveaux détonateurs provient… des hélices des avions japonais abattus lors du raid de Pearl Harbor ! (*NdT*).

et de commandants régionaux, contre les autorités. Mais cette amélioration ne concerne pas le Pacifique du Sud-Ouest, car l'officier qui commande les sous-marins dans ce secteur, le capitaine Christie, n'est autre que l'un des créateurs de la torpille Mark-14 et refuse d'effectuer la moindre modification – jusqu'à ce qu'il en reçoive l'ordre formel, fin 1943[66]. On le voit, les forces alliées eurent leur lot de bureaucrates obtus et sans imagination ainsi que leur lot de visionnaires.

La tendance après juin 1944 mérite d'être évoquée. Roskill le dit : « Si chaque année de la guerre voit une augmentation constante des pertes infligées à la marine marchande japonaise, il vaut attendre novembre 1943 pour les voir grimper de manière rapide[67]. » Malgré les batailles intenses de 1942, la marine marchande ne perd que 239 000 tonnes ; en 1943, le chiffre monte à 942 000 tonnes ; en 1944 il s'établit à 2 150 000 tonnes. Au début de l'année 1945, la marine marchande japonaise ne représente plus qu'un quart des effectifs qui étaient les siens lors de l'attaque contre Pearl Harbor. Le spectre de la famine et de l'effondrement industriel guette.

Les pertes augmentent durant le second semestre de 1943, montent encore en 1944 et baissent en 1945, car les cibles commencent à manquer. Voilà pourquoi presque tous les plus grands as de l'arme sous-marine américaine coulent leurs navires après le mois de juin 1943[68], soit l'exact opposé de leurs homologues allemands dans l'Atlantique. D'autres facteurs expliquent les dégâts importants que font subir les sous-marins américains au Japon durant les dix-huit derniers mois de la guerre, comme le radar, des ogives plus puissantes, de meilleurs renseignements et une meilleure coopération navale et aérienne. Mais le premier facteur est l'apparition de torpilles fiables et destructrices, due, pour l'essentiel, aux efforts des hommes de terrain et des niveaux intermédiaires.

Après la chute de l'île de Luçon, aux Philippines, en janvier 1945 et bien que Manille ne tombe aux mains des troupes de MacArthur que le 4 mars suivant, l'amiral Halsey rapporte que « le périmètre de défense extérieur de l'empire du Japon ne comprend plus la Birmanie et les Indes néerlandaises ; ces deux régions ne sont plus que des avant-postes isolés et sur lesquels la machine de guerre japonaise ne peut plus compter[69] ». Cela est vrai, mais il convient de préciser que les voies maritimes empruntées par les Japonais sont systématiquement coupées, voire barrées, par les sous-marins américains, avec un coût bien moindre que celui des batailles terrestres. A la fin de la guerre, certains enthousiastes affirment que les sous-marins auraient pu, à eux seuls, mettre le Japon à genoux, sans l'utilisation de la bombe atomique et même sans effectuer les débarquements prévus pour le mois de novembre 1945[70]. Tout ceci est naturellement hypothétique, mais montre le chemin parcouru par la branche sous-marine de l'US Navy depuis ses débuts calamiteux de 1942-1943.

L'étude de la campagne sous-marine du Pacifique démontre également l'échec patent des Japonais, tant dans l'utilisation de leurs submersibles que dans leur incapacité à protéger leurs navires de commerce. Tout ceci est d'autant plus étonnant que la marine japonaise a, depuis 1868, presque toujours copié les avancées de la Royal Navy et aurait dû tirer des leçons tactiques des combats sous-marins de la Première Guerre mondiale et de la bataille de l'Atlantique. Le problème n'est pas dû aux sous-marins eux-mêmes – la plupart des sous-marins japonais sont, comme leurs équivalents américains, de grande taille, avec un grand rayon d'action et ils sont équipés de l'excellente torpille « longue lance » – mais à leur déploiement. Le haut commandement de la marine a totalement négligé le rôle primordial du sous-marin : la recherche active et la destruction des navires de commerce de l'ennemi ; à ce défaut de pensée viennent s'ajouter les interférences du quartier général impérial. Les chefs de la marine, partisans des navires de surface, considèrent que les sous-marins doivent être utilisés pour repérer et détruire les navires de guerre de l'ennemi, pas ses navires de commerce. Dans ce rôle, les sous-marins japonais remportent quelques succès, particulièrement dans des espaces clos, comme les Salomon ; le *Wasp* y est coulé par un sous-marin japonais et un autre achève le *Yorktown*, gravement endommagé durant la bataille de Midway.

Mais lorsque les tactiques anti-sous-marines américaines s'améliorent, lorsque les radars miniaturisés sont déployés sur les avions et les navires de la flotte du Pacifique, que l'océan est sillonné par des dizaines de destroyers modernes et que les porte-avions et les cuirassés de nouvelle génération deviennent l'épine dorsale de l'US Navy, les perspectives d'infliger des dégâts importants aux grands navires de guerre américains s'éloignent. Les gros sous-marins japonais (dont certains embarquent un hydravion de reconnaissance sur leur pont, quand ils n'embarquent pas d'hydravions dans une soute spéciale, les transformant en porte-avions submergés) sont faciles à détecter en surface par les radars et sous l'eau par le sonar ; ils sont bruyants, peu maniables et leurs coques sont si fragiles qu'un seul coup au but les envoie par le fond. Aucun nouveau modèle n'est développé à l'instar des U-boote allemands équipés du schnorkel et il faut attendre le milieu de l'année 1944 pour que certains commencent à être équipés d'un radar primitif. La coopération aéronavale est faible. Avant et durant la guerre, les Japonais construisent un total de 174 sous-marins océaniques et en perdent 128. Le moral des sous-mariniers est très bas, les officiers savent ne disposer d'aucun soutien en haut lieu ; l'arme sous-marine devient un outil de seconde classe, à l'inverse de ses homologues britannique, américaine et allemande[71].

Voilà pourquoi les sous-marins japonais ne jouent qu'un rôle mineur dans la guerre du Pacifique. Les seize sous-marins déployés lors des batailles du golfe de Leyte ne parviennent à couler qu'un seul destroyer d'escorte. A cette période, l'armée impériale japonaise nuit encore à l'efficacité de la flotte sous-marine en demandant à ses navires de transporter des vivres et des munitions aux garnisons isolées. Les sauts de puce des Américains tendent à multiplier le nombre de ces garnisons et à accroître l'utilisation des sous-marins dans ces tâches annexes. On leur demande, occasionnellement, d'effectuer quelques missions symboliques, comme le bombardement de Vancouver en 1942. Que se serait-il passé si ces navires, avec leurs puissantes torpilles, avaient été déployés au large de Portland et de Long Beach, infligeant des dégâts identiques à ceux qu'occasionnaient les U-boote de Dönitz dans l'Atlantique à la même période ? Les sous-marins japonais ne couleront, au total, que 184 navires durant tout la guerre. Le professeur E. E. Morison, historien naval officiel du conflit, pourtant mesuré dans ses propos, écrit que la politique sous-marine japonaise « a frisé l'idiotie[72] ». Comment ne pas être d'accord ?

Tandis que les sous-marins japonais sont ainsi gaspillés, la flotte de surface fait preuve d'une incroyable myopie relativement à sa tâche fondamentale : la protection du commerce maritime. A cet égard, les Amirautés japonaise et britannique ont des attitudes diamétralement opposées. En plus de ses confrontations avec les rares navires de guerre allemands et italiens et de l'escorte des convois à destination de Malte et de l'Egypte, la majorité de la Royal Navy est affectée à la protection des navires de commerce alliés à destination de la Grande-Bretagne. Les Japonais semblent considérer que leurs conquêtes dans le Pacifique et l'Asie du Sud-Est leur assurent le contrôle des océans qui les séparent. Tout intrus assez insolent pour y pénétrer ne peut qu'être détecté et coulé (et quelques-uns le sont, en effet, mais dans des proportions bien moindres que celles rapportées aux quartiers généraux). Les Japonais n'ont pas mis en place un équivalent du Western Approaches Command de Norton, ni du Coastal Command de la RAF et des forces aériennes canadiennes. Ils ne disposent pas de département statistique ni de recherche opérationnelle pour analyser la campagne en cours. L'armement n'est presque pas amélioré : les charges anti-sous-marines utilisées à la fin de la guerre sont peu ou prou les mêmes que celles du début du conflit. Les radars miniaturisés, les « hérissons », les torpilles acoustiques et les groupes de tueurs de sous-marins ne font pas leur apparition[73].

A partir de 1943, le haut commandement de la marine japonaise comprend qu'il doit réunir ses navires de transport en convois et leur fournir une escorte ; mais la tactique de cette dernière demeure primitive. La perte soudaine d'un navire marchand japonais voit l'escorte s'agiter en tous sens et larguer des charges anti-sous-marines au hasard ; pour un capitaine de sous-marin américain, la meilleure chose à faire consiste donc à plonger le plus profondément possible et attendre quelques heures avant de reprendre sa traque. Après les batailles de la mer des Philippines et des Mariannes, en juin 1944, les chefs américains de l'arme sous-marine – particulièrement Lockwood à Pearl Harbor – disposent d'assez de navires pour les utiliser en petits groupes. En septembre 1944, trois de ces groupes, chacun composé de trois submersibles, opèrent autour de Formose et font un véritable massacre de navires marchands et de destroyers. La marine japonaise se contente de larguer des dizaines, voire des centaines, de charges – dont quelques-unes parviennent à frapper ces prédateurs sous-marins –, rien de plus. Les statistiques des pertes de la marine marchande japonaise, déjà mentionnées, sont l'illustration de cet échec retentissant.

Le rouleau compresseur américain

Ces nouveaux outils – torpilles, barges de débarquement, B-29 – mettent un certain temps à être développés et produits en nombre. La contre-offensive américaine dans le Pacifique suit donc le même cours, lent et méthodique, que les autres campagnes menées par les Alliés : la bataille de l'Atlantique est gagnée, puis celle de l'Afrique du Nord, la Sicile est occupée ainsi que le sud de l'Italie avant même que l'attaque contre les îles Gilbert (novembre 1943) ne débute. Mais, une fois ces nouveaux systèmes rassemblés et testés, les Américains frappent avec une grande rapidité. La puissance de l'Amérique ne laisse pas d'étonner car, tandis que les contre-offensives alliées débutent en Afrique du Nord et en Europe, elle est en mesure d'effectuer un certain nombre de retours fracassants sur des théâtres d'opérations situés à plus de 12 000 kilomètres de Maroc. Aux yeux des Américains, le principe de « L'Allemagne d'abord » ne signifie pas qu'ils doivent se retenir de frapper dans le Pacifique une fois la marée japonaise retombée, après la bataille de Midway en juin 1942. La vraie question, au vu des distances séparant les différents points stratégiques du Pacifique et du besoin, en parallèle, de former et d'équiper de nouvelles divisions, de construire de nouveaux avions et navires de guerre et de produire les barges de débarquement en plus grand nombre, est de savoir dans quel ordre effectuer ces opérations de reconquête. Avant que les plus hautes autorités ne tranchent cette importante question, l'action la plus sensée consiste à renforcer les positions américaines dans le Pacifique et à réfléchir, comme Ronald Spector l'a dit, « à la manière de s'emparer des points stratégiques du Japon[74] ».

La contre-offensive américaine la moins importante sur le plan stratégique est certainement la reconquête des deux îles des Aléoutiennes (Kiska et Attu) capturées par les Japonais pour faire diversion au moment de l'attaque sur Midway. Cette reconquête n'a pourtant lieu qu'entre mai et juillet 1943, au milieu du brouillard. La marine ne résiste que durant une demi-journée (lors de la petite bataille des îles Komandorski) avant de se replier. Les Japonais n'attendent pas les Américains sur les plages et le débarquement de ces derniers se déroule donc sans opposition. Le seul mérite de cette opération est de fournir à des troupes américaines novices (au nombre de 100 000 hommes) leur premier débarquement avec un soutien naval massif – dont un bombardement effectué par trois cuirassés – et de constater à quel point il peut être difficile d'infliger des pertes à des troupes bien retranchées. Son inconvénient est de ne pas leur donner – malgré quelques combats tardifs sur Kiska – un entraînement sérieux au combat face à un adversaire déterminé à rejeter un envahisseur à la mer[75]. S'étant emparés de ces îles battues par les vents et cernées de brouillard, les chefs d'état-major américains passent à autre chose.

La première contre-offensive, américano-australienne, livrée dans le Pacifique Sud-Ouest, en Nouvelle-Guinée et dans les Salomon (et particulièrement à Guadalcanal) est d'une importance stratégique bien plus grande. Les opérations menées par MacArthur pour réduire les garnisons japonaises dans ce secteur n'ont rien de commun avec les opérations amphibies d'Afrique du Nord, de Sicile, d'Italie et de France et diffèrent également des opérations menées dans le Pacifique central, dans les îles Gilbert et Mariannes, à Iwo Jima et Okinawa. La plupart des opérations amphibies effectuées dans le Pacifique Sud-Ouest se déroulent sur des points où l'ennemi est absent et qui ne sont pas protégés par des troupes, des emplacements d'artillerie et des champs de mines. Certes, les Japonais répondent promptement et férocement à ces attaques, mais les garnisons sont souvent très éloignées des lieux de débarquement et le problème matériel posé par le débarquement de troupes et d'équipement sur des plages face une résistance massive n'est qu'une rare occurrence durant toute cette campagne. Même lors de la bataille épique et sanglante livrée à Guadalcanal (août 1942-février 1943), les Américains parviennent à débarquer 11 000 des 19 000 Marines en une seule journée sans opposition immédiate, ce qui leur permet ensuite de consolider leur tête de pont, de s'emparer de l'aérodrome convoité et de camper ensuite à l'abri de la forêt ; jusqu'au bout, les Japonais sous-estimeront constamment les effectifs des Américains déployés sur l'île[76].

Les débarquements effectués sans opposition, à Guadalcanal et ailleurs, offrent pourtant des leçons importantes pour les assauts futurs. Si les Marines sont sans doute les troupes les mieux préparées au monde pour les opérations amphibies, cette préparation ne s'est déroulée qu'en théorie et lors des exercices d'été. Ils doivent donc, comme les soldats de MacArthur en Nouvelle-Guinée et Nouvelle-Bretagne, tirer profit des expériences qu'offre un débarquement sans opposition : collecte d'informations, contrôle des plages, suivi logistique, appui-feu (s'il est nécessaire), patrouilles aériennes et, en général, commandement et contrôle des troupes. Tous commencent à se former pour faire face aux récifs coralliens, aux marécages côtiers, aux forêts humides d'altitude couvertes de brouillard et à de nombreuses épidémies, notamment de dysenterie. C'est une bonne chose que de débuter sa contre-offensive en des lieux où l'ennemi ne se trouve pas. Il est toujours préférable de s'enfoncer de 2 à 8 kilomètres à l'intérieur des terres avant que l'adversaire ne fasse son apparition. Et il vaut mieux régler rapidement toutes ces questions techniques, car dans le Pacifique pour les Américains, comme pour les Alliés en Méditerranée ou en Europe occidentale, la route est longue qui mène à la victoire.

Un autre point de comparaison intéressant avec les opérations amphibies menées en Europe est celui des espaces à conquérir et des effectifs engagés. En septembre 1943, l'amiral Nimitz crée un nouveau commandement opérationnel responsable de la capture des îles Gilbert, première étape de l'offensive du Pacifique central visant à détruire l'empire du Japon. L'attaque des Marines contre Tarawa a déjà été évoquée mais, en tant que débarquement contemporain des opérations de Sicile, mérite d'être étudiée. Eisenhower n'a pris aucun risque en déployant 478 000 hommes en Sicile. Dans les Gilbert, c'est également la vieille histoire de la mouche et du marteau-pilon. Si la petite île de Makin est attaquée par 7 000 soldats américains, 18 000 hommes de la 2e division de Marines débarquent à Tarawa. La vision de Pete Ellis, père du plan de reconquête par le Pacifique central, se réalise, mais dans des proportions qu'il n'avait pas imaginées. Les forces amphibies qui débarquent dans les Gilbert sont soutenues par une imposante armada de cuirassés anciens et modernes, de porte-avions et de porte-avions d'escorte, de dizaines de destroyers, de 850 avions embarqués et de 150 bombardiers moyens de l'armée américaine. Cette force navale est, d'ores et déjà, la plus imposante du monde. Elle est pourtant déployée pour s'emparer d'un petit groupe d'îles qui n'est pas même situé dans le périmètre des défenses extérieures défini par le quartier général impérial japonais : les 3 000 hommes présents sur Tarawa et les 700 qui défendent Makin sont laissés à eux-mêmes.

Mais les querelles sur les terribles pertes subies par les Marines dans les Gilbert sont aussi nombreuses que celles portant sur Dieppe, parfois au point d'oublier que ces îles furent prises. L'expérience est malgré tout douloureuse. Ni le bombardement naval à distance ni les attaques aériennes n'ont endommagé les bunkers japonais bien enterrés ni mis hors d'état les pièces d'artillerie de la garnison. Le commandement américain est dépassé par les événements. Le contre-amiral Hill, en charge de l'opération contre Tarawa, se trouve à bord de l'USS *Maryland* dont les salves régulières interrompent ses communications radio. Le bombardement cesse trop tôt, comme sur la Somme ou à Gallipoli, et les défenseurs ont le temps de regagner leurs postes et d'ouvrir le feu sur les assaillants. Pire encore, le niveau de l'eau à l'intérieur du lagon est exceptionnellement bas, les barges de débarquement se trouvent clouées sur la barrière de corail et les Marines doivent progresser dans l'eau sur près de 700 mètres pour atteindre le rivage où ils sont massacrés. Les unités de l'armée qui débarquent sur Makin, formées de jeunes recrues, parviennent à atteindre les plages, mais se trouvent clouées sous les cocotiers. Grâce aux réserves engagées, les Américains parviennent à l'emporter, aidés par les nombreuses attaques-suicides effectuées par les Japonais à la fin des combats. Le coût de la bataille de trois jours sur Tarawa est élevé : plus d'un millier de morts et 2 000 Américains blessés, pour capturer une île de 5 kilomètres carrés. Les photos des cadavres de Marines flottant dans l'eau ou échoués sur les récifs coralliens montrent à l'opinion publique américaine que la guerre du Pacifique sera longue et difficile.

Quelle différence avec la prise des Mariannes huit mois plus tard ! Elle s'explique, comme nous l'avons vu : les Marines ont perfectionné leurs méthodes amphibies, les porte-avions rapides sont présents en nombre et les Hellcat sont au rendez-vous. Les Seabees construisent de gigantesques pistes d'atterrissage en corail pilé. Les B-29 vont bientôt s'y poser. Les Marines ont payé un lourd tribut à Tarawa, mais l'expérience ne se répétera pas.

Neuf jours après le débarquement de Normandie, une gigantesque force américaine, composée de 127 000 hommes, des Marines pour la plupart, commence à débarquer dans les îles Mariannes, à treize fuseaux horaires du Cotentin. En termes géopolitiques, il s'agit de la plus grande opération amphibie de la guerre du Pacifique, bien plus menaçante pour le Japon que les sauts de puce de MacArthur le long des côtes de Nouvelle-Guinée en direction des Philippines[77].

Les premières opérations effectuées par les escadres de porte-avions américains autour des Mariannes ont donné à Nimitz la maîtrise des airs. Le bombardement naval qui précède et dure deux jours est plus important que celui effectué devant Omaha Beach et se rapproche des méthodes britanniques ; les bombardements, à longue distance, des neuf cuirassés modernes déployés ne donnent guère de résultat, mais lorsque les anciens cuirassés (dont certains étaient présents à Pearl Harbor) et les croiseurs lourds se rapprochent, parfois à moins de 1 500 mètres du rivage, les obus commencent à faire des ravages. Un tel bombardement ne peut pourtant pas détruire des positions bien enfouies et les Japonais parviennent à infliger des pertes sévères à la 2e division de Marines, expérimentée mais débarquée au mauvais endroit, tandis qu'une partie de ses engins amphibies (les Amtraks) ne parviennent pas à franchir les obstacles. Mais les Américains arrivent à prendre pied. Près de 8 000 Marines débarquent en vingt minutes et 20 000 se trouvent sur Saipan à la fin de la journée ; à cet égard, l'opération fait penser à « Utah ». L'aviation tactique est présente et les cuirassés tirent près du rivage. Les plages sont marquées et délimitées par des codes couleurs, un espace a été spécialement dédié pour les embarcations qui quittent les plages, les barges vides, les navires endommagés et les navires-hôpitaux chargés de morts et de blessés. Aucune interférence extérieure n'est à signaler : la puissance aéronavale japonaise a été anéantie lors de la bataille de la mer des Philippines.

L'opération Forager est loin d'être parfaite. Les Américains n'ont toujours pas déployé de navire de commandement comme le *Largs* ou le *Bolulu* ; la coordination des opérations navales et terrestres s'effectue sous la supervision du commandant Thiess, à bord d'un patrouilleur ; une telle solution n'aurait pas suffi en Normandie[78]. Les Amtraks sont trop faiblement motorisés et peinent à atteindre leur destination sur de vastes étendues de rochers et de coraux. Le bombardement naval est moins efficace que le mitraillage des plages par l'aviation, qui doit bien souvent effectuer des missions de protection. Ce qui manque (et qui est disponible dès l'année suivante), ce sont des porte-avions d'escorte spécialement conçus pour offrir un soutien aux têtes de pont et qui ne seront pas retirés pour participer à une bataille aéronavale distante. Les garnisons japonaises se battent avec une résolution inchangée et ne se rendent presque jamais ; il faut trois jours de combats acharnés pour sécuriser la tête de pont au nord de Saipan, au cours desquels les soldats de la 27e division d'infanterie (une division de la garde nationale de New York) s'effondrent moralement et sont vertement critiqués par le commandant de l'opération (de l'USMC), ce qui provoque une petite guerre entre services. De nombreuses choses doivent être perfectionnées, mais l'issue ne fait pas de doute. Quelques semaines plus tard, les fameux Seabees commencent la construction d'une piste pour les B-29, leurs bulldozers sonnant le glas de nombreuses villes japonaises et de l'empire du Japon lui-même.

Nous pouvons sans doute pardonner le patriotisme de Samuel Eliot Morison, ce professeur de Harvard nommé historien officiel de l'US Navy par son ancien élève Franklin Delano Roosevelt et qui, envoyé dans le Pacifique, affirmera plus tard, pour résumer cette dernière opération : « Ajoutés l'un à l'autre, Overlord en Europe et Forager dans le Pacifique constituent le plus grand effort militaire jamais entrepris par les Etats-Unis ou toute autre nation dans l'Histoire. Les peuples américain et britannique devraient être fiers et se réjouir que leurs efforts conjoints aient contribué à faire du mois de juin 1944 le plus grand mois de l'histoire militaire et navale ; ils furent simultanément capables de lancer deux gigantesques opérations outre-mer contre leurs terribles adversaires en Orient et en Occident[79]. »

Rokossovski et Koniev, qui tentent alors de traverser le Dniepr face à une douzaine de divisions de la Wehrmacht, auraient sans doute jugé cet exploit de manière différente, mais pour ce qui concerne l'histoire de la guerre amphibie Morison a sûrement raison. L'ombre de l'infanterie de marine espagnole plane peut-être sur ces opérations qui se déroulent dans les archipels des Mariannes et des Carolines, qui furent des possessions de Philippe II d'Espagne. Les Alliés ont enfin appris à débarquer sur des rivages tenus par l'ennemi.

La guerre amphibie est au centre de toute la stratégie ; en 1944 les opérations de débarquement sont de plus en plus importantes et ambitieuses. Réalisant que son secteur risque d'être relégué au second plan et bien déterminé à mener lui-même le retour des Américains aux Philippines, MacArthur hâte le pas de son offensive à partir de Bougainville (en novembre 1943), ignorant délibérément la grande base japonaise de Rabaul et longeant la côte nord de la Nouvelle-Guinée. Mais les éléments de pointe de ses troupes n'atteignent pas l'extrémité de cette grande île avant juillet 1944. A cette époque, les Gilbert sont déjà tombées, bientôt suivies par les Marshall à la fin du mois de janvier 1944 ; la grande base navale de Truk, dans les Carolines, est anéantie par une attaque aéronavale en avril 1944 et, en juin, les Américains ont débarqué à Saipan.

D'une manière assez cruelle pour les deux camps, comme les deux films de Clint Eastwood *Lettres d'Iwo Jima* et *Mémoires de nos pères* le montrent, le reste de la guerre dans le Pacifique se résume à une démonstration de la puissance amphibie américaine face aux attaques suicides des défenseurs japonais, des Philippines, de décembre 1944 à mars 1945, à Iwo Jima, en février et mars 1945, et à Okinawa, d'avril à juin 1945. Le 7 avril 1945, les premiers chasseurs P-51 Mustang décollent d'Iwo Jima pour accompagner les B-29 qui bombardent les villes japonaises. A ce stade de la guerre, ces chasseurs à long rayon d'action n'ont pourtant plus rien à faire ; les bombardiers rasent les villes japonaises en parfaite impunité. La seule question qui demeure est de savoir ce que le Japon pourra encore endurer avant de s'effondrer.

Après la capitulation du Troisième Reich le 7 mai 1945, la Seconde Guerre mondiale devient, essentiellement, une guerre amphibie menée contre le Japon. Certes, les troupes britanniques du général Slim marchent vers Rangoon et se préparent à gagner la Malaisie et Singapour ; de nombreuses garnisons doivent encore être réduites un peu partout en Asie du Sud-Est (Bornéo, Mindanao). Les combats se poursuivent en Chine. Les sous-marins américains et les bombardiers à long rayon d'action réduisent l'économie japonaise en miettes. Mais la plus importante opération stratégique – après la prise de Saipan et de Guam – est la capture d'Okinawa, bientôt convertie en immense base avancée pour préparer l'assaut final contre le Japon. D'un strict point de vue opérationnel, cette campagne est également significative et symbolique, justifiant les remarques déjà évoquées d'Isley et Crowl sur la différence entre Okinawa et les Dardanelles. La nature des raids amphibies a énormément changé durant les trente années qui se sont écoulées depuis Gallipoli ; les raids de porte-avions et de B-29, l'équipement des forces de débarquement : tout est différent. Mais les anciennes difficultés demeurent et surtout celle consistant à prendre pied sur des plages tenues par un ennemi, qu'il soit turc ou japonais, bien déterminé à ne pas céder un pouce de terrain. A la fin du mois de juin 1944, date officielle de la fin des combats, les Américains ont perdu 49 000 hommes à Okinawa (dont 12 500 tués), soit leur campagne la plus coûteuse de toute la guerre dans le Pacifique, terrible indice de la nature des combats à venir.

Bien avant que les combats ne cessent à Okinawa, les stratèges américains ont déjà préparé ce qui s'annonce comme la plus vaste opération amphibie de tous les temps : l'attaque de l'archipel du Japon, qui doit survenir, au plus tôt, en novembre 1945. Les chiffres sont énormes, dépassant de loin ceux d'Overlord : près de 500 000 hommes, répartis dans quatre corps d'armée, tous américains, réunis pour s'emparer de l'île vitale de Kyushu, au sud, suivi d'une opération plus vaste encore pour s'emparer de la région de Tokyo, au début du printemps 1946. A cette fin, la plupart des unités américaines, des navires de guerre et des escadrilles déployés en Europe sont à présent redirigés vers le Pacifique. Au final, ces attaques ne seront pas nécessaires. Le largage de deux bombes atomiques sur Hiroshima (le 6 août) et Nagasaki (le 9 août) met un terme à la guerre du Pacifique. Pour les millions de militaires américains et pour les nombreux soldats britanniques, australiens, canadiens, hollandais, français, indiens et néo-zélandais dépêchés vers le Pacifique ou qui s'y trouvent déjà, le soulagement de voir la guerre se terminer est palpable ; presque tous les Mémoires des soldats mentionnent ce sentiment, cette lente chute de tension. Les soldats occidentaux en ont assez de débarquer sur des rivages hostiles. Il est temps de rentrer au pays.

Quelques réflexions plus larges

La prise des Mariannes au milieu de 1944 n'est pas qu'une nouvelle étape de la guerre menée par les Etats-Unis dans le Pacifique, coïncidence élégante de l'invasion de la Normandie. En termes stratégiques, elle constitue la clé de la campagne du Pacifique central, une étape bien plus décisive que toutes les autres en vue de la défaite du Japon. Car ces îlots des Mariannes – Saipan, Guam et la petite île de Tinian – fournissent à l'USAAF un porte-avions aussi gigantesque qu'insubmersible pour annihiler l'industrie et les villes japonaises. Rares furent les conquêtes avec un tel impact. La conservation d'Hawaï a joué un grand rôle, pour l'évidente raison que tout passait par là. Midway et Guadalcanal ont également compté en 1942, car c'est là que l'expansionnisme de l'armée et de la marine japonais a été tenu en échec. Tarawa compte, fin 1943, de manière négative, car sa prise montre aux Américains les coûts et possibilités réels des opérations amphibies. Mais la capture des Mariannes est un vrai tournant, davantage comparable à ceux de Normandie, de Stalingrad et de Koursk qu'à ceux d'Egypte, de Sicile et d'Italie.

La capture de ces îles en juin 1944 ne signifie naturellement pas que la guerre contre le Japon est terminée. De nombreux événements majeurs se produisent durant les treize mois qui suivent : l'assaut contre les Philippines, les énormes et intenses batailles du golfe de Leyte, d'Iwo Jima et d'Okinawa, le bombardement continu des villes et des industries japonaises, culminant avec le largage des deux bombes atomiques en août 1945. Mais tout ceci aurait été bien plus difficile à obtenir, voire impossible, sans les bases des Mariannes. Lorsque Mussolini apprend le débarquement des Alliés en Sicile, il déclare : « L'Histoire vient de nous prendre à la gorge. » On pourrait dire la même chose de la conquête des Mariannes. Ayant appris la perte de ces îles et les dégâts irrémédiables infligés à sa marine et à son aviation autour de Rabaul et dans la mer des Philippines, le ministère japonais démissionne. Il est temps de partir ; il est même temps, pour certains chefs japonais, de commencer secrètement à communiquer avec Moscou pour connaître les termes d'une capitulation.

Récemment, l'historien James Wood se demandait si la défaite du Japon était inévitable. Le livre qu'il consacre à cette question est un bon complément de l'analyse offerte dans les pages qui précèdent – d'un point de vue japonais. Par le terme de « défaite », le professeur Wood n'entend pas l'écrasement complet d'août 1945 ; il se demande au contraire si les chefs japonais auraient pu, en employant une autre stratégie, fournir à l'archipel un rideau défensif efficace, une économie suffisamment autonome et le maintien de son statut de grande puissance. Les Japonais auraient ainsi pu obtenir un résultat relativement proche de celui préconisé par l'amiral Yamamoto[80].

Méticuleusement, l'auteur parcourt donc la liste des options : que se serait-il passé si la marine japonaise avait escorté ses convois dès le début ? Que se serait-il passé si les sous-marins japonais avaient été utilisés pour attaquer la marine marchande des Alliés ? Si les Japonais avaient davantage prêté attention à l'aéronavale qu'aux flottes de surface ? Que se serait-il passé si le quartier général impérial avait réalisé qu'il ne pouvait pas conquérir un quart de l'Asie avec une douzaine de divisions ? Que se serait-il passé si le Japon s'était contenté de bâtir un périmètre défensif cohérent (des Mariannes à Bornéo en passant par les Philippines) au lieu de pousser avec arrogance jusqu'à Midway, aux Aléoutiennes, aux Salomon, à l'Australie et au nord de l'Inde ? Le Japon n'avait, après tout, pas subi de défaites catastrophiques durant les deux ou trois premières années de la guerre en défendant ses possessions éloignées ; n'aurait-il pas pu conserver sa capacité à repousser les assauts des Américains au point qu'un compromis eût été finalement envisageable, celui d'une « guerre non totale », comme il s'en déroulait entre les grandes puissances aux XVIIIe et XIXe siècles ? Pourquoi ne pas suivre cette voie, avec des stratégies et des politiques mieux conçues ?

Wood pose toute une série de questions lourdes de conséquences et son travail a été abondamment salué. Mais la réponse est forcément : non, cela n'aurait rien changé. Après l'attaque surprise dont ils sont victimes à Pearl Harbor, il n'existe plus d'alternative aux yeux des Américains, plus de compromis possible, rien d'autre que la capitulation sans conditions de l'agresseur. Le Japon, qui ne peut compter que sur ses avions, ses divisions d'infanterie et ses navires de première ligne et qui se sent si confiant, a décidé d'attaquer une nation disposant d'une puissance économique dix fois supérieure à la sienne (en PNB) et qui ne s'est pas encore mobilisée en vue d'une guerre totale. Lorsqu'elle le fait, la défaite du Japon devient inévitable pour la bonne raison que les Etats-Unis n'ont *aucune raison* d'accepter le moindre compromis. Curieusement, Churchill comme Yamamoto en ont parfaitement conscience. Le second parle d'un « géant endormi qui ne peut que se réveiller » et le Premier ministre britannique décrit les Etats-Unis comme « une gigantesque chaudière » qui ne tourne pas encore à plein régime.

Mais toute puissance industrielle, quelle que soit sa taille, ne peut rien tant qu'elle n'est pas bien exploitée et que ses ressources ne sont pas distribuées correctement. La production brute d'acier ne signifie rien si elle n'est pas utilisée pour produire des porte-avions de la classe *Essex*. L'aluminium, le caoutchouc et le cuivre ne sont d'aucune utilité avant d'être affectés au programme de construction des B-29. Les ouvriers qualifiés ne pèsent rien si Ben Moreell ne les prend pas en main. Les barges à fond plat des Everglades ne sont d'aucune utilité tant que les Marines ne les convertissent pas en chalands de débarquement. Les torpilles sophistiquées ne servent à rien tant que personne ne se demande pourquoi elles ne fonctionnent pas et que leurs défauts ne sont pas corrigés. Les porte-avions ne peuvent opérer sur de grandes distances s'ils ne sont pas accompagnés par des ravitailleurs à long rayon d'action. Des individus, des organisations, des équipes doivent expérimenter, se demander comment procéder avant de passer à l'action.

Conclusion

Le 17 juillet 1944, une masse imposante d'environ 57 000 soldats allemands – avançant par vingt de front – marchent dans les grandes artères de Moscou. La photographie de cette scène impressionnante rappelle au spectateur la vision des troupes de la Wehrmacht défilant sur les Champs-Elysées quatre ans auparavant. Il ne s'agit pourtant pas du rêve d'Hitler réalisé, mais bel et bien de la revanche de Staline.

Lorsque les empereurs romains battaient des tribus germaniques, ils ramenaient leurs captifs à Rome afin de donner à la population enthousiaste la preuve physique de leurs grandes victoires. Tel est également le cas à Moscou en juillet 1944. Les 57 000 soldats allemands, soigneusement encadrés par des soldats soviétiques, sont les survivants de la 4e armée allemande qui vient d'être battue et encerclée lors de l'opération Bagration. Les barbares germains sont à nouveau exposés, pour leur plus grande humiliation, avant de partir pour la captivité ou les pelotons d'exécution.

Il n'y eut aucun défilé de la sorte avec des soldats japonais, qui n'avaient de toute façon guère l'habitude de se rendre, et les Américains comme les Britanniques préféraient organiser leurs propres défilés de la victoire à travers Rome, Paris, Bruxelles et les autres capitales libérées. Différentes expression du triomphe – avec une signification commune. En juin 1944, l'effondrement des puissances de l'Axe sur quatre théâtres d'opérations différents ne laisse plus guère de doute sur l'issue finale de ce conflit titanesque. Les vainqueurs peuvent déjà préparer les cérémonies de mai et août 1945.

La lecture des carnets du maréchal lord Alanbrooke[1], principal aide de camp de Churchill durant la Seconde Guerre mondiale, donne un aperçu de la manière dont les Alliés occidentaux ont gagné la guerre. De ses débuts à la tête d'une division évacuée de Dunkerque après la désastreuse campagne de France de mai-juin 1940, à sa nomination à la tête de l'état-major impérial, en passant par son rôle dans les conférences stratégiques interalliées et sa description des revers subis par l'armée britannique en Grèce, à Tobrouk et à Singapour avant qu'elle ne parvienne à refaire surface, Alanbrooke livre aux générations futures le récit candide d'une guerre qui vit la roue de la fortune passer lentement du triomphe de l'Axe à la victoire des Alliés. En 1957 et 1959, l'historien patriote sir Arthur Bryant publie une version expurgée de ces cahiers, intitulée *The Turn of the Tide 1939-1943*[2] et *Triumph in the West 1943-1945*[3] : le lecteur peut déjà y apprécier l'intelligence d'Alanbrooke et son caractère visionnaire ainsi que ses jugements acerbes. Mais il faut attendre 2001[4] pour qu'une version intégrale et plus candide encore soit publiée (*War Diaries 1939-1945*) pour comprendre quelles responsabilités pesaient réellement sur les épaules d'Alanbrooke et ce qu'il lui fallait endurer : diriger l'armée, supporter ses homologues britanniques, s'entendre avec les Américains et, surtout, traiter avec son chef aussi suprême que lunatique, Winston Churchill. *Masters and Commanders*, comme dirait Andrew Roberts[5].

Mais les carnets d'Alanbrooke ont également ceci d'intéressant qu'ils plongent régulièrement sous le niveau de la grande stratégie pour se demander si la machinerie et le personnel engagés pour obtenir une victoire contre l'Axe sont d'une qualité suffisante. Les expériences de Dunkerque et de la Crète sont peut-être encore présentes dans son esprit, car il continue, chaque jour, de se demander si les degrés intermédiaires de la machine de guerre britannique peuvent soutenir les terrifiantes demandes auxquelles elle doit faire face et si les Alliés pourraient encore supporter de nouveaux revers. L'expression de ses inquiétudes (qui ne tournent jamais au défaitisme) nous est très précieuse : c'est lui qui pousse Churchill à abandonner certaines de ses idées bizarres (comme une grande invasion de la Norvège), qui tempère les ardeurs des Américains qui souhaitent, contre toute évidence, débarquer en France dès 1943. Surtout, ces inquiétudes exprimées semblent constituer une liste exhaustive des problématiques de chaque nouvelle opération : « Où va-t-elle se dérouler ? », « Est-elle réalisable ? », « Qui va l'accomplir ? », « Les troupes, le matériel et l'entraînement sont-ils suffisants ? » Alanbrooke, qui aurait sans doute détesté cette comparaison, a une approche très léniniste des choses : un bel exemple du *kto kavo* (« qui fait quoi à qui ») défini par le révolutionnaire comme l'essence de toute politique.

Au final, ce qui devait être fait l'est, en conformité avec les directives opérationnelles de Casablanca, mais au prix de nombreux sacrifices et de plusieurs revers sur tous les théâtres d'opérations. Au beau milieu de ces combats livrés sur toute la surface du globe, sur terre, sur mer et dans les airs, il était sans doute difficile de prendre la pleine mesure des tournants, des moments où les revers commençaient à être moins nombreux que les victoires. Il faut attendre le 25 juillet 1943 – Mussolini a été renversé, l'Armée rouge a percé à Orel et Patton vient de prendre Palerme – pour qu'Alanbrooke fasse, dans son journal, preuve d'un brin d'optimisme en reprenant à son compte la formule de Churchill : « Nous sommes en train de passer de la fin du début au début de la fin[6]. » Pourtant, durant toute l'année qui suit, il couche régulièrement ses inquiétudes des revers de la campagne d'Italie, des défaites en Birmanie, de l'inefficacité des campagnes de bombardement et de l'invasion de la France qui risque de se dérouler prématurément de son point de vue. Comme un autre réaliste prudent, Eisenhower, il craint, jusqu'à la dernière minute, que l'opération de Normandie ne se solde par un abominable et gigantesque massacre. On comprend donc l'émotion qui est la sienne quand il pose le pied sur le sol de France en juin 1944, dont il avait été chassé, avec le reste du BEF, quatre ans auparavant[7]. A cette date, même le stratège prudent, acerbe et coriace sent que la fin de la lutte est proche.

Pourtant, cette terrible guerre va encore provoquer de très nombreux morts civils et militaires avant sa conclusion en août 1945. Mais il est temps de se livrer à quelques réflexions générales sur le moment et la manière dont la roue a tourné au cours des cinq grandes campagnes que nous venons d'analyser. Chaque chapitre a tenté de montrer sous quel angle cette campagne apparaissait à ceux chargés de fournir les moyens de remporter la victoire et qui ne savaient pas s'ils allaient l'emporter. Nous pouvons à présent tenter une analyse d'ensemble.

Aucun argument unique n'en émerge et elle doit avant tout résister à notre désir instinctif de simplification. Les sociétés sont des organismes très complexes. Les guerres sont des mécanismes complexes. Les systèmes militaires et les différents services sont constitués de millions de pièces mobiles, comme l'économie moderne. Ils opèrent à différents niveaux. Des facteurs critiques comme le commandement, le moral, la ferveur nationale ou idéologique sont d'une grande importance en temps de guerre, plus intangibles que mesurables, et une analyse du « comment » ne saurait donc se contenter de demeurer à ce niveau. Chaque année émergent de nouvelles sources et de nouveaux points de vue, de nouvelles controverses et approches, qui nous contraignent à réviser notre jugement.

De nombreux chercheurs tendent à se répartir d'eux-mêmes en deux grandes catégories, ceux qui voient une cause unique à un phénomène donné et ceux qui ne voient que de la confusion et des explications multiples[8]. Les seconds délivrent généralement des ouvrages très complets et documentés, les premiers ont une vision en silo et produisent généralement des ouvrages aux titres sensationnels (« L'arme qui a gagné la guerre ! »). Aucune des deux approches n'est très satisfaisante. Il est naturellement possible de produire une analyse de la manière dont la roue à tourné en faveur des Alliés sans livrer une raison unique à cela ou d'offrir une narration édulcorée mais exhaustive. On peut également considérer que certains éléments du puzzle ont une plus grande *puissance d'explication* que d'autres. Au cours de cet ouvrage, consacré à la période charnière s'écoulant de janvier 1943 à juin-juillet 1944, l'approche sélective a été choisie. Toutes les contributions à la victoire des Alliés n'ont pas la même importance. Encore faut-il démontrer que certaines méthodes, certains individus, certains matériels, certaines organisations ont été plus vitaux que d'autres au cours du conflit.

Les conclusions qui suivent ne sont pas énoncées selon une hiérarchie rigide, bien que l'ordre des thèmes et des réflexions pointe un petit nombre de facteurs clés qui expliquent comment cette guerre fut gagnée. Certains facteurs ont joué dans un certain domaine et absolument pas dans un autre. L'ordonnancement même des causes des victoires alliées n'a pas été anticipé par l'auteur quand il a commencé l'écriture de cet ouvrage, il y a quatre ans de cela. La question déterminante, pour interroger chaque élément, est demeurée la même : cet élément, cette organisation, cette nouvelle arme, a-t-il, a-t-elle, réellement permis de remporter des victoires et cela peut-il être démontré ? Considérer qu'une nouvelle invention a joué un rôle décisif du simple fait de son existence et de son bon fonctionnement ne saurait suffire.

Le rôle du renseignement en est un bon exemple, surtout si l'on considère l'attention qui lui a été portée ces quatre dernières décennies. La littérature sur cette question est si volumineuse que la première version de travail de cet ouvrage contenait un chapitre 6, intitulé « Comment gagner la guerre du renseignement ? ». Deux choses se sont alors produites. La première est qu'il m'est progressivement apparu qu'isoler le renseignement dans un seul chapitre n'avait pas plus de sens que d'isoler la logistique ou la science et la technologie. Toutes ont joué un rôle dans la victoire, mais la seule manière de mesurer leur importance – plutôt que d'accepter comme argent comptant les assertions de leurs thuriféraires – consistait précisément à les intégrer dans le récit et l'analyse des cinq campagnes traitées dans cet ouvrage. Présenter une « avancée décisive » dans le domaine du renseignement et qui aurait changé le cours de la guerre sans montrer quelle a été son influence sur le champ de bataille est aussi ridicule que d'affirmer qu'une nouvelle arme a changé le cours d'une campagne sans le démontrer[9].

Dès que l'on s'essaie à intégrer la « dimension cachée » du renseignement dans l'histoire du tournant de la Seconde Guerre mondiale, une image très confuse en émerge. La valeur du renseignement a été très variable d'un théâtre à l'autre, d'un service à l'autre et d'une année à l'autre. Le renseignement peut avoir une certaine valeur lors d'une bataille et aucune lors d'une autre. Il est impossible d'amalgamer les nombreuses études en un récit cohérent et l'auteur continue de se demander comment un chercheur aussi réputé que sir Harry Hinsley a pu affirmer qu'Ultra a probablement raccourci la guerre de trois ans[10]. Il est impossible de le démontrer.

La seule chose qui émerge véritablement de l'étude du renseignement durant la Seconde Guerre mondiale est la prépondérance de ses échecs. Cette litanie débute sans doute en 1939-1940 avec la sous-estimation, par les Soviétiques, des capacités de résistance de la Finlande, les erreurs d'appréciation des Britanniques durant la campagne de Norvège et l'ignorance complète, par les Français, de ce qui se trame dans les Ardennes en mai 1940. Si l'on ajoute le refus de Staline de prêter le moindre crédit aux nombreux avertissements précédant l'opération Barbarossa et, dans un autre domaine, l'aveuglement des Américains qui furent incapables de réaliser qu'une attaque se préparait contre Pearl Harbor, on pourrait décrire l'année 1941 comme l'« année des échecs du renseignement ». Viennent ensuite les erreurs si chèrement payées par le renseignement de la Wehrmacht, qui ne voit pas venir l'encerclement de Stalingrad, la contre-offensive soviétique à Koursk et l'offensive Bagration – un record sans équivalent.

La liste continue. Les préjugés de MacArthur à l'égard des renseignements fournis par la marine américaine tendent à réduire considérablement le bénéfice du décryptage des messages de l'ennemi par les casseurs de code américains[11]. Les Alliés n'ont pas anticipé la vigueur des contre-attaques allemandes à Salerne et à Anzio, pas plus que dans les Ardennes en 1944 – comme si personne, au sein des services de renseignements alliés, n'avait été en mesure de prédire qu'une division de Waffen-SS était un adversaire redoutable. Lorsque Brian Urquart affirme que les parachutistes largués non loin d'Arnhem, en septembre 1944, vont faire face à des unités de vétérans allemands, personne ne l'écoute. Cette incompétence est partagée. Le quartier général impérial japonais est régulièrement dérouté par les multiples offensives américaines à travers le Pacifique, alors que toute personne ayant une habitude des jeux de stratégie sait parfaitement qu'une contre-offensive peut emprunter des routes variées et changeantes. Surtout et enfin : s'il y eut effectivement, durant la guerre, de fabuleuses avancées technologiques dans ce domaine, et particulièrement dans celui du décryptage, ces avancées n'ont pas automatiquement donné un avantage permettant de remporter une bataille ou une campagne. Même l'excellent système Ultra souffrait d'imperfections ; il était certes préférable d'en disposer plutôt que d'en être privé, mais, de par la nature même de la guerre du renseignement menée contre l'Allemagne, il ne pouvait que fournir des résultats mitigés et non des miracles.

A l'inverse, les succès du renseignement – c'est-à-dire des avancées ayant permis d'obtenir une victoire significative – se comptent sur les doigts de la main[12]. Avant la bataille de Midway, les Américains savent où se trouvent les porte-avions de l'ennemi, qui, lui, ignore où se trouvent les leurs, et peuvent donc se redéployer en conséquence. Et à part cette bataille ? En Méditerranée, plusieurs victoires britanniques contre la flotte italienne s'expliquent par le fait que les Britanniques connaissent l'emplacement de l'ennemi ; la destruction du *Scharnhorst*, en décembre 1943, est également le produit des systèmes de détection britanniques. A partir de 1943, le repérage à distance et la destruction des U-boote sont partiellement dus à un bon usage du renseignement, à la condition que les taux de succès élevés ne compromettent pas la source elle-même, et cela manqua d'être le cas lorsque les Américains se mirent à attaquer tous azimuts les points de rendez-vous des U-boote au milieu de l'Atlantique. Le renseignement soviétique s'améliore constamment à partir de 1944, comme le reste de l'Armée rouge, d'ailleurs. Nous voilà donc, une nouvelle fois, ramenés à cette question brutale : quel est l'impact du renseignement sur les forces et les intentions de l'ennemi sur le plan militaire ? Dans l'ensemble, et même si l'on peut admettre que les Alliés se montrèrent supérieurs à l'Axe dans ce domaine, il est plus facile de démontrer les effets d'une logistique bien huilée que ceux du renseignement sur le cours de la guerre[13].

J'ai été également agréablement surpris par les preuves répétées de l'interconnexion intime des cinq récits. Si l'introduction suggère que les succès ou les échecs des Alliés sur un théâtre d'opérations pouvaient avoir des conséquences ailleurs, l'idée générale du livre était qu'il serait constitué de cinq chapitres bien distincts, au cours desquels, de temps à autre, quelques passerelles seraient jetées entre les campagnes contre les U-boote et les débarquements de Sicile, ou l'opération Bagration et la Normandie. La plupart des ouvrages consacrés à une campagne en particulier, comme les excellents livres d'Atkinson sur l'armée américaine en Méditerranée, attirent l'attention du lecteur à un point tel qu'ils peuvent nous faire totalement oublier ce qui se déroule ailleurs et au même moment.

Une fois les premiers jets de plusieurs chapitres terminés, il m'est apparu, par exemple, qu'il conviendrait d'évoquer les constants allers-retours des divisions de la Wehrmacht et des escadrilles de la Luftwaffe entre la Méditerranée, la France et la Russie, comme expliqué dans les chapitres 2, 3 et 4 ; d'examiner les interactions entre les combats menés par les Britanniques dans l'Atlantique et au-dessus de l'Allemagne et les batailles défensives et offensives des Soviétiques sur le front de l'Est ; et de montrer que le déploiement excessif de troupes japonaises dans le centre et le sud de la Chine, décidé par le haut commandement japonais, a considérablement minimisé ses chances de résister efficacement dans le Pacifique. Mais les historiens qui s'intéressent à une campagne en particulier ne rassemblent que très rarement les pièces du puzzle, et certainement pas quand elles sont réparties entre cinq grands théâtres d'opérations, comme évoqué dans cet ouvrage. On sort de cet exercice comparatif avec une meilleure compréhension des tâches gigantesques auxquelles les gouvernements étaient confrontés en livrant une immense guerre multidimensionnelle, ce qui permet également de mieux comprendre quels furent les défis auxquels étaient confrontés les généraux des siècles précédents[14].

Durant ce conflit, certaines grandes puissances ont eu moins besoin que d'autres de connecter ces différentes parties ; d'autres avaient besoin de le faire mais ne sont pas parvenues à atteindre un degré suffisant d'équilibre et de cohérence. Les Soviétiques n'ont pas de problème de priorité ; refusant de s'engager dans une guerre en Extrême-Orient, ils se concentrent presque exclusivement sur la défaite de l'envahisseur nazi et tout est aussi intelligemment que terriblement subordonné à cette fin. Les Etats-Unis font face à leur dilemme classique, celui du choix entre l'Europe et le Pacifique pour l'attribution des priorités et des ressources, mais ont, à partir de 1943, la capacité remarquable de pouvoir mener l'offensive sur ces deux théâtres. Le Japon se prend lui-même au piège en frappant dans de trop nombreuses directions – Chine, Birmanie, Asie du Sud-Est, Nouvelle-Guinée, Pacifique central – sans avoir les capacités de le faire et finit par payer le prix de son manque de concentration et de la fonte de ses ressources. L'Allemagne adopte une stratégie multidimensionnelle, mais le régime d'Hitler ne peut tout simplement pas l'emporter à la fois dans la bataille de l'Atlantique, la guerre aérienne au-dessus de l'Europe et les grandes campagnes de Méditerranée, d'Afrique du Nord, des Balkans et surtout de Russie, tout en se préparant à la future invasion anglo-américaine de la France. Voilà un bel exemple d'hyperextension.

Si les Britanniques s'en tirent mieux, c'est peut-être parce qu'ils jonglent avec leurs obligations mondiales depuis plus de deux cents ans et que leur système de prise de décision y est passé relativement maître ; mais au creux de la vague, en 1941-1942 – Grèce, Crète, Tobrouk, Singapour, Atlantique –, le vieil Empire britannique semble sur le point de disparaître. Durant toute la guerre, les chefs britanniques ont parfaitement conscience de leur hyperextension, ce qui explique aussi pourquoi les stratèges de Whitehall font tout leur possible pour faire des économies, mettre au point de nouvelles technologies susceptibles de réduire les pertes futures de navires, d'avions et surtout de troupes, et accueillent à bras ouverts les unités et les individus issus d'une bonne dizaine de nations au sein de leurs forces armées. Cela explique également pourquoi ils attachent autant d'importance à ce que leurs alliés américains s'imprègnent de la vision britannique et pourquoi ils s'inquiètent de voir leurs puissants et confiants (et parfois ignorants) cousins les écarter d'un revers de main : King refuse d'accepter les conseils de la Royal Navy pour escorter des navires de transport depuis la côte est des Etats-Unis en 1942 (il s'agit des pétroliers britanniques qui naviguent depuis Trinidad sous la protection de l'US Navy), Echols ne veut pas entendre parler de l'adaptation du moteur Merlin sur les P-51, Bradley ne montre aucun intérêt pour les idées britanniques relatives aux techniques de débarquement. Quel contraste avec l'adoption rapide, par les scientifiques américains, du magnétron à cavité, le partage des renseignements obtenus à Bletchley Park et la répartition des opérations de construction et de réparations navales[15].

La guerre se termine malgré tout avec la défaite écrasante de l'Axe italo-allemand et du Japon, mais la Grande-Bretagne est arrivée au bout de ses limites et son empire, comme la suite va le montrer, n'y survivra pas.

On est frappé de constater que, malgré les différences d'approche de ces cinq grands acteurs du second conflit mondial, tant sur mer que sur terre et dans les airs, le résultat final soit à ce point uniforme et que l'Axe s'effondre presque simultanément sur quatre différents théâtres d'opérations. Mark Clark s'est justement plaint que l'entrée de ses troupes dans Rome, le 6 juin 1944, n'ait presque pas été relayée par la presse mondiale, mais dans les faits cette victoire des Alliés en Italie est bien moins significative que les trois autres (prise des Mariannes, débarquement de Normandie, opération Bagration) pour l'issue de la guerre.

S'agissait-il simplement d'une nouvelle forme de fatigue impériale ? Les machines de guerre allemande et japonaise, qui s'étaient pourtant battues avec une férocité et une efficacité étonnantes pendant tant de temps, n'avaient-elles pas tout simplement été à ce point poussées à leurs limites par leurs chefs qu'elles finirent par s'effondrer sous le poids de la puissance matérielle de l'Empire britannique, des Etats-Unis et de l'URSS ? Les chiffres le suggèrent : en 1942, les Alliés font jeu égal avec l'Axe en termes de puissance de production ; en 1943, ils lui sont nettement supérieurs et en 1944 dominent complètement[16]. Quelle que soit l'unité de mesure choisie, pétrole, acier ou production aéronautique, les Alliés sont très supérieurs.

Il serait donc ridicule de nier l'importance massive de la supériorité industrielle des Alliés à partir de 1943. Si l'Axe avait possédé une capacité de production équivalente à 62,5 milliards de dollars et les Alliés une capacité de seulement 18,3 milliards de dollars, la défaite de l'Allemagne et du Japon n'eût pas été certaine. Mais il ressort des cinq chapitres de cet ouvrage que ces grands écarts de production furent affectés par deux autres variables : le rôle de la géographie (et sa bonne ou moindre appréciation par les stratèges, ingénieurs et responsables des deux camps) et la création d'un système de prise de décision constitué d'impressionnantes boucles de retours d'informations, développant une grande flexibilité, une capacité à apprendre des erreurs commises et une « culture de l'encouragement » (dont nous reparlerons) qui donna aux hommes des niveaux intermédiaires impliqués dans ce conflit terrible la liberté d'expérimenter, de proposer des idées, de donner leur opinion et de traverser les frontières institutionnelles traditionnelles.

Si tel est bien le cas, ce livre offre une interprétation différente de l'immense bibliographie de la Seconde Guerre mondiale, qui tend à assumer que la guerre est pour l'essentiel gagnée après les batailles de Midway, d'El-Alamein et de Stalingrad. Il tente en effet de rompre avec l'explication déterministe économique de l'issue de la guerre (la puissance économique des Alliés ne pouvait qu'entraîner leur victoire) et propose une explication plus subtile. On se rappelle ici la citation de Churchill, déclarant que la guerre allait et devait être gagnée par l'« application adéquate » de la force. Mais le nombre ne suffit pas. Livrer à la RAF un millier de bombardiers Lancaster supplémentaires n'a guère de sens (comme s'en plaint le Premier ministre en septembre 1941) si le Bomber Command est incapable de localiser ses cibles. Construire des milliers de navires marchands ne peut permettre de gagner la guerre si l'on ne parvient pas à écarter la menace que font peser les meutes de U-boote de Dönitz au milieu de l'Atlantique. Multiplier par cinq les effectifs du corps des Marines n'a aucun intérêt si les Marines ne disposent pas des moyens de débarquer sur des plages tenues par l'ennemi et de l'en déloger. Dix mille chars T-34 ne sont qu'un vaste assemblage d'acier et de câbles tant que personne n'a trouvé le moyen de les ravitailler en essence, en huile et en munitions. On est donc tenté de modifier la phrase de Churchill et de dire que la Seconde Guerre mondiale fut gagnée par l'« application intelligente » d'une force supérieure.

Ce point, qui permet de distinguer les facteurs ayant influé sur ce conflit global, devient plus important encore lorsque l'on se penche sur le rôle critique joué par la géographie. Les espaces, les distances et la topographie sont présents dans chacun des cinq récits comme ils l'étaient pour les combattants exténués qui devaient les appréhender. Le dernier chapitre est d'ailleurs présenté comme l'étude d'une lutte visant à abolir la « tyrannie de la distance » à travers les grandes étendues du Pacifique, mais les campagnes traitées dans les autres chapitres peuvent également être considérées sous l'angle d'une lutte des humains visant à obtenir le contrôle des airs, des mers ou des terres. La géographie influe sur la stratégie. Dans le Pacifique, malgré la longueur de la route qui part d'Hawaï vers les Gilbert, les Marshall, les Carolines, les Mariannes, Iwo Jima et Okinawa, elle demeure la plus courte pour atteindre l'archipel nippon ; l'offensive de MacArthur le long de la côte de Nouvelle-Guinée suit une route bien moins évidente vers la baie de Tokyo ; et, malgré les exploits des Britanniques dans les jungles birmanes, il leur est impossible de donner le coup de grâce.

Ailleurs aussi la géographie influe sur les résultats des campagnes. Elle ne rend pas seulement possibles les débarquements d'Afrique du Nord : elle rend leur succès très probable. En raison de la facilité qu'ont les Anglo-Américains de se mouvoir sur les océans, leurs divisions peuvent plus facilement quitter les ports de la Clyde et de Norfolk en Virginie que les divisions de la Wehrmacht ne peuvent quitter le sud de l'Allemagne ou l'Ouest de la France, sans parler de l'Ukraine. Il suffit d'assurer la protection navale des convois, ce qui est fait. Il n'y a certes pas de routes maritimes libres de U-boote avant que ne soit obtenue la maîtrise de l'Atlantique. Durant trois années, les Alliés n'ont pas trouvé la solution militaro-technique pour assurer la couverture aérienne intégrale des convois dans l'Atlantique, mais en juin 1943 c'est chose faite. Il faut un peu plus de temps pour que soit mis au point un chasseur à long rayon d'action pour escorter les B-17 jusqu'à Prague et revenir, mais en février 1944 cette solution a également été trouvée, non par l'application de la force brute, mais grâce à l'ingéniosité humaine et à quelques initiatives avisées. La géographie dessine, d'une autre manière, le cours de la guerre sur le front de l'Est : l'armée allemande s'aventure trop loin dans des terres inhospitalières et en paie le prix sur un théâtre d'opérations où l'application d'une puissance matérielle même primitive peut contrer la sophistication militaire. A El-Alamein, la grande Afrikakorps se retrouve face à une armée britannique complètement retranchée, alors que Rommel est trop loin de ses bases logistiques et combat un adversaire qui travaille au maintien de ses lignes logistiques vers l'Egypte depuis des décennies. La conclusion est sans appel : la distance joue un rôle décisif, voire fatal, dans cette grande guerre. La puissance militaire des Alliés se trouve décuplée par la prise de conscience de ce fait primordial.

On est donc frappé de constater à quel point l'Axe n'est jamais parvenu à considérer la Seconde Guerre mondiale comme une gigantesque partie d'échecs géopolitique et n'a pas été en mesure d'apprécier l'importance stratégique d'un petit nombre de positions critiques qui offraient à celui qui les tenait un avantage opérationnel disproportionné[17]. La décision, par le quartier général impérial à Tokyo, d'abandonner l'idée de s'emparer d'Hawaï après la bataille de Midway, à un moment où les forces américaines dans le Pacifique sont encore relativement faibles, est proprement ahurissante. Comparées à l'archipel hawaïen, des acquisitions comme la Nouvelle-Guinée ou la Birmanie sont d'aimables bagatelles ; elles seraient de toutes les façons tombées dans le giron japonais une fois Tokyo fermement établi dans l'archipel le plus stratégiquement fondamental du Pacifique. L'incapacité d'Hitler à mettre la main sur Gibraltar – ou tout du moins à persuader Franco de le neutraliser – fut une autre erreur majeure, peut-être expliquée par son obsession d'une offensive à l'Est. Un autre point clé fut l'incapacité des Italo-Allemands à écraser la base navale et aérienne britannique de Malte. Si les Colonnes d'Hercule avaient été bloquées, avec une Algérie encore vichyssoise et Malte transformée en base de la Luftwaffe, on voit mal comment l'Egypte aurait pu tenir bien longtemps.

Au final, l'Axe a gaspillé ses énormes gains du début de la guerre en s'aventurant dans des théâtres d'opérations secondaires – Balkans, Birmanie, sud de la Chine –, en ne prêtant pas l'attention requise aux objectifs véritablement critiques*. La stratégie d'Hitler sur le front de l'Est en est

* Pour ce qui concerne l'Allemagne, on peut aisément ajouter à cet aveuglement l'erreur fondamentale que constitue, hors toute considération morale, l'application de la solution finale : l'univers concentrationnaire allemand représente un coût financier, logistique et humain délirant pour un Etat en guerre. Voilà encore une différence entre Hitler et Staline. Si le second est en mesure de mettre un temps de côté l'idéologie en faisant appel au patriotisme russe et à la grandeur de généraux tsaristes du passé (Souvorov, Bagration), Hitler n'abandonne pas un iota de sa délirante pensée raciale et dépense sans compter pour la mettre en œuvre, quand ses réserves et ses capacités de production ne lui permettent même plus de mener convenablement la guerre (*NdT*).

sans doute le meilleur exemple. Attaquer tout à la fois Leningrad au nord, Moscou au centre et Stalingrad, le Donbass et le Caucase au sud était une stupidité sur le plan militaire. Moscou était certainement l'objectif le plus valable, même de manière négative : si l'occupation de la ville ne garantissait pas la victoire, car le Politburo et Staline se seraient sans doute repliés vers l'est pour poursuivre la lutte, tant que les Allemands ne s'emparaient pas de Moscou il était évident que la guerre ne pouvait que continuer. Le commandement de la Wehrmacht et les généraux japonais, si influencés par la Prusse, ont tout simplement oublié l'importance qu'accorde Clausewitz aux attaques contre les *Schwerpunkte*[18] de l'ennemi et paient cet oubli au prix fort. Il y a bien des années de cela, Correlli Barnett suggérait que le résultat des batailles et des guerres pouvait être considéré comme le « test suprême des institutions[19] ». La présente étude confirme cette idée.

Le dernier point qui émerge de cette investigation relative à la manière dont la guerre fut gagnée, concerne la question délicate et peut-être intangible que l'on pourrait décrire comme la « culture de l'engagement » ou culture de l'innovation. Toutes ces grandes machines de guerre – en Grande-Bretagne, aux Etats-Unis, en Allemagne, au Japon et en URSS – ont naturellement lutté pour défendre leurs positions et pour attaquer celles de l'ennemi. C'est un truisme. Mais la question à laquelle ce livre entend répondre est : comment ? Pourquoi certains de ces systèmes politico-militaires s'en sortent-ils mieux que d'autres ? Une bonne partie de la réponse tient au fait que les systèmes les plus efficaces le sont parce qu'ils disposent de boucles de retours d'informations entre le sommet, le milieu et la base, qu'ils stimulent les initiatives, l'innovation, l'ingéniosité et encouragent les chercheurs à résoudre des problèmes immenses et souvent d'apparence insolubles.

Bien sûr, les « hommes au sommet » font la différence. Certains chefs ou certains gouvernements sont capables de s'adapter. Dans ce domaine, les Japonais sont de loin les plus mauvais. Avec, à la tête de l'Etat, un chef ayant statut de dieu vivant et qui se trouve pourtant écarté de toutes les décisions stratégiques, l'autorité étant dévolue à la marine et à l'armée – mais chacune de ces deux armes (après la disparition de Yamamoto en 1943) fait preuve d'une rigidité et d'une solidarité de caste qui ne permettent pas de parer aux contre-attaques que les Américains développent dans le Pacifique. Hitler et Staline sont, comme de nombreux historiens l'ont montré, très comparables dans leur obsession du contrôle, avec une différence immense : Staline commence à desserrer sa poigne de fer dès qu'il comprend qu'il dispose d'une équipe d'excellents généraux ; Hitler, quant à lui, devient de plus en plus mégalomane et paranoïaque, laissant de moins en moins de marge de manœuvre opérationnelle à ses subordonnés[20]. En général, plus un officier se trouve loin de l'OKW – Guderian le long de la Seine, Rommel dans le désert, Kesselring en Italie –, plus il a la possibilité d'exercer ses pleins talents en liberté.

Roosevelt et Churchill sont encore une fois différents. Le président américain semble avoir été animé par une foi si inébranlable dans la puissance de son pays qu'il n'interféra que rarement dans les nominations ou la planification opérationnelle. Une fois le haut commandement limogé au début de la guerre, Roosevelt fait confiance à Arnold (USAAF), King (marine) et surtout à Marshall (armée) pour prendre les bonnes décisions, et place l'amiral Leahy, en qui il a toute confiance, à la tête de son état-major. Roosevelt a toujours été particulièrement attentif à la marine et la nomination de Ben Moreell à la tête des Seabees est une idée de génie. Mais, à part cela, Roosevelt ne semble pas avoir joué un rôle actif ni interféré dans les nominations. Pourquoi ne pas laisser à George Marshall le soin d'effectuer le travail délicat consistant à limoger les généraux qui ne donnent pas satisfaction au début de la guerre, après la bataille de Kasserine et le débarquement raté d'Anzio ?

Il eût été totalement impossible pour le bouillant Churchill d'adopter une telle approche – son carnet de notes était frappé, sur sa couverture, de la devise « Action aujourd'hui ! » – et il fut difficile (il fallut, en fait, une intervention directe du roi) de l'empêcher de mettre le pied sur les plages de Normandie le jour même du débarquement. A maintes reprises, qu'il s'agisse des crises de Norvège, de Dakar, des opérations navales au large de la Crète ou de Singapour, il pousse Alanbrooke et d'autres généraux et chefs d'état-major aux limites du désespoir et au bord de la démission ; il limoge un grand nombre d'officiers, cherche désespérément des généraux capables et tend à se mêler de tout. Pourtant, même l'acerbe Brooke reconnaît fréquemment que l'imagination, le charisme et la rhétorique du Premier ministre ont été indispensables à l'effort de guerre.

Il est un autre degré de cet effort de guerre au sein duquel l'enthousiasme et les encouragements de Churchill ont fait merveille : la reconnaissance du talent, de l'initiative et même de l'excentricité de certaines personnes à qui il a offert l'occasion de faire preuve de leur valeur. Le reproche adressé à l'armée qui négligeait les talents du commandant Percy Hobart au motif qu'il « provoquait la controverse » a été évoqué au chapitre 4, et il est difficile d'imaginer qu'Hobart aurait pu transformer ses idées curieuses concernant les chars en une division de chars au sein de la très conservatrice armée britannique sans l'appui du Premier ministre. C'est également lui qui tire l'amiral Ramsay de sa retraite et le place à la tête de la planification des opérations amphibies, lui qui envoie Orde Wingate en Birmanie où ce dernier créé les Chindits, lui qui organise le retour de sir Wilfried Freeman pour qu'il supervise la construction et la production des avions au ministère de l'Air. Qui d'autre, après avoir assisté à la démonstration réussie des capacités du « hérisson » par les farfelus du DMWD, aurait ordonné *dès le lendemain matin* au ministre de la Marine que des ressources soient mises à disposition pour la production de cette arme, sinon Churchill ? La liste pourrait continuer, mais le point essentiel est qu'il n'exista sans doute pas dans l'histoire un chef de guerre pourvu d'un tel œil pour repérer le talent et d'une telle capacité à inspirer et encourager les troupes. L'homme était certes *sui generis*, mais les leçons qu'il nous laisse ne le sont pas : sans une direction audacieuse et sérieuse, toute entreprise importante court le risque d'échouer.

Mais cette « culture de l'encouragement » dépasse de loin les goûts et les lubies des grands chefs. Le corps des Marines de l'après-Première Guerre mondiale, bien que grandement privé de ressources, se voit octroyer assez de liberté pour développer ses idées de « bases avancées en Micronésie ». Les concepteurs de chars (Kochkin) et d'avions (Yakovlev) de Staline, bien que terrifiés par le « patron », savent qu'ils seront soutenus s'ils produisent des armes qui peuvent tuer beaucoup d'Allemands – et obtiennent ainsi beaucoup de ressources. Au sein du département du développement des armes de la RAF, quelqu'un pense à appeler Ronnie Harker à l'usine Rolls-Royce de Derby pour qu'il gagne Duxford en avril 1942 afin de tester le P-51 ; quelqu'un chez Rolls-Royce sait comment joindre sir Wilfried Freeman au ministère de l'Air et faire en sorte que la machine s'enclenche. Un chef d'escadrille de la trempe de Donald Blakeslee sait qu'il peut s'adresser directement à son supérieur, le général Doolittle, et Doolittle sait pouvoir parler avec Arnold et Lovett afin d'infléchir l'attitude de l'USAAF à l'égard du Mustang – avec les effets que l'on sait. Les deux postdoctorants de l'université de Birmingham sont encouragés pour résoudre le problème posé par la miniaturisation d'un radar capable de résister à l'énergie brute produite par son rayon de pulsation ; quand ils y parviennent, ils sont favorablement reçus. Leur professeur, puis Whitehall, puis Tizard et Vanevar Bush et les labos de Bell et du MIT permettent d'amener cette invention à maturité. Cette nouvelle technologie permet finalement de couler un grand nombre de U-boote. Tout cela n'est pas dû à un coup de chance, mais à un système supérieur.

Mais il doit démarrer quelque part. Et ce « quelque part » est un espace, une culture militaro-politique, qui permet à la résolution des problèmes de suivre son cours. Pour des raisons encore insondables, le Japon semble avoir misérablement échoué en la matière : le chasseur Zéro, les porte-avions de la classe *Akagi*, les cuirassés de la classe *Yamato*, tous excellents, sont des produits et des conceptions de la fin des années 1930 ; après cette date, les capacités d'innovation de la nation semblent avoir disparu. Il n'existe pas d'équivalent des Lancaster, des Mustang, des terrifiantes escadres anti-sous-marines de Walker, de radar miniaturisé, de machines de décryptage, sans parler de la bombe atomique. Le Troisième Reich emprunte une voie différente, la puissance industrielle prénazie permettant de produire des « armes miracles » comme les fusées V-1 et V-2, les chasseurs à réaction, le U-boot équipé du schnorkel ; mais aucun de ces instruments ne peut être efficace, car l'Allemagne a *déjà* perdu la maîtrise des mers et des airs. Personne au sein de l'Allemagne nazie – pas plus un corps intermédiaire que Speer lui-même – n'a résolu le problème de l'acheminement des pièces destinées aux sous-marins alors que le réseau ferré allemand est anéanti.

Dans ce domaine, celui de la capacité à transférer du matériel et des troupes d'un point A à un point B, les Britanniques remportent certainement la palme, non en raison d'une sorte d'intelligence innée, mais grâce à leur longue expérience organisationnelle et au sentiment, ô combien fondé, d'avoir affaire à forte partie et de risquer la défaite. Nécessité est plus que jamais mère d'invention. Les Britanniques doivent défendre leurs villes, transporter leurs troupes en Egypte en contournant l'Afrique, soutenir les Grecs, tenir les frontières de l'Inde, entraîner les Etats-Unis dans la guerre et convoyer par la suite leur immense potentiel continental sur le théâtre européen[21]. Voilà une nouvelle mission pour les corps intermédiaires. Comment faire pour convoyer deux millions de soldats américains débarqués dans l'estuaire de la Clyde vers leurs bases du sud de l'Angleterre en vue du débarquement de Normandie, quand la majorité du réseau ferré britannique est consacrée au transport des wagons de charbon qui doivent rejoindre les aciéries dont la production ne peut et ne doit pas cesser ? Une organisation composée de passionnés d'annuaires ferroviaires s'en charge donc, tandis que les grands chefs tiennent le résultat pour acquis, car ils ont confiance dans les capacités de leurs subordonnés. Comme Churchill l'aurait ainsi déclaré à propos des ports artificiels : « Ne vous inquiétez pas tant des problèmes posés, ils se résoudront d'eux-mêmes. » Ce qui veut dire : « Vous trouverez la solution. Petit à petit, vous trouverez la solution. »

Il existe une autre manière de considérer cette question de la résolution des problèmes et qui nous vient d'un exemple très contemporain. En novembre 2011, tandis que les hommages affluaient pour saluer la mémoire de l'ancien et « génial » directeur d'Apple, Steve Jobs, un article intrigant paraissait dans le *New Yorker*. L'auteur de cet article, Malcolm Gladwell, rappelait que Jobs n'était pas l'inventeur d'une machine ou d'une vision ayant changé le monde ; rares sont les êtres humains de ce calibre (Léonard de Vinci ? Thomas Edison ?). Il a été, au contraire, le brillant adaptateur des inventions et des visions mal conçues ou mal abouties d'autres personnes, qu'il a transformées et constamment modifiées. Pour employer un terme moderne, Jobs était un « bidouilleur » et son vrai génie consista à améliorer constamment les produits de sa société.

L'histoire de Steve Jobs n'a rien de neuf. L'avènement de la révolution industrielle au XVIIIe siècle en Grande-Bretagne – que l'on peut considérer comme la principale responsable de la suprématie de l'Occident – se produit précisément parce que le pays est abondamment pourvu de « bidouilleurs » dans une société qui a toujours encouragé le progrès :

> « En 1779, Samuel Crompton, un génie du Lancashire à la retraite, invente la *mule-jenny*, qui rend possible la mécanisation de la fabrication du coton. Mais l'Angleterre bénéficie également de la présence d'Henry Stokes, de Horwich, qui ajoute des roulements métalliques à la *mule* ; James Hargreaves, de Tottington, trouve un moyen pour rendre l'accélération et la décélération moins brutales ; William Kelly, de Glasgow, trouve la manière d'ajouter la puissance hydraulique pour assister le mouvement de navette ; John Kennedy, de Manchester, adapte la roue permettant d'effectuer des allers-retours mesurés et, pour finir, Richard Roberts, également de Manchester, passé maître dans la production de machines de précision et bidouilleur en chef, invente la *mule-jenny* "automatique" : une recréation précise, rapide et fiable de l'invention de Crompton[22]. »

Le lecteur ayant suivi cette analogie durant les cinq chapitres de cet ouvrage est sans doute frappé par les similitudes. Car l'histoire de l'évolution du T-34 soviétique, carcasse métallique mal conçue, mal motorisée, devenue une arme de guerre rapide et meurtrière, n'est-elle pas une histoire de bidouillage ? Celle du grand bombardier B-29 américain, à ce point handicapé par les difficultés que l'on envisage un temps d'en abandonner la production, avant que les ingénieurs de Boeing ne parviennent à les résoudre ? Et l'histoire miraculeuse du P-51 Mustang ? Les *funnies* de Hobart ? Et un radar si puissant et si miniaturisé qu'il peut être inséré dans le nez d'un avion patrouilleur et changer le cours de la bataille de l'Atlantique ? Tout fonctionne lorsque l'on rassemble toutes les pièces du système. Mais de tels projets nécessitent du temps et du soutien.

Si ces remarques sur la culture de l'innovation sont valides, les cinq histoires particulières et parallèles sont porteuses d'un message transférable à d'autres domaines, d'autres disciplines, d'autres grands défis. Cela ne signifie pas uniquement que l'on puisse transférer cette méthode d'analyse à des conflits plus anciens comme les guerres napoléoniennes ou la guerre de Sécession, bien qu'elle pourrait être utile et que ces conflits disposent déjà de leurs historiens qui travaillent avec des procédés analogues[23]. Ce débat, développé dans les cinq chapitres de cet ouvrage, s'insère dans la grande littérature et les débats portant sur ce que l'on appelle les « études sur les innovations militaires[24] ». Les études de cas devraient, je l'espère, provoquer l'émergence de nombreux écrits sur le « degré opérationnel » de la guerre. Ils sont clairement reliés aux études portant sur l'« efficacité militaire ».

Par extension, tout manager ou consultant du monde des affaires – ou un P-DG ayant du temps pour lire – peut percevoir les leçons qui émergent de ces histoires. N'importe quel manager, même au sein des plus grandes sociétés mondiales, ne peut sans doute qu'être ébahi devant les prouesses de l'amiral Ramsay, qui orchestre et coordonne les cinq débarquements du Jour J, et aimerait sans doute réaliser un dixième de cet exploit. Le fantôme de Peter Drucker, le grand théoricien du management, mort en 2005, plane sans doute sur cet ouvrage, lui qui a rédigé tant de livres sur les questions de l'organisation et du management. Et il faut bien le dire : personne n'a jamais dépassé l'exploit accompli par Ramsay et son équipe au matin du 6 juin 1944.

Pour résumer, remporter un conflit majeur nécessite une organisation supérieure, ce qui à son tour nécessite des individus pour diriger cette organisation, non avec des œillères, mais avec compétence et d'une manière qui permette à des outsiders d'insuffler des idées nouvelles. Rien ne peut être fait par les seuls chefs, quel que soit leur génie et quelle que soit leur énergie. Il faut qu'existe un système de soutien, une culture de l'encouragement, des boucles de retours efficaces, une capacité à apprendre de ses revers, une capacité à faire les choses. Et tout cela doit être mieux conçu que dans le camp d'en face. Voilà comment on gagne les guerres.

Ainsi, le jeune ouvrier qui s'interroge dans le poème de Bertolt Brecht, évoqué au début de cet ouvrage, a bien raison de se poser ces questions. Qui a donc fait tourner ce système pour Alexandre, César, Philippe II et Frédéric ? Ces hommes des corps intermédiaires, chargés de résoudre les problèmes. Tout en accordant aux chefs, aux généraux, aux amiraux, mais aussi aux soldats, marins et aviateurs, le respect qui leur est dû, cet ouvrage tente de le montrer. Sans ces hommes des niveaux intermédiaires et les organisations qu'ils dirigent, la victoire aurait échappé aux Alliés. Il est donc étrange que ces hommes n'aient été, pour la période de la Seconde Guerre mondiale, que très peu considérés à leur juste valeur.

Frédéric le Grand, particulièrement attentif au détail, récompensait constamment ses colonels et ses subordonnés en les comblant de titres et de terres (certains de leurs héritiers, portant les mêmes noms aristocratiques, combattirent sur le front de l'Est 180 ans plus tard, sous les ordres d'un caporal autrichien qu'ils méprisaient). Les généraux d'Alexandre transportèrent sa dépouille aussi vite qu'ils le purent, l'ensevelirent et rentrèrent en Macédoine couverts de gloire. Philippe II d'Espagne ne fut pas un ingrat avec ceux qui l'avaient fidèlement servi et qui continuèrent de vouloir servir sa cause même après le désastre de l'Invincible Armada. Nous ne savons pas ce qui est arrivé au cuisinier de César. Mais il est certain qu'il a joué un rôle.

Tel est également le cas de ces hommes de l'ombre qui ont permis, au milieu de la guerre, qu'aux premiers succès des agressions de l'Axe jusqu'en 1942 succèdent les offensives irrésistibles des Alliés à partir de 1943, provoquant l'écrasement de l'Allemagne et du Japon. Certains de ces individus, certaines de ces armes, certaines organisations sont reconnus, il est vrai, comme les créateurs du chasseur P-51 Mustang à long rayon d'action, des chars spécialisés de Hobart, du radar miniaturisé et des Seabees – mais généralement d'une manière impressionniste et un peu caricaturale par les spécialistes et les passionnés de cet aspect de la guerre. Ces histoires individuelles n'ont été que très rarement reliées entre elles pour montrer à quel point elles ont eu une influence sur les nombreuses campagnes qui firent tourner la roue en faveur des Alliés au milieu de ce conflit global. On a même encore plus rarement compris comment les œuvres de ces diverses personnes et organisations démontrent, réunies ensemble, l'importance de la « culture de l'encouragement », afin que les déclarations politiques et stratégiques des grands chefs prennent corps et ne se perdent pas dans le tumulte de la guerre. Si tel est bien le cas, comme ce livre entend le démontrer, nous avons vécu depuis des années sans réaliser qu'il nous manquait un élément tout à fait essentiel à l'explication de la victoire des Alliés durant cette période charnière. Peut-être cet ouvrage contribuera-t-il modestement à combler ce vide.

Notes

Introduction

1. Notre groupe de travail avait tout d'abord recommandé des changements constitutionnels majeurs à la tête de l'organisation – en amendant la Charte afin de permettre l'entrée de nouveaux membres permanents au sein du Conseil de sécurité –, mais, ayant constaté qu'un changement d'une telle magnitude rencontrait une opposition politique massive, il nous apparut que la meilleure façon de réformer l'ONU consistait à s'assurer de son efficacité au niveau intermédiaire, sur les opérations de maintien de la paix, de développement et le travail sur le terrain de la question des droits de l'homme. Comparez les propositions ambitieuses suggérées dans « Reforming the United Nations », *Foreign Affairs*, vol. 74, n° 5 (sept.-oct. 1995), pp. 56-71, avec les formulations plus prudentes évoquées dans P. Kennedy, *The Parliament of Man: The Past, Present and Future of the United Nations*, Random House, New York, 2006, chap. 8.

2. Pour les lecteurs intéressés, le programme est disponible sur le site http://www.yale.edu/ISS/gs

3. Pour quelques exceptions à cette règle générale, voir les nombreuses contributions dans W. Murray, M. Knox et A. Bernstein, *The Making of Strategy: Rulers, States and War*, Cambridge University Press, Cambridge, 1994 – il convient de noter qu'il s'agit d'un contrepoint tout à fait délibéré à un ouvrage classique : E.M. Earle, avec G.A. Craig et F. Gilbert (dir.), *Makers of Modern Strategy: Military Thought from Machiavelli to Hitler*, Princeton University Press, Princeton, 1943, 1971, qui met l'accent sur les écrits et les « pensées » stratégiques.

4. Voir, respectivement G. Parker, *The Army of Flanders and the Spanish Road: The Logistics of Spanish Victory and Defeat in the Low Countries War*, Cambridge University Press, Cambridge, 1972 ; P. Padfield, *Guns at Sea*, Evelyn, Londres, 1973, chap. 10 et 11 ; J.C. Riley, *International Government Finance and The Amsterdam Capital Market 1740-1815*, Cambridge University Press, Cambridge, 1980 ; P.M. Kennedy, « Imperial Cable Communications and Strategy

1870-1914 », *The English Historical Review*, Longman's, Londres, 1972.

5. Ces directives opérationnelles sont admirablement résumées dans les pages 105-108 du classique d'Herbert Feis, historien du Département d'Etat : *Churchill, Roosevelt, Stalin: The War They Waged and the Peace They Sought*, Princeton University Press, Princeton, 1957.

6. Thèse présentée dans mon ouvrage *Naissance et déclin des grandes puissances*, Payot, Paris, 1988.

7. Voir à ce sujet le film *The Dambusters (Les Briseurs de barrage)*, réalisé en 1955 par Michael Anderson, avec Michael Redgrave.

8. La meilleure manière de s'en rendre compte consiste à examiner les quatre livres consacrés à la Seconde Guerre mondiale que je cite le plus – et de tenter d'y trouver la mention (ou l'absence de mention) de certaines de ces « pièces du puzzle » que sont le moteur Merlin, le hérisson, le magnétron à cavité et les blindés de Hobart : B. Ellis, *Brute Force: Allied Strategy and Tactics in the Second World War*, Viking, New York, 1990 ; R. Overy, *Why the Allies Won*, Jonathan Cape, Londres, 1995 ; W. Murray et A.R. Millett, *A War to Be Won: Fighting the Second World War*, Harvard University Press, Cambridge, Mass., 2000 ; B.H. Liddell Hart, *Histoire de la Seconde Guerre mondiale*, Fayard, Paris, 1973.

Un autre point de comparaison peut être effectué avec deux ouvrages récents et ayant reçu un excellent accueil : le livre de Ian Kershaw, *Choix fatidiques : dix décisions qui ont changé le monde, 1940-1941*, Seuil, Paris, 2007, ouvrage très agréable mais délibérément construit sur une suite d'approches descendantes : « Chapitre 2 – Hitler décide d'attaquer l'Union soviétique », « Chapitre 7 – Roosevelt décide de faire une guerre non déclarée » et ainsi de suite. Le second est l'excellent livre d'Andrew Roberts, *Masters and Commanders: How Roosevelt, Churchill, Marshall and Alanbrooke Won the War in the West*, Allen Lane/Penguin, Londres, 2008, que l'on peut d'ailleurs considérer comme le complément parfait, au sommet de la pyramide, de mon ouvrage, consacré au niveau intermédiaire.

1. Comment faire traverser l'Atlantique aux convois

1. S.W. Roskill, *The War at Sea, 1939-1945*, 3 volumes, HMSO, Londres, 1954-1961, vol. 2, p. 355 – une magnifique citation d'un des plus grands historiens navals.

2. B. H. Liddell Hart, *Histoire de la Seconde Guerre Mondiale*, *op. cit.*, pp. 321-322. Si la description du climat est correcte, les Alliés ont eu de la chance de lancer l'opération Torch en novembre ! Sur les commentaires d'Alanbrooke à propos des délais dans le trajet, voir les pages qui y sont consacrées dans Alex Danchev et Daniel Todman (dir.), *War Diaries, 1939-1945: Field Marshall Lord Alanbrooke*, Weidenfeld & Nicolson, Londres, 2001.

3. Liddell Hart, *op. cit.*, p. 391. [*NB* : Liddell Hart avance quant à lui que Dönitz possédait 204 sous-marins opérationnels (sur un total de 336) à la fin de 1942, mais la différence est insignifiante.]

Le *Gross Amiral* Karl Dönitz était le chef des sous-marins allemands. Tant de livres ont été écrits sur cette campagne ces soixante dernières années qu'il est bien difficile d'en distinguer certains plutôt que d'autres. On peut commencer par l'excellent ouvrage général de Marc Milner, *Battle of the Atlantic*, Tempus, Stroud, Gloucestershire, 2005, et se pencher sur sa bibliographie succincte, pp. 265-267. L'histoire officielle britannique est mentionnée dans la note 1. L'histoire officielle américaine est celle de S. E. Morison, *History of United States Naval Operations in World War II*, 15 volumes, Little Brown, Boston (plusieurs années de parution), les vol. I et X étant les plus pertinents car traitant directement de la bataille de l'Atlantique. Milner (Canadien lui-même) a l'avantage de mettre en avant le rôle de plus en plus grand que jouèrent la marine et les forces aériennes canadiennes. On pourra consulter plusieurs volumes de la Navy Record Society, par le regretté David Syrett et Eric Grove, et trouver un grand nombre d'informations complémentaires dans les nombreuses publications du Bureau de recherches d'histoire militaire allemande.

4. Cité dans Roskill, *op. cit.*, vol. 2, p. 367.

5. Sur la théorie stratégique ici décrite, voir John Winton, *Convoy: The Defence of Sea Trade, 1890-1990*, Michael Joseph, Londres, 1983 ; S.W. Roskill, *The Strategy of Sea Power*, Collins, Londres, 1962 ; et sir Julian Corbett, *Some Principles of Maritime Strategy*, Collins, Londres, 1962.

6. Référence à l'ouvrage de Millett et Murray sur les quatre degrés de l'« efficacité militaire », déjà mentionné dans l'introduction de ce livre.

7. Les tableaux les plus facilement disponibles se trouvent dans Roskill, *War at Sea, op. cit.*, vol. 3, tome II, Annexes, où la guerre navale est résumée dans son ensemble.

8. La défaite française de 1940, peut-être ? Mais pour les Français seulement. Stalingrad ? Mais l'armée allemande reprit sa poussée vers l'est au printemps 1943. Midway ? La bataille marque la limite de l'expansion japonaise dans le Pacifique central, pas le début de la contre-offensive de Nimitz, qui débuta plus d'un an plus tard.

9. De nombreux excellents livres traitent de ces mois critiques de la bataille de l'Atlantique, dont ceux de Milner et Roskill déjà cités, ainsi que celui de Correlli Barnett, *Engage the Enemy More Closely: The Royal Navy in the Second World War*, Hodder & Stoughton, Londres, 1991. Le meilleur est sans doute celui de l'historien allemand (et ancien officier de marine) Jürgen Rohwer, *The Critical Convoy Battles of 1943*, Ian Allen, Londres, 1977, véritable tour de force historique par la méticulosité de sa reconstruction. Egalement très impressionnant, Martin Middlebrook, *Convoy*, William Morrow & Company, Londres, 1986.

10. Rohwer, *op. cit.*, p. 55.

11. *Ibid.*, p. 211, pour les données techniques des différents modèles de U-boote.

12. Rappelons que le flot croissant de troupes américaines et canadiennes à destination de la Grande-Bretagne fut transporté de manière totalement différente – les grands paquebots de la Cunard (le

Queen Elizabeth et le *Queen Mary*), totalement réaménagés, pouvaient transporter 15 000 (!) GI's à une vitesse que même un destroyer ne pouvait atteindre, sans parler d'un U-boot. Mais à quoi servaient deux à trois millions de soldats au Royaume-Uni s'ils manquaient de nourriture et de munitions ?

13. Barnett, *op. cit.*, p. 599.

14. Sur ce thème, voir D. Howse, *Radar at Sea: The Royal Navy in the Second World War*, Macmillan, Londres, 1993, *passim*, une magnifique étude ; sir Arthur Hezlet, *The Electron and Sea Power*, C. Davies, Londres, 1975 ; et l'excellent ouvrage (parmi d'autres du même auteur) de G. Hartcup, *The Effect of Science on the Second World War*, Macmillan, Londres, 2000, particulièrement les chap. 3 et 4.

15. Rohwer, *op. cit.*, p. 113.

16. *Ibid.*, p. 121.

17. Sur les nombreuses inquiétudes d'Alanbrooke à cette époque, voir *War Diaries, 1939-1945*, *op. cit.*, de la p. 330 à la p. 425 environ.

18. Il suffit, pour s'en convaincre, de visionner ce grand classique du cinéma en noir et blanc : *La Mer cruelle* (d'après un livre du grand romancier Nicholas Montserrat, scénario d'Eric Ambler), dans lequel l'acteur américain Jack Hawkins interprète le commandant d'un convoi à bord d'une petite corvette de la classe *Flower*. Nous le voyons faire face aux attaques, convoi après convoi, et voir de nombreux navires marchands exploser et leurs équipages disparaître sans pouvoir y faire grand-chose. Montserrat fut lui-même capitaine d'un navire d'escorte dans l'Atlantique.

19. En français dans le texte.

20. Voir, à titre d'exemple, l'analyse du vice-amiral sir Peter Gretton dans le dernier chapitre de son livre *Crisis Convoy: The Story of HX-231*, Naval Institute Press, Londres, 1974, « Pourquoi les Allemands ont-ils perdu la bataille de l'Atlantique au printemps 1943 ? », qui tourne autour de la question sans vraiment y répondre – il n'est pas le seul auteur à faire de même, bien qu'ayant été un des témoins et acteurs de ce renversement de tendance.

21. Roskill, *op. cit.*, vol. 2, carte 38, p. 365.

22. Milner, *op. cit.*, p. 127.

23. Voir encore Roskill, *op. cit.*, vol. 2, chap. V, et la terrible carte présentant l'emplacement des navires perdus par le PQ-17, p. 141.

24. Barnett, *op. cit.*, p. 600.

25. Tout ceci ne signifie pas que les convois (à l'inverse des groupes de chasseurs de sous-marins) allaient soudainement se mettre en quête des meutes de U-boote. Rien n'était plus souhaitable que l'absence d'attaque durant la traversée. Mais, si les U-boote attaquaient des convois, ils seraient à présent repoussés vigoureusement, à l'aide d'armements plus modernes.

26. Estimer la contribution exacte du convoi HX-231 à la bataille de l'Atlantique est assez délicat. Roskill, pourtant méticuleux, ne le mentionne même pas dans son *War at Sea*, vol. 2. C'est peut-être ce qui poussa le commandant de son escorte, Peter Gretton, à écrire *Crisis Convoy* (voir la note 20 ci-dessus), un ouvrage plutôt personnel mais qui contient quelques passages intéressants sur le moral, l'entraînement et un détail de la cargaison des navires marchands, le nombre de pétroliers, etc. Milner (*op. cit.*), tout

aussi précis, n'évoque cet affrontement que succinctement, page 158, en mentionnant la déception de Dönitz quand il apprend que seuls 6 navires ont été coulés. R. Overy, *Why the Allies Won*, Pimlico, 2e édition révisée, Londres, 2006, p. 69, écrit : « Le convoi HX-231, parti de Terre-Neuve, dut affronter quatre jours de tempête et faire face à l'attaque de dix-sept sous-marins. Quatre U-boote furent coulés pour des pertes minimes. » Mais la compilation par Roskill des pertes des U-boote (*op. cit.*, Annexe J, p. 470) indique la perte de deux U-boote dans l'Atlantique Nord à cette période.

27. Ce tableau, créé par William Owen, fait la synthèse des tableaux 69 et 72 du livre de John Ellis, *World War II : A Statistical Survey*, Facts on File, Londres, rééd. 1993, p. 226.

28. Les estuaires de la Clyde (Glasgow) et de la Mersey (Liverpool) jouent un rôle stratégique de premier plan durant la Seconde Guerre mondiale, comme points de départ et d'arrivée des très nombreux convois de troupes et de matériel des Alliés. Situés à une bonne distance des aérodromes allemands, ils bénéficient d'infrastructures portuaires énormes (mouillages, docks, cales sèches, entrepôts, chantiers navals et connexion à un réseau ferré très dense) et d'un accès facile à l'Atlantique.

29. La carte se trouve p. 16 de l'ouvrage de Ronald Seth, *The Fiercest Battle: The Story of Convoy ONS-5*, W.W.Norton, New York, 1962.

30. *Ibid.*, p. 157.

31. *Ibid.*, p. 173.

32. Les performances des navires de guerre ainsi qu'une photo de groupe des (très jeunes) commandants d'embarcation se trouvent dans le livre de sir Peter Gretton, *Convoy Escort Commander*, Cassell, Londres, 1964 ; la description se trouve pp. 149-162.

33. Barnett, *op. cit.*, p. 610.

34. Sur la personnalité politique de Dönitz, voir P. Padfield, *Dönitz: The Last Führer*, Harper & Row, New York, 1984, *passim*. Sur son rapport envoyé à Hitler, voir Liddell Hart, *op. cit.*, pp. 394-395. Sur l'importance de la puissance aérienne dans la bataille des convois HX-239 et SC-130, voir Barnett, *op. cit.*, p. 611.

35. K. Dönitz, *Ten Years and Twenty Days*, Weidenfeld & Nicolson, Londres, 1959, p. 326.

36. 1941 : la traque du *Bismarck*, la Crète, les convois pour Malte, Pearl Harbor, la destruction du *Prince of Wales* et du *Repulse* en mer de Chine : l'aviation est partout décisive.

37. Le mémorandum dédaigneux rédigé par « Bomber » Harris est présenté dans M. E. Howard, *Grand Strategy*, vol. IV, HMSO, Londres, 1972, p. 21 ; le récit plus mesuré de Dönitz est reproduit dans Barnett, *op. cit.*, p. 611. Cette histoire lamentable, côté britannique, a été depuis confirmée par les recherches de Duncan Redford dans « Inter- and Intra- Service Rivalries in the Battle of the Atlantic », *The Journal of Strategic Studies*, vol. 32, n° 6 (décembre 2009), pp. 899-928. Gretton livre le récit de ses expériences personnelles de coopération avec les forces aériennes dans l'introduction du livre de Seth, *The Fiercest Battle* (voir note 29 ci-dessus), pp. 14-15. Gretton rapporte également que l'Ecole tactique de Liverpool avait des « classes communes » regroupant

les officiers de la Royal Navy et du Coastal Command, ce qui semble très étonnant.

38. Egalement connue sous le nom de code de mine Mark 24. Voir l'article « Mark 24 Mine » sur http://wikipedia.org/wiki/Mark_24_Mine ; et la communication récente de Kathleen Williams, « See Fido Run: A Tale of the First Anti-U-Boat Acoustic Torpedo », au symposium de l'USNA Naval History, 2009.

39. Willmott, *op. cit.*, pp. 266-267.

40. Pour des représentations des équipages utilisant des grenades anti-sous-marines, voir Roskill, *op. cit.*, vol. 3, part. I, p. 257 ; sur le sonar amélioré, Hartcup, *op. cit.*, pp. 60-69.

41. *Ibid.*, pp. 72-74.

42. Deux revues destinées à la jeunesse, qui traitaient abondamment de sujets techniques et proposaient à leurs lecteurs des myriades d'expériences scientifiques (*NdT*).

43. G. Pawle, *The Secret War 1939-1945*, White Lion Press, Londres, 1956, chap. 12. Pour corriger cette interprétation du rôle des « excentriques » dans la victoire des Alliés, voir le livre de David Edgerton, *Britain's War Machine*, Allen Lane/Penguin Press, Londres, 2011 ; voir également le chapitre « Réflexions » à la fin du présent ouvrage.

44. La chance ? Peut-être pas. Une autre version veut que deux splendides lieutenants de vaisseau de la Royal Navy participant à cette expérience soient parvenus à persuader la plus jeune fille de Churchill, Sarah, ce jour-là présente, de faire en sorte que son père assiste à l'essai de cette arme.

45. Rohwer, *op. cit.*, p. 198. Hartcup, *op. cit.*, pp. 47-49, en explique le fonctionnement.

46. Pour un résumé bref et clair, voir à nouveau Hartcup, *op. cit.*, pp. 24-27, 28-31.

47. E.G.Bowen, *Radar Days*, Adam Hilger, Bristol, 1987, chap. 9-12, explique le fonctionnement de cette technologie et son rôle dans le transfert au RadLab. Le livre de John Burchard, *QED : MIT in World War II*, Wiley, New York, 1948, affirme que « l'invention, par les Britanniques, du magnétron à cavité fut peut-être la contribution technique la plus importante des premières années de la guerre » (p. 219). Voir également Howse, *op. cit.*, pp. 67, 68, 156.

48. On trouve une photo d'un projecteur Leigh dans Barnett, *op. cit.*, p. 588-589. Dans les pp. 258-259, il évoque ces délais interminables. Barnett se montre généralement très critique à l'égard des difficultés de l'industrie britannique à fournir des armes adaptées aux différents fronts. J'ai pour ma part le sentiment que l'île assiégée s'est plutôt bien comportée face aux terribles conditions de la guerre totale, une vision à présent renforcée par David Egerton (voir note 43).

49. Barnett, *op. cit.*, p. 609. Hartcup, *op. cit.*, chap. 5, livre un bilan équilibré (et plutôt réservé) sur la contribution d'Ultra à la victoire des Alliés. Rohwer, *op. cit.*, pp. 229-244, évoque et explique le décryptage des codes navals. Le « père fondateur » de l'histoire du décryptage, David Kahn, se montre réticent à attribuer une trop grande importance à Ultra comme aux autres systèmes de décryptage : voir D. Kahn, « Intelligence

in World War II: A Survey », *The Journal of Intelligence History*, vol. 1, n° 1 (été 2001), pp. 1-20.

50. Herbert Werner, *Dix-huit secondes pour survivre*, Robert Laffont, Paris, 1970. Un récit terrible et fascinant, avec des illustrations magnifiques qui inspirèrent sans doute le film *Das Boot*.

51. Roskill, *op. cit.*, vol. 3, part. 1, chap. II et III ; et Morison, *op. cit.*, vol. X, chap. VII, avec une carte des U-boote coulés dans le golfe de Gascogne, p. 97. Les bombes planantes sont évoquées dans l'excellent livre de Milner, *op. cit.*, pp. 193-194.

52. Sur les Mosquito polonais, voir *ibid.*, p. 189, ainsi que pour la nationalité des escadrilles.

53. Barnett, *op. cit.*, p. 606.

54. De son vrai nom Frederic John Walker, ainsi surnommé en référence à la célèbre marque de whisky.

55. La plupart des récits détaillés de la bataille de l'Atlantique mentionnent le rôle de Walker – comment pourrait-il en être autrement ? – mais on pourra visiter avec intérêt le site http://www.secondworldwar.org.uk/walkerindex.html, qui contient de très nombreuses données sur Walker.

56. Barnett, *op. cit.*, p. 605 ; sur le même sujet, voir Hartcup, *op. cit.*, chap. 6.

57. Roskill, *op. cit.*, vol. III, tome 1, p. 395 ; et Morison, *op. cit.*, vol. X, chap. VIII.

58. Werner, *op. cit.*, p. 213, rapporte que lui et ses camarades reçurent l'ordre d'attaquer les navires participant au débarquement « avec pour objectif final de les détruire en les éperonnant ». Morison, *op. cit.*, vol. X, pp. 324-325, sur la couverture massive, aérienne et navale, des Alliés (et la perte du *Pink*).

59. Chasseurs bombardiers, dont le rôle premier était la destruction des blindés.

60. Cette période finale de la bataille est bien couverte dans Roskill, *op. cit.*, vol. 3, part. I et II ; Barnett, *op. cit.*, pp. 852-858 ; Milner, *op. cit.*, chap. 9, montre toute la dureté de ces derniers combats.

61. Willmott, *op. cit.*, p. 273. Ellis, *op. cit.*, pp. 160-161, insiste lui aussi sur le rôle des capacités de production dans l'issue du conflit.

2. Comment gagner la maîtrise des airs

1. E. Bendiger, *The Fall of Fortresses*, *op. cit.*, citations pp. 219-221.

2. Père de l'aviation stratégique américaine mort en disgrâce en 1936.

3. *Ibid.*, pp. 236 et 225 (dans cet ordre).

4. La littérature est abondante sur le sujet ; Liddell Hart, *op. cit.*, chap. 23, et Overy, *op. cit.*, chap. 4, contiennent des chapitres qui en donnent une vision globale. Je considère le livre de M. Hastings, *Bomber Command*, Michael Joseph, Londres, 1979, comme le plus abouti, très critique mais faisant preuve de discernement. L'histoire officielle britannique de C. Webster et N. Frankland, *The Strategic Air Offensive against Germany*, HMSO, Londres, 1961, 4 vol., est un modèle du genre.

5. N. Longmate, *The Bombers: The RAF Offensive against Germany, 1939-1945*, Hutchinson, Londres, 1983, p. 298.

6. Murray et Millett, *A War to Be Won*, p. 317 ; et, plus généralement J. Terraine, *The Right of The Line*,

Pen & Sword, Londres, 2010, qui traite du rôle de la RAF dans la guerre en Europe du début à la fin du conflit.

7. Overy, *op. cit.*, p. 147 ; Hastings, *op. cit.*, p. 318 ; Longmate, *op. cit.*, *passim*.

8. I.F. Clarke, *Voices Prophesying War 1763-1984*, Oxford University Press, Oxford, 1966, 1re éd., *passim*.

9. A. Gollin, *No Longer an Island: Britain and the Wright Brothers 1902-1909*, Heinemann, Londres, 1984, particulièrement les derniers chapitres. Sur l'affirmation d'Amery de 1904, voir Paul Kennedy, *Strategy and Diplomacy 1870-1945: Eight Studies*, Allen & Unwin, Londres/Boston, 1983, p. 47.

10. Voir l'analyse comparative d'Overy, *The Air War 1939-1945*, Europa, Londres, 1980, *passim* ; et, superbement illustré, R. Higham, *Air Power: A Concise History*, Sunflower Press, Yuma, Kansas 1984.

11. Le chantier naval de la compagnie Swan Hunter, à Wallsend-on-Tyne, où j'ai grandi, est si contigu aux maisons que les façades de ces dernières finirent par être masquées par les superstructures des cuirassés comme le HMS *Nelson* ou le HMS *Anson* qui y étaient assemblés. Comment ces maisons auraient-elles pu être épargnées par une attaque aérienne sur le chantier ?

12. Comparez, par exemple, les récits très critiques de Longmate, *op. cit.*, *passim*, et Bendiger, *op. cit.*, *passim*, avec celui du grand défenseur de la stratégie du *Bomber Command* de la RAF, Dudley Saward, *Victory Denied: The Rise of Air Power and the Defeat of Germany 1920-1945*, Buchan & Enright, Londres, 1985, *passim*. Saward est également l'auteur de la biographie (autorisée) de « Bomber » Harris, dont le propre récit, *Bomber Offensive*, *op. cit.*, fut publié peu de temps après la guerre et reflète parfaitement ses opinions tranchées.

13. Cité dans Longmate, *op. cit.*, pp. 21-22. Les italiques sont de moi. Le chapitre premier du livre de Hastings, *Bomber Command*, contient un bref mais brillant aperçu de la RAF entre 1917 et 1940, et le vol. I de l'*Histoire officielle* de Webster et Frankland, *op. cit.*, est très précieux.

14. Voir le chap. 20 sur les théories de la guerre aérienne dans E.M. Earle (dir.), *Makers of Modern Strategy*, Princeton University Press, Princeton, 1943, 1971 ; et Hastings, *op. cit.*, chap. premier, pour Trenchard. Une bonne partie de ce qui suit dans mon texte provient de Tami Biddle, *Rhetoric and Reality: The Evolution of British and American Ideas about Strategic Bombing, 1914-1945*, Princeton University Press, Princeton, 2001, *passim*.

15. Cette remarquable déclaration de Trenchard et les réponses tout aussi remarquables du chef de l'état-major impérial et du Premier Lord de l'Amirauté sont citées presque intégralement dans Longmate, *op. cit.*, pp. 43-47. J'ai pu me faire une meilleure compréhension des idées de Douhet en lisant le brouillon de l'article du professeur J. Haslam, « Giulio Douhet: A Symbolic or a Substantive Target? ».

16. U. Bialer, *The Shadow of the Bomber: The Fear of Air Attack and British Politics 1932-1939*, Royal Historical Society, Londres, 1980. La citation de Baldwin se trouve à la p. 50 du livre de Hastings, *op. cit.*

17. B. Collier, *op. cit.*, *passim*, plante le décor, comme le chap. 2 d'Overy, *op. cit.*

18. W. Murray, *Luftwaffe*, The Nautical & Aviation Publishing Company of America, Baltimore, Maryland, 1985, pp. 43-61, est excellent sur le sujet.

19. Voir à nouveau Collier, *op. cit.*, *passim* ; et T.C.G. Jones, *The Battle of Britain*, Frank Cass, Londres, 2000, réimpression d'un ouvrage à usage interne de l'Air Historical Branch.

20. Voir Robert Wohl, *A Passion for Wings: Aviation and the Western Imagination 1908-1918*, Yale University Press, New Haven/Londres, 1994.

21. Liddell Hart, *op. cit.*, p. 96.

22. Détail amusant : Watson-Watt est le descendant du célèbre ingénieur écossais James Watt, inventeur de la première machine à vapeur opérationnelle.

23. Pour un excellent récit court, voir à nouveau G. Hartcup, *op. cit.*, chap. 2 et 3.

24. Cité dans B. Schwarz, « Black Saturday », *The Atlantic* (avril 2008), p. 85, qui rend compte de l'ouvrage de Peter Stansky, *The First Day of the Blitz*, Yale University Press, New Haven, Connecticut, 2007.

25. Deux escadrilles polonaises, la 302e et la 303e, participent à la bataille d'Angleterre avec des résultats ahurissants. L'escadrille 303 (Varsovie) obtient les meilleurs résultats de toutes les escadrilles de la RAF, en abattant pas moins de 110 avions allemands entre le 10 juillet et la fin du mois d'octobre – une petite revanche pour la destruction de Varsovie. A la fin de la guerre, la RAF compte 15 escadrilles polonaises dans ses rangs, avec un total de 19 400 hommes.

26. Murray, *op. cit.*, p. 60, table XI. On trouvera le comparatif des cadences de production des avions dans Overy, *op. cit.*, p. 33.

27. Murray, *op. cit.*, pp. 60 et 10 (dans cet ordre).

28. Grossièrement parlant, les bombardiers moyens allemands atteignent un arc allant de Coventry à Exeter, les bombardiers de la RAF, de Brême à Saint-Nazaire ; Cologne et la Ruhr sont à peine à portée en 1940.

29. Chiffres tirés de Overy, *op. cit.*, p. 150.

30. Cité dans Liddell Hart, *op. cit.*, pp. 600-601, et voir également Webster et Frankland, *op. cit.*, vol. I, p. 178.

31. *Ibid.*, p. 233.

32. A.Tooze, *The Wages of Destruction: The Making and Breaking of the Nazi Economy*, Penguin, Londres, 2006, pp. 596-602, une brillante analyse révisionniste.

33. Hastings, *op. cit.*, p. 246, pour une estimation des dommages infligés ; W. Murray, *Strategy for Defeat: The Luftwaffe 1939-1945*, Air University Press, Maxwell, Alabama, 1983, p. 169, sur Speer et Hitler. Il s'agit d'un livre différent du livre plus ancien de Murray (note 18 ci-dessus), qui utilise des données identiques.

34. Voir Longmate, *op. cit.*, chapitre 21, « The Biggest Chop Night Ever » ; et Hastings, *op. cit.*, p. 319, pour les citations de Harris, et p. 320, pour l'histoire officielle.

35. R. Weigley, *The American Way of Warfare: A History of United States Military Strategy and Policy*, Indiana University Press, Bloomington, 1973, *passim*. Le chap. 14 porte un regard particulier sur les offensives aériennes de l'US Air Force.

36. W.F.Craven et J.L.Cate (auteurs et sous la direction de), *The*

Army Air Forces in World War II, University of Chicago Press, Chicago, 1948-1958, 7 volumes, est particulièrement éclairant : voir le vol. 2, chap. 9 (par Arthur B. Ferguson), « The Casablanca Directive ».

37. Bendiger, *op. cit.*, pp. 232-234. L'auteur n'y mâche pas ses mots.

38. Ces chiffres sont issus de A. Furse, *Wilfrid Freeman: The Genius Behind Allied Survival and Air Supremacy 1939 to 1945*, Spellmount Press, Staplehurst, 1999, p. 234 ; ils diffèrent légèrement de Liddell Hart, *op. cit.*, p. 608.

39. Craven et Cate, *op. cit.*, vol. 2, pp. 702-703 ; la description (mais s'agissait-il véritablement de « fusées » ?) vient du chap. 20, « Pointblank », par Arthur B. Ferguson.

40. Un des grands classiques du cinéma d'après-guerre, *Twelve O'Clock High* (*Un homme de fer*), sorti en 1949, narre l'histoire d'un officier aviateur très déterminé, incarné par Gregory Peck, et qui restaure le moral et l'efficacité d'une escadrille démoralisée. La vérité est un peu plus compliquée.

41. Craven et Cate, *op. cit.*, vol. 2, pp. 706, 705 (dans cet ordre).

42. Ce débat est encore relayé, dans une certaine mesure, par les querelles agitant les experts américains autour de l'efficacité ou des limitations de la puissance aérienne américaine déployée en Afghanistan.

43. Un petit classique sur le sujet : Karl Mendelssohn, *Science and Western Domination*, Thames and Hudson, Londres, 1976 ; cette histoire est davantage développée dans le livre récent de Daniel Headrick, *Power over Peoples: Technology, Environments, and Western Imperialism, 1400 to the Present*, Princeton University Press, Princeton, New Jersey, 2010.

44. A la fin de la guerre, apparaissent des armes véritablement innovantes, comme le chasseur à réaction, les fusées V-2 et, bien sûr, la bombe atomique. Il s'agit là de nouveaux horizons technologiques. Dans le présent ouvrage, nous nous intéressons davantage, comme on l'a vu, aux *améliorations* de technologies, d'organisations et de méthodes de combat déjà existantes – cumulées, ces améliorations ont fait la différence.

45. A. Harvey-Bailey, *The Merlin in Perspective*, Rolls-Royce Heritage Trust, *Historical Series* n° 2, Derby, 1983, *passim*, très technique, mais mettant particulièrement l'accent sur le rôle clé joué par le directeur de Rolls-Royce, E.W. Hives, après la mort de Royce ; voir aussi H. Glancy, *Spitfire: The Biography*, Atlantic Books, Londres, 2006, chap. 1, *passim*.

46. Harvey-Bailey, *op. cit.*, *passim*.

47. Voir également Alfred Price, *The Spitfire Story*, Arms and Armour, Londres, 1995, et le remarquable Len Deighton, *Fighter: The True Story of the Battle of Britain*, Pimlico, Londres, 1996.

48. *The Story of the Spitfire*, Pegasus DVD n° 1001, 2001.

49. Harvey-Bailey, *op. cit.*, *passim*, est excellent sur l'amélioration progressive de la puissance du moteur.

50. Voir Furse, *op. cit.*, *passim*.

51. Des études aérodynamiques plus tardives, conduites en tunnel, l'expliquent par la courbe légèrement rentrante du châssis du P-51. Harker reçut une prime d'une livre par semaine pour son œuvre. Il n'est pas certain que Challier (voir

le paragraphe suivant) ait même été augmenté.

52. D. Birch, *Rolls-Royce and the Mustang*, Rolls-Royce Heritage Trust, *Historical Series* n° 9, Derby, 1987, p. 10, avec une photo du premier prototype sur la même page.

53. Furse, *op. cit.*, pp. 226-229, un remarquable travail d'enquête. Paul A. Ludwig, *P-51 Mustang: Development of the Long-Range Escort Fighter*, Ian Allen, Surrey, Royaume-Uni, 2003, *passim*, mais particulièrement le chap. 5 sur la résistance d'Echols.

54. Birch, *op. cit.*, reproduit la lettre d'Hitchcock en intégralité pp. 37-39, également pp. 147-148. La citation des historiens officiels viens de Craven et Cate, *op. cit.*, vol. 4, pp. 217-218.

55. L'AAC ou Corps aérien de l'armée est une entité britannique de supervision des forces aériennes ; Wright Field est le terrain d'essai de l'USAAF (*NdT*).

56. Anvil : premier nom de code du débarquement de Provence, finalement baptisé « Dragoon ».

57. *Cf.* note 56.

58. Craven et Cate, *op. cit.*, vol. 3, p. 8.

59. Le rapport de Lovett et la réponse d'Arnold sont bien décryptées dans Ludwig, *op. cit.*, pp. 143-145, 148.

60. Pour deux d'entre eux, voir Murray, *op. cit.*, *passim*, et N. Frankland, *The Bombing Offensive against Germany*, Faber, Londres, 1965, *passim*.

61. Furse, *op. cit.*, pp. 234-235.

62. http://www.cebudanderson.com/droptanks.htm. Une source inhabituelle (dernier accès, mai 2012), mais il s'agit des Mémoires de Donald W. Marner, mécanicien américain servant au sein d'une escadrille de Mustang basée dans le Suffolk en 1944-1945 et dont le rôle principal consistait à subtiliser un maximum de réservoirs à ses camarades de la RAF ! Bendiger mentionne également la gratitude des aviateurs américains pour ces réservoirs largables en carton compressé. Pour une confirmation de l'importance de ces réservoirs largables (et particulièrement ceux en carton compressé) dans la guerre aérienne, voir à nouveau Ludwig, *op. cit.*, pp. 168-170.

63. *NB* : il existe différentes cartes avec différents rayons d'action ; les plus claires sont celles de Murray, *op. cit.*, p. 167, et Murray et Millett, *op. cit.*, pp. 308-309.

64. Craven et Cate, *op. cit.*, vol. 3, chap. 3, « Big Week » ; et Murray, *op. cit.*, p. 223. Ludwig, *op. cit.*, p. 204, a des chiffres comparatifs des victoires sur P-38, P-47 et P-51. A bien des égards, comme le Dr. G. E. Cross le montre, le P-47 Thunderbolt a été éclipsé par le Mustang tout comme le Hurricane l'a été par le Spitfire durant la bataille d'Angleterre, alors que ces quatre modèles d'avion jouèrent un rôle vital ; voir sa remarquable compilation, *Jonah's Feet Are Dry: The Experience of the 353rd Fighter Group During World War Two*, Thunderbolt Publishing, Ipswich, Suffolk, 2001.

65. Furse, *op. cit.*, pp. 239-241.

66. Craven et Cate, *op. cit.*, vol. III, p. 63, sur les batailles aériennes qui « firent plus pour la destruction de la Luftwaffe que le bombardement des usines aéronautiques ». Il existe sur ce sujet une abondante littérature en langue allemande, sans doute plus accessible dans le septième volume de l'histoire officielle allemande en langue anglaise, Horst Boog et

coll., *The Strategic Air War in Europe... 1943-1944/45*, vol. VII de *Germany and The Second World War*, 10 volumes (ce volume, Oxford University Press, Oxford, 2006).

67. Overy, *op. cit.*, p. 152. Les chiffres du paragraphe précédent sont tirés de Murray et Millett, *op. cit.*, pp. 324-325. L'anecdote de Knocke est tirée de E. R. Hooton, *Eagle in Flames: The Fall of the Luftwaffe*, Arms and Armour Press, Londres/New York, 1997, pp. 270 et 271, avec les noms d'autres as tués à la même époque.

68. Frankland, *op. cit.*, p. 86, un récit enlevé de la manière dont l'introduction des chasseurs américains à long rayon d'action renforça l'avantage obtenu par le Bomber Command.

69. Murray et Millett, *op. cit.*, pourcentages p. 413. Craven et Cate, *op. cit.*, vol. 3, est excellent de bout en bout. Et W. Hays Parks, « "Precision" and "Area" Bombing: Who Did Which and When? », *The Journal of Strategic Studies*, vol. 18, n° 1, mars 1995, pp. 145-174. Communication du 30 juin 2008 adressée à l'auteur par le professeur Tami Biddle dont les propres écrits (voir *Rhetoric and Reality*, note 14 ci-dessus) ont poussé de nombreux chercheurs à réévaluer les défis auxquels Harris dut faire face à partir de la mi-1942.

70. Hastings, *op. cit.*, pp. 342-343.

71. J. Scutts, *Mustang Aces of the Eighth Air Force*, Osprey Military Series, Oxford/New York, 1994, pp. 56-60, sur le développement du Me-262.

72. Sur la diminution des quantités de carburant à destination de l'aviation, voir M. Cooper, *The German Air Force, 1933-1945: An Anatomy of Failure*, Jane's, Londres, 1981, pp. 348-349 et 360.

73. Hastings, *op. cit.*, pp. 422-423.

74. Voir également les références à Harris et Saward dans la note 12 ci-dessus.

75. Tous ces travaux ont déjà été cités dans les notes ci-dessus. Je dois beaucoup aux travaux de Hastings, Murray, Biddle, et Overy, et je partage leurs conclusions : Hastings, *op. cit.*, chap. 14 et 15 ; Murray, *op. cit.*, chap. VII et VIII ; Biddle, *op. cit.*, chap. 5 et Conclusion ; Overy, *op. cit.*, pp. 149-163. Mais les plus remarquables sont sans doute les historiens officiels, Webster et Frankland, *op. cit.*, vol. 3, *passim*, et Craven et Cate, *op. cit.*, vol. III, *passim*, modèles de recherche, d'objectivité et de clairvoyance.

76. Nom de code du projet de construction de la bombe atomique des Alliés.

77. Le calcul du coût relatif des fusées et des avions se trouve dans Overy, *op. cit.*, p. 294. Les exigences étranges d'Hitler sur le Me-262 sont fort bien analysées dans D. Irving, *The Rise and Fall of the Luftwaffe: The Life of Luftwaffe Marshall Erhard Milch*, Weidenfeld & Nicolson, Londres, 1973, chap. 21.

78. Les derniers volumes de Craven et Cate, *op. cit.*, sur la guerre dans le Pacifique sont les meilleurs sur ce point, mais Murray et Millett, *op. cit.*, chap. 17 et 18, sont également très complets.

79. Le meilleur hommage posthume à Harker figure dans *The Times* du 14 juin 1999, le décrivant comme l'« homme qui mit le Merlin dans le Mustang ». L'auteur n'a manifestement aucune idée de l'opposition tardive à laquelle fit face le Mustang-Merlin et le décrit

« accueilli comme le Messie à Washington ». Mais il rend tout du moins à Harker l'hommage qu'il méritait.

3. Comment enrayer la *Blitzkrieg*

1. H.P. Willmott, *op. cit.*, p. 305.

2. Liddell Hart, *op. cit.*, p. 303.

3. Le terme de *Blitzkrieg* désigne, d'une manière générale, de nombreux phénomènes. On peut le traduire littéralement par « guerre-éclair » et il peut donc être appliqué à de nombreuses campagnes (la guerre des Six-Jours de 1967, les campagnes de Frédéric le Grand), mais le terme s'applique généralement à la « méthode allemande » des années 1939 à 1941 : mouvements rapides sur le terrain d'unités blindées et d'infanterie mécanisée prenant l'ennemi par surprise, parfois suivis de replis et de contre-attaques. La puissance aérienne tactique des Allemands (avec des bombardiers en piqué et moyens) lui donne une nouvelle dimension.

4. Référence à la première strophe du poème de Tennyson consacré à la charge, inutile et meurtrière, de la Brigade légère britannique durant la guerre de Crimée (*NdT*).

5. R. Atkinson, *An Army at Dawn: The War in North Africa, 1942-1943*, Henry Holt, New York, 2003, pp. 359-392 ; et S.W. Mitcham, *Blitzkrieg No Longer: The German Wehrmacht in Battle, 1943*, Pen & Sword Books, Barnsley, 2010, p. 66.

6. A nouveau, raconté de façon vivante par Atkinson, *op. cit.*, pp. 212 et 213.

7. Witzig et Skorzeny (libérateur de Mussolini) sont les deux modèles du personnage de Michael Caine dans le film *L'Aigle s'est envolé*, celui d'un colonel de parachutistes qui a combattu aux Pays-Bas, en Crète et en Russie.

8. Williamson Murray, *German Military Effectiveness*, Nautical & Aviation Publishing Co., Baltimore, Maryland, 1992, *passim*, mais particulièrement le chapitre premier. Liddell Hart, *op. cit.*, passe brièvement en revue la campagne de Pologne (ch. 3) et celle de France (ch. 7). Sur la surprise que constitua cette dernière, voir E.R. May, *Strange Victory: Hitler's Conquest of France*, Hill and Wang, New York, 2000.

9. Voir la trilogie classique de Waugh, *Sword of Honour*, particulièrement le deuxième volume, *Officers and Gentlemen*, où il évoque la déroute du régiment fictif des « Hallebardiers royaux » face aux Allemands, en Grèce et en Crète. Seuls les Néo-Zélandais semblent avoir tenu tête aux envahisseurs, rendant coup pour coup, mais au prix de pertes sévères.

10. E. L. Jones, *The European Miracle*, Cambridge University Press, Cambridge, 1981, sur cette thèse, dont s'est largement inspiré le chapitre premier de Kennedy, *Naissance et déclin des grandes puissances*, *op. cit.*, chap. 1.

11. Détails clairs et excellentes cartes dans Archer Jones, *The Art of War in the Western World*, University of Illinois Press, Urbana et Chicago, 1987, *passim*.

12. T. Lupfer, *The Dynamics of Doctrine: The Changes in German Tactical Doctrine during the First World War, Fort Leavenworth Papers* n° 4, Leavenworth, Kansas, 1981 ; et, plus généralement,

T.N.Dupuy, *A Genius for War: The German Army and the General Staff*, Fairfax, Virginie, 1984. Voir également les pages d'ouverture de R. M. Citino, « Death of the Wehrmacht », *Military History Quarterly*, vol. 21, n° 1, pp. 9-19.

13. Voir à nouveau l'excellente analyse de sa spirale de l'attaque-défense dans Max Boot *War Made New*, Gotham, New York, 2006.

14. Litt. : « bataille du chaudron ». Il s'agit de ce que l'on appelle une bataille à front renversé, caractérisée par un mouvement de contournement, une percée, un encerclement et, à son apogée, un mouvement d'enveloppement contraignant l'ennemi à capituler. Les fantômes de la bataille de Cannes et du plan Schlieffen hantent ce rêve opérationnel.

15. Certaines cartes couvrant cette campagne furent joliment établies pour le livre de Liddell Hart, *op. cit.*, pp. 116-117, 286, 298, 307, mais voir également les cartes de l'*Atlas* de Messenger, évoquées note 16 ci-dessous.

16. Un résumé simplifié mais pratique des campagnes d'Afrique du Nord est figuré dans C. Messenger, *World War Two: Chronological Atlas*, Bloomsbury Books, Londres, 1989, pp. 46-55, 88-93, 116-123, 134-135.

17. On trouvera un excellent article de L. Ceva, « The North African Campaign 1940-43 : A Reconsideration », *in* J. Gooch (dir.), *Decisive Campaigns of the Second World War*, numéro spécial de *The Journal of Strategic Studies*, vol. 13, n° 1, mars 1990, pp. 84-104, qui, entre autres choses, rappelle au lecteur le grand rôle joué par les troupes italiennes dans cette campagne.

18. Cité p. 249 de *The Rommel Papers*, éd. B.H. Liddell Hart, Collins, Londres, 1953. Voir également les lettres d'une incroyable candeur adressées par Rommel à sa femme dans les pages voisines. L'importance énorme du manque de carburant est à maintes reprises évoquées dans Ellis, *op. cit.*, chap. 5.

19. Cette évolution est bien résumée dans S. Bidwell, *Gunners at War: A Tactical Study of the Royal Artillery in the Twentieth Century*, Arrow Books, New York, 1972, *passim*.

20. Irrité par la prudence dont fait preuve Auchinleck malgré les nombreux renforts dont il a bénéficié, Churchill l'envoie en Inde. Son successeur, Gott, meurt accidentellement dans un crash aérien et Bernard Montgomery est donc placé à la tête de la 8e armée. C'est pourtant un général aussi prudent qu'Auchinleck et son seul titre de gloire se limite à la conduite exemplaire de la retraite de la division dont il avait le commandement vers Dunkerque en 1940.

21. Liddell Hart, *op. cit.*, p. 302.

22. Sur ce sujet, le meilleur ouvrage (sinon le seul) est M. Kroll, *The History of Landmines*, Leo Cooper, Londres, 1998. Voilà un sujet peu attirant, même pour des historiens militaires.

23. Ce qui explique les appels répétés de la Libye et de l'Egypte à l'endroit des gouvernements britanniques, allemands et italiens pour qu'ils participent à la destruction des millions de mines posées durant la guerre, qui continuent à tuer des civils et du bétail, rendent dangereuse l'exploitation du pétrole et nuisent même au tourisme.

24. Sur les chars à fléau de Hobart (inventés en fait par le capitaine sud-africain Abraham du Toit), voir le chapitre suivant et

http://en.wikipedia.org/wiki/Mine_flail. Sur le détecteur de mines, voir http://en.wikipedia.org/wiki/Polish_mine_detector (dernier accès : mai 2012).

25. Il n'est donc pas surprenant que Coningham ait également commandé les forces aériennes tactiques dans ces deux dernières campagnes d'envergure. Sur les incroyables talents d'organisation méthodique de Dawson, voir les commentaires élogieux d'Ellis, *op. cit.*, pp. 266-267 ; et, pour une histoire plus détaillée de la RAF en Afrique du Nord à cette époque, voir D. Richards et H. St.G. Saunders, *Royal Air Force 1939-1945*, Londres, HMSO, 1954, vol. 2, pp. 160. Sur la période précédente, voir D. I. Hall, *Strategy for Victory: The Development of British Tactical Air Power, 1919-1943*, Praeger, Westport, Connecticut, 2008, *passim*.

26. Toutes les histoires générales de la Seconde Guerre mondiale citées dans cet ouvrage – Willmott, Messenger, Murray et Millett, Overy, Ellis, Keegan, Liddell Hart, etc. – évoquent naturellement El-Alamein et les points habituels : les limites géographiques étroites du champ de bataille, l'importance du ravitaillement, la supériorité numérique des Britanniques, l'importance des champs de mines et de l'artillerie. Rien n'est apparu dans les récits plus récents qui démente ce portrait d'ensemble.

27. Mitcham, *op. cit.*, chap. 4, est excellent sur les tensions entre Rommel et Arnim.

28. Le deuxième volume de la trilogie d'Atkinson, *op. cit.*, qui traite des campagnes de Sicile et d'Italie, offre une excellente analyse ainsi qu'une introduction à une littérature abondante sur le sujet, comme C. D'Este, *World War Two in the Mediterranean (1942-1945)*, Algonquin Books, Chapel Hill, Caroline du Nord, 1990. Pour les chiffres des pertes, voir Keegan, *op. cit.*, p. 368.

29. T.N. Dupuy, *Numbers, Prediction and War: Using History to Evaluate Combat Factors and Predict the Outcome of Battles*, Fairfax, Virginie, 1985, avec des masses de statistiques. Il n'est pas nécessaire de partager la partie « prédictive » de cet ouvrage pour trouver les statistiques intéressantes.

30. http://en.wikipedia.org/wiki/Eastern_Front_(World_War_II), deuxième paragraphe (dernier accès, mai 2012).

31. Messenger, *op. cit.*, pp. 63-64 ; et David M. Glantz et Jonathan M. House, *When Titans Clashed: How the Red Army Stopped Hitler*, University Press of Kansas, Lawrence, Kansas, 1995, avec de nombreuses autres cartes de qualité.

32. Egalement cité dans Liddell Hart, *op. cit.*, p. 175.

33. Des détails complets figurent dans les derniers chapitres de J. Erickson, *The Road to Stalingrad*, Weidenfeld & Nicolson, Londres, 1975, et les premiers chapitres du volume suivant, *The Road to Berlin* (*idem*, 1983). Entre Erickson, maître en la matière, et les très nombreux historiens anglo-américains, tels Earl F. Ziemke, les prodigieux David M. Glantz, Ian Bellamy, Malcolm MacIntosh, Albert Seaton, et les excellents experts allemands de cette question, il est difficile de ne pas considérer les notes de bas de page comme une œuvre à part entière sur le sujet de la guerre sur le front de l'Est. Sur l'approbation des offensives de la Stavka autour de Stalingrad par

Liddell Hart, voir *op. cit.*, particulièrement p. 487.

34. R. Forczyk, *Erich von Manstein*, Osprey Publishing, Oxford, 2010, pp. 36-42, avec de belles illustrations ; Erickson, *op. cit.*, p. 51.

35. M.K.Barbier, *Kursk: The Greatest Tank Battle, 1943*, MBI Publishing, St.Paul, Minnesota, 2002 ; M. Healy, *Kursk 1943*, Osprey Press, Oxford, 1992, pour plus de détails ; également Lloyd Clarke, *The Battle of the Tanks: Kursk, 1943*, Atlantic Monthly Press, New York, 2011.

36. Un seul exemple : A. Nagorski, *The Greatest Battle*, Simon & Schuster, New York, 2007.

37. Les deux ouvrages d'Erickson sont mentionnés note 33. Voir également les réflexions dans Citino, « Death of the Wehrmacht », art. cit., particulièrement pp. 14-19.

38. B. Wegner, « The Road to Defeat: The German Campaigns in Russia, 1941-1943 », *in* Gooch (dir.), *op. cit.*, pp. 122-123, un article particulièrement passionnant.

39. Rundstedt effectue son grand retour à la tête des armées allemandes de l'Ouest durant la bataille de Normandie.

40. Voir plus spécifiquement les pp. 201-202 de J. E. Forster, « The Dynamics of Volksgemeinschaft: The Effectiveness of the German Military Establishment in the Second World War », dans le vol. III de Millett et Murray (dir.), *op. cit.*

41. P. Carell, *Opération Barbarossa*, Robert Laffont, Paris, 1964, p. 623. Carell (de son vrai nom Paul Karl Schmidt) adhéra très tôt au parti nazi et fut un propagandiste zélé durant la guerre, qui parvint à échapper au procès de Nuremberg et devint par la suite un auteur à succès d'ouvrages d'histoire militaire – des livres bien informés, mais particulièrement biaisés.

42. Cité à nouveau dans Wegner, *op. cit.*, pp. 122-123.

43. Communication à l'auteur de M. Igor Biryukov, 7 juin 2010.

44. Les titres sont explicites : T. Ellis, *Brute Force*, Glantz et House, *When Titans Clashed*, et R. Overy, *Russia's War: Blood upon the Snow*, TV Books, Inc, New York, 1997.

45. Carell, *op. cit.*, pp. 75-76 ; voir également les pages 11 et suivantes de l'article sur le T-34 : http://wikipedia.org/wiki/T-34 (avec une excellente bibliographie) (dernier accès, mai 2012).

46. D.Orgill, *T-34 : Russian Armor*, Ballantine Books, New York, 1971, p. 9.

47. Les citations de Mellenthin, Kleist et Guderian proviennent de Orgill, *op. cit.* ; les incroyables chiffres des ventes de T-34 à travers le globe après la guerre sont détaillés dans les sections 13 et 14 de l'article de Wikipedia mentionné dans la note 45 ci-dessus.

48. D'une manière un peu détournée, en décrivant les améliorations post-1942 ; voir Orgill, *op. cit.*, p. 73.

49. A nouveau, voir l'article cité sur Wikipedia.

50. Mary R. Habeck, *Storm of Steel: The Development of Doctrine in Germany and the Soviet Union*, Cornell University Press, Ithaca/Londres, 2003, contient d'intéressantes remarques sur les emprunts mutuels des armes blindées durant l'entre-deux-guerres. Voir également : http://wikipedia.org/Wiki/J._Walter_Christie (dernier accès, mai 2012).

51. Quelques détails dans le livre d'Orgill, *op. cit.*

52. M.Bariatinsky, « Srednii Tank T-34-85 », *Istoria Sozdania* – récupéré le 26 avril 2011 sur le site : http://www.cardarmy.ru/armor/articles/t3485.htm

53. Particulièrement intéressant malgré son titre peu policé : A. Isaev, « Against the T-34 the German tanks were crap », *in* A. Drabkin et O. Sheremet (dir.), *T-34 in Action*, Stackpole Books, Mechanicsburg, Pennsylvanie, 2008, chap. 2.

54. « An Evaluation of the T-34 and KV tanks by workers of the Aberdeen Testing Grounds of the US, submitted by firms, officers and members of military commissions responsible for testing tanks », disponible sur http://www.battlefield.ru/en/documents/80-armorandequipment/300-t34-kv1-aberdeen-evaluation.htr. Je remercie le professeur Jonatham Haslam (Cambridge) pour m'avoir signalé cette source ainsi que sur celle référencée note 45.

55. Ce résumé est sans doute signé par le général inspecteur des armées blindées, Khlopov, bien que la signature soit incomplète. On a le sentiment, en le lisant, que son service n'est que trop heureux de pouvoir s'appuyer sur un rapport américain « neutre » afin de pouvoir attribuer ces défauts aux concepteurs et aux industriels.

56. *Ibid.*, sur le rapport d'Aberdeen. Carell fait également régulièrement mention du besoin des chefs de T-34 de posséder un maillet, ainsi que du manque d'un système radio digne de ce nom. Il est étonnant qu'ils aient obtenu de si bons résultats au début de la guerre.

57. Healy, *op. cit.*, p. 31 ; et Mitcham, *op. cit.*, p. 132.

58. Je considère que la meilleure source généraliste sur le sujet est G. L. Rottman, *World War II Infantry Anti-Tank-Tactics*, Osprey Publishing, Oxford, 2005, p. 45.

59. La citation de Keegan provient de *La Deuxième Guerre Mondiale*, *op. cit.*, p. 407. Voir la confirmation dans David M. Glantz, *Colossus Reborn*, University Press of Kansas, Lawrence, Kansas, 2005, p. 29.

60. Barbier, *Kursk*, *op. cit.*, p. 55, avec des chiffres similaires dans le remarquable ouvrage de W. S. Dunn Jr., *The Soviet Economy and the Red Army 1930-1945*, Praeger, Westport, Connecticut, 1995, p. 179.

61. *Ibid.*, avec des chiffres impressionnants.

62. Glantz, *op. cit.*, p. 355.

63. *Ibid.* La création des gigantesques parcs de pontons, pourvus de tabliers de diverses longueurs et diverses résistances et ressemblant à des Lego, n'est pas sans rappeler l'histoire des Seabees (voir chapitre 5) ; je n'ai pas trouvé d'équivalent soviétique de l'amiral Ben Moreell.

64. Glantz, *op. cit.*, pp. 361-362 ; et Barbier, *op. cit.*, p. 58.

65. Barbier, *op. cit.*, p. 58 ; et Mitcham, *op. cit.*, p. 138, sur les efforts des partisans à Koursk. L'observation de Stone est tirée de *A Military History of Russia*, Praeger, Westport, Connecticut, 2006, pp. 212-213.

66. http://www.dupuyinstitute.org/ubb/Forum4/HTML/000052.html

67. Tant Murray, *op. cit.*, que R. Muller, *op. cit.*, montrent les effets énormes des campagnes stratégiques de la RAF et de l'US Air Force, qui privèrent le front de l'Est de son aviation, n'y laissant plus guère que des appareils d'appui au sol. Richard J. Evans, *The Third Reich at War* (dernier

volume de la trilogie de l'auteur sur le Troisième Reich), The Penguin Press, New York, 2008, p. 461, pour des chiffres précis sur ce sujet.

68. Les chiffres de Mitcham, qui reprennent ceux de l'ouvrage, plus ancien, de Niepold, se trouvent dans *The German Defeat in the East 1944-45*, Stackpole Books, Mechanicsburg, Pennsylvanie 2001, pp. 16, 36.

69. Murray, *op. cit.*, et Muller, *op. cit.*, constituent une bonne introduction sur le sujet.

70. Pour plus de détails sur les Sturmovik, voir http://en.wikipedia.org/wiki/Ilyushin_Il-2 ; ils sont également décrits dans A. Brookes, *Air War over Russia*, Ian Allen Publishing, Horsham, Surrey, 2003, p. 63.

71. Erickson, *op. cit.*, chap. 5 ; Mitcham, *op. cit.*, *passim* ; Glantz et House, *op. cit.*, chap. 13.

72. Voir la section 6 de http://en.wikipedia.org/wiki/Operation-Bagration ; Mitcham, *op. cit.*, chap. 1 ; et le récit complet de S. Zaloga, *Bagration 1944 : The Destruction of Army Group Centre*, Osprey Publishing, Oxford, 1996, *passim*.

73. Voir en particulier les pp. 232-233 de M.R. Habeck, *op. cit.* Les commentaires de Glantz et House sur ce curieux retournement de l'histoire, qui vit les Russes gagner en flexibilité au moment où les Allemands se raidissaient, sont présents au milieu de leur excellent ouvrage, *op. cit.*, chap. 9-13 ; Stone évoque le sujet pp. 202 et suivantes de son *A Military History of Russia*, *op. cit.*

74. Mitcham, *loc. cit.*

75. *Ibid.* ; et Erickson, *op. cit.*, chap. 11 à 16, avec un luxe de détails.

76. Détails terrifiants dans N. Fergusson, *The War of the World : Twentieth-Century Conflict and the Descent of the West*, The Penguin Press, New York, 2004.

77. Mitcham, *op. cit.*, pp. 215 et 216. Les réflexions de Zeitzler figurent dans le numéro d'avril 1962 de la *Military Review*, sous un titre intriguant : « Les hommes et l'espace dans la guerre : un problème allemand durant la Seconde Guerre mondiale. » Ce fait si peu connu mérite d'être étudié. Willmott insiste également sur ce point, avec une approche habile dans *op. cit.*, chap. 5, « Time, Space, and Doctrine ».

78. A dire vrai, l'auteur a parfois eu le sentiment de disposer de trop d'informations sur Harker, Freeman, Moreell, Blakeslee, Ramsay, Echols, Ellis, Dowding ou Christie pour les résumer dans un ouvrage de cette taille et de ce type.

4. Comment débarquer sur un rivage tenu par l'ennemi ?

1. Voir, par exemple, D.J.B. Trim et M.C. Fissel (dir.), *Amphibious Warfare 1000-1700*, Brill, Leyde, 2006 ; et pour ceux qui préfèrent les médias électroniques, une page de bonne qualité http://www.answers.com/topic/amphibious-warfare (dernier accès, mai 2012).

2. Les récits de ces raids figurent dans le classique de Bernard Fergusson, *The Watery Maze: The Story of Combined Operations*, Collins, Londres, 1961, *passim*, avec des chapitres sur les invasions à grande échelle. Mais Fergusson est à ce point enthousiasmé par la moindre action effectuée contre l'ennemi que la distinction opérationnelle n'est pas claire.

3. *Ibid.*, p. 47.

4. http://www.answers.com/topic/amphibious-warfare. La section consacrée au XVIe siècle est la meilleure introduction sur ce sujet. Les lecteurs désirant davantage de détails peuvent lire la section « Terceras Landing ».

5. Voir B.H. Liddell Hart, *The British Way in Warfare*, Faber & Faber, Londres, 1932, particulièrement le premier chapitre ; voir également une approche plus moderne par M.E. Howard, *The Continental Commitment*, Maurice Temple Smith, Londres, 1972.

6. Sur le fiasco de Tanga, voir Fergusson, *op. cit.*, pp. 24-29.

7. Voir à nouveau Millett et Murray, *op. cit.*, particulièrement l'introduction et la conclusion du vol. 1.

8. Il est difficile de savoir où commencer et où s'arrêter sur les ouvrages consacrés à Gallipoli. Alan Moorhead, *Gallipoli*, Hamish Hamilton, Londres, 1956, en offre un bon récit sur le plan militaire. R. Rhodes James, *Gallipoli*, Batsford, Londres, 1965, est meilleur sur le plan politique. L.A. Carlyon, *Gallipoli*, Doubleday, Londres, 2002, est plus récent et plus général. Pour les personnes ne disposant pas d'une bonne bibliothèque, la page Wikipedia en offre un bon résumé, avec un accent particulièrement placé sur l'Anzac : http://en.wikipedia.org/wiki/Battle_of_Gallipoli

9. Voir Barnett, *op. cit.*, pp. 540-543 ; Fergusson, *op. cit.*, pp. 36-43, et les Mémoires de premier plan du premier directeur de l'ISTCD, L.A.H. Maund, *Assault from The Sea*, Methuen, Londres, 1949.

10. Roskill, *op. cit.*, vol. 1, *passim* ; Barnett, *op. cit.*, chap. 3-13.

11. Le professeur Athur Marder et le capitaine Stephen Roskill, les deux grands historiens de la Royal Navy au XXe siècle, sont en désaccord sur de nombreux points. Sur les interférences de Churchill et les médiocres performances de la marine durant la campagne de Norvège, voir un remarquable dédoublement de vues : A.J. Marder, « Winston Is Back! », *The English Historical Review*, Supplement 5, Longman, Londres, 1972 et S.W. Roskill, *Churchill and the Admirals*, Collins, Londres, 1977, chap. 8 et annexes, pp. 283-299.

12. Liddell Hart, *op. cit.*, p. 226. Sur la campagne de Crète, Barnett, *op. cit.*, chap. 11 et 12, mais surtout C. MacDonald, *The Lost Battle: Crete 1941*, Macmillan, New York, 1993, particulièrement l'effrayant chap. 10, « Ordeal at Sea ».

13. Murray et Millett, *op. cit.*, p. 106. Les statistiques sur les forces aériennes en présence en Norvège sont issues de Liddell Hart, *op. cit.*, p. 64 ; celles concernant le *Prince of Wales* et le *Repulse* p. 232 du même ouvrage.

14. Barnett, *op. cit.*, pp. 203-206, est cinglant ; Fergusson, *op. cit.*, pp. 59-69, est éclairant. Voir également l'étude complète de A.J. Marder, *Operation « Menace »*, Oxford University Press, Oxford, 1976, *passim*.

15. Fergusson, *op. cit.*, p. 166 pour le commentaire ; Barnett, *op. cit.*, pp. 864-868.

16. Sur la montée en puissance des opérations combinées, voir Barnett, *op. cit.*, pp. 545-546, et les chap. 11 à 15 de P. Ziegler, *Mountbatten: A biography*, Knopf, New York, 1985.

17. L'opération débute d'ailleurs le même jour que la bataille de la mer de Corail : le retour des Alliés dans deux océans.

18. La littérature traitant du raid de Dieppe est elle-même un terrain miné : Fergusson, *op. cit.*, pp. 175-185, réaffirme son utilité. Voir, par contraste, T. Robertson, *The Shame and the Glory*, McLelland & Stewart, Toronto, 1967, et Denis et Shelagh Whitaker, *Dieppe: Tragedy to Triumph*, McGraw-Hill, Whitby, Ontario, 1967, très critique, mais qui se termine en traitant des bénéfices engrangés pour le succès du Jour J, pp. 293-304.

19. Fergusson, *op. cit.*, p. 185 ; les mots de Churchill sont plus circonspects : « leur sacrifice n'a pas été vain », écrit-il plus tard dans ses Mémoires. Mais il apparaît clairement de l'étude très éclairante de D. Reynolds, *In Command of History: Churchill Writing and Fighting the Second World War*, Penguin, Londres, 2004, pp. 345-348, que Churchill, Ismay, Mountbatten et d'autres membres du haut commandement britannique se trouvèrent bien embarrassés pour justifier l'opération après la guerre.

20. Sur l'« articulation » entre Anglais et Américains, particulièrement entre 1942 et 1944, rien ne remplace l'ouvrage classique de H. Feis, *Churchill Roosevelt Stalin: The War They Waged and the Peace They Fought*, Princeton University Press, Princeton, 1957, pp. 37-324. L'aspect militaire est couvert par M. Matloff, *Strategic Planning for Coalition War, 1943-1944*, Center of Military History, Washington, 1994 ; et le magnifique ouvrage de M. E. Howard, *Grand Strategy*, vol. IV, *August 1942-September 1943*, HMSO, Londres, 1972.

21. Barnett, *op. cit.*, p. 554.

22. *Ibid.*, p. 563 ; magnifique récit de tout ce chaos dans R. Atkinson, *An Army at Dawn: The War in North Africa, 1942-1943*, Henry Holt, New York, 2002.

23. Voir le judicieux livre de M. E. Howard, *The Mediterranean Strategy in the Second World War*, Weidenfeld & Nicolson, Londres, 1967, ainsi que son histoire officielle, *Grand Strategy*, vol. IV, *August 1942-September 1943*, HMSO, Londres, 1972. Les critiques incessantes de Barnett sur la stratégie en Méditerranée dans son *op. cit.*, chap. 17 et 18, 20 et 22, me semblent moins équilibrées. S.E. Morison livre une perspective américaine dans *Strategy and Compromise*, Little, Brown & Co, Boston, 1958, ainsi que dans son *US Naval Operations*, vol. 9, ci-dessous.

24. Morison, *US Naval Operations*, vol. 9, *Sicily, Salerno and Anzio*, Little, Brown & Co, Boston, 1957, *passim*, est merveilleux d'un bout à l'autre. Liddell Hart, *op. cit.*, chap. 27 et 30, est subtilement succinct. Le second volume d'Atkinson, *The Day of Battle : The War in Sicily and Italy, 1943-1944*, Henry Holt, New York, 2007, est épique sur les opérations terrestres.

25. Liddell Hart, *op. cit.*, p. 457 ; voir aussi Barnett, *op. cit.*, pp. 627-650.

26. Voir Liddell Hart, *op. cit.*, pp. 465-471 ; Morison, *op. cit.*, vol. 9, part. III : Atkinson, *op. cit.*, 2e partie.

27. Liddell Hart, *op. cit.*, pp. 531-537 ; Atkinson, *op. cit.*, 3e partie ; et Morison, *op. cit.*, vol. 9, 4e partie.

28. Notez les titres des grandes parties du Liddel Hart, *op. cit.* : 5e partie : « Le flot tourne », 6e partie, « Le reflux », 7e partie, « Le reflux bat son plein » et 8e partie, « Final : 1945 ».

29. On trouve une copie de ce texte dans la biographie de David Eisenhower, consacrée à son grand-père, *Eisenhower at War 1943-1945*, Random House, New York, 1986, p. 252.

30. On compte des milliers d'ouvrages sur le Jour J et la campagne de Normandie, dont quelques magnifiques histoires officielles (britanniques, américaines, canadiennes) sur les forces aériennes, navales et terrestres, ainsi que sur le renseignement. Je considère pour ma part que les meilleurs ouvrages sont : M. Hastings, *Overlord*, Michael Joseph, Londres, 1984 ; S. Ambrose, *D-Day, June 6th, 1944*, Simon & Schuster, New York, 1994 ; et C. Ryan, *Le Jour le plus long*, Robert Laffont, Paris, 1960.

31. A titre d'exemple, les unités alliées sont disséminées dans 1 108 camps à travers l'Angleterre et le pays de Galles – comment les acheminer en bon ordre jusqu'aux ports où elles doivent embarquer ?

32. Barnett, *op. cit.*, chap. 24 et 25, livre un bon résumé de la planification de l'opération, comme Purnell, *op. cit.*, pp. 1794-1795, 1870-1875.

33. On demeure effaré par la capacité de Churchill a reconnaître et promouvoir aussi rapidement des hommes comme Ramsay, Hobart, Morgenthaler, Tedder ou Alanbrooke.

34. http://en.wikipedia.org/wiki/Bertram_Ramsay.

35. Overy, *op. cit.*, p. 183.

36. C. Gross et M. Postlethwaite, *War in the Air: The World War Two Aviation Paintings of Mark Postlethwaite*, Crowood Press, Marlborough, 2004, p. 78.

37. M. K. Barbier, *D-Day Deception : Operation Fortitude and the Normandy Invasion*, Praeger, Westport, Connecticut, et Londres, 2007, est une belle étude sur ce sujet et complète C. Cruikshank, *Deception in World War II*, Oxford University Press, Oxford, 1979, avec des photographies remarquables et parfois hilarantes. Le passionné par ce sujet doit également consulter un travail plus sérieux : C.Bickell, « Operation Fortitude South: An Analysis of its Influence upon German Dispositions and Conduct of Operations in 1944 », *War & Society*, vol. 18, n° 1 (mai, 2000), pp. 91-122. L'article est pourvu d'une excellente bibliographie.

38. F.H. Hinsley *et al.*, *British Intelligence in the Second World War*, vol. III, part. 2, Cambridge University Press, New York, 1988, la part. 13, « Overlord », décrit avec maestria les aspects du renseignement et de l'intoxication durant l'opération de Normandie. Voir également deux autres ouvrages réputés : D. Kahn, *Hitler's Spies: German Military Intelligence in World War Two*, Macmillan, New York, 1978 ; et M.E. Howard, *Strategic Deception*, HMSO, Londres, 1990, cinquième volume de *British Intelligence in the Second World War*.

39. Hinsley, *op. cit.*, pp. 107, 127, 153, sur les attaques de la Résistance ; d'autres détails stupéfiants sur le rôle du SOE en France dans M.R.D. Foot, *Des Anglais dans la Résistance. Le SOE en France, 1940-1944*, Tallandier, Paris, 2008.

40. Cité dans Overy, *op. cit.*, p. 195 – comme à chaque fois, une magnifique synthèse.

41. Une scène magnifiquement rendue dans le film *Le Jour le plus*

long, avec Curd Jurgens dans le rôle de Blumentritt.

42. Roskill, *op. cit.*, vol. III, part. 2, pp. 5-74 contient une analyse splendide (accompagnée de cartes et de tableaux) ; voir également Barnett, *op. cit.*, chap. 24 et 25, pour une autre version ; et Ambrose, *op. cit.*, chap. 5-9.

43. On peut trouver une photo représentant cette scène dans l'ouvrage nostalgique mais également critique de C. Bekker, *The German Navy 1939-1945*, Hamlyn, Londres/New York, 1972, p. 179.

44. Roskill, *op. cit.*, vol III, part. 2, pp. 53-59, fait le détail des pertes des U-boote et des navires alliés.

45. La note adressée en octobre 1940 par Churchill au Cabinet de guerre et qui reproche à l'armée de ne pas utiliser les talents de Hobart devrait être apprise par cœur par tous les commandants en chef et tous les chefs d'entreprise : « Je ne comprends pas le moins du monde les préjugés dont certains font preuve à son égard. De tels préjugés s'attachent généralement à des personnes avec une forte personnalité et des visions originales... Nous sommes en guerre, nous luttons pour notre propre survie et nous ne pouvons donc nous permettre de ne confier des postes à responsabilité qu'aux officiers n'ayant jamais subi la moindre critique au cours de leur carrière. »

46. La carrière de Hobart a été à maintes reprises étudiée. Voir notamment la belle biographie de K. Macksay, *Armored Crusader*, Hutchinson, Londres, 1967 ; et un article très vivant de T.J. Constable, « The Little-Known Story of Percy Hobart », *The Journal of Historical Review*, vol. 18, n° 1 (janvier/février 1999), ainsi que sur http://www.ihr.org/jhr/v18/v18n1p-2_Constable.html (dernier accès : mai 2012). On trouve des illustrations de ses étranges créations dans Purnell, *op. cit.*, vol. 5, pp. 1834, 1835, 1919. La lettre de Churchill demandant l'emploi de Hobart est publiée p. 8 de la version électronique de l'article de Constable, *loc. cit.*

47. Cité dans Ambrose, *op. cit.*, p. 551, une vision plutôt optimiste de ce qui se déroule ailleurs qu'à Utah et Omaha.

48. Ambrose, *op. cit.*, p. 323, qui consacre neuf chapitres au débarquement sur Omaha Beach. Voir également Hastings, *op. cit.*, pp. 105-121 ; et Murray & Millett, *op. cit.*, pp. 417-423, très critique à l'égard de Bradley, de la marine américaine et de la conduite générale de l'opération d'Omaha. Je suis également très reconnaissant à l'égard du professeur Tami Biddle qui m'a permis de mieux appréhender toutes les difficultés que durent affronter les préparateurs du débarquement sur Omaha.

49. Ambrose, *op. cit.*, p. 576 ; et Roskill, *op. cit.*, vol. III, part. 2, p. 53, qui livre un total inhabituellement précis de 132 715 hommes débarqués. Le moment exact de ce bilan n'est pas donné, hélas, avec une grande précision : s'agit-il du crépuscule, de minuit, de l'aube du lendemain ? Les forces aéroportées sont-elles incluses ? Cela n'importe guère.

50. On trouve des photographies très révélatrices de la construction puis du déplacement des caissons Mulberry ainsi que des vues aériennes du port d'Arromanches

dans Purnell, *op. cit.*, vol. 5, pp. 1800-1801, 1911 ; et dans Ambrose, *op. cit.*, pp. 320-321.

51. D. Eisenhower, *op. cit.*, pp. 425-426.

52. Barnett, *op. cit.*, pp. 843-851 ; et, de manière moins acerbe, Roskill, *op. cit.*, vol. II, part. 2, pp. 142-153.

53. Voyez son utilisation dans Purnell, *op. cit.*, vol. 5, p. 1793.

54. On peut observer ici une belle synergie anglo-américaine, pointée par Isley and Crowl, *op. cit.*, pp. 583-584 : les gros *Landing Craft Ships* et les barges d'infanterie étaient de conception britannique, les *Amtracks* et DUKW des idées américaines. Ils se complétaient à merveille.

55. Isley et Crowl, *op. cit.*, pp. 581-582. Le chap. XII, « Amphibious Progress, 1941-1945 », est une belle récapitulation, avec quelques références aux opérations amphibies en Europe.

5. Abolir la tyrannie de la distance dans le Pacifique

1. Liddell Hart, *op. cit.*, p. 503, sur l'avantageuse position stratégique des Japonais au début de l'année 1943.

2. H.P.Willmott, *op. cit.*, p. 337, sur la position désavantageuse des Japonais, due à leur trop grande extension, un an plus tard.

3. G. Blainey, *The Tyranny of Distance*, Macmillan, Londres, 1968, un ouvrage essentiellement consacré à la manière dont les vastes espaces ont forgé l'histoire de l'Australie, avec des implications sur toute l'histoire de l'océan Pacifique.

4. Sur ce qui suit, voir, pour l'essentiel, R. Storry, *Japan and the Decline of the West in Asia 1894-1943*, Longman, Londres, 1979 ; Kennedy, *Naissance et déclin des grandes puissances*, *op. cit.*, pp. 210-213, 303-307.

5. Voir R. Hackett, *Yamagata Aritomo and the Rise of Modern Japan 1838-1922*, Harvard University Press, Cambridge, Mass., 1971.

6. En plus de Storry, *op. cit.*, voir également R. Myers et M. Peattie, *The Japanese Colonial Empire 1895-1945*, Princeton University Press, Princeton, 1984.

7. L'empereur du Japon est le fils du Ciel et ne doit pas interférer dans les affaires politiques. Mais il est également le chef de guerre suprême et l'armée comme la marine ne doivent (théoriquement) rendre de comptes qu'à lui et à lui seul. Ces deux branches ne sont donc pas contrôlées par des autorités civiles – le pouvoir du Cabinet et de la diète est limité dans le domaine de la paix et de la guerre.

8. La meilleure couverture, succincte, des crises de l'Est asiatique durant les années 1930 se trouve dans A. Iriye, *The Origins of the Second World War in Asia and the Pacific*, Longman, Londres, 1987. Les motivations économiques de l'expansion japonaise sont brillamment exposées dans M.A. Barnhart, *Japan Prepares for Total War: The Search for Economic Security, 1919-1941*, Cornell University Press, Ithaca, New York, 1988. Liddell Hart, *op. cit.*, chap. 16, est également utile, comme Willmott, *op. cit.*, chap. 1.

9. On trouve un résumé des positions japonaises dans R. Spector, *Eagle against the Sun : The American War with Japan*, The Free Press, New York, 1985, chap. 2 ; essentiel : A. Coox, « The Effecti-

veness of the Japanese Establishment in the Second World War », pp. 1-44, vol. III de A. Millett et W. Murray (dir.), *op. cit.*

10. Voir un bel article spéculatif de J. Black, « Midway and the Indian Ocean », *Naval War College Review*, vol. 62, n° 4 (automne 2009), pp. 131-140.

11. Bien évoqué dans la biographie de Danchev, *The Alchemist of War: The Life of Basil Liddell Hart*, Weidenfeld & Nicolson, Londres, 1988.

12. Willmott, *op. cit.*, pp. 314 et suiv. Discussion identique dans Liddell Hart, *op. cit.*, chap. 29.

13. En plus de Willmott, *op. cit.*, voir P. Kennedy, *Strategy and Diplomacy 1870-1945*, Fontana, Londres, 1983, chap. 7, « Japanese Strategic Decisions, 1939-45 », pour un développement sur ce point.

14. Sur la carte, une attaque depuis l'Alaska via les îles Aléoutiennes en direction du nord du Japon apparaît comme un cinquième axe possible (c'est après tout cette route qu'empruntent les avions de ligne qui relient New York à Tokyo de nos jours). Mais les conditions météorologiques et les tempêtes qui agitent constamment le nord du Pacifique n'auraient pas permis à l'aviation américaine de donner à plein et rendu presque impossible toute opération amphibie.

15. Brillante analyse succincte et récente dans W. Tao, « The Chinese Theatre and the Pacific War », chap. 8 de S. Dockrill (dir.), *From Pearl Harbor to Hiroshima*, Macmillan, Londres, 1994. Il existe quantité de livres sur Stilwell en Chine, mais le plus agréable est certainement B. Tuchman, *Sand against the Wind: Stilwell and the American Experience in China 1911-1945*, Macmillan, New York, 1970.

16. La lutte ô combien difficile menée par les troupes de l'Empire britannique en Inde et en Birmanie est analysée en détail dans l'histoire officielle de S. Woodburn Kirby (dir.), *The War against Japan*, 5 vol., HMSO, Londres, 1957-1969 ; voir un ouvrage plus récent de C. Bayly et T. Harper, *Forgotten Armies*, Penguin, Londres, 2004. Ce théâtre a, par compensation, donné naissance à un des meilleurs livres de mémoires de guerre, celui de Slim, *Defeat into Victory*, Cassell, Londres, 1956.

17. J. Masters, *The Road past Mandalay*, Michael Joseph, Londres, 1961. Un titre en référence à Kipling. Le livre le plus équilibré et le plus clair sur ce sujet : L. Allen, *Burma: The Longest War, 1941-45*, St. Martin's, New York, 1984.

18. Le caractère de MacArthur et ses opinions stratégiques sont bien exposés dans W. Manchester, *American Caesar : Douglas MacArthur 1880-1964*, Little, Brown, New York, 1978, *passim*. Commentaires très pertinents dans Spector, *op. cit.*

19. Sur les instructions d'Eichelberger, voir Spector, *op. cit.*, p. 216 ; sur les Marines, voir http://en.wikipedia.org/1st_Marine_Division_(United_States) (dernier accès, mai 2012).

20. Liddell Hart, *op. cit.*, p. 626.

21. *Ibid.*, p. 623 ; excellents détails dans Morison, *op. cit.*, vol. VIII, chap. IX.

22. L. Allen, « The Campaigns in Asia and the Pacific », *The Journal*

of Strategic Studies, vol. 13, n° 1 (mars 1990), p. 175. Résumé d'une incroyable richesse, surtout du côté japonais.

23. *Ibid.*, p. 165.

24. E. S. Miller, *War Plan Orange: The US Strategy to Defeat Japan 1897-1945*, US Naval Institute Press, Annapolis, 1991, sur son histoire.

25. Bases du corps des Marines.

26. Sur ce sujet précis, voir l'excellent travail de M. Van Creveld, *Supplying War: Logistics from Wallenstein to Patton*, Cambridge University Press, Cambridge, 1977.

27. A mes yeux, les meilleurs résumés demeurent A.R. Millett, *Semper Fidelis: The History of the United States Marine Corps*, The Free Press, New York, 1991, 2e édition, chap. 12 ; et J.A. Isley et P.A. Crowl, *The US Marines and Amphibious War: Its Theory, and its Practice in the Pacific*, Princeton University Press, Princeton, 1951, chap. I-III.

28. Cette citation sur l'échec est tirée de Isley and Crowl, *op. cit.*, pp. 14-21.

29. Millett, *op. cit.*, p. 320.

30. Isley et Crowl, *op. cit.*, p. 26.

31. Pour un point complet, D.A. Ballendorf et M. Bartlett, *Pete Ellis: Amphibious Warfare Prophet 1880-1923*, Naval Institute Press, Annapolis, Maryland, 1997.

32. Voir Millett, *op. cit.*, p. 327 ; récit très vivant dans Isley et Crowl, *op. cit.*, pp. 30-31.

33. Millett, *op. cit.*, p. 336.

34. L'histoire navale de Morison, particulièrement les vol. V-VIII, XII-XIV, et les volumes de l'histoire officielle de l'armée américaine (des dizaines de volumes) traitent des actions respectives de ces services sur le théâtre du Pacifique. Pour une histoire commentée sur les Marines, l'armée et la guerre amphibie, voir à nouveau Spector, *op. cit.*

35. Citation tirée de C. G. Reynolds, *The Fast Carriers: The Forging of an Air Navy*, McGraw-Hill, New York, 1968, p. 1.

36. Excellent résumé dans Reynolds, *op. cit.*, pp. 4-13 ; pour des données techniques, voir M. Stille, *Imperial Japanese Navy Aircraft Carriers 1921-1945*, Osprey, Londres, 2005.

37. Reynolds, *op. cit.*, chap. 3, « Weapon of Expediency, 1942-1943 », décrit à merveille cette période critique de la guerre du Pacifique. Roskill, *op. cit.*, vol. II, évoque cette expérience inhabituelle du HMS *Victorious*.

38. Détails précieux dans la notice « Essex class aircraft carrier », http://en.wikipedia.org/Essex_class_aircraft_carrier (dernier accès, mai 2012). Les conseils de lecture et les notes de l'auteur de la fiche sont d'un niveau inégalé à mes yeux.

39. Seuls 24 navires seront construits, les derniers modèles seront finalement annulés car la fin de la guerre se profilait.

40. Ces missions d'exploration sont évoquées dans Reynolds, *op. cit.*, chap. 2 ; et Morison, *op. cit.*, vol. VII.

41. Spector, *op. cit.*, p. 257.

42. Sur les attaques contre Rabaul, voir Morison, *op. cit.*, vol. VI, partie IV, pp. 369 et suiv. ; et Reynolds, *op. cit.*, pp. 96 et suiv.

43. On compte presque autant de livres et d'articles sur le Hellcat que sur le Spitfire. Encore une fois, un bon point de départ est accessible via la notice sur le F6F Hellcat : http://en.wikipedia.org//wiki/Grumman_F6F_Hellcat (dernier accès, mai 2012).

44. *Ibid.*, et Reynolds, *op. cit.*, p. 57, tout particulièrement.

45. La plupart des historiens de la guerre du Pacifique central s'accordent pour considérer qu'une pause a lieu – une pause de combats significatifs au moins – entre novembre 1943 (Tarawa) et juin 1944 (Mariannes, Rabaul), et tendent donc à consacrer moins d'espace aux opérations qui se déroulent durant ces mois, et davantage à l'irruption de nouvelles armes, du radar, etc. Morison, historien officiel, comble ce vide dans *op. cit.*, vol. VII, *Aleutians, Gilberts and the Marshalls*.

46. A l'exception de Midway, la bataille aérienne la plus souvent mentionnée de la guerre du Pacifique : Reynolds, *op. cit.*, pp. 190-204, est excellent. Morison, *op. cit.*, vol. VIII, contient un luxe de détails pp. 257-321.

47. Reynolds contient une comparaison en profondeur (et un peu forcée, à mon avis) avec le Jutland, pp. 163-165, 209-210 ; voir également Spector, *op. cit.*, p. 312.

48. Le grand amiral est lui-même mort au mois d'avril 1943 : l'avion qui le transportait a été abattu par des chasseurs américains prévenus de son voyage (*NdT*).

49. Reynolds, *op. cit.*, évoque en profondeur le rôle de la flotte britannique du Pacifique (chap. 9) ; Barnett, *op. cit.*, chap. 28, récit sombre et presque dédaigneux.

50. Deux excellentes introductions : C. Berger, *B29 : The Superfortress*, Ballantine, New York, 1970 ; extraordinaire notice Wikipedia, « B-29 Superfortress », http://en.wikipedia.org/wiki/Boeing_B-29_Superfortress (dernier accès, mai 2012).

51. Tous ces détails dans la notice Wikipedia, *loc. cit.*

52. Berger, *op. cit.*, pp. 48-59, contient un beau passage sur cette « bataille du Kansas ».

53. Berger, *op. cit.*, pp. 60-107.

54. Toland, *op. cit.*, pp. 676, 745. Sur cette question plus large, voir les réflexions en profondeur de M. Sherry, *The Rise of American Air Power: The Creation of Armageddon*, Yale University Press, New Haven, 1987.

55. Je n'ai pas pu trouver de biographie satisfaisante de Moreell, mais la notice Wikipedia offre un bel aperçu : http://en.wikipedia.org/wiki/Ben_Moreell (dernier accès, mai 2012). Voir note suivante.

56. Presque tout ce qui suit provient de la notice « Seabees in World War II », nouvelle notice très exhaustive de Wikipedia sur la guerre dans le Pacifique : http://en.wikipedia.org/wiki/Seabees_in_World_War_II (dernier accès, mai 2012).

57. La culture musicale des *steel-drums* des Caraïbes est un résultat direct de l'arrivée des bidons métalliques de 50 gallons débarqués en quantité dans toutes les bases aériennes construites par les Seabees durant cette période. A Trinidad, le gigantesque aérodrome de Carlsen disposait de la bagatelle de 80 voies de circulation ; on peut donc imaginer combien de bidons d'essence s'y trouvaient quand les Américains s'en allèrent à la fin de la guerre...

58. Notice Wikipedia, *loc. cit.*

59. Spector, *op. cit.*, pp. 318-319.

60. Une des meilleures manières d'approcher le caractère des sous-mariniers est de lire leurs Mémoires, qui sont fort nombreux. Voir, par exemple : Richard H.

O'Kane, *Clear the Bridge!*, Bantam, New York, 1981 ; James F. Calvert, *Silent Running: My Years on an Attack Submarine*, John Wiley, New York, 1995 – particulièrement critique à l'égard du Bureau du matériel ; et Edward Beach, *Submarine!*, Bantam, New York, 1952.

61. Avec beaucoup de détails, Clay Blair, *Silent Victory*, 2 vol., Lippincott, New York, 1975 ; excellents commentaires comparatifs dans P. Padfield, *War Beneath the Sea: Submarine Conflict 1939-1945*, John Murray, Londres, 1995, particulièrement le chap. 9.

62. Edwin P. Hoyt, *The Destroyer Killer*, Pocket Books, New York, 1989.

63. Morison, *op. cit.*, pp. 510-511.

64. Les sous-marins britanniques et hollandais font eux aussi des victimes, majoritairement dans l'océan Indien et dans les eaux entourant les Indes néerlandaises, mais les Américains coulent, et de loin, le plus grand nombre de navires. Durant la guerre, les Américains coulent 2 117 navires de transport japonais, pour un total de 8 millions de tonnes de fret ; 60 % de ces pertes (soit 5,25 millions de tonnes) sont dus aux sous-marins américains. Les sous-marins britanniques et hollandais coulent, quant à eux, 73 navires de transport japonais, pour un total de 211 000 tonnes.

65. Les Britanniques eux aussi rencontrent un problème similaire : les *Swordfish* embarqués sur l'*Ark Royal* et chargés d'attaquer le *Bismarck* sont, au départ, équipés de torpilles acoustiques ; leur échec étant patent, la Royal Navy en revient aux torpilles de contact, qui donnent d'excellents résultats.

66. Cette histoire est mentionnée dans presque tous les récits de l'histoire de la guerre du Pacifique. Les explications les plus claires, bien que très techniques, sont fournies par un article en cinq parties de Frederick J. Milford in *The Submarine Review*, Annandale, Virginie, paru entre avril 1996 et octobre 1997. Voir en particulier la part. 2 (octobre 1996), « The Great Torpedo Scandal, 1941-1943 ».

67. Citations et statistiques *in* Roskill, *op. cit.*, vol. III, partie II, p. 367.

68. Calculé à partir de Mackenzie J. Gregory, « Top Ten US Navy Submarine Captains in WW2 by Number of Confirmed Ships Sunk », sur http://ahoy.tk-jk.net/macslog/TopTenUSNavySubmarineCap/html (dernier accès, mai 2012).

69. Cité par Morison, *op. cit.*, p. 486.

70. LeMay et ses subordonnés de l'USAAF affirmèrent eux aussi que seuls les B-29 auraient pu contraindre les Japonais à capituler en prolongeant les attaques incendiaires massives contre les villes. Peut-être que oui, peut-être pas. La seule chose certaine est que la condamnation des populations japonaises à la famine par un blocus de sous-marins ou le bombardement systématique des populations civiles aurait provoqué bien davantage de pertes humaines que les deux bombes atomiques larguées à Hiroshima et Nagasaki.

71. C. Boyd et A. Yoshida, *Japanese Submarine Forces in World War Two*, Naval Institute Press, Annapolis, Maryland, 2002. Voir également les nombreuses comparaisons dans Padfield, *op. cit.*

72. Morison, *op. cit.*, p. 486.

73. Padfield, *op. cit.*, chap. 9, est, comme toujours, précieux.

74. R. Spector, « American Seizure of Japan's Strategic Points, Summer 1942-44 », *in* S. Dockrill (dir.), *From Pearl Harbor to Hiroshima: The Second World War in Asia and the Pacific, 1941-45*, Macmillan, Londres, 1994, chap. 4.

75. Spector, *op. cit.*, pp. 178-182, un récit aussi bref que sardonique de la campagne des Aléoutiennes.

76. Liddell Hart, *op. cit.*, pp. 362-366.

77. Sur tout ce qui précède, Morison, *op. cit.*, vol. VIII, *New Guinea and the Marianas, March 1944-August 1944*, est le plus détaillé.

78. Millett, *op. cit.*, pp. 410-419, est excellent sur la campagne des Mariannes.

79. Morison, *op. cit.*, vol. VIII, p. 162.

80. J. B. Wood, *Japanese Military Strategy in the Pacific War: Was Defeat Inevitable?*, Rowman & Littlefield, Lanham, 2007.

Conclusion

1. La pratique britannique consistant à permettre à quelqu'un élevé au rang de pair du royaume d'altérer ou changer son nom est ici source de confusion. Durant la majeure partie de la guerre, il est le général puis maréchal Alan Brooke, ou simplement Brooke. Devenu pair en 1945, il devint le vicomte Alanbrooke. Durant la guerre, son véritable nom est donc Brooke, mais tant d'historiens (Danchev, Bryant, Roberts) l'ont appelé Alanbrooke qu'il est bien difficile de résister à utiliser ce nom célèbre et pourtant inexact pour la période qui nous préoccupe.

2. Détail étonnant, seul le premier volume de ces Mémoires est traduit en français sous le titre de *L'Espoir change de camp*.

3. A. Bryant, *The Turn of the Tide, 1939-1943 : Based on the Diaries of Field Marshall Viscount Alanbrooke*, Collins, Londres, 1957, et *Triumph in the West 1943-1945*, Collins, Londres, 1959.

4. Voir, à nouveau, A. Danchev et D. Todman (dir.), *op. cit.*, *passim*. Cette dernière édition est un modèle du genre. Elle comprend naturellement les passages que Bryant avait cru bon de censurer tant que Churchill et d'autres personnages étaient encore de ce monde, mais pointe également les différences entre les notes originales, leurs versions « remises au propre » par Alanbrooke et leurs éventuelles transformations par Bryant.

5. Voir la belle utilisation des carnets d'Alanbrooke par Andrew Roberts dans *Masters and Commanders*, *op. cit.*

6. Danchev et Todman, *op. cit.*, p. 433.

7. *Ibid.*, p. 557, « Ce fut un merveilleux moment de rentrer en France quatre ans après en avoir été chassé... » (12 juin 1944).

8. Cette phrase a été manifestement inventée par le grand historien de la Grande-Bretagne des Stuarts, J. H. Hexter, dans un article paru dans le supplément littéraire du *Times* du 24 octobre 1974 – à propos du débat sur la guerre civile anglaise.

9. On peut ainsi comparer l'avènement du P-51 Mustang et du

Me-262. Tous deux furent des « avancées » dans le domaine de l'aviation, mais l'un d'eux a eu un impact énorme sur le cours de la guerre et pas l'autre. Les débats portant sur l'influence de tel ou tel réseau de renseignements durant la Seconde Guerre mondiale doivent être ramenés au même questionnement : ont-ils réellement joué un rôle dans l'issue de la guerre et dans quel domaine ?

10. Cette affirmation est issue de l'avant-dernier paragraphe de la communication de Hinslay devant l'US Air Force Association en 1988, « The Intelligence Revolution: A Historical Perspective ». Cet article, proprement magnifique, fait montre d'un grand scepticisme à l'égard des nombreux ouvrages populaires parus dans les années 1970 et 1980 sur les réseaux d'espions, les génies du décryptage et autres avancées dans le renseignement. Il est donc dommage qu'il s'avance à ce point avec cette estimation invérifiable.

11. Spector, *op. cit.*, p. 457. Le chap. 20 de ce livre, « Behind the Lines », est un examen impressionnant des nombreux aspects de la guerre du renseignement – et de ses limites.

12. J'avais déjà rédigé ces paragraphes avant que David Kahn ne me fasse parvenir son excellent article intitulé « An Historical Theory of Intelligence », *Intelligence and National Security*, vol. 16, n° 3 (automne 2001), pp. 79-92, à côté duquel j'étais passé. Ce passage, notamment, pp. 85-86, « le renseignement est nécessaire pour la défense, mais n'est qu'accessoire pour l'attaque ».

13. D. Kahn, « Intelligence in World War II: A Survey », *The Journal of Intelligence History*, vol. 1, n° 1 (été 2001), pp. 1-20, un bon résumé, car posant sans cesse la question des preuves que le renseignement a joué un rôle.

14. Il suffit de penser aux frontières nombreuses de l'Empire romain, des siècles durant ; à Pitt l'Ancien, durant la guerre de Sept Ans, jonglant entre l'Europe, l'Inde et le Canada ; à Clemenceau et Lloyd George durant la Première Guerre mondiale. Considérez, à l'inverse, la grande dispersion de Philippe II et la gêne occasionnée par la guerre d'Espagne à Napoléon, tandis qu'il combat en Russie. Gouverner, c'est choisir, en effet. Les gouvernements américains des premières années troublées du XXIe siècle ne le démentiraient certainement pas.

15. Il est particulièrement rassurant de constater que les critiques les plus virulentes de l'attitude des généraux américains à l'égard des idées et inventions des Britanniques proviennent des historiens américains. Voir Ludwig, *op. cit.*, sur l'opposition d'Echols au P-51 ; et Murray et Millett, *op. cit.*, pp. 249-250, sur le massacre des navires marchands le long de la côte Est (« Voilà l'amiral King dans ses pires défauts : bien décidé à ne pas écouter les Britanniques, quel qu'en soit le coût ») ; et pp. 418-419 sur le refus de Bradley d'apprendre quoi que ce soit « à propos des problèmes tactiques rencontrés par un assaut amphibie face à des défenses préparées ». Il suffit de comparer cet excès de confiance des Américains, proche de l'arrogance, aux propos de Churchill affirmant que le nombre d'hommes et d'obus n'était rien comparé à la mise au point de nouvelles armes et d'une organisation améliorée et scientifique pour

vaincre l'ennemi, régulièrement mentionnés dans P. Delaforce, *Churchill's Secret Weapons*, Robert Hale, Londres, 1998.

16. Voir Kennedy, *op. cit.*, et particulièrement le tableau n° 35.

17. En plus des lieux cités dans ce paragraphe, pensez à l'importance stratégique des bases anglo-américaines aux Indes occidentales ; aux ports du nord du Brésil ; à Freetown ; Madagascar ; l'Islande ; les Açores... et plus à l'est : Le Cap, Aden, Trincomalee, tous critiques pour la reconquête mais dans leur grande majorité ignorés dans les récits consacrés à la guerre.

18. Litt. : « centre de gravité » : les objectifs principaux des armées, dans les théories clausewitziennes.

19. C. Barnett, *The Sword-Bearers*, Eyre & Spottiswoode, Londres, 1963, p. 11.

20. Voir, entre autres, A. Bullock, *Hitler and Stalin: Parallel Lives*, Harper Collins, Londres, 1991 ; S. Bialer (dir.), *Stalin and his Generals*, Souvenir Press, Londres, 1970, et H. Heiber (dir.), *Hitler and his Generals*, Enigma Press, New York, 2003.

21. Voir, à nouveau, D. Edgerton, *op. cit.*, contrastant avec Barnett, *The Audit of War: The Illusion and Reality of Britain as a Great Nation*, Macmillan, Londres, 1986.

22. Malcolm Gladwell, « The Tweaker: The real genius of Steve Jobs », *The New Yorker*, 14 novembre 2011.

23. On pense à l'excellent livre de H. Hattaway et A. Jones, *How the North Won: A Military History of the Civil War*, University of Illinois Press, Urbana/Chicago/Londres, 1983, et à son extraordinaire annexe A, « An introduction to the Study of Military Operations », quinze petites pages faisant référence à Sparte, aux débarquements d'Inchon, à Ulm, à Frédéric le Grand à Rossbach et Leuthen en 1757, et à Montgomery et Patton en Normandie.

24. Très bien résumé dans A. Grissom, « The Future of Military Innovation Studies », *The Journal of Strategic Studies*, vol. 29, n° 5 (octobre 2006), pp. 905-934, rendant l'hommage qui leur est dû à Barry Posen, Eliot Cohen, Williamson Murray, MacGregor Knox, Timothy Lupfer et d'autres personnages dans ce domaine. Je me suis également attelé à ce sujet dans un article présenté en 2009, P. Kennedy, « History from the Middle: The Case of the Second World War », *The Journal of Military History*, vol. 74, n° 1 (janvier 2010), pp. 35-51.

Bibliographie

REMARQUES PARTICULIÈRES

La bibliographie alphabétique qui suit n'a, en elle-même, rien de très particulier, mais je voudrais malgré tout faire quelques commentaires sur certaines des sources utilisées lors de la rédaction de cet ouvrage. La première concerne les bases de données électroniques dont Wikipedia est la plus célèbre. De nombreux professeurs d'université se méfient du caractère fortement incomplet ou non vérifiable de certaines notices et s'inquiètent de voir leurs étudiants s'appuyer sur des articles incomplets ou non vérifiés et sur des sources électroniques faciles d'accès au lieu de s'adonner à la merveilleuse expérience consistant à déchiffrer des livres dans des bibliothèques et à y découvrir des œuvres ayant échappé aux catalogues électroniques. Je comprends cela très bien. Mais je dois pourtant confesser une immense admiration pour certaines notices détaillées, sérieuses (et anonymes) de Wikipedia auxquelles il est ici fait référence, en particulier celles relatives à la guerre du Pacifique. Elles sont importantes, remarquablement documentées et je voudrais rendre hommage à leurs auteurs (ou parfois à leur auteur, car il semble qu'il s'agisse bien souvent d'une seule personne). De nombreuses autres notices sont, en effet, d'une médiocre qualité, comme certains professeurs le disent.

Je voudrais également rendre hommage et dire à quel point je suis redevable envers des auteurs souvent tenus en piètre estime par de nombreux historiens professionnels qui considèrent qu'ils s'adressent uniquement aux « névrosés de l'histoire militaire ». Je ne pense pas que ce livre aurait pu voir le jour – et certainement pas avec autant de profondeur – sans l'existence de nombreux ouvrages édités par Osprey Press, Pen & Sword et d'autres éditeurs spécialisés dans les aspects techniques de l'histoire militaire. Il y a de nombreuses années de cela, le professeur Lawrence Stone, à propos d'un livre très éloigné de ses propres centres d'intérêt, concluait sa critique en affirmant que le grand manoir de Clio fourmillait de couloirs et de pièces et qu'il y avait de la place pour tout le monde. J'aime beaucoup cette idée.

Enfin, je suis particulièrement redevable à la qualité extraordinaire des nombreuses « histoires officielles » éditées par les gouvernements nationaux et leurs forces armées traitant des différents aspects de la Seconde Guerre mondiale, civils et militaires. Les histoires américaines, britanniques et de certains dominions, rédigées pour certaines il y a plus de soixante ans, sont un hommage à leur profession ; bien écrites, équilibrées, critiques (notamment les histoires américaines et britanniques de la campagne de bombardement stratégique) ; et des modèles d'analyse mesurée. Voir également la récente et impressionnante histoire officielle allemande, *Das Deutsche Reich und das Zweite Weltkrieg*, d'un niveau exceptionnel. Cette bibliographie ne contient que des titres expressément cités dans les notes, mais je souhaitais ici rendre l'hommage que je dois rendre à ces ouvrages.

LIVRES

Alanbrooke, Field Marshal lord, *War Diaries 1939-1945*, Danchev A. et Todman D. (dir.), Weidenfeld & Nicolson, Londres, 2001.

Allen, L., *Burma: The Longest War, 1941-1945*, St. Martin's, New York, 1984.

Ambrose, S., *D-Day, June 6th, 1944*, Simon & Schuster, New York, 1994.

Atkinson, R., *The Day of Battle: The War in Sicily and Italy, 1943-1944, Liberation Trilogy*, Henry Holt, New York, 2007.

Atkinson, R., *An Army at Dawn: The War in North Africa, 1942-1943*, Henry Holt, New York, 2002.

Ballendorf, D.A., Bartlett, M., *Pete Ellis: Amphibious Warfare Prophet 1880-1923*, Naval Institute Press, Annapolis, Maryland, 1997.

Barbier, M.K., *D-Day Deception: Operation Fortitude and the Normandy Invasion*, Praeger, Westport, 2007.

Barbier, M.K., *Kursk: The Greatest Tank Battle, 1943*, MBI Publishing, St. Paul, Minnesota, 2002.

Barnett, C., *Engage the Enemy More Closely: The Royal Navy in the Second World War*, Hodder & Stoughton, Londres, 1991.

Barnett, C., *The Audit of War: The Illusion and Reality of Britain as a Great Nation*, Macmillan, Londres, 1986.

Barnett, C., *The Sword-Bearers*, Eyre & Spottiswoode, Londres, 1963.

Barnhart, M.A., *Japan Prepares for Total War: The Search for Economic Security, 1919-1941*, Cornell University Press, Ithaca, 1988.

Beach, E., *Submarine!*, Bantam, New York, 1952.

Bekker, C., *The German Navy 1939-1945*, Hamlyn, Londres, 1972.

Bendiger, E., *The Fall of Fortress*, Putnam, New York, 1980.

Berger, C., *B-29: The Superfortress*, Ballantine, New York, 1970.

Bernstein, A., Knox, M., Murray, W., *The Making of Strategy: Rulers, States and War*, Cambridge University Press, Cambridge, 1994.

Bialer, S. (dir.), *Stalin and his Generals*, Souvenir Press, Londres, 1970.

Bialer, U., *The Shadow of the Bomber: The Fear of Air Attack and British Politics 1932-1939*, Royal Historical Society, Londres, 1980.

Biddle, T., *Rhetoric and Reality in Air Warfare: The Evolution of British and American Ideas about Strategic Bombing, 1914-1945*, Princeton University Press, Princeton, New Jersey, 2001.

Bidwell, S., *Gunners at War: A Tactical Study of the Royal Artillery in the Twentieth Century*, Arrow Books, New York, 1972.

Birch, D., *Rolls-Royce and the Mustang*, Rolls-Royce Heritage Trust, *Historical Series* n° 9, Derby, 1987.

Blair, C., *Silent Victory, 2 vol.*, Lippincott, New York, 1975.

Bowen, E. G., *Radar Days*, Adam Hilger, Bristol, 1987.

Brookes, A., *Air War over Russia*, Ian Allan Publishing, Hersham, Surrey, 2003.

Bullock, A., *Hitler and Stalin: Parallel Lives*, HarperCollins, Londres, 1991.

Burchard, J., *Q.E.D.: MIT in World War II*, Wiley, New York, 1948.

Bryant, A., *Triumph in the West, 1943-1946*, Collins, Londres, 1959.

Bryant, A., *The Turn of the Tide: 1939-1943*, Doubleday & Company, Londres, 1957.

Calvert, J.F., *Silent Running: My Years on an Attack Submarine*, John Wiley, New York, 1995.

Carell, P., *Hitler's War on Russia: The Story of the German Defeat in the East*, Aberdeen Books, Sheridan, 2002.

Carlyon, L.A., *Gallipoli*, Batsford, Londres, 1965.

Citino, R., *Death of the Wehrmacht: The German Campaigns of 1942*, University Press of Kansas, Lawrence, 2007.

Clarke, I. F., *Voices Prophesying War 1763-1984*, Oxford University Press, Oxford, 1966.

Collier, B., *The Defense of the United Kingdom*, HMSO, Londres, 1957.

Cooper, M., *The German Air Force 1933-1945: An Anatomy of Failure*, Jane's, Londres, 1981.

Corbett, J. S., *Some Principles of Maritime Strategy*, Collins, Londres, 1911.

Craven, W.F. et Cate J.L. (auteurs et éd.), *The Army Air Forces in World War II*, University of Chicago Press, Chicago, 1948-1958.

Cross, G. E., *Jonah's Feet Are Dry: The Experience of the 353rd Fighter Group During World War II*, Thunderbolt Publishing, Ipswich, Suffolk, 2001.

Cruikshank, C., *Deception in World War II*, Oxford University Press, Oxford, 1979.

D'Este, C., *World War II in the Mediterranean, 1942-1945*, Algonquin Books, Chapel Hill, Caroline du Nord, 1990.

Danchev, A., Todman, D., *War Diaries 1939-1945: Field Marshall Lord Alanbrooke*, Weidenfeld & Nicolson, Londres, 2001.

Danchev, A., *The Alchemist of War: The Life of Basil Liddell Hart*, Weidenfeld & Nicolson, Londres, 1988.

Deighton, L., *Fighter: The True Story of the Battle of Britain*, Pimlico, Londres, 1996.

Delaforce, P., *Churchill's Secret Weapons*, Robert Hale, Londres, 1998.

Dönitz, K., *Ten Years and Twenty Days*, Weidenfeld & Nicolson, Londres, 1959.

Dunn, W. S. Jr., *The Soviet Economy and the Red Army 1930-1945*, Praeger, Westport, Connecticut, 1995.

Dupuy, T. N., *Numbers, Prediction, and War: Using history to evaluate combat factors and predict the outcome of battles*, Fairfax, Virginie, 1985.

Dupuy, T.N., *A Genius for War: The German Army and General Staff, 1807-1945*, Fairfax, Virginie, 1984.

Earle, E.M., avec Craig, G.A. et Gilbert, F. (éd.), *Makers of Modern Strategy: Military Thought from Machiavelli to Hitler*, Princeton University Press, Princeton, 1943, 1971.

Edgerton, D., *Britain's War Machine: Weapons, Resources and Experts in the Second World War*, Allen Lane/Penguin Press, Londres, 2011.

Eisenhower, D., *Eisenhower at War 1943-1945*, Random House, New York, 1986.

Ellis, J., *World War II: A Statistical Survey*, Facts on File, Londres, rééd. 1993.

Ellis, B., *Brute Force: Allied Strategy and Tactics in the Second World War*, Viking, New York, 1990.

Erickson, J., *The Road to Berlin*, Weidenfeld & Nicolson, Londres, 1983.

Erickson, J., *The Road to Stalingrad: Stalin's War with Germany*, Weidenfeld & Nicolson, Londres, 1975.

Evans, R., *The Third Reich at War*, The Penguin Press, New York, 2008.

Feis, H., *Churchill, Roosevelt, Stalin: The War They Waged and the Peace They Sought*, Princeton University Press, Princeton, 1957.

Fergusson, B., *The Watery Maze: The Story of Combined Operations*, Collins, Londres, 1961.

Foot, M.R.D., *Des Anglais dans la Résistance, le SOE en France, 1940-1944*, Tallandier, Paris, 2008.

Forczyk, R., *Erich von Manstein*, Osprey Publishing, Oxford, 2010.

Frankland, N., *The Bombing Offensive Against Germany*, Faber, Londres, 1965.

Furse, A., *Wilfrid Freeman: The Genius behind Allied Survival and Air Supremacy 1939-1945*, Spellmount Press, Staplehurst, 1999.

Glancy, H., *Spitfire: The Biography*, Atlantic Books, Londres, 2006.

Glantz, D. et House, J., *The Battle of Kursk*, University Press of Kansas, Lawrence, 2004.

Glantz, D. et House, J., *When Titans Clashed: How the Red Army Stopped Hitler*, University Press of Kansas, Lawrence, 1998.

Glantz, D., *Colossus Reborn: The Red Army At War, 1941-1943*, Praeger, Westport, 1995.

Gollin, A., *No Longer an Island: Britain and the Wright Brothers 1902-1909*, Heinemann, Londres, 1984.

Gretton, P., *Crisis Convoy: The Story of the HX-231*, Naval Institute Press, Londres, 1974.

Gretton, P., *Convoy Escort Commander*, Cassell, Londres, 1964.

Gross, C., Postlethwaite, M., *War in the Air: The World War Two Aviation Paintings of Mark Postlethwaite*, Crowood Press, Marlborough, 2004.

Habeck, M.R., *Storm of Steel: The Development of Armor Doctrine in Germany and the Soviet Union, 1919-1939*, Cornell University Press, Ithaca/Londres, 2003.

Hackett, R., *Yamagata Aritomo and the Rise of Modern Japan 1838-1922*, Harvard University Press, Cambridge, Mass., 1971.

Hall, D. I., *Strategy for Victory: The Development of British Tactical Air Power, 1919-1943*, Praeger, Westport, Connecticut, 2008.

Harris, A., *Bomber Offensive*, Collins, Londres, 1947.

Hartcup, G., *The Effect of Science on the Second World War*, Macmillan, Londres, 2000.

Harvey-Bailey, A., *The Merlin in Perspective*, Rolls-Royce Heritage Trust, *Historical Series* n° 2, Derby, 1983.

Hastings, M., *Overlord*, Michael Joseph, Londres, 1984.

Hattaway, H., Jones, A., *How the North Won: A Military History of the Civil War*, University of Illinois Press, Champaign, 1983.

Headrick, D., *Power over Peoples: Technology, Environments, and Western Imperialism, 1400 to the Present*, Princeton University Press, Princeton, New Jersey, 2010.

Healy, M., *Kursk 1943: The Tide Turns In The East*, Osprey Press, Oxford, 1992.

Heiber, H. (éd.), *Hitler and his Generals*, Enigma Press, New York, 2003.

Hezlet, A., *The Electron and Sea Power*, C. Davies, Londres, 1975.

Higham, R., *Air Power: A Concise History*, Sunflower Press, Yuma, Kansas, 1984.

Hinsley, F.H., *British Intelligence in the Second World War*, Cambridge University Press, New York, 1988.

Hooton, E.R., *Eagle in Flames: The Fall of the Luftwaffe*, Arms and Armour Press, Londres/New York, 1997.

Howard, M.E., *The Continental Commitment*, Maurice Temple Smith, Londres, 1972.

Howard, M.E., *Grand Strategy*, HMSO, Londres, 1970.

Howard, M.E., *The Mediterranean Strategy in World War Two*, Weidenfeld & Nicolson, Londres, 1967.

Howse, D., *Radar at Sea: The Royal Navy in World War 2*, Macmillan, Londres, 1993.

Hoyt, E.P., *The Destroyer Killer*, Pocket Books, New York, 1989.

Iriye, A., *The Origins of the Second World War in Asia and the Pacific*, Longman, Londres, 1987.

Irving, D., *The Rise and Fall of the Luftwaffe: The Life of Luftwaffe Marshall Erhard Milch*, Weidenfeld & Nicolson, Londres, 1973.

Isley, J.A., Crowl, P.A., *The US Marines and Amphibious War: Its Theory, and its Pratice in the Pacific*, Princeton University Press, Princeton, 1951.

Jones, A., *The Art of War in the Western World*, University of Illinois Press, Urbana et Chicago, 1987.

Jones, E. L., *The European Miracle*, Cambridge University Press, Cambridge, 1981.

Jones, T.C.G., *The Battle of Britain*, Frank Cass, Londres, 2000.

Keegan, J., *La Deuxième Guerre Mondiale*, Perrin, Paris, 1990.

Kennedy, P.M., *The Rise and Fall of the Great Powers*, Random House, New York, 1987 ; traduction française, *Naissance et déclin des grandes puissances*, Payot, Paris, 1988.

Kennedy, P.M., *Strategy and Diplomacy 1870-1945: Eight Studies*, Allen & Unwin, Londres/Boston, 1983.

Kershaw, I., *Choix fatidiques : dix décisions qui ont changé le monde, 1940-1941*, Seuil, Paris, 2007.

Kirby, S.W., *The War against Japan*, 5 vol., HMSO, Londres, 1957-1969.

Kroll, M., *The History of Landmines*, Leo Cooper, Londres, 1998.

Liddell Hart B.H., *Histoire de la Seconde Guerre mondiale*, Fayard, Paris, 1973.

Liddell Hart B.H. (dir.), *The Rommel Papers*, Collins, Londres, 1953.

Liddell Hart B.H., *The British Way in Warfare*, Faber & Faber, Londres, 1932.

Longmate, N., *The Bombers: The RAF Offensive Against Germany 1939-1945*, Hutchinson, Londres, 1983.

Ludwig, P., *P-51 Mustang: Development of the Long-Range Escort Fighter*, Ian Allen, Surrey, Royaume-Uni, 2003.

Lupfer, T., *The Dynamics of Doctrine: The Changes in German Tactical Doctrine During the First World War*, Fort Leavenworth Papers, Leavenworth, Kansas, 1981.

MacDonald, C., *The Lost Battle: Crete 1941*, Macmillan, New York, 1993.

Macksay, K., *Armored Crusader*, Hutchinson, Londres, 1967.

Manchester, W., *American Caesar: Douglas MacArthur 1880-1964*, Little, Brown & Co, New York, 1978.

Marder, A.J., *Operation « Menace »*, Oxford University Press, Oxford, 1976.

Masters, J., *The Road Past Mandalay*, Michael Joseph, Londres, 1961.

Matloff, M., Snell, E.M., *Strategic Planning for Coalition Warfare, 1941-1942*, Office of the Chief of Military History, Washington, 1953.

Maund, L.E.H., *Assault from the Sea*, Methuen, Londres, 1949.

Mendelssohn, K., *Science and Western Domination*, Thames & Hudson, Londres, 1977.

Messenger, C., *World War Two: Chronological Atlas*, Bloomsbury Books, Londres, 1989.

Middlebrook, M., *Convoy: The Greatest U-Boat Battle of the War*, Phoenix Books, Londres, 2003.

Miller, E.S., *War Plan Orange: The US Strategy to Defeat Japan 1897-1945*, US Naval Institute Press, Annapolis, Maryland, 1991.

Millett, A.R., *Semper Fidelis: The History of the United States Marine Corps*, The Free Press, New York, 1991.

Millett, A.R., Murray, W., *Military Effectiveness*, Allen & Unwin, Sydney, 1989.

Milner, M., *Battle of the Atlantic*, Tempus, Stroud, Gloucestershire, 2005.

Mitcham, S., *Blitzkrieg No Longer: The German Wehrmacht in Battle, 1943*, Stackpole Books, Mechanicsburg, Pennsylvanie, 2010.

Moorhead, A., *Gallipoli*, Hamish Hamilton, Londres, 1956.

Morison, S.E., *History of United States Naval Operations in World War II*, Little, Brown & Co, Boston, 1947-1962.

Murray, W. et Millett, A.R., *A War To Be Won: Fighting the Second World War*, Harvard University Press, Cambridge, Mass., 2000.

Murray, W., *German Military Effectiveness*, Nautical & Aviation Publishing Co., Baltimore, Maryland, 1992.

Murray, W., *Luftwaffe*, The Nautical & Aviation Publishing Company of America, Baltimore, Maryland, 1985.

Murray, W., *Strategy for Defeat: The Luftwaffe 1939-1945*, Air University Press, Maxwell, Alabama, 1983.

Myers, R., Peattie, M., *The Japanese Colonial Empire 1895-1945*, Princeton University Press, Princeton, 1984.

Nagorski, A., *The Greatest Battle: Stalin, Hitler, and the Desperate Struggle for Moscow That Changed the Course of World War II*, Simon &Schuster, New York, 2007.

O'Kane, R., *Clear the Bridge!*, Bantam, New York, 1981.

Orgill, D., *T-34: Russian Armor*, Ballantine Books, New York, 1971.

Overy, R., *Russia's War: Blood upon the Snow 1939-1945*, TV Books, New York, 1997.

Overy, R., *Why the Allies Won*, Jonathan Cape, Londres, 1995.

Overy, R., *The Air War 1939-1945*, Europa, Londres, 1980.

Padfield, P., *War Beneath the Sea: Submarine Conflict 1939-1945*, John Murray, Londres, 1995.

Padfield, P., *Dönitz: The Last Führer*, Harper & Row, New York, 1984.

Padfield, P., *Guns at Sea*, Evelyn, Londres, 1973.

Parker, G., *The Army of Flanders and the Spanish Road: The Logistics of Spanish Victory and Defeat in the Low Countries War*, Cambridge University Press, Cambridge, 1972.

Pawle, G., *The Secret War 1939-1945*, White Lion Press, Londres, 1956.

Price A., *The Spitfire Story*, Arms and Armour, Londres, 1995.

Reynolds, C.G., *The Fast Carriers: The Forging of an Air Navy*, McGraw-Hill, New York, 1968.

Reynolds, D., *In Command of History: Churchill Writing and Fighting the Second World War*, Penguin, Londres, 2004.

Richards, D., Saunders, H. St. G., *Royal Air Force 1939-1945*, HMSO, Londres, 1954.

Riley, J.C., *International Government Finance and the Amsterdam Capital Market 1740-1815*, Cambridge University Press, Cambridge, 1980.

Roberts, A., *Masters and Commanders: How Roosevelt, Churchill, Marshall and Alanbrooke Won the War in the West*, Allen Lane/Penguin, Londres, 2008.

Robertson, T., *Dieppe: The Shame and Glory*, McLelland & Stewart, Toronto, 1967.

Rohwer, J., *The Critical Convoy Battles of 1943*, Ian Allen, Londres, 1977.

Roskill S.W., *The Strategy of Sea Power*, John Goodchild, Londres, 1986.

Roskill, S.W., *Churchill and the Admirals*, Longman, Londres, 1972.

Roskill, S.W., *The War at Sea*, 1939-1945, HMSO, Londres, 1954-1961.

Rottman, G.L., *World War II Infantry Anti-Tank Tactics*, Osprey Publishing, Oxford, 2005.

Ryan, C., *The Longest Day*, Simon & Schuster, New York, 1959.

Saward, D., *Victory Denied: The Rise of Air Power and the Defeat of Germany 1920-1945*, Buchan & Enright, Londres, 1985.

Scutts, J., *Mustang Aces of the Eighth Air Force*, Osprey Military Series, Oxford/New York, 1994.

Seth, R., *The Fiercest Battle: the Story of North Atlantic Convoy ONS-5, 22nd April-7th May 1943*, Hutchinson, Londres, 1961.

Sherry, M., *The Rise of American Air Power: The Creation of Armageddon*, Yale University Press, New Haven, 1987.

Slim, W., *Defeat Into Victory: Battling Japan in Burma and India, 1942-1945*, Cassell, Londres, 1956.

Sobel, D., *Longitude*, Penguin, Londres, 1996.

Spector, R., *Eagle Against the Sun: The American War with Japan*, The Free Press, New York, 1985.

Stille, M., *Imperial Japanese Navy Aircraft Carriers 1921-1945*, Osprey, Londres, 2005.

Stone, D., *A Military History of Russia: From Ivan the Terrible to the War in Chechnya*, Praeger, Westport, Connecticut, 2006.

Storry, R., *Japan and the Decline of the West in Asia 1894-1943*, Longman, Londres, 1979.

Terraine J., *The Right of the Line: The Role of the RAF in World War Two*, Pen & Sword, Londres, 2010.

Tooze, A., *The Wages of Destruction: The Making and Breaking of the Nazi Economy*, Penguin, Londres, 2006.

Trim, D.J.B. et Fissel M.C. (dir.), *Amphibious Warfare 1000-1700*, Brill, Leyde, 2006.

Tuchman, B., *Sand against the Wind: Stilwell and the American Experience in China 1911-1945*, Macmillan, New York, 1970.

Van Creveld, M., Supplying War: Logistics from Wallenstein to Patton, Cambridge University Press, Cambridge, 1977.

Waugh, E., *The Sword of Honour Trilogy*, Everyman's Library, Londres, 1994.

Webster, C., Frankland, N., *The Strategic Air Offensive against Germany, 1939-1945*, HMSO, Londres, 1961.

Weigley, R., *The American Way of Warfare: A History of United States Military Strategy and Policy*, Indiana University Press, Bloomington, Indiana, 1973.

Werner, H., *Iron Coffins: A Personal Account of the German U-Boat Battles of World War II*, Da Capo Press, New York, 2002.

Whitaker, D., Whitaker, S., *Dieppe: Tragedy to Triumph*, McGraw-Hill, Whitby, 1967.

Willmott, H.P., *The Great Crusade: A New Complete History of the Second World War*, Michael Joseph, Londres/Penguin, New York, 1989.

Winton, J., *Convoy: Defense of Sea Trade, 1890-1990*, Michael Joseph, Londres, 1983.

Wohl, R., *A Passion for Wings: Aviation and the Western Imagination 1908-1918*, Yale University Press, New Haven/Londres, 1994.

Wood, J.B., *Japanese Military Strategy in the Pacific War: Was Defeat Inevitable?*, Rowman & Littlefield, Lanham, Maryland, 2007.

Zaloga, S., *The Destruction Of Army Group Centre*, Osprey Publishing, Oxford, 1996.

Zieger, P., *Mountbatten: A Biography*, Knopf, New York, 1985.

ARTICLES

Allen, L., « The Campaigns in Asia and the Pacific » *in The Journal of Strategic Studies*, vol. 13, n° 1 (mars 1990).

Black, J., « Midway and the Indian Ocean » *in Naval War College Review*, vol. 62, n° 4 (automne 2009).

Brill, L., « Amphibious Warfare, 1000-1700 » *in* Fissel, M.C., et Trim, D. J. B. (dir.), *Amphibious Warfare 1000-1700: Commerce, State Formation and European Expansion*, Brill Academic Publishers, Leyde, 2005.

Ceva, L., « The North African Campaign 1940-43: A Reconsideration » *in* J. Gooch (éd.), *Decisive Campaigns of the Second World War*, édition spéciale du *Journal of Strategic Studies*, vol. 13, n° 1 (mars 1990).

Citino, R.M., « Death of the Wehrmacht » *in Military History Quaterly*, vol. 21, n° 1.

Constable, T.J., « The little-Known Story of Percy Hobart » *in The Journal of Historical Review*, vol. 18, n° 1 (janvier-février 1999).

Coox, A., « The Effectiveness of the Japanese Establishment in the Second World War » *in* Millett, A., Murray, W. (dir.) *Military Effectiveness, op. cit.*, vol. 3.

Foster, J.E., « The Dynamics of Volksgemeinschaft: The Effectiveness of the German Military Establishment in the Second World War » *in* Millett et Murray (dir.), *Millitary Effectiveness, op. cit.*, vol. 3.

Grisson, A., « The Future of Military Innovation Studies » *in The Journal of Strategic Studies*, vol. 29, n° 5 (octobre 2006).

Isaev, A., « Against the T-34, the German Tanks were Crap » *in* A. Drabkin and O. Sheremet (dir.), *T-34 in Action*, Stackpole Books, Mechanicsburg, Pennsylvanie, 2008.

Kahn, D., « Intelligence in World War II: A Survey » *in The Journal of Intelligence History*, vol. 1, n° 1 (été 2001).

Kennedy, P.M., « History from the Middle: The Case of the Second World War » *in The Journal of Military History*, vol. 74, n° 1 (janvier 2010).

Kennedy, P.M., « The Imperial Cable Communications and Strategy 1870-1914 » *in The English Historical Review*, Longman's, Londres, 1972.

Marder, A.J., « Winston is Back! » *in The English Historical Review*, Longman, Londres, 1972.

Schwarz, B., « Black Saturday », *The Atlantic* (avril 2008).

Spector, R., « America's Seizure of Japan's Strategic Points, Summer 1942-1944 » *in* Dockrill, S. (éd.) *From Pearl Harbor to Hiroshima: The Second World War in Asian and the Pacific, 1941-1945*, Macmillan, Londres, 1994.

Tao, W., « The Chinese Theatre and the Pacific War » *in* Dockrill, S. (éd.) *From Pearl Harbor to Hiroshima*, Macmillan, Londres, 1994.

The Times (Londres), Nécrologie de Ronald Harker (14 juin 1999).

Wegner, B., « The Road to Defeat: The German Campaigns in Russia, 1941-43 » *in* J. Gooch (éd.), *Decisive Campaigns of the Second World War, op. cit.*

Zeitzler, K., « Men and Space in War: A German Problem in World War II » *in Military Review* (avril 1962).

SOURCES INTERNET

http://www.cebudanderson.com/droptanks.htm
http://en.wikipedia.org//wiki/Grumman_F6F_Hellcat
http://en.wikipedia.org/wiki/Essex_class_aircraft_carrier
http://en.wikipedia.org/wiki/Boeing_B-29_Superfortress
http://en.wikipedia.org/wiki/Ben_Moreell
http://en.wikipedia.org/wiki/Operation_Bagration
http://en.wikipedia.org/wiki/Polish_mine_detector
http://en.wikipedia.org/wiki/Seabees_in_World_War_II
http://en.wikipedia.org/wiki/Battle_of_Gallipoli
http://wikipedia.org/wiki/T-34
http://www.answers.com/topic/amphibious-warfare
http://www.battlefield.ru/en/documents/80-armor-and-equipment/300-t34-kv1-aberdeen-evaluation.html
http://www.dupuyinstitute.org/ubb/Forum4/HTML/000052.html
http://www.ihr.org/jhr/v18/v18n1p-2_Constable.html
http://www.cardarmy.ru/armor/articles/t3485.htm
http://en.wikipedia.org/wiki/Ilyushin_Il-2

Index

Remerciements

J'ai commencé à réfléchir à cet ouvrage en 2007, un an après la parution de mon étude sur les Nations unies. Grâce au soutien de Random House à New York et de Penguin à Londres, je me suis attelé sérieusement à l'écriture des chapitres 1, 2 et 4 durant six mois de congés-recherche à Cambridge en 2008. Ayant repris l'enseignement à plein temps, ainsi que diverses activités de conseil à Yale, je n'ai guère eu ensuite l'occasion de poursuivre ces travaux, mais je suis tout de même parvenu à retourner à Cambridge en 2010 où je me suis attaqué aux chapitres 3 et 5. L'introduction et la conclusion furent rédigées à l'automne 2010, après mon retour à Yale. J'ai ensuite tenté d'incorporer à mon premier jet les remarques et critiques adressées par bon nombre de mes collègues ainsi que par mes éditeurs.

Il est impossible pour un professeur d'université de se lancer dans des recherches approfondies et d'écrire sans le concours d'universités et de fondations désireuses de soutenir une telle entreprise. J'adresse donc, en premier lieu, mes remerciements à mon université, celle de Yale, qui m'a fourni la base intellectuelle et les sources matérielles de mes recherches, une collégialité sans faille, et m'a également permis de me libérer de temps en temps pour que je puisse m'atteler à des recherches sérieuses et à de longues périodes d'écriture. Sur ce dernier point, l'hospitalité dont ont fait preuve mes collègues tant à Yale qu'à Cambridge fut aussi chaleureuse qu'essentielle. Je suis par-dessus tout reconnaissant à l'équipe dirigeante du St. John's College, qui m'a fourni toute l'aide nécessaire et le lieu de ma résidence durant mes trois longs séjours sur place ; sans cette générosité, je doute que ce livre aurait pu voir le jour. Je suis également reconnaissant envers le département IDEAS de la London School of Economics and Political Science, qui m'a permis d'occuper un poste en son sein en 2008 et d'enseigner tout en poursuivant mes recherches. La générosité de Roger Hertog m'a donné le temps et le cadre nécessaires pour assembler toutes les pièces de ce puzzle.

Mes collègues de Yale, et surtout John Gaddis, Charles Hill et Minh Luong, ont, depuis de longues années, enduré mes nombreuses tirades sur cette myriade de points technico-militaires et m'ont ainsi permis d'élaborer certaines des idées présentes dans cet ouvrage. Arne Westad et Michael Cox ont, au sein du LES, fait preuve de la même tolérance et des mêmes encouragements. Pour ce qui concerne les encouragements prodigués par les responsables et enseignants de Cambridge, je ne sais par où commencer et crains d'oublier un nom ou deux : Zara Steiner, Christopher Andrew, David Reynolds, Jonathan Haslam, Richard Drayton (désormais à Londres), Adam Tooze (désormais à Yale) et Brendan Sims m'ont régulièrement incité à reprendre mes travaux. Allan Packwood, au Churchill College Archive, m'a été d'un grand secours. Au St. John's College, les deux maîtres successifs, Richard Perham et Christopher Dobson, les présidents Jane Heal et Mark Nicholls, et, tout particulièrement, John Harris, ce grand connaisseur des choses navales britanniques, m'ont toujours été d'une grande aide.

La masse documentaire et la masse de production écrite n'ayant cessé de croître pour ce projet, je suis également redevable à un petit nombre d'assistants de recherche de grand talent : Will Chou, Will Owen, Evan Wilson, Joyce Arnold, Elisabeth Leake, Gabriel Perlman et Daniel Hornung m'ont aidé à réunir des ouvrages, à effectuer des recherches dans certains sources obscures et en relisant les premières versions du livre. Elisabeth s'est montrée aussi cruelle comme lectrice qu'efficace comme relectrice. Elle m'a ainsi poussé à remanier fortement le chapitre 2 sur la guerre aérienne. Igor Biryukov m'a beaucoup aidé lorsque je me trouvais à Yale, et tout particulièrement sur le chapitre 3, mais j'ai toujours pu compter sur lui ainsi que sur Daniel Hornung. J'ai pris beaucoup de plaisir à travailler avec toutes les personnes mentionnées et à les écouter, ce qui m'a constamment ramené à mon propre travail d'assistant de recherche aux côtés de sir Basil Liddell Hart il y a plus de quarante ans de cela, lorsque je devais préparer les brouillons des chapitres consacrés à la guerre du Pacifique, à la bataille de l'Atlantique, à la campagne de bombardement stratégique et à la deuxième partie de la campagne d'Italie.

Un certain nombre de mes collègues universitaires ont été assez sympathiques pour abandonner un peu leurs propres travaux afin de lire et critiquer plusieurs de mes chapitre, voire – alternative locale – de m'accompagner au Granta Pub de Cambridge pour des discussions soutenues sur les conclusions de ce livre. Parmi eux, Kathy Barbier, Tami Biddle, Michael Coles, John Harris, Jonathan Haslam, John Hattendorf, Milan Hauner, David Kahn, Rich Muller, Geoffrey Parker, Andrew Preston, John Reeve, Nicholas Rodger et John Thompson. Je suis certain d'avoir oublié une ou deux personnes.

J'ai eu également la chance de pouvoir présenter une partie de mes premières idées au sein de plusieurs milieux universitaires particulièrement stimulants : à Yale, à Cambridge, à l'Ohio State University, au King's College de Londres (lors de l'Annual War Studies Lecture), au Naval War College de Rhode Island, à l'université Duke, au Council on Foreign Relations, à la National Defense University, et dans bien d'autres lieux ces trois dernières années. La Society for Military History m'a invité à présenter mes idées lors de la conférence annuelle de l'American Historical Association, sous le titre « History from the Middle », qui fut ensuite publiée, sous ce même titre, dans le *Journal of Military History*. Ces idées ont été également présentées sous une autre forme par Martin Lawrence, lors de la conférence Lady Lucy Houston à Cambridge en mars 2010, un bel hommage à cette femme formidable qui évita au Spitfire de rester dans les cartons à dessin.

Ce livre ne prétend pas être le premier ni le seul à se pencher sur les détails pratiques de la conduite de la guerre. Comme d'autres ouvrages ambitieux, il s'appuie naturellement sur les recherches effectuées par de grands et renommés chercheurs ayant déjà exploré ces domaines et notamment Martin Van Creveld et l'incomparable Geoffrey Parker ; pour tout ce qui concerne la Seconde Guerre mondiale : Rick Atkinson, Bruce Ellis, David Glantz, Richard Overy, Allan Millett et Williamson Murray, Marc Milner, Ronald Spector, Paddy Willmott, le grand et regretté Erickson, ingénieur devenu historien. De la même manière, je me suis régulièrement appuyé sur les travaux des chercheurs ayant contribué à l'établissement des histoires officielles dans la guerre, américains, britanniques, canadiens et allemands de l'Ouest ; certains de ces ouvrages ont plus de cinquante ans, mais leur qualité demeure intacte.

Voilà près de quarante ans que j'ai été présenté à Bruce Henter, mon agent littéraire, dont le jugement avisé et l'intégrité m'ont été utiles à de nombreuses reprises et qui a été depuis remplacé par Andrew Gordon, tout aussi compétent. Phyllis Westberg (Harold Ober) m'a prêté main-forte pour comprendre les rouages de New York et Ania Corless pour gérer les contrats étrangers. Mes deux éditeurs, Will Murphy (Random House, New York) et Stuart Proffitt (Penguin, Grande-Bretagne), ont été des guides exemplaires, d'un grand soutien et d'une immense patience. Stuart m'a plusieurs fois demandé de reprendre mon manuscrit ; j'espère que cela se sent. Ma dette envers eux est tout bonnement impossible à mesurer.

Il en va de même pour la dette à l'égard de ma famille, dont la première vertu fut une plus grande patience encore. Je pense tout particulièrement à Jim, John et Matthew ; à Sophie ; à Cinnamon, Catherine et Olivia ; et à mon petit-fils, Charlie Parker Kennedy, qui n'était même pas là pour rendre la vie intéressante lorsque j'ai commencé la rédaction de ce livre.

Mais ma plus grande dette va naturellement à ma partenaire, qui marche, rit et pleure à mes côtés depuis plus d'une décennie et à qui ce livre est dédié.

New Haven, 2011

Table

CARTES

Composition et mise en page

NORD COMPO
multimédia

Cet ouvrage
a été achevé d'imprimer sur Roto-Page
par l'Imprimerie Floch à Mayenne
pour le compte des Éditions Perrin
76, rue Bonaparte
Paris 6e
en septembre 2012

Imprimé en France
Dépôt légal : septembre 2012 – N° d'édition : 2852
N° d'impression : 83108